中国共产党100年100事

下

章百家　主　编
王世英　副主编

中共党史出版社

目录 CONTENTS

“风雷惊世界”：“文化大革命”的发动再发动

一、毛泽东决心发动“一场革命”

1966年，是中国政治上的一个“多事之秋”。

经过长时间的深思熟虑，特别是在对1962年以来的党内外、国内外形势作出一系列严重判断的基础上，毛泽东认为当前最大的“问题”，就是党中央出了“修正主义”。事情的缘由，还要从4年前说起。

1962年9月召开的中共八届十中全会，是国内政治气候变化的一个“关节点”。会上，毛泽东系统提出关于社会主义时期阶级斗争的理论，断言在整个社会主义历史阶段，都将存在资本主义复辟的危险。同时，他还把与国内所谓“黑暗风”“单干风”“翻案风”密切联系的党内“右倾机会主义”，称为“中国的修正主义”。这是1957年反右派斗争以后，毛泽东提出无产阶级同资产阶级的矛盾仍然是国内主要矛盾的论点的继续和发展，也是他把社会主义社会中一定范围内存在的阶级斗争扩大化和绝对化的重要步骤。

这以后，被党中央和毛泽东本人看得越来越严重的全国城乡阶级斗争的形势，促使毛泽东一次次地把阶级斗争问题放到更加突出的地位。

1963—1965年间，鉴于“当前中国社会中出现了严重的尖锐的阶级斗争”，在部分农村和少数城市基层开展了社会主义教育运动。1963年5月，毛泽东提出“阶级斗争，一抓就灵”的论断。他告诫全党：如果丧失警惕，那就不要很多时间，少则几年、十几年，多则几十年，就不可避免地要出现全国性的反革命复辟，马列主义的党就一定会变成修正主义的党，变成法西斯党，整个中国就要改变颜色了。

与此同时，毛泽东对“修正主义”问题的看法更进了一步，认为“修正主义”“是国内资产阶级因素泛滥和增长起来的产物”，“修正主义上台，也就是资产阶级上台”。1964年夏秋，他在一些场合明确表示：“苏联出了修正主义，我们也有可能出修正主义”。他要求把这个看法“传下去，传到县”，中国出了修正主义的中央怎么办？要县委顶住修正主义的中央。这是毛泽东首次把“反修防修”的问题提到“警惕中央出修正主义”的高度。

按照预定计划，国民经济的调整和恢复任务将在这年年底基本完成。同时，第三届全国人民代表大会第一次会议也将在北京举行，并通过关于进一步发展国民经济的主要任务及其工作部署。

而恰恰就在这时，毛泽东却一再流露出对中央“一线”工作的刘少奇等领导人的不满，特别是12月中下旬中央政治局召集的全国工作会议期间，他批驳了刘少奇提出的农村社会主义教育运动的性质是“四清和四不清的矛盾”“党内外矛盾的交叉”“敌我矛盾和人民内部矛盾的交叉”等提法，强调运动的性质是“社会主义和资本主义的矛盾”，运动的重点是整“党内走资本主义道路的当权派”。毛泽东后来说，这次意见分歧，使得他最终作出“替换”刘少奇的决定，并决心发动“一场革命”。

二、一篇批判文章引起的“风波”

1965年11月10日，就在毛泽东认为中央可能出“修正主义”之际，上海《文汇报》突然刊出姚文元的文章——《评新编历史剧〈海瑞罢官〉》。文章对新编历史剧《海瑞罢官》的作者、著名明史学家、北京市副市长吴晗进行无端的指责和攻击，称《海瑞罢官》是国内外“阶级斗争的一种形式的反映”，“是一株毒草”。

除毛泽东外，姚文元的文章事先有意隐瞒了党中央主持工作的几位领导人，中央宣传部门和中共北京市委的负责人也毫不知情。为此，并不清楚这篇文章“背景”的中宣部和北京市委采取了相关措施，以避免姚文扩大影响。但这时的毛泽东，是从政治上来看待这件事的，并且已看得很严重。同年12月，他在一次谈话中提出：《海瑞罢官》的“要害问题是‘罢官’。嘉靖皇帝罢了海瑞的官，1959年我们罢了彭德怀的官。彭德怀也是‘海瑞’”。

姚文元文章引起的“风波”，很快冲击到其他领域。理论、教育、文艺、新闻、出版等各界本来就充斥的各种政治性批判，又相继出现新的升温。在这种情况下，1966年2月初，担任中央“文化革命五人小组”组长的彭真连续召集会议，并起草《文化革命五人小组关于当前学术讨论的汇报提纲》（又称《二月提纲》），提出“坚持实事求是，在真理面前人人平等”的原则，倡导“摆事实、讲道理的方法”开展学术争论，试图对姚文元的文章及由此掀起的全国政治批判势头进行必要的限制。

《汇报提纲》的产生和发出，进一步加深了毛泽东对彭真以及中央“一线”主持工作领导人的不满。

根据毛泽东的意见，中央书记处会议作出决定：重新起草一个通知，彻底批判五人小组“汇报提纲”的错误，并撤销这个提纲；成立文化革命文件起草小组，报毛泽东和政治局常委批准。

5月4日—26日，中央政治局在北京召开扩大会议，集中揭发批判彭真、陆定一、罗瑞卿、杨尚昆的“问题”。5月16日，会议通过由陈伯达起草、毛泽东多次修改的中共中央通知（后称“五一六通知”）。这是一份集中反映发动“文化大革命”一系列论点的文件。它向全党宣布：高举无产阶级文化革命的大旗，彻底揭露那批反党反社会主义的所谓“学术权威”的资产阶级反动立场，彻底批判学术界、教育界、新闻界、文艺界、出版界的资产阶级反动思想，夺取在这些文化领域中的领导权……同时批判混进党里、政府里、军队里和文化领域的各界里的资产阶级代表人物，清洗这些人，有些则要调动他们的职务。“通知”还宣布成立“文化大革命”的指挥机构——中央文化革命小组。

"五一六通知"的传达、下发，向全党公布了发动"文化大革命"的理论纲领，这意味着前一阶段文化领域里的政治批判，已进一步扩展到党、政府和军队的各个方面，并且矛头开始指向在党中央工作的一些领导人。这个"通知"最终被党中央所认可、接受，标志着"左"倾错误方针在党内占据统治地位。

三、"满街红绿走旌旗"

5月的北京，正是春意融融的季节。然而，这时首都的政治气氛却异常紧张、严峻，几家主要报刊接二连三地刊登充满火药味的批判文章，向所谓"反党反社会主义"的"黑线"猛烈开火。

5月25日，北京大学聂元梓等人在校内贴出一张大字报：《宋硕、陆平、彭珮云在文化革命中究竟干些什么？》。大字报指责中共北京市委和北大党委压制群众革命，是十足的反对党中央、反对毛泽东思想的修正主义路线；号召北大师生打破修正主义的种种控制和一切阴谋诡计，坚决、彻底、干净、全部地消灭一切牛鬼蛇神，一切赫鲁晓夫式的反革命修正主义分子。

北京大学聂元梓等人的大字报，正好符合毛泽东从学校入手，进一步发动"文化大革命"的意图。根据毛泽东的意见，中央人民广播电台在当晚全文广播这张大字报。

第二天，《人民日报》在刊登聂元梓等人大字报的同时，还配发评论员文章《欢呼北大的一张大字报》。文章诬称北京大学党委及其上级党组织是"假共产党""修正主义的党"和"反党集团"，号召把他们打倒，把他们的黑帮、黑组织、黑纪律彻底摧毁。

聂元梓等人的大字报和《人民日报》评论员文章，立刻在北京以及全国大中学校里激起强烈反响。广大青少年学生纷纷以此为"榜样"，向所在学校的领导和党组织，向本地教育部门、党政领导机关发起猛烈攻击。一时间，各种大字报、批判会、辩论会比比皆是，遍布城镇乡村，整个教育界包括相关的党政领导部门陷于一片混乱之中。

面对这种局面，身在杭州的毛泽东写下了"一阵风雷惊世界，满街红绿走旌旗”的诗句。不久，毛泽东从南方回到北京。在这前后，发生了自“文化大革命”开展以来一个带普遍性的问题——工作组问题，并在党内高层引发一场激烈争论。

四、打破常规的“群众运动”

由上级领导机关派出工作组（或工作队）下到重点地区和单位调查研究、解决问题，必要时临时取代所在地区和单位的组织领导，这是党领导历次政治运动当中常见和惯用的一种方式。6月1日，由新改组的中共北京市委派出以张承先为组长的工作组，进驻因聂元梓等人大字报而陷于混乱的北京大学，“代行党委的职权”，对北大运动“进行领导”。

同时，鉴于从6月初开始的北京以及全国各大、中学校日趋严重的混乱局面，刘少奇主持中央政治局常委扩大会议作出决定，陆续向北京及各地大、中学校派出工作组，领导学校运动，以稳定形势。

从毛泽东发动“文化大革命”的指导思想看，“天下大乱”，是他首先要实现的目标。他后来说过：“过去我们搞了农村的斗争、工厂的斗争、文化界的斗争，进行了社会主义教育运动，但不能解决问题，因为没有找到一种形式，一种方式，公开地、全面地、由下而上地发动广大群众来揭发我们的黑暗面。”他最终认可的这种形式，就是“发动亿万群众”，开展“大鸣、大放、大字报、大辩论”。换句话说，他觉得过去那种有领导有步骤地开展运动的方式，已经不再适用了。

回京后毛泽东连续听取汇报，对北京地区开展“文化大革命”的情况很不满意，感觉运动搞得冷冷清清，在校学生受到压制。他严厉批评工作组：起坏作用，阻碍运动；阻碍革命势必帮助反革命、帮助黑帮；总而言之，怕字当头。根据他的意见，7月28日中央政治局扩大会议决定撤销工作组。很快，继北京之后，全国各地也陆续撤销工作组。

虽然北京和全国各地派到学校的工作组很快都撤出了，但“问题”并没有解决。毛泽东认为：派工作组已不仅仅是一个领导运动的方式方法问题，而是一个对待群众的态度和立场问题，是赞成还是反对搞“文化大革命”的问题；刘少奇等在京主持工作的领导人之所以会犯这样的“错误”，也绝不是偶然的。

五、“炮打司令部”

1966年8月1日，在毛泽东亲自主持下，中共八届十一中全会在北京开幕。这次全会主要是通过此前根据毛泽东多次指示修改、由陈伯达等人起草的《关于无产阶级文化大革命的决定》文件稿，以及对党中央的人事进行调整。

在全会开幕式上，刘少奇就前不久向北京和各地大中学校派工作组的问题作了检讨，其间毛泽东多次对派工作组一事进行严厉批评。针对刘少奇提出的对以后情况要“看一看”的说法，毛泽东强调：撤销工作组“要肯定”，已经两个月了嘛，现在要作结论。

同一天，毛泽东还给曾经抵制和反对过工作组的北京清华大学附属中学的红卫兵写了一封信，支持他们的“革命造反精神”。这封信，被作为八届十一中全会文件印发。

在讨论有关工作组问题时，其他几位党中央领导人和各地一些负责同志，也就“跟不上形势”“怕乱”等思想认识进行检查。批判工作组问题上的“错误”，成了会议的中心议题。8月4日，毛泽东在中央政治局常委扩大会议上对刘少奇等人进行更加激烈的指责，他说：因怕就压，不让学生起来革命，这种白色恐怖来自中央。“实际上是站在资产阶级立场，反对无产阶级革命。”“牛鬼蛇神，在座的就有。”这一批评，使得会场的气氛骤然紧张起来。

8月5日，毛泽东再次阅读北京大学聂元梓等人的“第一张大字报”和6月2日《人民日报》评论员文章，并挥笔写下一段语气空前尖锐的文字：“全国第一张马列主义的大字报和人民日报评论员的评论，写得何等好啊！请同志们重读一遍这张大字报和这个评论。可是在50多天里，从中央到地方的某些领导同志，却反其道而行之，站在反动的资产阶级立场上，实行资产阶级专政，将无产阶级轰轰烈烈的文化大革命运动打下去，颠倒是非，混淆黑白，围剿革命派，压制不同意见，实行白色恐怖，自以为得意，长资产阶级的威风，灭无产阶级的志气，又何其毒也！联系到1962年的右倾和1964年形‘左’而实右的错误倾向，岂不是可以发人深省的吗？”

经过斟酌，毛泽东把这篇文字加上《炮打司令部——我的一张大字报》的标题，印发全会，由此公开了长期以来他同中央“一线”领导人的意见分歧。“炮打司令部”，也就是“炮打”以刘少奇、邓小平为首的党中央“一线”集体，同时进一步清算刘少奇、邓小平等人过去的“错误”。

全会最后一天，选出了扩大至11人的中央政治局常委，排序是：毛泽东、林彪、周恩来、陶铸、陈伯达、邓小平、康生、刘少奇、朱德、李富春和陈云。林彪名列第二位，而刘少奇则退居第八位。

8月8日，全会通过《关于无产阶级文化大革命的决定》。《决定》提出：“当前开展的无产阶级文化大革命，是一场触及人们灵魂的大革命”，“在当前，我们的目的是斗垮走资本主义道路的当权派，批判资产阶级的反动学术‘权威’，批判资产阶级和一切剥削阶级的意识形态，改革教育，改革文艺，改革一切不适应社会主义经济基础的上层建筑，以利于巩固和发展社会主义制度”。《决定》号召全党要“敢”字当头，放手发动群众，让群众在运动中自己教育自己。此外，《决定》也肯定大多数干部是好的和比较好的，强调要正确处理人民内部矛盾，提出当前运动的重点是“大中城市的文化教育单位和党政领导机关”，并要求实行“抓革命，促生产”的方针。

中共八届十一中全会的召开以及所作出的决定，使得党中央从法定程序上确认了在全党全国开展“文化大革命”的基本方针和组织措施。由此，一场史无前例的政治大动乱，在中国大陆持续10年之久。

历史证明，毛泽东发动的“文化大革命”，是中国共产党在探索中国社会主义道路过程中所发生的严重错误。产生这一错误的原因是多方面的。邓小平说过，“就毛主席本身的愿望来说，是出于避免资本主义复辟的考虑，但对中国本身的实际情况作了错误的估计”。

（安建设撰稿）

"天下大乱"：从"全面夺权"到"全国山河一片红"

一、上海"一月夺权"

1966年下半年，"文化大革命"全面发动后的几个月时间里，在"革命""造反"的招牌下，上至国家主席、开国元勋，下到生产队长、车间主任，大批党政军领导干部或遭批斗，或"靠边站"，各级党组织和政府部门大都陷于瘫痪、半瘫痪状态。"文化大革命"的狂涛猛烈冲击着国家政治、经济生活各个角落，人们工作生活无序，整个社会动荡不安。

然而，在"天下大乱"方针指导下，1967年初，又出现了使全国性动乱进一步升级的上海"一月夺权"事件。

1月6日，王洪文等人为首的"工总司"等上海市造反派组织联合召开"彻底打倒陈丕显、曹荻秋为首的上海市委大会"，批斗陈丕显、曹荻秋等上海市领导人，同时将全市各单位、各部门几百名领导干部揪到会场"陪斗"。会后，原中共上海市委、市人民委员会机构停止办公，上海市"造反组织联络站"和"抓革命、促生产指挥部"取代原上海党政部门职能，上海市党政大权实际落入由张春桥、姚文元、王洪文操纵的造反派手中。

上海"一月夺权"迅速在全国引起连锁反应：从1月中旬到月底，山西、山东、贵州、黑龙江等省造反派组织相继发布“通告”，宣布夺取或接管本省党政机关领导权。与此同时，广东、江苏、安徽等省市，以及在京的许多中央国家机关也都发生造反派“夺权”事件。一时间，从地方到中央，从工矿企业到农村社队，到处喊“造反”，到处在“夺权”；全国大小山头迭起，各种派别林立。在短短一个月内，从中央到地方大批党政军领导干部纷纷被揪出、批斗、打倒，全国性动乱急剧蔓延和升级。这种局面，尤其是军队中不稳定因素的激增，使一直为动乱局面深深忧虑的老一辈革命家们焦灼不已，寝食难安。由此，一场正义抗争便首先从军队的问题引发。

二、老一辈革命家的“二月抗争”

同年1月，在北京京西宾馆召开的中央军委碰头会上，叶剑英、徐向前、聂荣臻三位军委副主席对江青、康生、陈伯达等提出的“军队不能特殊”、应和地方一样搞运动的荒谬主张一致表示反对。期间，叶剑英、徐向前义愤填胸，拍案喝斥江青一伙。史称“大闹京西宾馆”。

2月上旬起，周恩来在北京中南海怀仁堂主持有部分中央政治局委员、国务院和中央军委领导人以及中央文革小组成员参加的碰头会。会议一开始便针对要不要党的领导、要不要广大老干部和要不要稳定军队这三个重大原则问题展开争论。2月11日会上，叶剑英站起来质问康生、陈伯达和张春桥：“你们把党搞乱了，把政府搞乱了，把工厂、农村搞乱了，你们还嫌不够，还一定要把军队搞乱！这样搞，你们想干什么？”又说：“革命，能没有党的领导吗？能不要军队吗？”2月16日，怀仁堂会场上的斗争达到高潮。谭震林首先怒斥张春桥：“不要党的领导，一天到晚老是群众自己解放自己，自己教育自己，自己搞革命，这是什么东西？这是形而上学！”又说：“你们（指张春桥等）的目的，就是要整掉老干部，把老干部一个一个打光！”会上，陈毅、李先念、余秋里等也作了言辞激烈的发言，对“文化大革命”以来一系列极端做法表示强烈不满，对江青、陈伯达、康生、张春桥等“中央文革”成员以痛快淋漓的揭露、抨击。这次抗争，史称“大闹怀仁堂”。

怀仁堂会议后，周恩来、陈毅、谭震林、李先念、聂荣臻等还在其他场合“口诛笔伐”，继续就“三大原则问题”阐明看法。他们凭着对党、国家、人民利益的高度责任感，针锋相对，义正词严，对一贯煽惑动乱的“中央文革”支持下的极左行径给予有力批驳。

以上老一辈革命家的壮举，成为“文化大革命”发动以来党和人民同“左”倾错误以及江青集团所进行的一次大较量、大搏斗。然而，这场正义抗争却被诬为“二月逆流”而受到压制和打击。直到1971年林彪事件后，参与“二月抗争”的老一辈革命家才得到初步平反。

三、人民解放军的“三支两军”

“全面夺权”开始后，由于“打倒一切”造成的全国政治、经济、社会秩序和人民生活的空前混乱，派军队出来控制局面，已势在必行。

1967年1月23日，根据毛泽东的意见，中共中央、国务院、中央军委、中央文革小组发布《关于人民解放军坚决支持革命左派群众的决定》，人民解放军奉命“支左”（即支持“造反派”），正式介入地方的运动。

从4月起，中共中央先后对安徽、内蒙古、山东、福建、四川、甘肃、广东、湖南、江西、河南、吉林等省、自治区的“支左”工作提出具体意见或作出决定。至同年9月，各地“支左”工作告一段落，军队也由“支左”改为“支群”（即支持两派“群众组织”），以推动和促进各地区的“革命大联合”。

与此同时，到这年二三月间，全国共有6900多个单位实行军管，主要是公安、邮电、电台、报社、银行、仓库、监狱等，其中重要仓库3100多处，银行1400多处，共用兵力32个团。此外，在京的一些中央国家机关也相继成立军管会或派驻军代表，各省、自治区已实行军管或准备实行军管的有陕西、新疆、青海、西藏、云南、广东、广西、福建、浙江和江苏等。

在军队“支左”、军管基础上，根据毛泽东关于军队要管工业、管交通运输的意见，中共中央同年3月又发出《给全国厂矿企业革命职工、革命干部的信》，宣布人民解放军各部队将“大力协助地方、支持工业生产工作”。由此，军队开始全面支持地方工业生产。

军政训练，也是人民解放军“三支两军”任务之一，训练的主要对象是大、中学校师生。学生学军，根据中共中央通知，在校师生进行政治训练的主要内容是学习毛泽东著作和“文化大革命”有关文件，军事训练主要内容是进行队列操练。

四、稳定局势的重要措施

按照毛泽东原来的估计，自上海“一月夺权”开始的全国范围夺权行动，应在1967年2、3、4月间就可以看出“眉目”来，即省级夺权基本结束，“文化大革命”由此进入“斗、批、改”的“扫尾”阶段。然而，事情的发展远不像原来预想的那么简单。在江青一伙煽动下，针对“二月抗争”在全国掀起所谓“反击自上而下的复辟逆流”的浪潮，使无政府主义更加泛滥，造反派组织之间的派性争斗不断扩大、升级。1967年7月间，湖北省会武汉市爆发了震动全国的抗议和声讨中央代表团代表王力的七二〇事件，标志着整个局势已经出现失控。

武汉事件后，中央文革小组几个头面人物更变本加厉地施展手段，玩弄阴谋，挑动群众组织间无休止地争斗。7月22日，江青对河南一群众组织发表讲话，公开赞成“文攻武卫”的口号，煽动“左派”不要“放下武器”。此后，全国武斗急剧升级。河北、河南、安徽、浙江、江苏、贵州、黑龙江、湖南、广西等地都频繁发生派性武斗，国家资财和人民生命财产蒙受巨大损失。

7月底至8月初，在中央文革小组怂恿、支持下，北京数以千计的造反派组成“揪刘（少奇）火线”，包围中南海，冲击国务院。陈伯达、康生、江青还违背毛泽东关于“对刘、邓、陶不要搞面对面的斗争”的意见，公然在中南海组织批斗刘少奇、邓小平、陶铸夫妇，肆意侮辱、抄家。

8月7日，公安部部长谢富治在公安部机关召开的大会上提出“彻底砸烂公、检、法”的口号。由此，全国各级公、检、法机关普遍发生冲砸机关，抢夺档案，残害公、检、法人员的情况。整个公、检、法系统处于瘫痪状态，社会治安难以维持。

国内持续的政治动乱，也使对外关系和外交事务受到巨大干扰和破坏。这一时期，党和国家领导人的出访已完全停止。1967年上半年，中国与亚洲、欧洲、非洲等十几个国家发生外交纠纷。8月中旬，在中央文革小组成员王力“八七”讲话煽动下，外交部造反派擅自宣布“夺权”，部党委政治部被封被砸，姬鹏飞、乔冠华等部领导被关押，“打倒刘（少奇）、邓（小平）、陈（毅）”的口号被发往驻外使领馆。8月22日，北京发生“火烧英国驻华代办处”的严重涉外事件，中国的国际声誉受到空前损害。

以上国内及对外关系方面发生的一系列事件，表明“全面内战”“天下大乱”的局势已发展到难以控制的程度。同年夏秋，毛泽东离京南下，对华北、中南、华东地区“文化大革命”的情况进行视察，沿途发表一系列谈话。在总体肯定“文化大革命”的前提下，毛泽东也提出某些具体政策问题，旨在尽快稳住局势。他决定将中央文革小组成员王力、关锋实行隔离审查，就是其中的重要举措之一。

1968年3月下旬，在北京发生了所谓“杨（成武）、余（立金）、傅（崇碧）事件”。这是林彪、江青一伙联合制造的又一起有预谋的迫害军队领导人事件。随即，在全国开展所谓反击“右倾翻案风”。也就是从这时起，“天下大乱”达到前所未有的程度。许多地区派性争斗已发展成为有计划地、人为地制造一连串大规模的破坏活动。

同年7月，针对发生在广西和陕西等地的“一系列反革命事件”，中共中央、国务院、中央军委、中央文革小组先后发布“七三布告”“七二四布告”，对肇事的造反派组织采取果断措施，强行收缴武器，拆除武斗工事，逮捕指挥打、砸、抢的造反派头头，乃至包抄、围困拒不服从中央命令的群众组织，令其放下武器，停止抵抗。

此外，针对北京和各地大专院校学生组织中的派性激烈争斗，并时时酿成流血冲突的严重情况，7月28日，毛泽东、林彪、周恩来等集体接见北京大专院校红卫兵主要负责人，当面对他们进行批评教育。同时，毛泽东选择了派工人宣传队进驻学校的办法，试图控制住学校局势。8月25日，中共中央、国务院、中央军委、中央文革小组发出《关于派工人宣传队进学校的通知》，据此，全国大、中、小学都进驻了工宣队和军宣队，一些“老大难”单位和军事院校也派驻了工人和军管人员。

五、若干政策的有限调整

1968年9月5日，西藏和新疆两个自治区的革命委员会同时成立。至此，全国（除台湾省外）29个省、市、自治区革命委员会全部成立。从1967年上海“一月夺权”到全国29个省级革命委员会的建立，历时20个月之久。这是“文化大革命”发动以来，党、国家和军队处于最混乱、最复杂、最艰难的一个时期。

这一时期，在全国大多数党政军领导干部被冲击、批斗和打倒的浪潮中，各种专案组制造了数量很多的冤假错案，在莫须有的“叛徒”“特务”“国民党”“走资派”的罪名下，从中央到地方的大批领导干部或被革职罢官，或被下放管制，或被关进监狱，仅被中央文件和报刊上点名定性为“敌我矛盾”的各省、市、自治区的主要负责人，就有60余人。

“全面夺权”造成的“天下大乱”局面，还严重阻碍、破坏了国民经济的正常秩序，使工农业生产尤其是工业生产出现持续性下跌。经济指挥和管理、协调机构基本失灵、瘫痪，整个国民经济实际处于无政府状态。因形势极度混乱，该年的年度计划无法制订出来，1968年成为中华人民共和国成立以来唯一没有年度计划的一年。此外，在极左思潮冲击下，多年来在经济工作中形成的许多行之有效的经济政策和规章制度遭到批判和废弛，造成企业管理混乱，劳动纪律松懈，产品质量低下，挥霍、侵吞乃至毁坏国家资财的现象比比皆是。

政治、经济生活中呈现出来的严重状况，使得党的最高决策层不能不考虑在全国省级革命委员会成立后，适当调整政策，以缓和社会矛盾，减少动乱因素，避免和摆脱可能出现的更大、更严重的危机。

1968年9月初，毛泽东提出：“所谓顽固不化的走资派及资产阶级技术权威，民愤很大需要打倒的，只是极少数。就是对于这些人，也要给出路，不给出路的政策，不是无产阶级的政策。”据此，同年12月和翌年1

月，中共中央、中央文革小组先后下发文件，强调党的“给出路”政策。其中再次传达毛泽东的意见：对“认识并改正错误”的“走资派”应给予解放，分配工作，不要一提走资派，便以为是坏人；即使是反革命分子的子女和死不改悔的走资派的子女，也不要称他们为“黑帮子女”，而要说他们是属于多数或大多数可以教育好的那些人中间的一部分（简称“可以教育好的子女”），以示他们与其家庭有所区别。

上述指示、文件，表明毛泽东和党中央对于“文化大革命”以来的干部政策和知识分子政策所作的有限调整或松动，即实行“给出路”“再教育”等。与有限地调整干部政策和知识分子政策相关的，还有同一时期出现的机关干部下放劳动和城镇知识青年上山下乡等问题。从一定意义上说，这也是两年“文化大革命”造成的一系列政治、经济危机之后的必然产物。

六、党内外正确方面的努力和成就

在“全面夺权”“天下大乱”的20个月里，尽管党和国家的各级领导机关受到中华人民共和国成立以来最严重的冲击和破坏，大批党政军领导干部被错误地打倒和遭受迫害，但党和政府工作人员中的绝大多数仍是忠于党、忠于人民的，他们对社会主义事业和共产主义信念仍是坚定不移的。在种种艰难危险的情况下，广大干部和党团员骨干仍然能够以大局为重，不忘党的优良传统，努力体现党的正确政策，为维护社会主义制度和党的统一而不懈奋斗。当党和国家的根本利益面临威胁或受到损害之际，更有老一辈革命家和许多干部群众无私无畏，奋起抗争，甚至为此献出生命。正是这些因素的存在，才使“文化大革命”中党和人民的正义力量抵制“左”倾错误，反对林彪、江青集团的斗争具有广泛的思想基础和群众基础，才使党、国家政权、人民军队和整个社会的性质都没有也不会改变，显示出中国共产党和社会主义制度的顽强生命力。

同时，这场“大革命”也是一次“大考验”：在国家动乱、是非颠倒的险恶环境下，遭受打击和迫害的绝大多数知识分子、劳动模范和广大工农群众，都没有动摇热爱祖国、拥护共产党、拥护社会主义的立场，没有动摇立志改变祖国“一穷二白”落后面貌的决心。他们置个人荣辱安危于度外，坚守岗位，坚持生产，钻研业务，辛勤工作。正是这种执着的努力，才使“文化大革命”的破坏受到一定程度的限制，国民经济也才能在某些方面取得宝贵进展。例如，这一时期中国研制并爆炸成功了第一颗氢弹，第一座由国内自行设计架设的长江大桥——南京长江大桥也完成主体工程，农业生产主要是粮食生产保持了常年水平，等等。这些在“全面夺权”“天下大乱”情况下取得的成就极为不易。它们不仅不是“文化大革命”的必然成果，相反，它们是在克服“文化大革命”干扰破坏的情况下，或是在与“左”倾错误和林彪、江青集团艰苦斗争中才取得的。

（安建设撰稿）

“折戟沉沙”：林彪集团的兴起与结局

一、林彪集团的起家

林彪集团是以个人野心为基础、在“文化大革命”发动和“全面夺权”期间逐步形成发展起来的党内军内的一支宗派势力。“文化大革命”中，林彪、江青两个集团既互相勾结利用，又互相争夺倾轧。这两个集团根本不讲党性原则，他们的一切活动都是为了争夺各自的宗派利益。他们总是借机生事，借堂皇的题目做卑劣的文章。“文化大革命”初期，由于林彪“接班人”“副统帅”的地位，这个集团的权势迅速扩大，并在中共九大和九届一中全会达到高峰。林彪集团的主要成员包括黄永胜、吴法宪、叶群、李作鹏、邱会作等，他们凭借军委办事组这一特殊机构，实际上掌握了日常的军事指挥大权。中共九大以后，原中央文革小组组长陈伯达，因与江青等人的矛盾日趋尖锐，也投靠到林彪集团当中。

1970年3月，根据毛泽东的建议，党中央开始着手第四次全国人民代表大会第一次会议的筹备工作。林彪集团把召开四届人大看成是夺取更多权力的机会。他们利用讨论修改宪法的机会，屡次挑起有关纷争，实际上是企图达到其不可告人的最终目的。

二、应否设国家主席之争

1970年初春，“文化大革命”已进入第五个年头。

3月8日晚，周恩来主持中央政治局会议，传达讨论毛泽东提出的关于召开四届人大和修改宪法的建议。随后，讨论四届人大筹备工作的中央工作会议在京召开，有关四届人大的各项准备方案全都顺利通过。

不久，林彪突然做出一个出人意料的举动。他用电话记录的方式向在长沙的毛泽东提出：关于国家主席，“仍然建议由毛主席兼任”，“否则，不合人民的心理状态”；至于国家副主席，则可以不设。林彪还特别表示，他自己“不宜担任副主席的职务”。这个电话记录，同时也传给了中央政治局。

林彪的“建议”，乍看起来似乎颇有些费解。其实他的目的很清楚，这就是：还应当设国家主席。

如果纯粹是就设不设“国家主席”问题发表意见，林彪的“建议”应该说是无可指摘的。但后来事态的发展证明，林彪确实另有打算。

毛泽东听了林彪的“建议”之后，笑着说：设国家主席，谁当主席呢？反正我不能再当了，那就让董老当吧！

毛泽东没有考虑让董必武以外的其他人当“国家主席”。

4月12日，就在林彪传来电话记录的第二天，刚出访回京的周恩来主持中央政治局会议，讨论林彪的“建议”。会上，多数政治局成员同意仍由毛泽东担任国家主席。

当中央政治局讨论报告送到毛泽东那里后，他批到：我不能再作此事，此议不妥。之后，他又多次明确表示自己不当国家主席，也不设国家主席。但林彪仍坚持原来的主张。

这是“文化大革命”以来，毛泽东与林彪第一次在重要问题上各执己见。

根据党中央的安排，决定这年秋天在江西庐山召开中共九届二中全会，讨论通过四届人大各项事宜。

会前，林彪暗中吩咐黄永胜、吴法宪：要多小心，到庐山会有大的斗争。

三、庐山风云

1970年8月下旬，江西庐山。群峦叠翠，雾海苍茫。位于庐山北面的九江机场格外繁忙，马达昼夜轰鸣，一架架飞机在这里频繁起落，来往如梭。准备出席庐山会议的中央和地方负责人正陆续到达这里。

22日下午，毛泽东在他住地牯岭召开中央政治局常委会。谈到设国家主席问题时，他再次表示：设国家主席，那是个形式。我提议修改宪法，就是考虑到不要国家主席。如果你们愿意要国家主席，你们要好了，反正我不做这个主席。他还似有所指地告诫说：要把这次全会开成一个团结的、胜利的会，而不要开分裂的、失败的会。

23日下午，中共九届二中全会在庐山人民剧院开幕。毛泽东主持开幕式。周恩来宣布全会议程。随即，林彪作长篇讲话。他说："这次宪法修改草案，表现出这样的特点：就是突出毛主席和毛泽东思想在全国的领导地位。肯定毛主席的伟大领袖、无产阶级专政元首、最高统帅的这种地位……这一点非常重要，非常重要。用宪法的形式把这些固定下来非常好，非常好！""我最感兴趣的认为最重要的就是这一点。"又说，"我们说毛主席是天才，我还是坚持这个观点"。

为了开幕会上的这个"开场白"，林彪会前做了精心准备。而作这样一个发言，他却没打招呼，而是到开会前一刻，才突然提出来的。

当晚，在周恩来主持的中央政治局扩大会议上，吴法宪提出：全会各小组应学习林彪在开幕式上的讲话。这天夜里，根据会前林彪的布置，陈伯达、吴法宪两人连夜搞出一份恩格斯、列宁、毛泽东以及林彪关于称"天才"的语录材料，第二天送交会议秘书处打印。这件事毛泽东、周恩来都不知道。

从24日下午起，全会各组开始讨论林彪的讲话。在林彪授意、叶群布置下，陈伯达、吴法宪、叶群、李作鹏、邱会作等人按照商量好的口径，在各小组带头宣讲"天才"问题，吹捧林彪讲话，坚持设国家主席；同时，暗示有人"反对"毛主席。他们的发言，蒙蔽了许多不明真相的人。毛泽东由此感到事态严重。

下午3时，毛泽东主持召开有各组组长参加的中央政治局常委扩大会议。他宣布：现在各组讨论的问题不符合全会原定的三项议程。关于国家主席的问题不要再提了。他还严厉批评陈伯达等人在小组会上的发言违背了九大方针，提出应按九大精神团结起来，不要搞分裂，不要"揪人"。根据毛泽东的意见，会议决定全会分组会立即休会，停止讨论林彪讲话，收回有关简报。

毛泽东的意见，给了颇有些得意忘形的林彪一伙当头一棒，但他们仍不甘心。当周恩来提出要吴法宪等人检讨时，林彪却给吴法宪打气：你没有错，不要作检讨！

在小组会休会的几天里，周恩来连日出席毛泽东召集的会议，并频繁地找人谈话（包括林彪在内），以敦促陈伯达、吴法宪等人检讨。

几天后，尽管极不情愿，林彪还是出面主持中央政治局扩大会议，听取陈伯达、吴法宪等的检讨，但他们的检讨很不像样子。

8月31日，毛泽东在陈伯达所编《恩格斯、列宁、毛主席关于称天才的几段语录》的材料上，写下《我的一点意见》一文，点名批判陈伯达，指出：这份称"天才"的材料，"欺骗了不少同志"。"我跟陈伯达这位天才理论家之间，共事30多年，在一些重大问题上就从来没有配合过，更不去说很好的配合。""这一次，他可配合得很好了，采取突然袭击，煽风点火，唯恐天下不乱，大有炸平庐山，停止地球转动之势。"关于"天才"问题，毛泽东提出："我们只能站在马列主义的立场上，而决不能跟陈伯达的谣言和诡辩混在一起。"

毛泽东对陈伯达的揭露和批判，是对林彪一伙宗派活动的沉重打击和严厉警告。出于各种原因，毛泽东在批陈伯达的同时没有涉及林彪，还对林彪采取了某些保护措施。

9月6日下午，中共九届二中全会闭幕。全会基本通过《中华人民共和国宪法修改草案》和全会公报等文件。同时，党中央宣布对陈伯达进行审查。

四、暗中策划的政变阴谋

庐山会议之后，对庐山风波抓住不放的毛泽东先后对吴法宪、叶群二人的书面检讨作出批示，严厉批评吴法宪、叶群等人在庐山会议上"缺乏正大光明的气概”，“由几个人发难，企图欺骗二百多个中央委员”，“又找什么天才问题，不过是一个借口”。毛泽东还指出：“思想上政治上的路线正确与否是决定一切的”。与此同时，周恩来也部署并主持召开华北会议和中央批陈（伯达）整风汇报会，对黄永胜等军委办事组几个成员进行批评帮助。

毛泽东、周恩来对黄永胜等人的耐心教育，不但没有使他们幡然悔过，反而引起林彪一伙的忌恨。在庐山会议上首先发难的林彪，这段时间里一直称“病”不出，既不批陈，更不作检讨。

此后，林立果等人在上海秘密制定出《“571”工程纪要》，企图以“武装起义”方式，一举夺取党和国家最高领导权。为实施这个《纪要》，林立果等人多次开会研究，暗中进行策划。到3月底，已初步确定出“作战”的指挥系统和具体人员分工。

《“571”工程纪要》的出笼，标志着林彪这伙党内宗派势力，决心与党和人民为敌，成为彻头彻尾的反革命阴谋集团。

这期间，经过庐山会议以来的批陈整风运动，毛泽东从大量揭发材料中觉察出，林彪等人的所作所为十分可疑。他决定去南方一些省边调查、边“吹风”，为即将召开的中共九届三中全会做准备。

在半个多月时间里，毛泽东先后到达武汉、长沙、南昌等地，同沿途党政军负责人谈话，讲述党内路线斗争历史，批评和揭露黄永胜、吴法宪、叶群、李作鹏、邱会作以及背后支持他们的林彪在庐山会议上搞突然袭击，分裂党，急于夺权的一系列阴谋活动。

9月初，在北戴河的林彪、叶群先后得到周宇驰、黄永胜的密报，获悉毛泽东在南方谈话的主要内容，一时惊恐万状。林立果、周宇驰二人分别向其“联合舰队”成员下达部署杀害毛泽东的具体方案，并指派江腾蛟（南京军区空军政委）为“第一线指挥”。

在布置“暗杀”行动的同时，林立果等人还研究了“北线”计划，他们的攻击目标是中南海和钓鱼台，“消灭对象”包括周恩来、朱德、叶剑英、聂荣臻、徐向前、刘伯承等老一辈革命家；也包括江青、张春桥、姚文元等人。

自然，这一切都是在极其诡秘的方式下进行的。

五、阴谋败露，折戟沉沙

初秋的古都北京，气爽宜人。从9月6日起，周恩来每天都在北京人民大会堂里主持讨论准备提交四届人大的《政府工作报告》稿。

如画的江南大地，隐隐透出一股杀气。10日中午，正在南方巡视、对林彪一伙已有警觉的毛泽东下令专列开赴上海。随即专列离沪北上，一路不停，直驶北京。12日午后，专列抵达北京。

毛泽东安全返回北京，打乱了林彪一伙反革命政变的部署，林立果等人的谋杀计划遭到彻底破产。为此，在北戴河的林彪、叶群、林立果紧急策划南逃广州，企图另立中央，分裂国家。

9月12日深夜，当得知周恩来正追查停留山海关机场的林彪专机后，林彪一伙感觉阴谋已经败露，南逃广州的计划难以实现，便孤注一掷，决计北叛国外。

23时40分，林彪、叶群、林立果等在慌乱中钻入一辆高级防弹轿车，冲过警卫部队阻拦，高速驰往山海关机场。到机场后，林彪等人匆忙登机，在副驾驶、领航员、报务员都未上机的情况下，下令飞机在一片漆黑中强行起飞。

此时已是9月13日零时32分。

对林彪等人突然乘机离去的意图，暂时还是个未知数。为此，周恩来立即派人前往空军司令部，监视飞机动向；随后，他又向全国发布禁空令，并让调度员用无线电向林彪座机呼叫："不论飞机在何处降落，我周恩来都到机场去接。"但林彪座机不予回答。

当林彪座机飞临中蒙边境时，周恩来请示毛泽东处置办法。毛泽东说："天要下雨，娘要嫁人，由他去吧！"

凌晨1时50分，林彪座机飞越中蒙边界，进入蒙古人民共和国境内。

中共党内唯一的副主席、毛泽东的"亲密战友和接班人"叛逃了！——这是一件多么不可思议的事情。然而，它毕竟实实在在地发生在眼前。

面对如此惊心动魄的重大变故，周恩来十分清楚自己的责任。在毛泽东支持下，他毅然担起领导全党全军同林彪反革命集团作斗争的重任。

首先，根据毛泽东的指示，他在人民大会堂召开在京中央政治局成员紧急会议，宣布林彪叛逃事件，研究部署各种情况的应变措施。

随即，从13日清晨至当天下午，他亲自打电话给11个大军区和29个省、市、自治区的主要负责人，通报林彪外逃情况，下令进入紧急备战状态。

他还将李先念、华国锋等人分别派往京西宾馆、海军司令部和总后勤部主持工作，以便随时掌握动态、报告情况。

他特别指示外交部，要密切注意外电报道，抓紧研究和提出林彪事件引起的对外交涉所需应对方案。

13日上午，在周恩来直接指挥下，北京地区空军将林彪党羽周宇驰、于新野等劫持的一架直升飞机迫降在京郊怀柔县境内，从飞机上缴获林彪一伙阴谋政变的大量罪证，为后来查清林彪反革命政变计划提供了重要线索。

9月14日下午，周恩来接到来自中国驻蒙古人民共和国大使馆的特急报告，从中获悉林彪一伙机毁人亡的确切消息。

原来，当林彪座机飞临蒙古境内的温都尔汗时，因油料不足，飞机进行迫降，随即机身擦地起火，机上人员全部摔出，焚烧致死。

9月24日，经毛泽东批准，周恩来在人民大会堂福建厅主持会议，宣布将10天来一直拒不坦白交待问题的黄永胜、吴法宪、李作鹏、邱会作4人实行隔离审查。在这前后，林立果在各地的"联合舰队"骨干分子也相继被捕归案。

不久，中共中央《关于林彪叛国出逃的通知》逐级传达到全党全国。《通知》宣布："林彪于1971年9月13日仓皇出逃，狼狈投敌，叛党叛国，自取灭亡……"

1971年发生的林彪集团阴谋夺取最高权力、策动反革命武装政变的事件，是"文化大革命"推翻党的一系列基本原则的结果，客观上宣告了"文化大革命"的理论和实践的失败。九一三事件后，周恩来在毛泽东支持下主持党中央日常工作。在揭发批判林彪一伙罪行过程中，周恩来提出并领导了批判极左思潮的斗争，它使得党和国家各方面工作有了转机。

（安建设撰稿）

“解冻”：由中美关系正常化开启的外交新格局

20世纪60年代后期，世界上各种力量经过“大动荡、大分化、大改组”，逐渐形成新的战略态势。中国领导人抓住时机，从缓和中美关系入手，调整中国的对外政策，并在此基础上形成“一条线”的战略，改变了中国两面受敌的不利态势，使中国获得了超出自己实力的国际地位，在国际政治格局中形成了影响全局的美苏中大三角关系，由此开创了中国外交新格局。

一、调整对外战略的宏观思考和中美外交僵局的打破

20世纪60年代后期，美国由于深陷越战泥潭，实力受损，在与苏联争霸的斗争中开始处于守势；而苏联则在国际事务中越来越奉行霸权主义政策，并表现出咄咄逼人的气势，从而对中国构成更大威胁。此外，日本、西欧经济地位日益上升，第三世界逐渐兴起，中国的潜力开始为国际社会所瞩目。这种国际关系的巨大变革，为中国摆脱当时面临的不利局面，改善日渐严峻的外部环境提供了历史契机。

这种背景下，毛泽东高度警觉地注视着国家安全。此时此刻，除了中

国外交陷入困境需要打开局面这样的严重问题挥之不去外，还有两方面的重要因素促使他和其他中国领导人认真思考全面调整对外战略问题。

其一是苏联威胁的增强使其成为中国领导人心目中的头号敌人。60年代后期，中苏两党关系中断、国家关系恶化，而且苏联不断扩充的庞大的军事力量及全球性进攻战略态势，对中国形成越来越大的军事压力。1968年苏联入侵捷克斯洛伐克，并提出富于侵略性的“有限主权论”；1969年苏联又在中苏边境制造了珍宝岛等一系列的武装冲突事件，引起中国领导人对国家安全的严重关切。

1969年3月15日，毛泽东在中央文革碰头会上听取珍宝岛地区战况时说：大敌当前，动员准备一下有利。我们是后发制人。3月21日，周恩来召集黄永胜等军方领导人开会，针对苏军可能强占中国珍宝岛的态势，商定加强中方江岸兵力，大力部署，以逸待劳，准备后发制人。同时，就苏联总理柯西金通过载波电话要同毛泽东、周恩来通话一事，召集姬鹏飞等外交部官员商定以备忘录形式答复苏驻华临时代办：“从当前中苏两国关系来说，通过电话的方式进行联系已不适用。如果苏联政府有什么话要说，请你们通过外交途径正式向中国政府提出。”

3月22日，毛泽东提出在处理珍宝岛事件问题上，要坚决反击，准备谈判。4月28日，他在中共九届一中全会上提出“我们要准备打仗”，并且强调“主要的，是要有精神上的准备”。在这之后，中国的战备工作一度进入临战状态。苏联逐渐取代美国成为中国的主要威胁，促使中国领导人考虑怎样调整政策，才能集中主要力量，以对付主要之敌的问题。

其二是美国的战略收缩，使中国有可能在“两霸”中争取“一霸”。这时美国的情况日益引起毛泽东的注意。60年代中后期，美国在越南的侵略和干涉达到顶点，美国的能力也达到极限，其到处伸手的全球战略已难以为继，因此，收缩过度伸展的力量逐步成为美国统治阶层的共识。美国的这一战略动向，减少了从西南方向对中国的威胁，由此成为中国领导人全盘考虑调整对外战略的另一个重要因素。

这时，美国有远见的政治家尼克松审时度势，及时提出：越南战争是我就任总统后必须立即处理的最紧迫的外交问题。而美国要实现这一点，同坚决支持越南抗美救国斗争的主要国家中国打交道已是势在必行。用尼克松的话说就是：问题的关键不在河内，而在北京和莫斯科。值得注意 的是，尼克松在准备解决越南战争这一难题时，把北京的位置摆在了莫斯科之前。而且美国政府已经意识到，中国是一个具有巨大潜力的国家，已在国际社会的惊涛骇浪中牢牢站稳了脚跟，美国政府再也不能像过去那样无视中华人民共和国的存在了。正如尼克松说："中国的潜力极大，任何灵敏的外交政策都不能加以忽视或拒绝考虑。"基辛格也说：不管我们打算做什么和采取什么公开宣布的政策，他们都会给国际事务以影响，他们是一个现实。另外，在同苏联的角逐中，美国也认识到自身力量的不足，越来越感到中国是一个可借重的"资本"。尼克松曾说：考虑到将来，在我和苏联人进行对话时，我也可能需要在中国问题上为自己找个可以依靠的有利地位。这样，在美国第37任总统尼克松上台前后，美国开始向中国发出某种改善关系的信号，从而使中美接近具有了可能性。

而对当时的中国来说，改善同美国的关系，可以改变两面作战的不利局面，抗衡苏联的威胁，营造一个相对安全的外部环境。值得指出的是，在和平共处五项原则基础上发展国与国之间的正常关系是中华人民共和国的一贯立场，这一点对美国并无例外，过去主要是美国方面的原因导致了两国之间20余年的隔绝与对抗。现在毛泽东看出美国方面有进行战略收缩和改善中美关系的迹象，因此也希望与美国缓和关系，谈判解决中美之间的问题，其中包括解决台湾和越南战争这样的敏感问题。此外与西方的领头国家——美国改善关系，有助于中国更好地扫除障碍，以此带动一片，改善同其他国家的关系，摆脱当时中国对外关系方面的被动局面。因此，这是当时中国国家利益的迫切需要。

上述中美苏三方关系及其力量消长的变化，以及苏联对中国边境军事压力的增大，改变了中美苏关系的基础，这样，缓和中美关系，就成为集中力量对付苏联的最佳选择。关键是要找到一个突破口。

这时的毛泽东越来越注重对国际局势的观察，他最先注意到，正准备竞选美国总统的尼克松发表了一篇微妙的文章，尼克松当时除了表达美国应尽早从越南脱身的意向之外，还试探性地发出某种信号："从长远来看，我们简直经不起永远让中国留在国际大家庭之外，来助长它的狂热，增进它的仇恨，威胁它的邻国。""在这个小小的星球上，容不得10亿最有才能的人民生活在愤怒的孤立状态之中”。虽然尼克松的文章重复了中国对非共产党国家的所谓“威胁”这样的陈词滥调，但有价值的是，他看到并且指出了打开通向中国之路的重要性。毛泽东在研究了这篇文章后认为，尼克松如果上台，美国有可能会改变对华政策，并嘱周恩来阅读了这篇文章。周恩来领会了毛泽东的意图，指示外交部门注意对美国战略动向的观察与研究。在此之后，中方经毛泽东批准，于1968年11月25日通知美方，同意恢复已中断的华沙中美大使级会谈。

在此之后，毛泽东认为有必要对国际局势作进一步分析，因此他提议由几位军方老帅研究国际形势和中国的国防战略，并将意见上报中共中央供决策参考。1969年2月19日，毛泽东在一次会上说：国际问题有些怪，美英报纸经常吹苏联要出问题。苏联在远东搞演习，又不声张。他当场提出由陈毅挂帅，叶剑英、徐向前、聂荣臻参加，研究国际问题。珍宝岛事件发生后，毛泽东认为：“中苏发生交战了，给美国人出了个题目，好做文章了”。

在这种背景下，周恩来指示外交部及有关部门将文电和有关国际问题的材料及时分送军方四位老帅，并由陈毅主持，每月讨论两三次。陈毅等四人从1969年6—10月进行多次讨论，先后向中共中央提出《对战争形势的初步估计》《对目前局势的看法》等报告及口头意见，认为“苏修把中国当成主要敌人。它对我国安全的威胁比美帝大”。在讨论中，四位老帅还反复研究：“万一苏修对我发动大规模战争，我们是否从战略上打美国牌”。叶帅说：魏、蜀、吴三国鼎立，诸葛亮的战略方针是“东联孙吴，北拒曹魏”，可以参考；陈毅说：“当年斯大林同希特勒签订互不侵犯条约，也可以参考”。最后，在历经数月的研讨行将结束时，陈毅经过深思熟虑提出：尼克松出于对付“苏修”的战略考虑，急于拉中国。我们要从战略上利用美、苏矛盾，有必要打开中美关系。

陈毅等人这些新颖的战略性分析意见，以及打开中美关系的具体建议，对毛泽东作出缓和中美关系的战略决策起到了促进作用。1969年12月，中美两国在华沙恢复接触，1971年7月，周恩来与美国总统特使基辛格在北京举行秘密会谈，1972年2月，美国总统尼克松访华，双方发表含有反霸条款的中美上海公报。至此，中国联美遏苏的外交战略初露端倪，中国对外关系逐渐打破僵局。

二、中国外交新格局与“一条线”构想

中美关系缓和的趋向不仅大大改善了中国的安全地位，而且在世界上引起连锁反应，有力地推动和促进了国际社会承认、接纳中国的进程。中国外交也由此获得新的活力和宝贵回旋余地。

1971年10月25日，联合国大会第二十六届会议以压倒多数通过著名的2758号决议，决定恢复中华人民共和国在联合国一切合法权利，并立即把台湾当局代表从联合国及其所属一切机构中驱逐出去。

1972年9月，日本首相田中角荣访华。中日双方发表建立外交关系的联合声明。在新的国际形势下，中国与欧洲、北美、大洋洲国家的关系也得到迅速发展，中国同西方国家出现了一个建交高潮。

此外，中国同第三世界国家建交的数目大大增加，同东欧各社会主义国家的关系也有了一定程度的恢复和改善。

随着中国对外关系新格局逐渐成形，毛泽东对如何应对错综复杂的国际局势的战略思考也日渐成熟。1973年2月17日，他在会见美国总统特使基辛格时提出“一条线”构想。谈起欧洲和日本，毛泽东从遏制苏联扩张的角度出发，劝美国要加强同他们的团结，不要因为细微末节的问题纠缠不休，而忽略了根本的苏联威胁。毛泽东说：我们希望你们跟欧洲、跟日本合作。有些事情吵吵闹闹可以，但是根本上要合作啊。这里值得一提的是，仅在一年之前，中国还曾指责“美国帝国主义”蓄意复活日本军国主义，而在尼克松访华后短短一年时间里，随着中美在反霸问题上意见日趋一致，随着中日关系正常化逐步实现，中国方面对日本的看法已发生根本性改变，并在实际上已把日本视为反霸斗争中的一支重要力量。正因如此，中国反而敦促美国加强与保持同日本的密切联系，而不要因小失大。由于来自苏联的威胁与日俱增，毛泽东认为有必要在国际上孤立苏联。毛泽东对基辛格说：我跟一个外国朋友谈过，我说要搞一条横线，就是纬度，美国、日本、中国、巴基斯坦、伊朗、土耳其、欧洲。这实际上是提出了一个从中国、日本往巴基斯坦、伊朗、土耳其、欧洲到美国的联合抗

苏的国际统一战线的战略构想，具有深刻意义和影响。1974年1月5日，毛泽东又在会见日本外务大臣大平正芳时进一步提出“一大片”构想，即指“一条线”周围的国家。其目的要团结这“一条线”和“一大片”的所有国家，包括美国、日本在内的国际上一切可以利用的力量，共同对付苏联的扩张势头。

“一条线”的构想提出之后，在国际斗争中反对苏联的霸权主义，已成为中国的主要目标。这时中国虽然没有完全放弃对美国的批评，但更强调“要有主有次”，“打击揭露的重点应是苏修”。为了集中力量对付主要之敌，美国已被认为是一支可以利用乃至联合的力量（虽然对美国仍有批评）。这对中美关系的改善具有重要的意义。中国对第二世界的积极评价，扩大了中国同西方国家的联系，增进了相互了解，为后来中国实行对外开放政策奠定了一定的基础。

三、表面强硬，实质“务实”

在20世纪70年代初，中国在外交政策，特别是对美政策方面，越来越体现出灵活性。原因主要在于，具有特殊地位的中方最高决策人毛泽东，虽然在晚年始终坚持“文化大革命”这样全局性的错误，但他仍然高度警觉地注视着国家安全。值得指出的是，“文化大革命”全局性的“左”倾错误，是在毛泽东逝世后才得到系统纠正的。但外交方面，特别是对美政策方面的失误（主要是20世纪60年代前期和中期），是由毛泽东本人发现并开始加以纠正的。由此才有了70年代初中国对外政策，特别是对美政策的大调整，才促进了中美关系解冻的历史进程，并由此开启了中国外交新格局。

有意思的是，当时中国对外方面的公开言论充满了激进的革命高调，即便在中美关系有了缓解甚至改善的情况下，这一情况也没有改变多少。例如，在基辛格第二次访华期间，北京的报刊仍然充斥着“反帝”宣传，甚至在基辛格一行下榻的房间里，都发现了印有“全世界人民团结起来，打败美帝国主义及其一切走狗”字样的小册子；但另一方面，中国对外政策，特别是对美政策正是在这种革命高调中（毛泽东把这叫作“放空炮”），在不被人注意的潜流下，逐渐发生着重大变化。

形成这一奇特现象的原因是：当时中国既要维护自身外在的革命形象，又要从现实出发，顾及本国国家利益的需要。关于这一点，毛泽东在1973年2月同基辛格的谈话中曾指出：有时候，我们也要批你们一回，你们也要批我们一回。你们总统说是叫“思想力量”的“影响”。就是说，“共产党去你的吧！共产主义去你的吧！”我们就说“帝国主义去你的吧！”有时我们也要讲点呢，不讲不行呢。表面强硬、实质“务实”构成了当时中国外交，特别是对美外交的显著特征。这一点值得后人在观察这段历史时给予足够注意。

当然，由于历史的局限，特别是中国还处在“文化大革命”那样的氛围之下，毛泽东指导下的中国对外战略的调整，不可能完全摆脱“左”的干扰和影响。例如，毛泽东当时对爆发战争危险的估计存在较大偏差，对苏联社会性质的认定和苏联对中国威胁的程度估计过于严重，并对此作出一些过度反应。但这些局部的不足之处并不会从总体上影响中国对外战略调整的深远意义。不管怎样，在20世纪70年代特殊的历史条件下，这种战略调整扭转了中国两面受敌的不利局面，并使中国获得了远超出自己实力的国际地位，在国际政治格局中形成了影响全局的美苏中大三角关系，使中国外交迎来了一个前所未有的大发展时期，这就为中国以一支独树一帜的重要力量全面参与国际事务开辟了道路。

（宫力撰稿）

特殊的政治较量：从批极左转向“批林批孔”

林彪事件后，周恩来主持中共中央日常工作，努力落实党的各项政策。然而，江青集团利用毛泽东仍然坚持肯定“文化大革命”的认识，对周恩来的纠“左”努力极力阻挠和发难。这一时期，围绕批判林彪是批“左”还是批右的问题，以周恩来为代表的纠正“文化大革命”路线的一军，与江青集团为代表的坚持“文化大革命”路线的一军，展开了特殊的政治较量。

一、毛泽东的反思和纠正部分错误

林彪事件给毛泽东很大刺激，半个月中他衰老很多，像变了一个人。从1971年9月到1972年2月，他两次重病发作。毛泽东的重病，既是肌体上的，也是精神上的。林彪事件如何向全党全国交代？这是压在毛泽东心上的一块沉重石头。再像“文化大革命”前期那样宣布又揪出一个暗藏的阶级敌人集团，是无法让人信服的。

在苦苦思索“文化大革命”以来历史的过程中，毛泽东终于下决心对自己的错误有所纠正。

1971年11月14日，毛泽东指着叶剑英说："你们再不要讲他'二月逆流'了。'二月逆流'是什么性质？是他们对付林彪、陈伯达、王关戚。"1972年1月6日，毛泽东再次对周恩来、叶剑英说："今后不要再讲'二月逆流'了。请你们去向陈毅同志传达一下。"

陈毅去世后，毛泽东突然临时改变原定的较低追悼会规格，冒着严寒亲自出席陈毅追悼会——1950年任弼时逝世后，毛泽东出席的追悼会唯有这一次。临时接到参加许可的宋庆龄和一批民主人士及柬埔寨西哈努克亲王等也赶来参加。这是一个重要信号，表明毛泽东对他昔年战友的重新肯定。他流着泪对陈毅夫人张茜说："陈毅同志是一个好人，立了功劳的"。"要是林彪的阴谋搞成了，是要把我们这些老人都搞掉的。"毛泽东还当众说邓小平是"人民内部矛盾"。

8月14日，毛泽东对邓小平的来信作出批示：邓小平"应与刘少奇加以区别。（一）他在中央苏区是挨整的，即邓、毛、谢、古四个罪人之一，是所谓毛派的头子……（二）他没历史问题。即没有投降过敌人。（三）他协助刘伯承同志打仗是得力的，有战功。除此之外，进城以后，也不是一件好事都没有作的，例如率领代表团到莫斯科谈判，他没有屈服于苏修。"

1973年3月10日，中共中央发出文件，决定恢复邓小平的中央领导工作。4月12日晚，在人民大会堂，邓小平自他6年前公开露面（即1966年12月14日到医院向吴玉章遗体告别）以来第一次参加外事活动，在国内外引起强烈反响，尽管他的名字在出席的15位领导人中排在最后。

从1972年起，毛泽东先后在受到诬陷和打击的老干部陈云、谭震林、罗瑞卿、谭政、杨成武、李一氓、苏振华、林枫、叶飞、吴冷西、舒同、郭化若、李卓然、何长工等人及家属的来信上作出批示，要求对他们予以释放或解放、恢复工作。

1973年12月12日—22日，毛泽东在中共中央政治局会议上肯定朱德是"红司令"说：有人说你是黑司令，我不高兴。我说是红司令，红司令！12月21日，毛泽东在中央军委常委扩大会上再次指示要为贺龙平反：我看贺龙搞错了，我要负责呢。杨、余、傅也要翻案呢，都是林彪搞的。我是听了林彪一面之词，所以我犯了错误。

尽管毛泽东的这些自我批评并没有对“文化大革命”的整体错误作出清醒认识，有些说法也不符合历史事实，例如把“全面内战”的总后台说成是林彪。但这些表态，确实使周恩来在一定时期内掌握了纠正“文化大革命”错误的主动权。

二、周恩来主持中央日常工作时期的纠“左”努力

林彪事件后，周恩来主持中央日常工作，首先着手恢复、落实党的干部政策。

1972年4月24日，经他指示和亲自阅改，《人民日报》发表社论《惩前毖后治病救人》，指出：经过长期革命斗争锻炼的老干部，无产阶级文化大革命中涌现出来的新干部，都是党的宝贵财富。其中对新干部即造反派的评价在当时并不新鲜，而对老干部的这一评价却是“文化大革命”以来久违的，为解放老干部起到了舆论促进作用。

8月1日，由周恩来安排，经毛泽东批准，陈云、王震、滕代远、陈再道等一批在“文化大革命”前期被迫害和打击的老干部出席了国防部举行的庆祝建军45周年招待会。此后，每逢重要节日的庆祝活动，周恩来都尽可能安排一些尚未解放的老干部出席，为他们恢复名誉。

1973年 3 月9日，周恩来主持中央政治局会议，抓住原八机部部长陈正人、内务部部长曾山、教育部部长何伟因在受审查中缺少医治去世的例子，指示要尽快解决老干部的医疗问题，并亲自安排卫生部组织北京十大医院为约500名副部长以上干部作了体检。许多在外地被审查的老干部借此机会回到北京，重新安排了工作。

其次，从1971年年底到1972年年底，周恩来主持召开“文化大革命”以来被中断的全国民族、公安、卫生、科学、出版等部门工作会议，推动国家各部门健全制度、落实政策。

“文化大革命”前期，国家的民族政策遭到严重破坏，许多民族地区发生粗暴干涉民族风俗习惯和宗教信仰、迫害民族干部群众的恶性事件。周恩来指示先后派出五个调查组，分赴内蒙古、新疆、西藏、广西、云南、青海等少数民族地区，调查民族政策执行情况和群众中存在的生产、

生活问题。中共中央在批转宁夏座谈会报告的通知中，要求对民族政策进行一次检查，以此初步改变严重违反民族政策的现象，纠正了一些错案。

公安部门是“文化大革命”前期的重灾区。公安部有7名副部长被打倒，北京市公安局有72名处长、县分局长被诬陷为“叛徒”“特务”“反革命”。在重新召开的全国公安会议上，周恩来批评说：公安机关现在组织没有了，制度没有了，办法也没有了……那些老人为什么都不用了？在他一再督促下，1972年7月公安部向中共中央提出报告，建议对干部及时解放，分配适当工作；对公安机关的军管应当予以撤销。中共中央批准了这个报告。

1973年3月8日，周恩来主持庆祝“三八”国际妇女节茶会。不顾在场的江青的不满，他严厉批评“文化大革命”中将外国专家朋友污蔑为“外国特务”“修正主义分子”“资产阶级反动权威”，进行批斗、驱逐、关押的极左做法，沉痛地表示赔礼道歉，深情地说：今后我们一视同仁，像一家人一样生活，来个男女革命朋友一道解放！讲话在国外引起强烈反响。

三、批极左还是极右的冲突

周恩来通过批林来批判“文化大革命”极左思潮的努力，江青集团极为不满。他们担心继续批判极左会使矛头指向他们，于是极力把矛头扭转向批判极右。

1972年11月28日，根据周恩来的指示，中联部、外交部提出召开外事会议的请示报告，建议彻底批判外事工作中的极左思潮和无政府主义。但张春桥批示：“当前的主要问题是否仍然是极左思潮？批林是否就是批极左和无政府主义？我正在考虑。”江青也批示：我个人认为应批林彪卖国贼的极右，同批他在某些问题上形左实右……同时应着重讲一下无产阶级文化大革命的胜利。

由此，围绕是批极左还是批极右，周恩来和江青集团的一场斗争已经不可避免。

斗争的焦点，是《人民日报》的宣传方针。1972年7月至8月，周恩来多次批评姚文元分管的人民日报社和新华社，极左思潮没有批透。张春桥、姚文元却召见人民日报社负责人说："在批林时要动脑筋，划清界限，不要过头"。9月底，周恩来主持起草《人民日报》国庆社论，写道："特别要批判极左思潮。"姚文元审稿时删去了这句话。10月14日，《人民日报》发表根据李先念、余秋里、华国锋指示撰写的文章《无政府主义是假马克思主义骗子的反革命工具》。姚文元说："当前要警惕的是右倾思潮的抬头"，"不能说什么都是无政府主义，不要批到群众头上，不要混淆两类矛盾"。江青说，这版文章"就是要在全国转移斗争大方向"。张春桥说：上海工人对这篇文章意见大啦。他们指使上海《文汇报》组织文章进行反击。

12月4日，《人民日报》的一个部门负责人给毛泽东写信，汇报了《人民日报》内部关于批极左还是极右的尖锐分歧。信中说：到底批左是过了头，还是没有批透？我觉得总理的指示是正确的。对张春桥、姚文元的讲话，他表示想不通。

这个问题的关键在于——批林彪的极左将把矛头对准"文化大革命"，这是毛泽东所不允许的。因此，12月17日他召见周恩来、张春桥、姚文元，在谈话中表态：批极左，还是批右……极左思潮少批一点吧……（林彪）是极左？是极右。修正主义，分裂，阴谋诡计，叛党叛国。

利用毛泽东的这个表态，1973年起，江青等在教育、文化领域掀起了一场"反右倾回潮"的运动。

四、"批林批孔"运动

毛泽东青少年时代坚决反对"尊孔读经"，但仍认为孔子是一个伟大的教育家。到延安以后，他曾说："从孔夫子到孙中山，我们应当给以总结，承继这一份珍贵的遗产。"

但是"文化大革命"中，他对孔子态度发生180度大转弯。1973年7月4日，毛泽东对张春桥、姚文元说：尊孔反法，国民党也是一样啊！林彪也是啊！8月5日，毛泽东给江青念了他的诗《读（封建论）》，说"孔学名高实秕糠"。不久，毛泽东又给毛远新讲解诗，说：人家打着批极左的旗号主张回到刘少奇，反攻倒算呢！要批孔，反对倒退。

毛泽东为什么要把林彪和不相关的孔子联系起来批判？

深层的原因，在于毛泽东感到批判林彪的一个时期里，从中央到地方，纠正了一些极左错误，出现了一股怀疑、否定“文化大革命”的思潮，愈来愈汹涌。他决意对这种“倒退”趋向进行反击。他再次想到批判《海瑞罢官》的办法——从历史人物入手，发动群众大批判浪潮。于是，主张复辟周朝礼制的孔子就成为靶子被举起来了。

为了把批林与批孔联系起来，北京大学、清华大学组成“批林批孔材料小组”，前往林彪住地毛家湾，寻找林彪尊孔的罪证，编辑成《林彪与孔孟之道》。1974年1月，经江青与王洪文建议，这份材料由中共中央转发全国。同月又召开两次万人批林批孔动员大会。“批林批孔”运动在全国开展起来。

江青一伙跑到一些工厂、农村和部队，宣讲“儒法斗争史”，煽动要“揪现代大儒”“批党内大儒”，特别是“除了林彪、陈伯达以外”的“现代的儒”。江青集团的御用写作班子“梁效”及上海市委写作组的“罗思鼎”发表了大量上纲上线的大批判政论文章，含沙射影，借古讽今，指桑骂槐，旁敲侧击。全国基层也出现“天津小靳庄批林批孔十件新事”“马振扶中学事件”“大字报《要当码头的主人不做吨位的奴隶》”等一系列光怪陆离的闹剧。

“批林批孔”运动的第一个恶果，是鼓起地方动乱。从中共九大以来一度被打击压制的各地造反派，以“反潮流”为旗帜又活跃起来，掀起了新的造反浪潮，他们大多利用成立批林批孔（简称“双批”）领导小组、民兵组织及工会组织，对造反派突击入党、突击提干，围攻省市各级党政机关，冲击军区，批判地方干部和军队干部，行夺权活动。

“批林批孔”运动的第二个恶果，是严重冲击了国民经济建设，使1972年以来稍有好转的经济形势，1974年又濒临动乱的边缘。全国工农业总产值仅完成计划的95.6%，其中工业总产值仅完成计划的93.2%；大部分重工业和轻工业产品都没有完成计划，甚至比上年还有下降。

毛泽东发动“批林批孔”运动的本意，是想恢复群众对“文化大革命”的拥护，顺带也清查一下与林彪有牵连的军队干部。他只想把运动限制在意识形态领域，并不想全国再度出现大乱。而江青集团则想利用这场运动，打击周恩来和以邓小平为代表的老干部，让地方造反派重新掌权，形成第二次“文化大革命”。这是毛泽东不能允许的。经过他的批准，中共中央发出一系列文件，采取各种措施对“批林批孔”运动造成的混乱局面加以控制。

1974年8月，中央政治局召开的各大军区司令员、政委会议，传达了毛泽东的指示：“无产阶级文化大革命，已经八年。现在，以安定为好。全党全军要团结。”毛泽东又说：说批林批孔是第二次文化大革命是不对的。这些话语，除了再次重申从中共九大以来的安定团结愿望外，也流露出他对“文化大革命”的一种厌倦。于是，“批林批孔”运动在1974年秋天收场。

（陈东林撰稿）

一九七五年整顿：邓小平的改革试演

1974年，毛泽东提出的三项指示中，一个是“安定团结”，要解决的是政治问题，即结束“文化大革命”以来的政治动荡、社会矛盾尖锐状况；一个是“把国民经济搞上去”，要解决的是经济问题，即改变“批林批孔”运动以来经济持续严重下滑现象。这个重任，落在了1975年1月四届全国人大以后，代替周恩来主持国务院工作的邓小平身上。

一、从铁路开刀的工业整顿

整顿的突破口选在哪里？邓小平主持制订的执行1975年国民经济计划的中央通知里点明：“特别要把交通运输和煤炭、钢铁生产搞上去。”

四届全国人大上被任命为铁道部部长的万里上任不到20天，邓小平就两次召见他谈话。万里提出，用半年时间解决铁路堵塞的严重问题。邓小平表示：不行！不能拖，不能等，要用最快的速度，最坚决的措施，迅速扭转形势。他亲自口述了中央解决铁路问题文件的主要内容。

1975年2月—3月，全国主管工业的党委书记会议在北京召开，这实际上是一次大规模的经济工作会议。会议的重点是解决铁路运输问题，讨论中共中央关于加强铁路工作的决定（9号文件）。与会者纷纷表示，铁路拖了国民经济的后腿，现在中央采取这样坚决有力的措施，这个决心下得好！

会议闭幕前，邓小平到会讲话。他没有按照惯例和大家握手，说：不拉手了。现在工业情况还不好，等你们工业搞上去了，再拉手。他在讲话中严厉地说："现在闹派性已经严重地妨碍我们的大局。要把这个问题摆到全体职工面前，要讲清楚这是大是大非问题。""徐州那个闹事的头头'本事'可大啦，实际上是他在那个地方专政。对这种人不及时处理，等到哪一年呀？"他要求把9号文件宣传到群众中去，家喻户晓。主管交通的副总理王震当即向中央立下军令状：保证一个月内见效！

会后，铁道部部长万里亲自带领工作组，前往问题特别严重的徐州铁路分局，雷厉风行地召开万人群众大会，大张旗鼓地宣传中共中央文件，调整领导班子，逮捕了一批造反派坏头目。徐州铁路分局面貌很快得到改观，结束了连续21个月完不成任务的局面。4月更是提前3天完成计划。然后，万里率领工作组又前往太原、郑州、南昌、长沙、昆明等地路局，向全国铁路系统推广徐州经验。

铁路整顿收到明显效果。4月，全国20个铁路局除南昌外都完成了运输计划，而连续17个月没有完成计划的南昌铁路局在5、6月也超额完成计划。从4月起，全国煤炭日装车量58个月来、卸车量57个月来第一次完成计划。津浦、京广、陇海、浙赣等主要铁路干线保持畅通。群众高兴地说：火车正点万里行！

邓小平听了万里汇报后说：铁路上来了，现在要看各个部门的了。于是，其他工业部门的整顿也进入高潮。

5月，中央在北京召开钢铁工业座谈会，邓小平作了重要讲话。他气愤地说："有的人把党的事业闹得乌天黑地，你还等他觉悟，你能等得及吗？要敢字当头。对坚持闹派性的人，该调的就调，该批的就批，该斗的就斗！"

继铁路、钢铁之后，全国工业战线的整顿全面铺开。到7月底，铁道、煤炭、冶金三个重点部门已整顿133个企业，占工交系统已整顿的54%。交通运输和工业生产一个月比一个月好。

二、对军队、教育、科技等的整顿和文艺调整

从1975年7月起，中央日常工作也由邓小平主持。整顿工作扩大了范围。到9月底，在工交、军队、科技、地方领域已见成效，教育、文艺领域揭开序幕，农业整顿也在准备之中。

整顿军队：

1975年1月25日，新上任的总参谋长邓小平在总参团以上干部会上讲话，提出“军队要整顿”的任务：“一个是要提高党性，消除派性；一个是要加强纪律性。”

6—7月召开的中央军委扩大会议从两个方面集中讨论了整顿问题。一是精简整编，研究解决压缩军队定额、调整编制、安排超编干部和调整领导班子；规定全军总人数精简26.2%。至1976年年底，全军总人数比1975年减少13%。二是加强部队思想建设，增强党性，反对派性，纠正不正之风，恢复发扬优良传统和作风，加强军事训练。邓小平在《军队整顿的任务》的重要讲话中，用尖刻辛辣的批评语调，表现出对寄予期望很高的军队现状的严重不满。他说：现在，军队的团结，军政、军民的团结，都存在不少问题。有个战士坐车，一位妇女抱着娃娃，他不让座，娃娃哭了他也不理。旁边有位老人说，雷锋叔叔不在了。

经过整顿，初步改变了军队存在的机构臃肿和作风懒散问题。

整顿科技：

1975年3月，张爱萍重新担任国防科委主任。七机部的整顿成为关键。他首先抓核心单位230厂，召开大会批判派性，要求领导干部进行检讨，但是遭到造反派的激烈反抗和驱赶。5月19日，邓小平听取汇报后对张爱萍说：只要你们大胆工作，错了我们负责……大字报一万张都不怕。你还在七机部吧？没有被撵跑吧？要待下去，不要怕抓小辫子。张爱萍采取果断措施，发动七机部群众大张旗鼓批判派性，很快建立科研生产秩序，重点项目取得突飞猛进。下半年连续成功发射三颗人造卫星，被誉为“三星高照”。

1975年7月，胡耀邦接受邓小平关于整顿中国科学院的指示，上任主持工作。他先后调整院、所两级领导班子，把懂业务的干部选拔上来，把

闹派性的人调离；落实知识分子和干部政策，把散失在工厂、农村、干校的专家学者找回来，给800多人落实了政策；提出要“五子登科”解决科技人员房子、票子（工资）、孩子（入托、上学）、妻子（两地分居）、炉子（煤气炉）的生活困难。

在邓小平指导下，胡耀邦组织起草《关于科技工作的几个问题》（即“科学院工作汇报提纲”）。文件指出：把知识分子当作专政对象，使广大科技人员不敢钻研业务，是不正常的；科学技术也是生产力，要走在前面，推动生产发展；不能把理论研究说成是“脱离实践”，要鼓励学术上的不同意见争鸣，改变用粗暴手段处理学术问题的做法。“汇报提纲”还提出科学技术十年规划的轮廓。

邓小平多次听取修改汇报，称赞这个文件，提出要解决科技人员的生活困难，为他们创造科研条件；一不懂行、二不热心、三有派性的人不能在科学院的领导班子里。他鼓励领导干部要大胆地站出来整顿，不怕第二次被打倒。

整顿教育：

教育工作是“四人帮”长期控制的领域，也是张春桥分管的，要迅速扭转教育战线的混乱局面，难度很大。四届全国人大恢复了被撤销的教育部，任命周荣鑫为部长。他亲自抓教育部主办的《教育革命通讯》，连续发表多篇文章和评论，肯定“努力学习文化科学知识，重视基础理论课教学，保证教学时间和质量”的做法，批驳“四人帮”扣上的“智育第一”“回头路”的“帽子”。

9月26日，邓小平对教育整顿作了十分尖锐的指示：“有些大学只是中等技术学校水平，何必办成大学？”“这样做要是犯错误，我首先检讨。这不是复旧！一点外语知识、数理化知识也没有，还攀什么高峰？中峰也不行，低峰还有问题。”“要解决教师地位问题。几百万教员，只是挨骂，怎么调动他们的积极性？”他不仅在办大学的方针上直接否定迟群、毛远新等人提出的“上管改”和“社来社去”“新生事物”，而且实际上否定了毛泽东提出的“走上海机床厂道路”的“七二一指示”，力图把大学扳回到正常轨道上来。

整党和整顿地方：

7月4日，邓小平在中央读书班的讲话中，已经提出整党的必要性："军队要整顿，整个党也有这个问题，特别是在党的领导和党的作风方面。"

整党先从问题最严重的浙江开始。在"批林批孔"运动中，王洪文出面，指定造反派头头张永生、翁森鹤、贺贤春列席浙江省委常委会，控制了领导权。全省在不到3个月的时间，在造反派中突击发展党员3.6万多人，突击提干约9000人。

在中央工作组的支持下，7月初，浙江省委召开常委会和省委工作会议，批判资产阶级派性，撤销帮派势力强占的三台山据点，对严重违法乱纪的帮派骨干给予严肃处理。接着，中央工作组会同浙江省委起草了解决浙江问题的请示报告。邓小平主持中央政治局会议通过，将这个文件作为中央16号文件下发。邓小平在中央批语中加了一句醒目的话：对党组织从思想上、组织上进行一次整顿是十分必要的。由此揭开全国整党的序幕。

浙江问题的解决，为全国整党和地方整顿树立了榜样。根据邓小平意见，中组部在9月中旬召开云南、福建、四川、湖北等六省委组织部负责人会议，并到贵州、吉林、宁夏进行调查研究，开始起草《关于整党问题的汇报提纲》和《整党问题参阅材料》，着手起草整党工作指示。

文艺政策调整：

文艺界是江青集团控制的禁地，四届全国人大以后，江青亲自点名提拔于会泳、刘庆棠分任文化部正、副部长，张春桥、姚文元代表中央政治局和国务院分管。邓小平采取的办法，一是通过调查研究，收集材料，上报毛泽东，借助毛泽东的指示调整文艺政策。二是在能够插手过问的一些重要文艺事件和决策过程中，与江青等进行斗争。

7月初，毛泽东同邓小平谈话，对文艺界状况深表不满地说：样板戏太少，而且稍微有点差错就挨批。百花齐放都没有了。别人不能提意见，不好。7月14日，毛泽东又当着江青的面说：缺少诗歌，缺少小说，缺少散文，缺少文艺评论。党的文艺政策应该调整一下，一年、两年、三年，逐步逐步扩大文艺节目。

毛泽东的这些指示对正在找整顿文艺界突破口的邓小平，是一个大好消息。他立即布置国务院政治研究室进行调查，很快就以文艺工作者写信的形式，向毛泽东转呈了一批材料，反映“四人帮”摧残“百花齐放”政策的情况：首先是给电影《创业》罗织十大罪状，强令停演。7月25日，毛泽东批示：“此片无大错，建议通过发行。不要求全责备。而且罪名有十条之多，太过分了，不利调整党的文艺政策。”邓小平看到后，当场表示：文化部处理问题太粗暴，连《创业》这样的好影片也不许放映，还有什么百花齐放！毛泽东支持电影《创业》、批评“四人帮”的批示传开后，文艺工作者奔走相告、热烈拥护，引起一系列向中共中央、毛泽东、邓小平写信或写大字报揭发、批判文化部的连锁反应，对江青等人独霸的文艺界进行了有力的冲击。

三、1975年整顿的被迫中断和重要历史意义

邓小平的整顿，是在毛泽东支持下进行的。但是随着他开始全面纠正“文化大革命”的错误，毛泽东对整顿表现得越来越冷漠。

邓小平主持起草的《关于科技工作的几个问题》及主持整理的毛泽东1956年《论十大关系》讲话，几次上报，毛泽东都没有同意下发。毛泽东觉察到有人要用他过去的思想来否定他“文化大革命”中的认识。

冲突的焦点，是清华大学、北京大学。1972年2月21日，美国总统尼克松会见毛泽东时称赞说：“主席的著作推动了一个民族，改变了整个世界”。毛泽东只回答：我没有能改变世界，我只改变了北京周围的一些地方。他指的就是通过派身边工作人员迟群、谢静宜等去领导位于北京西郊的清华、北大两所学校，使这里成为坚持“文化大革命”意识形态的大本营。不解决清华、北大的问题，就不能触动教育界乃至意识形态领域的“文化大革命”错误。

有人劝告邓小平，不要去动那两所学校。邓小平也觉察到毛泽东不能容忍否定“文化大革命”的态度。“但是，在国难当头的时刻，他怎么能够为了保全自己而丧失力挽狂澜的机会，怎么能够为了一己之安危而放弃正义和原则。他毫不犹豫地选择了一条充满风险的不归之路。”

1975年8月13日，清华大学党委副书记刘冰等人给毛泽东写信，通过邓小平转呈，反映校党委书记迟群的思想作风严重问题。10月13日，刘冰

等人又写了第二封信，再次通过邓小平转呈毛泽东，补充反映迟群的其他问题，而且把谢静宜也列入。

毛泽东终于不能容忍邓小平否定“文化大革命”的整顿。10月19日他表态说：他们信中的矛头是对着我的。我在北京，写信为什么不直接写给我，还要经小平转。小平偏袒刘冰。他要中央政治局开会批评邓小平。起初，他试图要邓小平主持做一个肯定“文化大革命”的决议，来改变邓小平的态度。但是被邓小平以“不知有汉，何论魏晋”的理由，委婉而又坚决地拒绝了。于是，毛泽东确认邓小平是要“翻文化大革命的案”，开始了“反击右倾翻案风”运动。邓小平被迫离开中央领导岗位，次年被再次打倒。1975年整顿也被迫中断。

邓小平主持的1975年整顿尽管只进行了不到10个月，但是其历史意义是十分重大的。

1975年是“四五”计划（1971—1975）的最后一年，主要由于邓小平主持的整顿，“四五”计划的多数经济指标得到完成。与上年相比，1975年工农业总产值增长11.9%，其中农业增长4.2%，工业增长15.1%。展现了“文化大革命”以来最好的状况。这一期间，还取得一批重要工程和科学技术成果：湘黔铁路、焦枝铁路通车，中国第一条电气化铁路宝成铁路工程完成，大港油田和任丘油田投入建设和生产，当时全国最大的水力发电站刘家峡水电站建成。科学实验卫星的成功发射和返回，洲际火箭的首次发射成功，高产量的籼型杂交水稻的实验成功和在南方13省的推广，都是在中国经济建设和科技发展史上具有重要意义的成就。

更重要的是，邓小平主持的1975年整顿，不妥协地同“文化大革命”的错误路线进行斗争，给在艰难中坚守工作岗位、进行社会主义建设的全国人民，指出了方向，树立了榜样，鼓舞了他们纠正错误、战胜困难的决心。通过邓小平主持的整顿，人们看到了国家从大乱走向大治的希望，增加了斗争勇气。在1976年全国悼念周恩来、抗议“四人帮”的四五运动中，更多的人敢于挺身而出，和“四人帮”进行斗争，为邓小平主持的1975年整顿叫好。这为1976年10月华国锋、叶剑英为代表的中央政治局代表人民的意志，一举粉碎“四人帮”，结束“文化大革命”的局面，准备了群众基础和舆论基础。在这个意义上说，没有1975年整顿，党和国家就不能迅速地走出“文化大革命”的全局错误而进入改革开放新时期。同时，邓小平在经济整顿中，也提出引进外资技术设备、以产品偿还的“补偿贸易”大政策，在改革开放时期成为“三来一补”(即来料加工、来样加工、来件装配和补偿贸易)的重要对外加工手段。可以说，邓小平主持的1975年整顿，是后来改革的试演。

（陈东林撰稿）

粉碎“四人帮”：中国政治大转机

“文化大革命”进行10年之后，中国政治在1976年发生重大转机。引起这个转机的，是粉碎“四人帮”这件大事。

1976年，中国社会在经历1975年各方面整顿之后，因为“批邓、反击右倾翻案风”运动而重陷困局。这年接连发生一系列政治、社会乃至自然界的事件，局势变得更加紧张和扑朔迷离，同时也带来不少变数。

周恩来病逝，是1976年的第一件大事。他在民众心中具有极大人格魅力，也是困局之中人们的希望所在。邓小平遭到批判之后，周恩来又去世，人们除了悲痛外还格外伤感和失望。政治上，他的逝世使高层人事问题更加凸显。“文化大革命”时期，中央日常工作一直由周恩来主持。他病重后，1975年初毛泽东同意由复出不到两年的邓小平代周恩来主持工作。这年秋冬，曾经支持邓小平的毛泽东对他产生怀疑和不满，不能容忍邓小平领导各方面整顿、有限改易“文化大革命”的极左政策，决意“批邓”。对邓小平失望之后，由谁主持中央日常工作，毛泽东一时主意未定。周恩来去世后，国务院总理一职首次空缺，使得这一问题变得迫切。

邓小平主事期间，江青集团被毛泽东批评为“四人帮”，一度受到抑制。毛泽东批邓之后，“四人帮”重启势头。按照排名，王洪文是位列周恩来之后的中央副主席，张春桥是位列邓小平之后的副总理。虽然王洪文已失去毛泽东的信任，但张春桥颇得毛泽东赏识和倚重，“四人帮”觊觎在这轮人事安排中获取更大权力。出人意料的是，毛泽东既没有选定张春桥，更没有看上王洪文，而是提议既非常委又在副总理中排名第六的华国锋出任代总理，主持政治局工作。1976年2月2日，中共中央发出决定华国锋出任代总理的通知。当时中央有王洪文、叶剑英两位副主席，华国锋是以政治局委员身份出任代总理，主持政治局工作的，这在中共历史上还是第一次。毛泽东这样安排人事是否还要对华国锋观察一段，不得而知，但对“四人帮”是一个很大打击。“四人帮”极为不满，但又不能发作，只有张春桥在私下所写的“有感”中发泄了对华国锋的不满。这意味着江青反革命集团把高层权力较量的目标对准了华国锋。

“四人帮”在高层树立自己的新对立面，在底层也不断积怨。历经“文化大革命”，人们已经抱有怀疑甚至抵触，更多人对“四人帮”心生厌倦。周恩来逝世后，“四人帮”以简化治丧仪式为由加以限制甚至禁止，控制表达哀痛和纪念的舆论，更加引起民众内心愤懑。这种不满到清明节前后终于爆发，北京和其他一些城市的民众自发举行活动，悼念周恩来，抗议“四人帮”，酿成天安门事件。天安门事件最终在强力压制下得以平息，但它的政治含义十分深刻。如此大规模的民众自发的公开抗议，1949年以来还是第一次。这场后来被称为四五运动的民众抗议，事实上还得到包括中共元老和老干部在内各个阶层人士含蓄的同情。

天安门事件发生后，毛泽东提议政治局通过两个决议：撤销邓小平党内外一切职务，保留党籍，以观后效；任命华国锋为中央第一副主席、国务院总理。中央设立第一副主席，在中共历史上还是第一次。华国锋进一步确立了在高层的地位。

华国锋接手中央日常工作之后，一方面要进行“批邓、反击右倾翻案风”运动，另一方面要维系经济和社会最基本的运行。他竭诚拥护毛泽东的思想和路线，但行事风格比较稳健和务实，意识形态色彩较淡，希望维持基本稳定的局势。“四人帮”鼓动“批邓”运动，凭借在高层的地位和掌控的舆论工具，层层揪“走资派”，插手一些部门和地方事务，局势陷入新的混乱，生产和生活受到严重影响。对华国锋和处于政府事务一线的国务院领导人来说，“四人帮”无疑是极大的掣肘因素。这时的毛泽东健康状况已经恶化，进食和行走都很困难，见人不易。4月30日，借陪同外宾见毛泽东之机，华国锋向毛泽东汇报一些地方的问题。毛泽东写下几句话：“慢慢来，不要着急”，“照过去方针办”，“你办事，我放心”。

国内局面愈来愈严峻。“四人帮”推动的“批邓”运动，导致工业和交通运输生产的急剧下滑，商业亏损，财政紧张、农业减产。7月6日，朱德病逝。28日，河北唐山、丰南一带发生7.8级强烈地震，民众生命财产遭受极为严重的损失。天津、北京也受到强震影响。8月，华国锋亲为中央慰问团团长赴唐山慰问，安排救灾和生产、生活恢复事宜。“四人帮”却对唐山地震轻描淡写，攻击抗震救灾是“拿救灾压革命”“压批邓”。“四人帮”愈来愈把华国锋和国务院一些领导人当作权力较量的对手。天灾加人祸，形势更加风雨飘摇。

9月9日，毛泽东病逝。当天，中央政治局开会讨论治丧事宜，江青却要讨论开除邓小平党籍的问题。江青、张春桥还多次催逼毛泽东的机要秘书张玉凤交出毛泽东处的文件和材料；王洪文的秘书给一些省市自治区打电话，要求有重要事情向他指定的人报告请示；“四人帮”掌控的北京大学、清华大学有人给江青写信，提出由江青担任中央主席和中央军委主席。华国锋不仅难以继续容忍江青等人的严重干扰，而且从种种迹象中觉察到他们对最高权力的觊觎和争夺，决心解决他们的问题。

江青等人位高权重，身份和地位都非同一般，尤其江青是毛泽东的夫人，张春桥是毛泽东在意识形态方面最为倚重的人物。解决他们的问题，殊非易事，华国锋必须与政治局其他成员联手行动。华国锋首先想的是叶剑英、李先念和汪东兴。叶剑英是党内和军中的元老，威望甚高，自1967年“二月逆流”事件起，一直是江青反革命集团的对立面；九一三事件后，主持军委工作，1975年又和邓小平一起整顿军队。邓小平被批判后，叶剑英受到牵连。虽然1976年2月中央一纸通知，被以生病理由失去主持军委工作的权力，但仍有中央副主席和中央军委副主席的合法身份。解决“四人帮”问题，首先必须倚重叶剑英。李先念是政治局委员，一直担任副总理。1971年华国锋调到中央工作，即在国务院与李先念共事；1975年，他们还与纪登奎同为常务副总理，关系较好。李先念资历颇深，尤其是政治倾向和情感上反感“四人帮”。汪东兴不仅是政治局委员，而且长期担任中央办公厅主任，并兼任中央警卫局局长、八三四一部队政委，掌管中央枢机的安全，其地位远不是一般政治局成员所能比拟；而且汪东兴长期跟随毛泽东，是毛泽东信赖的人，又与“四人帮”长期有矛盾。解决“四人帮”这样的重大政治行动，倘若没有汪东兴的赞成和支持，几无成功可能。

9月11日，华国锋先到李先念家，谈了“四人帮”在政治局会议发难情况，表示到了解决“四人帮”问题的时候了。李先念问华国锋是否下了决心，华国锋明确表示已经下了，请他代表自己去见叶剑英，征求叶剑英的意见，看采取什么方式、在什么时间解决“四人帮”问题。

14日，李先念去北京西山军委所在地，看望赋闲居此的叶剑英，转达华国锋的意向。事实上，叶剑英一直密切关注时局，对“四人帮”十分警惕，早在毛泽东逝世前就同王震、聂荣臻等分别谈过解决“四人帮”的问题。毛泽东逝世后第四天，叶剑英还在人民大会堂与汪东兴就“四人帮”问题交换过意见。因此，可以说，他对此早有考虑，并已有酝酿。华国锋的想法，与叶剑英不谋而合。叶剑英很快同华国锋直接面晤，就国内局势和解决“四人帮”问题交换意见。叶剑英的支持，对解决“四人帮”问题起了中流砥柱的作用。

去李先念家的当天，华国锋还直接找汪东兴谈话。汪东兴态度很明确，表示坚决支持华国锋解决“四人帮”问题的意见。

华国锋分别同叶剑英、李先念、汪东兴达成共识后，开始同可能联合的其他政治局成员沟通。据华国锋事后的叙述，9月16日，在国务院会议室，他同李先念、吴德、陈锡联、纪登奎、陈永贵谈了解决“四人帮”问题。纪登奎表示，对“四人帮”几个人还是要区别对待。其他人没有发言。吴德回忆，这是华国锋在了解他们的态度，为解决“四人帮”问题做准备。这恐怕是唯一一次集体谈解决“四人帮”问题，此后，华国锋都是与政治局成员单线沟通。根据当事人的说法，他分别谈话的政治局成员有吴德、陈锡联、苏振华。叶剑英也同党内、军内一些元老作了沟通，从9月下旬到10月初，叶剑英先后分别同杨成武、粟裕、宋时轮、陈云、邓颖超、聂荣臻等谈话或传话，告知解决“四人帮”问题的意向。这样，解决

“四人帮”问题，在部分政治局成员和党内军内元老当中取得一致意见。

采取什么手段解决“四人帮”问题，是华国锋、叶剑英反复考虑、磋商确定下来的。最初，华国锋在征询李先念、吴德的意见时，吴德曾倾向于以召开会议的方式，投票解除“四人帮”职务。分析的结果，华国锋、李先念、吴德都认为召开政治局会议还有把握，召开全会则把握不大，因为中共十大“四人帮”把不少属于他们派系的人拉入中央委员会，采取隔离审查的办法才是上策。9月25日，叶剑英到华国锋住地，同他长谈，分析“四人帮”的动向，研究解决“四人帮”的办法。

9月29日，华国锋在人民大会堂主持召开中央政治局会议。江青等人以毛远新需要留在中央、准备三中全会为由发难。毛远新是中共辽宁省委书记，1975年9月开始作为毛泽东的联络员，在中央工作。毛泽东逝世后，江青几次向华国锋提出要留毛远新在中央工作，华国锋、叶剑英都认为毛远新已经结束在中央的工作，应该回到辽宁，拒绝了江青的要求。这次会议讨论这件事，多数政治局成员都主张毛远新应该回辽宁，江青等人却大闹不休，致使会议竟耗时四个小时方才结束。华国锋、叶剑英都感到必须尽快解决“四人帮”问题。10月2日，叶剑英找汪东兴谈话，指出形势已经很紧张，“四人帮”不除，党和国家就没有出路。他要汪东兴立即找华国锋谈，加速采取果断措施；还要汪东兴转告他考虑的解决“四人帮”具体设想。汪东兴表示完全同意。当晚，叶剑英直接去华国锋住地，同他谈了具体行动方案。

行动方案的具体细节，主要是由华国锋分别同汪东兴、吴德商量，由汪东兴为主组织实施的。具体安排是：一、按照华国锋、叶剑英、汪东兴商定的方案，以召开政治局常委会的名义，通知王洪文、张春桥、姚文元到中南海开会，然后实施抓捕；在中南海江青住处抓捕江青、毛远新。中南海的行动，由汪东兴负责。二、同时抓捕“四人帮”在北京的骨干迟群、谢静宜、金祖敏，这个行动由吴德和北京卫戍区司令员吴忠负责。三、由北京卫戍区部队对人民日报社、新华社、中央人民广播电台、中央机关以及北京大学、清华大学实行戒备；控制中央人民广播电台的行动，由中央对外联络部部长耿飚负责。为此，华国锋单独召见耿飚，布置了任务。

10月6日晚8点开始，由华国锋、叶剑英在中南海怀仁堂坐镇，汪东兴指挥，中央警卫局、解放军八三四一部队战士先后抓捕了前来怀仁堂开会的王洪文、张春桥、姚文元，同时去中南海丰泽园就地监护毛远新，在中南海春藕斋抓捕了江青。整个行动历时35分钟，未发一枪，未流滴血。吴德、吴忠同时指挥解放军北京卫戍区部队战士抓捕了迟群、谢静宜、金祖敏。耿飚和北京卫戍区副司令员邱巍高，则率领北京卫戍区部队战士，当晚10点进驻并控制了中央人民广播电台。

当晚10点至第二天凌晨，华国锋在北京玉泉山主持召开中央政治局会议。他向与会者通报了抓捕“四人帮”行动的情况。会议作出决议，对“四人帮”实行隔离审查，推举华国锋为中央主席、中央军委主席。

随后，中央政治局分别召开中央党政军各部门和各省市自治区主要负责人打招呼会议，通报对“四人帮”实行隔离审查的情况和中央决定。几天后，中央政治局采取措施，派出苏振华、倪志福、彭冲到上海，兼任或担任上海党政军领导职务，免去马天水、徐景贤、王秀珍的职务，很快掌控了这座被“四人帮”控制的城市。

粉碎“四人帮”赢得了党政军元老和大多数官员特别是国民的广泛拥护和赞誉。各大中城市的民众纷纷走上街头，游行欢呼，以各种方式表达内心的喜悦和兴奋。10月24日，北京举行首都百万军民大会，庆祝“四人帮”被粉碎和华国锋任中央主席、中央军委主席。

粉碎“四人帮”尽管是一次高层的非程序强力行动，但具有广泛的民意基础。它实际上终结了延续10年的“文化大革命”，结束了政治动荡和社会混乱的局面，为中国进入一个新的历史时期提供了最为基本的条件。

（韩钢撰稿）

恢复高考：中国教育重新燃起的希望

“文化大革命”结束之后，中国调整科技和教育政策，恢复和推进遭受重创的科技和教育事业。其中第一件产生了广泛和深刻影响的事情，就是恢复高等院校招生考试。

高校招生考试制度是“文化大革命”前建立的，实行多年。“文化大革命”开始之后，这项制度被指为“修正主义教育路线”的产物受到批判，高校招生制度实行“改革”。所谓“改革”，主要是废止原有招生制度，取消文化课考试，采取“推荐与选拔相结合”的办法。事实上，1966—1969年，高校连续4年停止招生。1970年，部分高校开始恢复招生。招生对象主要是工人、农民和战士，应届高中毕业生不能直升大学；招生办法是“自愿报名，群众推荐，领导批准，学校复审”。从这年到1976年，全国高校累计招生94万多人，年均13.4万多人，远低于1953—1965年年均16.5万人的水平。“文化大革命”时期，高校招生不仅数量大为减少，而且学生质量低下。由于无须经过文化课考试，又强调意识形态的政治标准，很多学生文化程度和知识基础较差，大多只有初中甚至高小水平，而许多文化基础好、求学欲望强但“政治表现”和家庭出身被认为有问题的青年人入学无门。1972年，部分高校招生增加文化考查作为参考因素，1973年全国高校普遍试行，但很快被指责为“右倾回潮”，受到责难。整个“文化大革命”时期的高校招生呈现严重畸形。

“文化大革命”结束后，科技和教育凸显的问题之一，就是高校教育质量低下，人才严重短缺，其中招生问题十分突出。高校招生要不要恢复文化课考试？是不是只能从工人、农民和士兵中招生？要不要恢复从应届高中毕业生中招考大学生？这些问题愈来愈被关注。

1977年6月29日至7月15日，教育部在山西太原召开高校招生工作座谈会。会议确定当年试招应届高中毕业生4000—10000人，这个数额仅占全国招生总数的2%—5%，算是开了一小口子。而在最主要的问题，即招生办法上，虽然重提文化考查，但仍然只是作为参考，基本维持“文化大革命”时期的招生政策。障碍其实来自于“两个估计”。1971年，张春桥、姚文元审定的《全国教育工作会议纪要》认定，解放后十七年毛主席的无产阶级教育路线基本上没有得到贯彻执行，教育制度、教育方针和方法几乎全是旧的一套；原有教师队伍大多数“世界观基本上是资产阶级的”。一些与会者希望揭开《纪要》内幕，推翻“两个估计”。但因为《纪要》是毛泽东同意批转的，会议未能揭开事情的真相，引起与会代表的不满，纷纷以各种方式向参加会议的《人民日报》记者反映情况，提出意见。“两个估计”成为恢复十七年招生考试制度的意识形态禁锢。

招生会议结束后，事情发生变化。7月16日—21日，中共召开十届三中全会。邓小平在这次全会上第三次复出，恢复了中央副主席等职务，分管军队、外事、科技和教育工作。还在复出之前，邓小平就已经考虑从往届高中毕业生中招收大学生的问题。1975年各方面进行整顿，到中国科学院参与领导整顿的李昌曾当面向邓小平等国务院领导人建议：高校直接从应届高中毕业生中考试招生，以解决人才培养问题。不过当时这只是个建议，尚未实行即因“批邓”而夭折。邓小平甫一复出，重提旧话。7月23日，中共十届三中全会闭幕第三天，他同长沙工学院负责人谈话，说1975年就想在军内建一所国防科技大学，从高中直接招生。还说大学招生一定要考试，考试不合格不能要。

7月29日，邓小平听取中国科学院副院长方毅、教育部部长刘西尧汇报。他提出几个问题要考虑，一是是否废除高中毕业生一定要劳动两年才能上大学的做法，二是要坚持考试制度，尤其是重点学校一定要坚持，不合格的要留级，三是搞个汇报提纲，提出方针、政策、措施。8月1日，邓小平再次同方毅、刘西尧谈话。刘西尧汇报说，教育部上送给华主席、党中央的报告，规定当年招生基本上照原来的办法，稍有改变。邓小平同意当年招生基本上按原来的办法，但要求从第二年开始改变现行招生办法，两条腿走路，直接招生一半，一半从别的路子来，特别是理工科，要直接招生；而且统一从秋季始业。他还强调重点学校直接从高中招生。刘西尧问了一个敏感的问题：如何估计十七年的教育？邓小平回答：对教育路线十七年的估计，基本上用毛主席的话，知识分子绝大多数是好的。“四人帮”另搞一套，说知识分子是“臭老九”。劳动人民都要知识化嘛。要充分调动知识分子的积极性，但任何时候都要注意他们世界观的改造。这实际上是开始突破“两个估计”的障碍。

8月4日—8日，邓小平主持召开科学和教育座谈会。会议邀请了33位来自科研和教学单位的学者和专家参加，与会者就复兴科学和教育事业发表许多意见。座谈会开始这天，教育部将这年招生工作意见的报告上送国务院。8月6日下午，来自武汉大学化学系的副教授查全性发言。他尖锐批评了现行招生制度，指出现行招生制度的弊端首先是埋没人才，一些热爱科学、热爱文化、有前途的青年选不上来，一些不想读书、文化程度又不高的人反而占据了招生名额。他认为，如果改进招生制度，每年从600多万高中毕业生和大量的知识青年、青年工人、农民中招收20多万合格的大学生是完全可能的。他建议按照高中文化程度统一考试，并真正做到广大青年有机会报考和自愿选择专业，让应届高中毕业生、社会青年，没有上过高中但实际达到高中文化水平的人都可以报考。他的发言产生极大反响，与会的许多专家都表示赞同，建议下决心对现行高校招生制度进行改革，而且宁可当年招生晚两个月。

与会者的意见让邓小平改了主意。他原来同意第二年再改招生办法，这时他问刘西尧今年恢复高考来不来得及。刘西尧答推迟招生，还来得及。邓小平说：既然今年还有时间，那就坚决改。把原来写的招生报告收回来，根据大家的意见重写。他说，要拿出一个办法来，就可以把优秀人才选拔上来。招生十六字方针可以改一改嘛，改成“自愿报名，单位同意，统一考试，择优录取”。座谈会最后一天，邓小平再次谈到高校招生：招生制度，大家倾向于为了招收的学生质量好一点，宁肯今年推迟一点招，这样只好春季始业，耽误半年。原规定今年招收5%的应届高中毕业生，这个比例要提高，提高多少，教育部要再请一些同志好好研究一下。邓小平还谈到十七年教育的估计问题，他说，基本精神是估计到我们知识分子的绝大多数是好的，绝大多数是为社会主义或者愿意为社会主义服务的。这是对“两个估计”结论的再一次否定。

改变高校招生办法，实施起来并不容易。教育部原定计划8月开始招生，11月新生入学。改变招生办法之后，时间太紧，原计划不可能再实行。科教座谈会之后，教育部提交了《关于推迟招生和新生开学时间的请示报告》。《报告》提出，根据邓副主席最近的指示，我们将对高等学校招生制度作较大的改进，招生时间拟推迟到第四季度，1977年新生于明年2月底前入学，推迟三个月（包括寒假）。8月18日，邓小平审阅这个报告时批示：这是经过考虑，为了保证重点大学学生质量而商定的。拟同意。9月6日，他就高校招生问题致信华国锋、叶剑英、李先念、汪东兴：“招生问题很复杂。据调查，现在北京最好中学的高中毕业生，只有过去初中一年级的水平（特别是数学），所以至少百分之八十的大学生，须在社会上招考，才能保证质量。”

从意识形态层面说，“两个估计”的问题仍是更大的“瓶颈”。8月13日至9月25日，教育部再次召开高校招生工作会议。会上围绕1971年全教会《纪要》争论激烈，问题的症结仍然在如何看待“两个估计”，尽管邓小平已经几次表明态度，教育部负责人仍然心有余悸，这引起很多人不满。《人民日报》记者根据了解的情况，写了一份材料《全教会〈纪要〉是怎么产生的？》。材料反映，《纪要》是姚文元修改、张春桥审稿的。材料刊登在《人民日报》的内部刊物《情况汇编》上。9月19日，邓小平同方毅、刘西尧等人谈话，说他最近看了《人民日报》记者写的材料，讲了《全国教育工作会议纪要》产生的经过，《纪要》是迟群主持起草，姚文元修改、张春桥定稿的。邓小平说：“《纪要》是毛泽东同志画了圈的。毛泽东同志画了圈，不等于说里面就没有是非问题了。我们不能简单地处理……《纪要》引用了毛泽东同志的一些话，有许多是断章取义的。《纪要》里还塞进了不少‘四人帮’的东西。对这个《纪要》要进行批判，划清是非界限。”他批评教育部负责人胆子小，要求他们解放思想，争取主动。

10月初，教育部提交了新的招生工作报告。3日，邓小平审阅了教育部的报告，并致函华国锋，建议近几日内开一次政治局会议，讨论有关事项。5日，中共中央政治局开会，讨论高校招生工作问题，通过了教育部的文件。华国锋不仅要求抓好高校招生这件事，而且说“十七年黑线统治”这种说法要狠狠批，狠批“两个估计”。10月12日，国务院正式批转教育部的两个文件，一个是关于1977年高校招生工作的意见，一个是关于高校招收研究生的意见。

这是一次重大的招生制度的变化。变化主要在三个方面：第一，最大范围地给予适龄公民以参加高考的机会。凡是工人、农民、上山下乡和回乡知识青年（包括按政策留城而尚未分配工作的）、复员军人、干部和应届高中毕业生，只要符合条件都可报考。这几乎覆盖了全社会，改变了主要从工农兵中招生而使许多青年失去高考机会的现状。第二，文化课考试重新成为高校招生的基本方式。改革后的招生办法，是自愿报名，统一考试，地、市初试，学校录取，省、市、自治区批准。关键的变化是采用统一考试的方式，实行择优录取的原则，实践经验不再作为招生的基本标准。第三，较大程度地放宽了高校招生的政治审查尺度。“文化大革命”时期甚至此前，高校招生要看考生的家庭出身、本人成分，不少文化课成绩优异而出身被认为有问题的考生因此失去录取资格。这次招生不再强调家庭出身，主要看本人表现。尽管还有“政治历史清楚”的规定，尽管在具体实施时还有一些以往政治审查的余弊，但是极左意识形态的色彩已经大大减弱。

10月21日，《人民日报》发表新华社讯，报道教育部招生工作会议的消息，宣布当年高校招生制度进一步改革，高等学校招生将实行统一考试、择优录取。当天《人民日报》为此配发社论《搞好大学招生是全国人民的希望》。第二天，《人民日报》发表教育部负责人就高校招生问题答新华社记者问。11月18日《人民日报》头版头条发表教育部大批判组的文章《教育战线的一场大论战——批判“四人帮”炮制的“两个估计”》，公开否定“两个估计”的结论，打破了恢复高考的极左意识形态屏障。

事实上，报上公布之前，恢复高考的消息在北京等一些大城市已经通过非正式渠道不胫而走，许多年轻人跃跃欲试。消息正式披露后，全国更是产生轰动。统一考试、择优录取，给无数青年人提供了一个相对公平的机会，让他们尤其是让那些上山下乡和回乡青年看到改变底层生活命运的希望。

从1966—1977年，除1973年那次并非严格意义上的考试外，中国已经停止高校招生考试10余年，累积了成千上万期待高考的年轻人。报名参加高考者空前踊跃，总数约570万人，为1949年以来之冠。这次考试，由各省、市、自治区命题，各县（区）统一组织实施。一些省、市先期进行了试点。各地高考从1977年11月28日先后开始，到12月25日结束。全国共录取新生27.3万人（包括1978年第一季度增招的新生6.2万余人），也为1949年以来之冠。新生于1978年春季入学始业，由于考试是在1977年，这届学生被称为一九七七级。

1978年的高校招生政策又作了调整，一是实行全国统一命题，各省、市、自治区组织考试、评卷；二是不再限定录取应届高中毕业生的比例；三是考试科目增加外语，但暂不计入总分，作为录取时参考；四是采取分段录取的办法，全国重点院校第一批录取，其他院校第二批录取。按照招生会议的规定，这次高考主要招收20岁左右的青年，一般不超过25周岁；26—30周岁的高中毕业生和具有高中毕业文化水平的优秀青年，以及1966、1967届高中毕业生，仍可报考。这是“文化大革命”之后的第二次高考，也是“文化大革命”之后的首次全国统考。由于政策再次放宽，这年报考人数更多，总数达到610万人。7月20日—22日，全国进行统一考试。各高等学校共招收新生40.2万人，成为1949年以来高等学校招生人数的第三个高峰。1979年进行“文化大革命”之后的第三次高考，全国报名人数仍有468万，共招收新生27万人。恢复高考后3年里，高校累计招生近百万，不仅数量超过“文化大革命”10年的总量，尤其是生源质量极大提高。

恢复高考不仅推动了“文化大革命”之后中国教育的复兴，而且对社会变化产生了深远影响，成为中国新的历史时期的标志性大事。

（韩钢撰稿）

真理标准：打破思想桎梏的大讨论

1978年，一篇文章引发了一场“思想解放运动”。这就是关于“真理标准”问题的大讨论。这场围绕一个理论命题的讨论，对中国当代的变革产生了深远影响。

真理标准问题的讨论，有它发生的深刻历史背景。“文化大革命”结束后，平反历史遗案、揭批“四人帮”和改变既定政策，都触碰到一个尖锐的问题：许多重大历史遗案是毛泽东定案的；“四人帮”宣传的许多观点，实际上来自于毛泽东或者是经他同意的；“文化大革命”时期的政策都是毛泽东晚年主张或作出的决策。毛泽东定下的案件能不能平反？毛泽东晚年同意或提出的观点能不能纠正？毛泽东作出的决策能不能改易？在毛泽东作为人们顶礼膜拜的政治和精神偶像，毛泽东晚年意识形态被奉为“革命圣经”的年代，这无疑是无法想象的政治禁忌。因此，无论是平反遗案还是清理极左错误、改变既定政策，都遇到极大阻力。阻力不仅来自高层，来自各个层级的干部，而且来自国民自身的心理。

如何突破政治和思想障碍？1977年4月，将要复出的邓小平致信华国锋、叶剑英和中共中央，提出必须用“准确的完整的毛泽东思想”来指导全党、全军和全国人民。邓小平信针对的是“两个凡是”。当时党内外为天安门事件平反、恢复邓小平工作呼声很高，尽管中共中央高层准备恢复邓小平的工作，但外界并不知情；同时也陆续释放了天安门事件的被捕人员，并有限度地为当事人平反，但事件的性质仍然维持了“反革命事件”的结论，这些都引起党内外的不满。1977年1月周恩来逝世一周年，北京等一些地方的民众走上街头，张贴大字报、大标语，要求尽快让邓小平出来工作、彻底平反天安门事件。因为邓小平的撤职和天安门事件的定性，都是毛泽东作出的决策，中共中央高层担心引发事端，更忧虑影响毛泽东的形象，因而要求“引导”民众转移注意力，不要在这类问题上纠缠。2月7日，“两报一刊”根据上述精神发表社论，要求“凡是毛主席作出的决策，我们都坚决维护，凡是毛主席的指示，我们都始终不渝地遵循”。“两个凡是”被认为是要阻挠邓小平的复出，因而更加引起党内一些人不满。邓小平批评“两个凡是”，认为它不是马克思主义，不是毛泽东思想。1977年7月，中共召开十届三中全会，恢复了邓小平的工作。同时，中共中央高层也接受了邓小平的提法，正式提出要用“准确的完整的毛泽东思想”指导一切工作。然而，这并不意味政治禁忌和思想障碍的解除。事实上，“拨乱反正”的道路仍然布满荆棘。

“真理标准”问题的大讨论正是在这种背景下展开的。最早提出这个问题的是理论界。1977年，主持中共中央党校日常工作的副校长胡耀邦，要求党校研究党的第九次、第十次、第十一次路线斗争的历史，把被林彪、“四人帮”颠倒的思想是非、理论是非、路线是非颠倒过来。12月2日，他在中央党校党委会上提出，这十几年的历史，不要根据哪个文件、哪个同志讲话，还要看实践，要用真正的毛主席思想，通过实践检验分析。以实践检验真理或者说实践是检验真理的标准，本是马克思主义意识形态的一个命题。用这个命题来突破政治和思想障碍，比强调“准确完整”地运用毛泽东思想更具冲击力。事实上，根据胡耀邦的意见，中央党校的教研人员在讨论“文化大革命”时期的党史时，对“文化大革命”中的许多问题提出了质疑。在“文化大革命”还被基本肯定的那个年代，这无疑是具有勇气的举动。

1977年12月15日，胡耀邦提议创办的中央党校内部刊物《理论动态》刊登文章，强调“真理的标准只能是实践”。1978年1月9日，《人民日报》转载该文。1月23日，《人民日报》发表《来一个思想大解放》的文章，呼吁“打破思想僵化”，提出：原则本来是从事实中概括抽象出来的。原则是否正确，还要用事实来检验。不能强迫事实去服从原则。不合乎事实的原则就该抛弃，而用合乎事实的新原则来代替。3月26日，《人民日报》又发表《标准只有一个》的短文，除了重申“真理的标准，只有一个，就是社会实践”外，还特别指出：马克思主义是真理，但不是检验真理的标准。几篇文章的发表，表明理论界已经开始讨论“真理标准”问题，只是一时尚未引起更多注意。

产生广泛反响的是5月11日《光明日报》发表的特约评论员文章《实践是检验真理的唯一标准》。文章首发于前一天出刊的《理论动态》。文章是中央党校理论研究室主任吴江提议，由理论研究室的孙长江将他所写同题文章与《光明日报》总编辑杨西光转来的南京大学哲学系胡福明所写的文章《实践是检验一切真理的标准》糅合在一起写成的，由吴江修改定稿，并分送胡耀邦、杨西光和胡福明审阅。文章以“实践不仅是检验真理的标准，而且是唯一的标准”为基本观点，指出：革命导师并不认为自己提出的理论是已经完成了的绝对真理或“顶峰”，可以不受实践检验的；并不认为只要是他们作出的结论不管实际情况如何都不能改变；更不要说那些根据个别情况作出的个别结论了，他们从不容许别人把他们的言论当作“圣经”来崇拜。文章认为，无论在理论上或实际工作中，“四人帮”都设置了不少禁锢人们思想的“禁区”，对于这些“禁区”，我们要敢于去触及，敢于去弄清是非。科学无禁区。凡有超越于实践并自奉为绝对“禁区”的地方，就没有科学，就没有真正的马列主义、毛泽东思想，而只有蒙昧主义、唯心主义、文化专制主义。第二天，《人民日报》《解放军报》全文转载，新华社发出通稿。

文章一发表即受到意识形态部门一些官员的指责，被认为“犯了方向性的错误”，“理论上是错误的，政治上问题更大”，“在政治上是要砍倒毛泽东思想这面红旗”；尤其是受到主管宣传工作的中央领导同志的批评，被认为“内容有问题，矛头针对主席思想”。中央宣传部负责人也态度暧昧，暗含微词。他们并不否认马克思主义意识形态的这个命题，而是以为这样的时候讨论这样的问题会导致对毛泽东思想的否定。

更多的反应则是对文章表示支持。不到一个月，全国有28家地方党报全文转载该文。一些高层领导人也表示肯定。中央军委秘书长罗瑞卿说，真理标准的文章是一篇坚持马列主义、毛泽东思想的好文章，它提出了一个牵一发而动全身的大问题。邓小平对文章受到指责不以为然，他说看不出文章有什么问题，还说："现在发生了一个问题，连实践是检验真理的标准都成了问题，简直是莫名其妙！"邓小平认为事情的根源来自于"两个凡是"，主张展开争论，在理论上探讨。6月2日，他在全军政治工作会议上讲话，引用毛泽东的话"人的正确思想，只能从社会实践中来"，批评"一些同志天天讲毛泽东思想，却往往忘记、抛弃甚至反对毛泽东同志的实事求是、一切从实际出发、理论与实践相结合的这样一个马克思主义的根本观点，根本方法"。《人民日报》和《解放军报》报道了邓小平的讲话，并配发社论，这是最早公开支持"实践标准"文章的声音。

压制和支持的两种力量展开了博弈。主管宣传工作的中央领导同志和部分意识形态部门的负责人，抑制"真理标准"问题的讨论。6月15日召开的中宣部和中央直属新闻单位负责人会上，主管宣传工作的中央领导同志以警惕海外舆论为由，批评报纸把关不严，要求个性服从党性。他还告诫地方党政负责人："一不要砍旗，二不要丢刀子，三不要来一百八十度的转弯。"中央宣传部负责人也在地方提醒人们不要"丢刀子"。

邓小平、胡耀邦、罗瑞卿则继续推动讨论的展开。罗瑞卿要求军报组织文章，支持"实践标准"的文章。6月24日，《解放军报》发表由中央党校吴江起草、罗瑞卿指导军报几经修改的特约评论员文章《马克思主义的一个最基本的原则》，《人民日报》《光明日报》全文转载，新华社发了通稿。文章用马克思主义意识形态论证"实践是检验真理的唯一标准"，反驳了对"实践标准"文章的指责。这是对指责"实践标准"文章的公开回应，反响很大，是对"真理标准"问题讨论的一个有力推动。7月，邓小平约中宣部负责人谈话，要他不要再"下禁令""设禁区"，不要"再把刚开始的生动活泼的政治局面拉向后退"。他还约见胡耀邦，再次肯定"实践标准"文章是马克思主义的。在他看来，争论不可避免，争得好。胡耀邦提出一系列阐述实践标准的题目，继续指导中央党校撰写文章。

理论界的讨论逐渐趋热。6月到7月，社会科学界、自然科学界分别举行座谈会，讨论“真理标准”问题，指出：这个问题不仅是一个理论问题，而且是关系思想路线、政治路线的问题，也是关系党和国家的前途和命运的问题。主要媒体如《人民日报》《解放军报》《光明日报》以及理论和学术刊物连续发表赞成和支持“实践标准”的文章。一些地方党报和社会科学研究单位、高等院校，也先后加入大讨论。

6月下旬以后，讨论从理论界向更大范围扩展。一些地方党政负责人和军队负责人开始就“真理标准”问题表态。最早公开肯定“实践标准”讨论的，是中共甘肃省委第一书记宋平。他在该省理论讨论会上要求从事理论工作的同志“要跳出框框”，对马列著作和毛泽东著作“不能限于单纯的引证”，对于重大理论问题“要敢于研究”，“敢于提出自己的见解”，要“破除清规戒律，做思想上的前卫战士”。7月4日，中共黑龙江省委常委召开扩大会议，明确表态支持真理标准问题的讨论。8月中旬，中共辽宁省委发出通知，要求各级中共组织“认真组织”干部、群众联系实际，讨论真理标准问题。省委第二书记任仲夷发表文章，称对“实践标准”的宣传“是理论上最根本的拨乱反正”，强调实践高于认识、实践是检验真理的唯一标准，不是贬低了马列主义、毛泽东思想，而正是捍卫了马列主义、毛泽东思想的根本观点。

地方对“真理标准”问题讨论的反应，也有不少人持观望甚至责难态度。“实践标准”文章发表后，一些地方的宣传部门严加控制，一再宣布“中宣部不讲话，我们不要动”，“不介入这场争论”。有的报社组织了相关文章，也被压下来不予发表。有关部门还批评参与讨论的理论界人士。

中共中央高层对讨论的态度仍然没有统一。汪东兴一直不许中共中央机关刊物《红旗》加入讨论，9月《红旗》杂志在舆论压力下准备撰写文章，他虽勉强同意，还是要求“正面阐述，不涉及争论，不卷入讨论”。邓小平则以更大的力度推动讨论。9月中旬，他访问朝鲜回国，到东北三省和河北唐山、天津市视察，反复阐述“实践是检验真理的唯一标准”。用他自己的话说，是“到处点火”。华国锋起初没有太在意“实践标准”的文章，得知对文章有不同意见后，态度也还是比较谨慎，不过对扣“砍旗”帽子的做法也不赞同。据华国锋说，后来中央常委议论过这篇文章，肯定文章主题还是好的。至于理论界的争论，叶剑英提议，把搞理论工作的同志召集到一起，开个务虚会，大家把不同意见摆出来，在充分民主讨论的基础上，统一认识，把这个问题解决一下。中央常委同意叶剑英的建议。地方的态度则更鲜明。到11月上旬，各省、市、自治区党委和各大军区党委的主要负责人，几乎都已经明确表态肯定“实践标准”，支持了这场讨论。

1978年11—12月，中共在北京举行中央工作会议和十一届三中全会。“真理标准”的讨论在会上引起争论，反对这场讨论的官员受到广泛而激烈的批评。大多数与会者赞成“实践标准”和“真理标准”问题大讨论，充分肯定这场讨论关乎党和国家的前途命运。邓小平在会上的讲话高度评价了这场讨论：“关于真理标准问题的争论，的确是个思想路线问题，是个政治问题，是个关系到党和国家的前途和命运的问题。”全会公报指出：“目前进行的关于实践是检验真理的唯一标准问题的讨论，实际上也是要不要解放思想的争论。大家认为进行这个争论很有必要，意义很大。从争论的情况来看，越看越重要。”经过半年多时间，“实践标准”和围绕这个问题发生的波及全国的大讨论，终于在中央的层面得到肯定和高度评价。

华国锋在会上宣布由叶剑英提议、中央常委同意的意见：全会之后召开理论务虚会，进一步解决“真理标准”讨论中的分歧和异议。中共十一届三中全会后，1979年1—4月初，理论工作务虚会召开。1979年下半年到1980年上半年，按照中共中央的安排，全国还进行了“真理标准”问题讨论的补课。

围绕马克思主义意识形态这个命题进行的这场大讨论，就实质内容说，的确不是一个理论讨论，而更是一场具有政治色彩的意识形态争论。它的意义在于，开始打破长期以来的政治禁锢和思想僵化，为大规模平反历史遗案、清理极左错误，从而为重新认识毛泽东、纠正毛泽东晚年的错误打开了通道，也为中国的改革和开放提供了思想保障和理论前提。

（韩钢撰稿）

打开国门：20世纪70年代末的出访潮

“文化大革命”结束后，在举国上下改变落后面貌、加快社会经济发展的强烈愿望推动下，1977—1979年间，中国领导人以及各类代表团的出访活动呈现迅速增长势头，出访活动的内容也从最初主要服务于技术引进的需要，逐步转变为服务于改革开放启动大局的需要。这使20世纪70年代末的出访潮，在特殊历史时期，承担了特殊历史使命，发挥了特殊历史作用。

一、出访活动高潮的出现

“文化大革命”结束后，中共中央领导层形成了一个基本的共识，这就是：调动一切积极因素，包括利用国外有利因素，加快经济发展。出访活动的增加，首先与中共中央作出的加快引进外国先进技术的决定直接联系在一起。

在1977年3月召开的中央工作会议上，李先念指出，为了加快社会主义建设，必须破除“四人帮”对所谓“洋奴哲学”的批判，大胆引进一些新技术和新设备，进口一些我们短缺的原材料。这次会议讨论并通过国家计划委员会向中央政治局呈交的《关于1977年国民经济计划的几个问题的汇报提纲》。这份提纲强调：国外的先进技术，要把它拿来。引进一些为发展我国基础工业、国防工业、轻工业和农业机械化以及科学事业所迫切需要的成套设备和新技术，是为了增强我国自力更生的能力，加快社会主义建设的步伐。这份提纲提到一个很重要的思路，就是要把引进和独创结合起来。提纲指出，全国上下都要响应号召，树立雄心壮志，依靠群众，发挥群众的聪明才智，抓紧时间，把我们急需的国外新技术学到手，把学习和独创很好地结合起来。实际上，在粉碎“四人帮”后的新一轮引进工作中，有关部门对在引进的基础上创造逐步有了更加明确的认识，在此过程中出台的《技术引进和设备进口工作条例》，对“技术引进”和“设备进口”作区别。

7月17日，国家计委向国务院提交为期8年的新技术和成套设备引进项目规划。规划指出，拟围绕长远规划的目标和任务，再进口一批成套设备、单机和技术专利。为了配合引进工作的开展，国家计委在规划中特别强调，要吸取过去引进工作的经验教训，加强对国际情况的了解，充分掌握与引进项目有关的各方面情况，通过新一轮各类引进工作，提高技术水平和生产能力。中共中央政治局很快批准了这个规划。

在上述背景下，经中共中央的统一部署，对外出访活动迅速增加。在这些出访活动中，最为活跃的就是各类科技代表团的出访，它们直接承担考察和引进外国先进技术的任务；同时，与科技活动联系密切的各类教育代表团的出国访问和考察也迅速增加。1977年7月邓小平复出后，高度重视并大力支持为发展中国经济而进行的各类出访活动，对科技和教育类的出访活动在思想上给予积极引导，推动出访活动大规模、深层次展开。

20世纪70年代末，出国访问和考察的中国党政代表团，亲眼看到了国际社会的巨大变化，深感中国与世界发展水平的差距，深感加快发展的必要性和紧迫性。他们很快就意识到，发达国家要进行产业升级、转移旧产业，为中国加快发展提供了机遇，同时也认识到知识和科技是最为重要的生产要素。中国的发展，不仅要依靠新中国成立以来所取得的成绩和积累的建设经验，也要解放思想，借鉴和学习别国的先进技术和经验。

1978年后，关于真理标准讨论带来的思想解放，促进了中国共产党对中国社会主义建设道路的新探索，而这一新探索由于出访活动的增加而获得更广阔的视野。从这时起，出访活动不仅在规模上有更大发展，而且在规格上也明显提高。整个20世纪70年代末80年代初的出访活动中，高层出访活动迅速增加就是从1978年开始的。出于抓住机遇、尽快改变落后面貌的目的，出访活动的目的性更加明确，就是通过增强与发达国家和正在进行改革的国家的联系和交往，学习和借鉴世界上不同类型国家的建设经验。1978—1980年对发达国家出访年平均增长率为57%，是增幅最快的；对正在进行改革的社会主义国家出访年平均增长率为41%，位居第二。

对不同发展类型国家建设经验和办法日益理智的态度，促成了1978年5月中国政府西欧五国访问团的成行。这次访问，是中华人民共和国成立以来第一次以中国政府名义派团访问西方发达国家。出访前，邓小平专门找代表团主要负责人谷牧等谈话，要求他们在访问中广泛接触，详细调查，深入研究一些问题。好的也看，坏的也看，看看人家的现代工业发展到什么水平了，也看看他们的经济工作是怎么管的。资本主义国家先进的经验、好的经验，我们应当把它学回来。

访问西欧五国代表团从5月2日到6月6日，对法国、西德、瑞士、丹麦、比利时的15个城市进行考察，会见了许多政界人士和企业家，参观了许多工厂、农场、城市设施、港口码头、市场、学校、科研单位和居民区，收集了大量的信息资料。回国后，代表团负责人谷牧向中央政治局作访问汇报，着重谈了三方面问题：第一，战后，西欧发达国家的经济确有很大发展，尤其是科学技术日新月异，我们已经落后很多了，他们在社会化大生产的组织管理方面有许多值得借鉴的经验；第二，西方发达国家在资金、商品、技术方面要找市场，都看好与中国发展关系，我们要很好地利用这个良机；第三，国际经济运行中有许多通行的办法，凡是对我们有利的，都可以采纳运用。谷牧发言后，中央政治局展开讨论，叶剑英、聂荣臻和李先念在发言中表示，外边的情况，谷牧这次出去清楚了，讲明白了，该是下决心采取措施实行的时候了。

1978年初，中国共产党党的工作者访问团对南斯拉夫进行为期三周的考察。这次考察是对南斯拉夫首次、也是最全面的一次调研。访问归国后，代表团向中共中央递交《中国共产党党的工作者访问团对南斯拉夫考察的报告》。这份报告全面、客观地介绍了南斯拉夫政治、经济现状和改革措施。

以对西欧和南斯拉夫考察为标志，出访活动进入高潮。中国对西方发达国家和正在进行改革的社会主义国家的高层出访活动空前活跃。不过，从1978年年底开始，出访活动又呈现出一些新的变化趋势。与上年度相比，1978—1979年度一般性出访活动的数量有所下降。但是，高层出访依然保持高增长，上升35%，而且占全部出访活动的52%。这反映了出访活动对中共中央决策的咨询参考作用在继续增强，服务和服从于改革开放启动的功能和作用也在增长。出访活动在以后一个相当长时间里，维持了这种状态。

二、承担起特殊的历史使命

出访活动在中国共产党和国家历史的伟大转折关头，承担起特殊的使命，对改革开放的酝酿和启动产生了直接影响。通过大量出访活动，中国共产党和国家领导人直观感受到了中外发展水平的差距，看到了国际社会给中国经济发展带来的巨大机遇，拓展了探索社会主义建设道路的思路。这种影响直接反映在1978年7月6日至9月9日召开的国务院务虚会上。

中央召开这次务虚会议的目的是，通过总结30年经济建设的经验教训，研究国外经济上的成功经验，讨论如何加快社会主义现代化建设。出访不同发展类型国家所获得的信息，在会上引起高度重视。会议重点讨论了引进问题，特别是如何加强技术引进、扩大外贸出口、采取灵活方式利用国外资金等问题。会议期间，国家计委、国家经委、农林部、一机部、国家建材总局、冶金部、财政部、中国社会科学院、国务院研究室等部委负责人发言。这些发言在总结中华人民共和国成立以来经济建设经验教训的基础上，大胆地涉及国家和社会发展中的种种弊端，提出一系列改革思想和改革措施。这次会议上的发言，有一个共同特点，就是以国际先进发展水平为参照，在比较借鉴的基础上，总结经验教训，规划未来发展，这使得酝酿中的改革开放方针呼之欲出。

关于充分利用国外条件问题，在7月11日会议上，国家计委负责人指出，要把整个对外交往的过程，当作学习的过程，把相关知识真正学到手。关于外贸体制改革和加强企业管理问题，在7月12日会议上，国家建委负责人表示，在不影响国家主权并且有利于贯彻独立自主、自力更生的条件下，可以灵活运用国际上通行的各种贸易和合作方式，要搞“三来一补”，等等。外贸部负责人在会上强调，要彻底解放思想，打破那些束缚人们手脚的条条框框。一切国际上通行的做法，凡是对我们有利的，看准了的，都要大胆采用。关于适应和学习现代企业运行管理问题，在7月18日会议上，一机部负责人说，我们正在采取措施，利用国外的新技术和管理经验，加快技术改造，发挥潜力。办法是分期分批举办企业各级干部的现代化工业的质量训练班；抓紧落实生产技术干部派出，主要是派往日本学习和实习生产技术和科学管理方法；邀请国际著名企业派专家来华咨询。7月28日，胡乔木在会上作长篇发言。这篇带有理论性的发言对中国建设社会主义的经验教训进行反思，不仅充分肯定社会主义中国打开国门，向不同发展类型国家学习的必要性和紧迫性，而且尝试提出运用先进的经济建设思想，探索中国经济改革的具体办法和道路。9月9日会议结束时李先念作总结发言。这个发言实际是会议的主题报告，其中充满了改革开放的精神，明确提出摒弃落后思想、探索新的经济体制改革道路的要求。

国务院务虚会所取得的成果，在9月5日召开的中央计划工作会议上，转化成中共中央的基本决策。中央计划工作会议明确指出，为适应实现四个现代化的需要，在经济工作上，必须实现三个转变：从上到下都要把注意力转到生产斗争和技术革命上来；从那种不计经济效果、不讲工作效率的落后的管理制度和管理方法转到按照经济规律办事的科学管理的轨道上来；从那种闭关自守或半闭关自守转到积极地引进国外先进技术、利用国外资金大胆地进入国际市场上来。

三、出访活动对改革开放决策的影响

1978年末，党内主张实行改革开放的思想更加活跃。1978年11月10日，中央工作会议召开。在这次会议上，经邓颖超建议，中共中央决定印发《香港、新加坡、南韩、台湾的经济是怎样迅速发展起来的？》《战后日本、西德、法国经济是怎样迅速发展起来的？》《罗马尼亚、南斯拉夫的经济为什么能高速发展？》和《苏联在二十、三十年代是怎样利用外国资金和技术发展经济的？》四份简报。会议还印发有关部委代表团出国考察的一些报告，供与会代表参阅。这些参考文件，主要以各代表团出访考察的见闻为基础，比较系统地介绍了这些国家和地区发展的原因，初步分析并指出了这些国家和地区的哪些经验是中国可以吸取的，而哪些可能并不适用。从发展战略的角度进行如此广泛的考察，这在中华人民共和国成立以来还是第一次。尽管这些考察和研究只能说是初步的，但毕竟起到为酝酿中的改革开放方针提供参考和借鉴的作用，引起与会人员的极大反响。

会议期间，与会人员认真研读了这些参考资料，在讨论李先念在国务院务虚会上的总结发言时，结合这些参考资料提出许多有价值的意见和建议。

11月18日，林乎加在中央工作会议上谈农业现代化问题时指出，外国有农业现代化的经验，我们派了几批人员去参观考察，会议也发了几个参考文献，应该组织人认真研究。欧美一些国家实现农业现代化不是孤立搞农业，而是在工业、科技发展的基础上，把现代化的工业、科技成果用在农业上。我们就农业来谈论农业的现代化是“化”不了的。人民公社搞小而全，什么都自己搞，自给自足的小农经济影响很深。这不适于搞农业现代化，农业现代化是大规模专业化、社会化。我们的农业投资已经不少了，但是效果不好，关键是要打破过去的一套做法，真正按照现代化的要求和方法搞。思想必须解放。人民公社在组织形式上，书记、主任兼任，什么行业他都管；有的书记不懂农业；管理人员、农业机械操作人员都未经培训；政策不稳定，批来批去，思想混乱。对于这么多年来农业的情况，应总结一下，对照现代化的要求检查一下。林乎加的发言是针对《农村人民公社工作条例（试行草案）》提出的，但是，发言包含了改革农村经济体制的大思路，引起与会代表对包括体制改革在内的一系列重大问题的深入思考和热烈探讨。

12月1日，谭震林发言说，过去我国是既无外债，也无内债，那是因为我们实行的是低薪制，不让卖公债。过去美国对我们实行经济封锁，60年代苏联又逼债，那时，想借外债也借不到。自尼克松访华以及中日建交以后，情况开始变化了。现在各国都看到中国市场大，争着借款给我们。我们应该欢迎。“既无外债也无内债”的状况应该改变了。我们通过贸易公司和银行借款。搞合办企业、补偿贸易、来料来样加工，办法很多。现在，大政策已经提出来了，给群众讲清楚，群众是不难理解的。难的是体制问题，所以这次会议主要应该解决体制问题。现在讲权力下放，就是明确中央和省、地、县委各有什么权，各负什么责，工厂也不能一点权也没有。我们在本世纪末能不能实现四个现代化？十一大以后我们多次讨论，当时心中无数。我去日本看了看，很受启发。他们总结了自己的经验，也劝我们借鉴。当前，要做好解放思想工作，过去我们有许多糊涂观念，日本友好人士说：你们讲的主权概念我们不懂，外国帮助你们办工厂，遵守你们的法律，你们富强起来就没有主权了吗？我们贷款给你们，不怕你们还不起，你们为什么那么害怕？可见，多年来，在对外交往中搞了一些框框，把自己束缚住了。

在思想解放的气氛下，在与国际经济社会发展的比较和借鉴中，与会者还深入探讨体制改革的目标、方法和手段，发展中的主要障碍，如何更有效地吸收和引进发达国家经济发展经验等方方面面的问题，并提出许多很好的建议。

也就在中央工作会议召开前后，中国通过对外交往推动改革形势发展的态势已经十分活跃。1978年10月21日—28日，国务院引进新技术领导小组与美国通用汽车公司在北京举行洽谈引进重型汽车技术事宜，会谈中，美方使用了一个“我们从来没有听说过的英语词汇——JOINT VENTURE”（李岚清语）。经美方解释，这个词的意思是“合资经营”。美方还进一步介绍了英国、波兰、南斯拉夫等国举办合资企业的情况。国务院引进新技术领导小组向中共中央、国务院提交了这次与美方会谈的简报。邓小平在审阅简报时，明确批示“合资经营可以办”。中国一种新的经济形式产生了。

正是在广阔视野下，中共十一届三中全会明确指出，党和国家工作重心转移到经济建设上来之后，决不能再沿用过去的管理体制、管理方法，而必须根据现代化建设的需要，对传统的体制和方法进行大胆改革，探索新的发展道路。会议公报提出：现在，我们要根据新的历史条件和实践经验，采取一系列新的重大的经济措施，对经济管理体制和经营管理方法着手认真改革，在自力更生的基础上积极发展同世界各国平等互利的经济合作，努力采用世界先进技术和先进设备。

从粉碎“四人帮”后的半封闭状态到改革开放方针的提出，经过了3年时间。在这3年中，国门逐开，各类出访活动从最初的为引进技术服务，到为改革开放启动服务，顺应了历史转折的需要。广泛的出访活动，不仅加强了中国与国际社会的联系，开阔了社会主义建设的视野，而且促进了中国对工业文明的了解，为社会改革和发展提供了更多的参照和借鉴。

（黄一兵撰稿）

历史转折：中共十一届三中全会的召开

1978年12月举行的中共十一届三中全会，被称为是一次“历史转折”，在中共历史上具有重要意义。全会之前，中共中央召开了工作会议，为全会做了充分准备。严格说来，“历史转折”包括这次工作会议。从某种意义上说，工作会议的地位更为重要。

召开工作会议是1978年6月中央决定的，议题是讨论加快农业发展速度和1979年、1980年国民经济计划安排。粉碎“四人帮”以后，中共中央一方面部署开展揭批“四人帮”运动，一方面逐步恢复经济和文化、教育、科技等各方面事业。进入1978年，中央高层首要关注的还是经济，以20世纪末实现“四个现代化”为目标，提出加快经济发展的23年设想和头10年规划。农业一直是经济发展的“瓶颈”，拖了其他产业发展和人民生活改善的后腿。所以农业和此后两年的计划安排被并列为工作会议议题。7—9月，国务院召开务虚会，讨论计划、管理体制改革、大规模引进外国先进设备和技术以及资金问题。李先念在会上作了总结性讲话。会后，中央政治局决定增加讨论李先念讲话的议题。

会议召开之前，中央政治局决定再增加一个议题，即从第二年1月起，把全党工作的着重点转移到社会主义现代化建设上来。问题是从结束揭批“四人帮”运动提出来的。揭批运动已经进行两年，清查工作基本结束。邓小平9月视察东北时，已经提出结束运动的问题。华国锋也在考虑何时结束运动。中央常委和政治局征求了一些地方党委的意见，决定从这次会议之后即结束全国的揭批运动，把全党工作着重点转到现代化建设上来。

与1977年的中央工作会议相比，此次会议与会者的构成变化很大。经过两年左右的调整，中央对各部门和各地方的党政军负责人做了大换班：政治倾向上靠拢或接近“四人帮”者，以及“文化大革命”时期特别是后期突击提拔者，大部分被裁撤或隔离审查；而“文化大革命”时期被打倒或被边缘化的老干部相继复出。219名与会者中，九届中央委员和候补委员有36人，仅占与会者总数的16.4%；其中只有20人是在中共九大第一次进入中央委员会的，也就是说，“文化大革命”时期升入中央委员会者仅占9.1%。与之相反，与会的八届中央委员和候补委员有58人，占与会者总数的26.4%。这个构成，为由老干部主导此次会议的走向准备了条件。

11月10日会议开始，华国锋宣布了三项议题，并宣布：讨论上述议题之前，先讨论一个问题，从明年1月起，把全党工作着重点转移到社会主义现代化建设上来。会议时间为20来天。

与会者普遍赞成把全党工作着重点转移到社会主义现代化建设上来，认为这个转移是必要的，但是结束揭批运动时，要处理好历史遗留问题。两年来，虽然平反了一些案件，但同如山积案相比，获得平反的案件只是很少一部分，绝大多数案件特别是一些重大案件尚未平反。中央组织部部长胡耀邦在党内一些老同志支持下作了极大努力，冤假错案的平反仍然步履艰难。不少与会者认为，不解决好历史遗案，工作着重点很难顺利转移。分组讨论的第一天，陈再道、傅崇碧、李昌等人就提出要为1976年天安门事件平反。第二天，更多与会者呼吁解决历史遗留问题。除了天安门事件外，还提出了“二月逆流”“六十一人案”“五一六”“七二〇事件”等案件的平反问题。陈云也提出了六个需要解决的问题：（1）薄一波等六十一人所谓“叛徒集团”一案；（2）“文革”中所谓“叛徒”问题；（3）陶铸、王鹤寿的问题；（4）彭德怀的问题；（5）天安门事件问题；（6）康生的错误问题。

第四天开始，讨论农业问题。会议印发了三个文件交由与会者讨论：《关于加快农业发展若干问题的决定（讨论稿）》《农村人民公社工作条例（讨论稿）》和《关于修改〈农村人民公社工作条例（讨论稿）〉的说明报告》。与会者都深感农业问题严重，对农业现状“忧心忡忡”。来自中央有关部门和地方党委的与会者，分别介绍了农业存在的问题，都认为新中国成立近30年，农业一直处于落后状态，“文化大革命”对农业破坏更大，而关于农业问题的文件没有把导致农业落后的问题揭示出来，比如国家对农业的投入太少、农业技术条件落后、人地矛盾突出、对生产队和农民挤压严重、农业产业结构不合理，等等。与会者对文件提出的“农业学大寨”的方向、基本核算单位由生产队向生产大队的过渡、批判小生产和农村“资本主义自发势力”以及“政社合一”的农村基层体制，普遍提出质疑和批评，直接指向了长期实行的农业政策，触及奉为圭臬的意识形态层面的问题。许多人建议修改农业文件，这次会议不要通过，下发到基层征求意见，完善内容后再正式印发。

讨论农业问题的同时，历史遗案仍然是与会者关注的重心。会议第七天，11月16日，《人民日报》刊登新华社电讯，报道中共北京市委宣布“天安门事件完全是革命行动”。北京市委本来宣布的是：1976年清明节，广大群众到天安门广场悼念周总理，完全是革命的行动。新华社电讯却突出了“天安门事件”，事实上为天安门事件的性质平了反。这个消息进一步激励了与会者的平反要求。分组讨论中，与会者要求平反更多的冤假错案，除了已经提出的问题外，还提出了“彭、陆、罗、杨”案、贺龙冤案、批判朱德、“七二〇事件”、四川“产业军”、杨尚昆“窃听器事件”、“内人党”案件，等等，并要求将中央专案组掌握的专案材料移交给中央组织部处理，以利于更顺利地解决历史遗留问题。

中央常委虽然未曾预料会议出现如此局面，但肯定了会议民主和活跃的气氛，并接受与会者意见，决定先对一些重大历史问题重新作结论。11月25日，华国锋代表中央政治局讲话，肯定会议“发扬民主，开得生动活泼”，“敞开思想讨论问题”之后，对会议提出的诸项历史遗案重新作了结论，包括为天安门事件性质、“二月逆流”、“六十一人案”、彭德怀“里通外国”案、陶铸“叛徒”案、杨尚昆“窃听器”案等平反，审查康生、谢富治等。印发讲话时，还增加了否定“批邓、反击右倾翻案风”的结论。天安门事件平反后，社会反响强烈，议论蜂起，有些舆论涉及毛泽东和一些在任中央领导人，引起海外舆论猜测，国外甚至有人担心中国内政不稳。出于消除国外疑虑的考虑，中央常委和政治局一方面要求受到批评的政治局委员作检讨，一方面强调安定团结，肯定毛泽东的历史功绩，维护毛泽东的旗帜。华国锋在讲话中表达了这个意思，邓小平在同外宾和北京市委、团中央负责人的谈话中，更是反复申明上述意思。中央政治局还将邓小平的几次谈话印发会议。至于人事问题，中央常委考虑为维护稳定形象，中央政治局的人事调整“只进不出”，即只增补几位政治局成员。

与会者赞成和拥护华国锋的讲话和邓小平的谈话，也赞成“只进不出”的人事安排。不过，与会者并没有停止对历史遗留问题的追究。事实上，解决历史遗案的话题贯穿了会议始终。随着会议讨论的进展，与会者还提出粉碎“四人帮”之后的问题，两年多来在平反冤假错案、清算极左观点和政策、讨论真理标准问题上的分歧、纠葛和摩擦浮出水面。其中与会者反复提起并最终成为讨论焦点的，是真理标准问题的讨论。

争论的结果，赞成和坚持“实践标准”文章和讨论的意见占了上风，反对者受到尖锐而普遍的批评。

会议另外两项议程——讨论1979年、1980年国民经济计划安排和李先念在国务院务虚会的讲话，到了会议最后阶段才进行。两年计划安排的指标很高，少数人担心难以完成，主张注意计划的平衡和调整，但没有引起太多反应。与会者更为关注的是经济体制和经济政策问题。他们认为，计划的大盘子基本定了，有的调整一下是可以的，现在比较突出和重要的是经济体制的改革。经济体制方面，两个问题反映最突出，一是集中过多、统得过死，一是以行政方法管理经济。两个问题早有显露，1960年甚至更早就多次试图解决，但不仅久治不愈，而且长期陷入“收—放”的怪圈。问题的根源在于我们经济管理的办法主要是从苏联学来的，20多年来，其中好的方面没有全部坚持下来，坏的方面却有所发展。一方面存在分散主义、无政府主义；另一方面统得过死。一些与会者指出，问题不在集中还是分散，而在于应当将政府系统和经济管理系统分开，工业管理体制改革最主要的就是把经济管理系统同政权管理系统分开，前者按经济要求管理企业活动，后者按国家和地方的法律、法令管理企业，所在地党委则主要抓好党的工作和思想政治教育。许多与会者认为，经济工作发生的许多问题，主要是没有运用好价值、价格规律，没有掌握好计划综合平衡，光有计划法则指导这一条不够，还必须有价值法则来调剂，补充计划经济之不足。经济政策方面提出的问题很多，其中关于引进外国先进技术、设备和资金，是与会者最感兴趣的话题。与会者不仅普遍赞成大规模引进外国先进设备和技术，而且认为可以向外国贷款，与外国人合作办厂。

12月13日，工作会议举行闭幕会。邓小平、叶剑英、华国锋先后讲话。邓小平充分肯定了会议，指出思想解放是当前的一个重大政治问题，高度评价了实践是检验真理的唯一标准的讨论，他说："一个党，一个国家，一个民族，如果一切从本本出发，思想僵化，迷信盛行，那它就不能前进，它的生机就停止了，就要亡党亡国。""从这个意义上说，关于真理标准问题的争论，的确是个思想路线问题，是个政治问题，是个关系到党和国家的前途和命运的问题。"邓小平强调民主是解放思想的重要条件，指出："一个革命政党，就怕听不到人民的声音，最可怕的是鸦雀无声。"关于历史遗留问题的处理，他主张要"向前看"，历史问题"宜粗不宜细"。他着重提出的是研究新情况，解决新问题，特别是注意研究解决管理方法、管理制度、经济政策这三方面的问题。他提出，"要允许一部分地区、一部分企业、一部分工人农民，由于辛勤努力成绩大而收入先多一些，生活先好起来。一部分人生活先好起来，就必然产生极大的示范力量，影响左邻右舍，带动其他地区、其他单位的人们向他们学习"。邓小平的讲话实际上成为紧接着召开的中共十一届三中全会的主题报告，许多语言后来成为广泛流行的反映观念变化的政治语汇。

叶剑英的讲话着重强调了发扬民主对今后党和国家工作的意义，他引用列宁的语言说："胜利了的社会主义如果不实行充分的民主，它就不能保持它所取得的胜利。"华国锋在讲话中也对会议给予高度评价，认为会议充分发扬民主，开得很成功。他就"两个凡是"作了自我批评，同时接受与会者的意见，要求不要再称他"英明领袖"，写报告也不要再写"华主席、党中央"，而直接写"党中央"，以突出集体领导。

工作会议之后，12月18日—22日举行了中共十一届三中全会。全会讨论了工作会议的各项议题，增补宋任穷、黄克诚、黄火青、胡乔木、韩光、周惠、王任重、习仲勋、陈再道为中央委员，增补陈云、邓颖超、胡耀邦、王震为中央政治局委员，增补陈云为中央政治局常委、中央副主席。全会选举产生了中央纪律检查委员会，选举陈云为第一书记，邓颖超为第二书记，胡耀邦为第三书记，黄克诚为常务书记。中共十一届三中全会后的第三天，中央政治局召开会议，决定任命胡耀邦为中央秘书长兼中央宣传部部长，免去他兼任的中央组织部部长职务；任命胡乔木和姚依林为中央副秘书长，胡乔木兼任“毛著编办”主任，姚依林兼任中央办公厅主任，宋任穷任中央组织部部长，冯文彬任中央办公厅第一副主任；免去汪东兴的各项兼职——中央办公厅主任，中央警卫局局长兼党委书记，八三四一部队政委兼党委书记，“毛著编办”主任兼党委书记。

中共十一届三中全会决定结束全国范围的揭批运动，从1979年开始把党的工作着重点转移到社会主义现代化建设上来，高度评价“实践是检验真理的唯一标准”的大讨论，强调解放思想、发扬民主，加强法制，提出改革管理体制和经济体制的任务，调整了中央领导层的人事和选举产生中纪委。全会以及工作会议从观念变革、政策导向和组织保障诸方面极大推动了改革开放和经济、社会的发展，成为中国当代史上的里程碑。

（韩钢撰稿）

实现安定团结的关键：全国性平反冤假错案

“文化大革命”十年浩劫，在全国各地造成大量冤假错案。据有关方面统计，“文化大革命”中，被立案审查的干部高达230万人，占“文化大革命”前全国1200万干部的19.2%。中央国家机关和各部委被审查的干部有29885人，占干部总数的16.7%。其中，中央副部级和地方副省级以上的高级干部被立案审查的达75%。在“文化大革命”中制造的冤假错案有200多万件，直接受到错误处理的有几百万人。此外，在“文化大革命”前的历次政治运动中还有众多干部群众被错误处理。

粉碎“四人帮”，结束了十年浩劫，人心思定，人心思治。彻底平反冤假错案成为国家民族面临的最迫切问题。在邓小平等老一辈革命家的支持下，胡耀邦在一线组织实施，进行了这场全国平反冤假错案的大战役，这是实现安定团结的关键。与此同时，一系列新的社会政策的落实也使1亿多人在政治上重新得到解放。

一、平反冤假错案的艰难起步

粉碎“四人帮”后，“文化大革命”遗留的积案如山，但平反冤假错案的工作举步维艰。一些已经平反的案件也留下了若干尾巴，从中央到地方的大批受迫害干部还带着种种莫须有的罪名，许多已经解放的老干部未给安排工作。数千万人带着各类政治帽子，背着沉重的政治包袱。党内外干部群众强烈要求彻底平反冤假错案，解放大批受迫害的干部群众。

但是，当时的中央领导人没能及时顺应人民的正当要求。1976年12月5日，中共中央发出通知：凡纯属反对“四人帮”的人和案件应给予彻底平反。凡不是纯属反对“四人帮”，而有反对毛主席、反对党中央、反对“文化大革命”或其他反革命罪行的人，绝不允许翻案。1977年2月7日，“两报一刊”发表《学好文件抓住纲》的社论，公开提出“两个凡是”的方针。2月8日，中共中央发出《关于坚决打击政治谣言的通知》。通知要求：稳准狠地打击政治谣言的制造者，不听谣，不传谣，不信谣。根据这个通知精神，3月28日国务院下发30号文件，要求对攻击毛主席、周总理、华主席和以华主席为首的党中央，破坏揭批“四人帮”斗争的现行反革命分子，要坚决逮捕法办。这两个文件延续了过去阶级斗争扩大化的错误，又造成了一些新的冤案。

党内外要求纠正“文化大革命”的错误，彻底平反冤假错案的呼声，首先集中在要求邓小平重返党和国家领导岗位以及为天安门事件平反问题上。

1977年3月，在中共中央工作会议上，陈云、王震顶住压力，分别在小组会上发言，要求为天安门事件平反，要求邓小平出来工作。他们的发言受到大多数与会者的热烈赞同。

1977年清明节这一天，成千上万的群众自发来到天安门广场，以沉痛悼念周恩来的形式，为一年前被镇压的四五运动鸣不平，要求邓小平重返党和国家领导岗位。党内许多老同志纷纷向中共中央提议，要求邓小平出来工作。

1977年7月召开的中共十届三中全会，恢复了邓小平的党和国家领导职务。邓小平的再次复出，实际上否定了毛泽东晚年亲自作出的“批邓”决策，是对“两个凡是”的一个重大突破。广大干部群众极为振奋，党内外拨乱反正的呼声日渐高涨。

1977年8月召开的中共十一次全国代表大会，宣告了“文化大革命”的结束。虽然大会继续肯定了“文化大革命”的错误理论和政策，没有从指导思想上完成拨乱反正的任务，但是，邓小平重新进入党的最高领导层，这一事实本身就是对“两个凡是”的否定。大会政治报告中虽然对“平反冤假错案”只字未提，但也有了“干部是我们党的宝贵财富”，“四人帮强加于人的一切污蔑不实之词，应予推倒”等新的说法。邓小平在闭幕词中，强调恢复和发扬党的优良传统和实事求是的作风。这些都给广大受迫害的干部群众带来了新的鼓舞，看到了落实政策的新希望。

时任中共中央党校常务副校长的胡耀邦深知“中兴大业，人心为上”，组织党校理论工作者撰写全面落实干部政策、平反冤假错案的大文章，题目为《把被“四人帮”颠倒的干部路线是非纠正过来》。文章先后经过17次修改，于1977年10月7日，粉碎“四人帮”一周年之际，在《人民日报》用一个版面全文发表。文章指出：要“敢于冲破阻力，敢于推翻‘四人帮’一伙在审查干部中所作的错误结论。一切强加给干部的诬蔑不实之词一定要推翻，颠倒的干部路线是非一定要纠正”。

文章立刻引起巨大反响。在短短一个月内，《人民日报》就收到1万多封表示支持和拥护的信件和电报。中组部的老干部们反应最为强烈。他们贴大字报斥责中央组织部负责人郭玉峰阻碍平反冤假错案，继续坑害老干部，强烈要求中央撤换中组部长。

胡耀邦紧接着组织了第二篇文章《毛主席的干部政策必须认真落实》，在11月27日《人民日报》的头版头条发表。文章指出，无产阶级的原则是有错必纠，部分错了，部分纠正，全部错了，全部纠正。这两篇由胡耀邦亲自组织并逐字修改的文章，全国省级以上的报刊纷纷转载，影响巨大。

1977年12月10日，中共中央任命胡耀邦担任中共中央组织部部长。中共中央这一重要工作部门的易人，标志着平反冤假错案、落实干部政策的工作由思想舆论准备进入实际运作阶段。

二、平反冤假错案的初步开展

胡耀邦就任中组部部长后，面对积案如山、步履维艰的严重局面，号召要恢复党的优良传统，把中组部办成“党员之家”“干部之家”。他每天亲自批阅处理重要的上访信件，亲自接待来访的干部。中组部在胡耀邦带领下，齐心协力开展落实干部政策的工作，一扫过去“门难进、脸难看、事难办”的恶名，来访者络绎不绝。

但是，平反冤假错案的阻力很大，特别是负责审干和定案的部门跟不上形势。属中央管的干部案件的材料，仍然在中央专案组的三个办公室把握着，不许中组部插手复查工作。属地方党委管的干部案件，中组部一时也难以插手。对经毛泽东和中央审定的案子就更不敢动了。仅中央和国家机关还没有分配工作的司局长以上干部，就有6000多人。

在邓小平、陈云等老一辈革命家支持下，胡耀邦充分发挥中组部作为中央主管干部的职能部门的作用，主动采取一系列积极措施，冲破重重阻力，推动落实政策和平反冤假错案的开展。

为尽早尽快解放老干部，胡耀邦在中组部组建老干部接谈组，专门负责接待来访受迫害干部的申诉；成立安排待分配干部工作组，负责中央国家机关待分配的6000多名干部的安置工作。为加强平反冤假错案的工作力度，胡耀邦亲自谋划成立专门机构。经中央批准，中组部先后设立干部审查局和右派改正办公室，专门承办平反冤假错案和落实干部政策的工作。为了落实知识分子政策，中共中央还在中组部设立知识分子工作联系小组办公室。

针对落实干部政策的种种阻力，胡耀邦旗帜鲜明地提出“两个不管”方针。即：凡是不实之词，凡是不正确的结论和处理，不管是什么时候、什么情况下搞的，不管是哪一级组织、什么人定的和批准的，都要改正过来。

面对“两个凡是”派的责难，胡耀邦充分发挥中组部的部门职能。在一时难以召开全国性组织工作会议的情况下，中组部采取分批召开省市自治区、中央国家部委组织部长会议的变通办法，解决落实干部政策中的疑难案件。

从1978年2月下旬至4月下旬，中组部分三批分别召开省市自治区和中央国家部委组织部长会议，称为“研究疑难案例座谈会”。这6次座谈会，有148人参加，共研究了180多个疑难案例。这些会议精神传达下去，有力促进了各地各单位平反冤假错案的进展。一些久拖不决和难以定性的冤假错案迅速得到解决。到1978年7月，中组部按政策分配安置了中央、国家机关干部5344名，占中央和国家机关53个单位原有的待分配干部的87.2%。起到了拨乱反正的示范作用。

在胡耀邦直接领导下，1978年中组部直接办理和复查平反了130多名副省部级以上的大案要案。最具突破意义的是复查澄清了“六十一人案”。这个错案中共中央专门下发过文件，影响很大。1978年，邓小平、华国锋都有指示，要中组部进行复查。中组部于1978年11月20日向中共中央报送了《关于“六十一人案”的调查报告》，为这一大案平了反。

为四五运动平反，是推动大规模平反冤假错案的又一突破口。从1978年下半年起，从北京到各地，公开为四五运动平反的呼声迭起。一些地方为参加这场运动受到迫害的青年平反昭雪，北京和各地的许多报刊也公开报道了他们的事迹。

1978年11月10日，中共中央在北京召开中央工作会议。陈云在东北组发言，提出发展安定团结是保证党的工作重点顺利转移的关键，为此要解决“文化大革命”中遗留的一大批重大问题和一些重要领导人的功过是非问题。他列举了应由中共中央给予考虑和决定的六个问题：要为薄一波等六十一人所谓叛徒集团案件平反；要为在“文化大革命”中被错定为“叛徒”的同志复查平反；要为陶铸、王鹤寿的问题平反；要肯定彭德怀对革命的贡献；要肯定天安门事件，是“一次伟大的群众运动”；要批判康生等。陈云的发言，得到与会同志的热烈响应。

11月15日，新华社社长曾涛等人抓住时机，以新华社名义向海内外播发北京市委书记林乎加在常委扩大会议上说天安门事件完全是革命行动的消息，并加上了“受到迫害的同志一律平反，恢复名誉”的副标题，突出了“平反”主题。接着，11月18日，新华社又发出一条消息，《天安门事件中被捕的三百多人中没有一个反革命分子》。同时，江苏省委、河南省委、浙江省委等相继宣布：1976年清明节期间，南京、郑州、杭州等地广大群众悼念周总理、声讨“四人帮”的活动都是革命行动。全国各报刊纷纷刊登宣传四五运动的通讯报道和评论文章。

11月25日，华国锋代表中央政治局为天安门事件彻底平反，宣布了对

“文化大革命”中和“文化大革命”前遗留的一些重大政治事件，以及一些重要领导同志功过是非问题的平反决定；并决定撤销中央专案组，今后不再采取专案组审查干部的办法；清查康生、谢富治的问题。这些决定得到与会同志的热烈拥护。

12月15日，邓小平在中共十一届三中全会闭幕讲话中说：解决过去遗留问题，纠正冤假错案，这是解放思想的需要，也是团结的需要。“我们的原则是‘有错必纠’。凡是过去搞错了的东西，统统应该改正。”

中共十一届三中全会公报指出：解决好历史遗留问题，对于进一步巩固安定团结的局面，实现全党工作重心的转变，使全党、全军、全国各族人民万众一心向前看，调动一切积极因素为四个现代化努力，是非常必要的。

三、大刀阔斧地平反冤假错案

中共十一届三中全会以后，平反冤假错案的工作大刀阔斧地开展起来，形成了全党办案的高潮。直接从事落实干部政策的人有60万，其规模之大，进展之快是空前未有的。

按照中共中央的部署，各单位分工负责。中央组织部主要抓两个方面的工作：一是面上的落实干部政策的部署和督促，制定政策，加强指导；二是直接复查副省部级以上干部的案件，特别是中央专案组的案件。中共中央纪律检查委员会设立第二办公室，承接“文化大革命”及新中国成立以来重大事件的清查和审理工作。公、检、法部门着重清理受到刑事处分的假案错案。各地成立了以党委负责同志为首的，组织、纪检、政法、统战、民政、财政等部门领导参加的落实政策小组。建立了层层部署、逐级负责、落实到人的落实政策的组织系统。形成中央统一领导，党委专人负责，专门班子与依靠群众相结合，有关部门积极配合，全党上下一起行动的大规模平反冤假错案的局面。

因为落实政策涉及问题很多，工作量很大，中央要求各地区、各部门从实际出发，区别轻重缓急，妥善安排，分期分批解决。首先抓紧解决好“文化大革命”期间的案件，“文化大革命”前历次政治运动中遗留的问题和其他有关问题的解决，可以有计划有步骤地穿插进行。

为加强对平反冤假错案工作的逐件落实处理，中共中央和国务院从中央机关抽调1000多名干部参加处理来京上访人员的问题，并陪同上访人员返回原地，推动各地党政部门实事求是地解决他们的问题。

中央组织部的首要任务是接受并复查原中央专案组移交过来的大量案件。1978年12月19日，中央专案审查小组第一办公室、第三办公室、“五一六”专案联合小组办公室宣布撤销，所有专案材料全部移交给中央组织部。

中共中央纪律检查委员会和各省、市、自治区党委纪律检查机构，一边组建一边开展工作。到8月时，中央纪律检查委员会查处或批转了15万多封党员和群众来信。据17个省、市、自治区的统计，这些地区的党的纪律检查委员会，配合党委组织部和公、检、法部门，共计受理了“文化大革命”和历次政治运动中的申诉案件385万多件，已经调查处理了326.8万多件，约占受理案件总数的85%。

政法部门的复查平反工作也按中央部署紧张进行。1978年12月29日，中共中央批转最高人民法院党组《关于抓紧复查纠正冤、假、错案认真落实党的政策的请示报告》，指出，在复查工作中，要真正做到全错全平，部分错部分平，不错不平，严明法纪，有错必纠。各地人民法院在党委统一领导下，全面复查“文化大革命”以来判处的反革命案件和其他刑事案件。到1979年12月，全国对“文化大革命”中的案件，已复查24.1万余件，约占总数的83%，从中纠正了冤假错案13.13万余件，约占复查的54%。同时复查了普通刑事案件50.7万余件，纠正冤假错案3.58万件，占已复查总数的7%。但复查任务还相当繁重。还有4.6万余件反革命案件、50多万件刑事案件没有复查。

由于思想路线正确，组织措施得力，落实干部政策的平反工作进展迅速，1979年是复查平反、落实政策进展最快的一年。1980年在1979年工作的基础上又有了新的进展。

中共十一届三中全会后，中共中央陆续为遭受迫害的一大批党政军高级干部平反昭雪，推翻强加给他们的诬蔑不实之词，撤销了强加于一些中央部门“修正主义”路线的罪名，复查和平反了“文化大革命”中的重大事件。对于在“文化大革命”中被迫害致死的一批领导干部，中共中央为他们开了隆重的追悼会。华国锋、邓小平、陈云、李先念、胡耀邦等党和国家领导人分别参加了有关人员的追悼大会，为他们恢复了名誉。

“文化大革命”中被错判的反革命案件和刑事案件数量众多。特别是反革命案件，冤错比例一般占40%，有些地区达60%—70%。1979年2月17日，中共中央宣布撤销导致大量反革命案件的“公安六条”。经过一年多的复查工作，1980年9月20日，最高人民法院院长江华在第五届人大第三次会议上报告说：“文化大革命”期间全国经过法律手续错误判处的“反革命”案件共17.5万多个，18.4万多人，已得到平反或改正。

随着历史上许多重大问题的澄清，一大批党的重要领导人和高级干部的问题得到公正解决，为刘少奇平反昭雪的问题提到日程上来了。

中共中央在1979年2月决定，由中央纪律检查委员会和中央组织部对刘少奇一案进行复查。复查小组经过大量严密细致的取证核实工作，证实给刘少奇罗织的罪名一项都不能成立，完全是江青一伙采取逼供信的恶劣手段制造出的大冤案。1980年2月，中共十一届五中全会做出决议：撤销八届十二中全会加给刘少奇的罪名和对他的处理决议，完全推倒对刘少奇的污蔑、诬陷、伪造的材料以及一切不实之词，恢复刘少奇作为伟大的马克思主义者和无产阶级革命家、党和国家的主要领导人之一的名誉。5月17日，刘少奇追悼大会在北京隆重举行。

在平反冤假错案过程中，中共中央纪律检查委员会根据中央决定，对康生、谢富治进行审查。查明康生、谢富治在“文化大革命”期间，直接参与林彪、江青等人篡党夺权的反革命阴谋活动，犯下严重罪行。10月16日，中共中央批转了中纪委关于康生、谢富治问题的两个审查报告，向全党公布了他们的问题，同时撤销《悼词》，开除他们的党籍。

经过全党上下的努力，到1982年年底，平反“文化大革命”中冤假错案的任务基本完成，全国共复查平反被立案审查的干部230万人，集团性冤假错案近2万件。

在平反“文化大革命”冤假错案和落实政策的工作开展起来后，对过去政治运动遗留问题的处理，也提上了议事日程。据不完全统计，全国“文化大革命”前遗留下来的各种案件高达上百万件，涉及数百万人，影响到上千万人。这是一项艰巨任务。

1978年4月5日，中共中央批准中央统战部和公安部《关于全部摘掉右派帽子的请示报告》，决定全部摘掉右派分子帽子。1978年9月17日，中共中央下发全部摘掉右派分子帽子决定的55号文件，指出：对于过去错划的人，尽管事隔多年，也要坚持有反必肃、有错必纠的原则，做好改正工作。为完成错划右派的复查改正任务，中组部、中宣部、统战部、公安部、民政部联合成立办公室。10月17日，中组部成立审查改正右派工作办公室，领导全国的右派改正工作。在被打成右派的55万人中，维持原案不改正的仅有5000人，只占总数的1%。另外，对被划为“中右分子”和“反社会主义分子”的31.5万余人以及受到株连的亲属，也落实了政策。这在海内外产生了非常积极的政治影响。

1979年8月4日，中共中央批转中央组织部提出的《关于文化大革命前一些案件处理意见》。《意见》指出，对于“文化大革命”前老案的处理，仍然应该本着实事求是的精神，坚持“有反必肃，有错必纠”的方针，全错的全改，部分错部分改，不错不改。本着这个原则，对新中国成立以来一些重大的错案进行了复查平反。

此外，对1959年“反右倾”运动中的“右倾机会主义分子”、“四清”运动中的错案进行了平反和纠正。还有：新中国成立初期的胡风反革命集团案；潘汉年、扬帆冤案；1958年的全国总工会整风会议的错案；小说《刘志丹》冤案；等等。这些多年的历史积案重新复查纠正，恢复了历史的公正。

在平反冤假错案中，还复查了一些长期未解决的历史老案。因为各种原因，这些案件一直没有得到公正处理，有的还留下政治尾巴。它们在“文化大革命”中被重新翻腾出来，继续伤害了大批同志。这次在复查中得到彻底解决。如：地下党的历史遗留问题，苏区肃反被错杀人员的历史遗留问题，延安整风中的审干遗留问题，抗日战争时期的“肃托”问题，等等。

对历史陈案、积案的处理，历时很长。直到1987年中共十三大前，全国复查“文化大革命”前冤假错案的工作才基本完成。据不完全统计，除“反右倾”运动的案件外，全国共复查了“文化大革命”前历史遗留案件

242万余件。长期遗留的历史问题得到彻底解决。

平反冤假错案的范围，上至国家元首，下至普通平民百姓，案件跨度长达半个世纪。这些冤假错案的平反昭雪，使当事人连同他们的亲属、子女等受牵连的人，有1亿人得到政治上的解放。这在党内外、国内外均产生了深远影响。历史包袱的解脱，使全国上下重获政治解放的振奋气象，出现了前所未有的安定团结局面。这就为社会主义改革开放新道路的开辟，奠定了坚实的政治基础。

（王海光撰稿）

开放的窗口：四个经济特区的建立

中国地域广大，与外界隔绝既久，且有制度上的差异，实行对外开放不可能从一开始就门户洞开，全境同步开放。遵循历来的经验，中共中央采取了从沿海到内地梯度开放的策略，以控制风险，并从局部得到经验和示范。其中一个重大举措，就是在广东、福建两省实行特殊政策和灵活措施，并建立深圳、珠海、汕头、厦门四个经济特区。

一、边境上的尴尬与机会

最有条件率先对外开放的是广东、福建两省。由于地理上的原因，广东、福建各级官员面临的压力比内地更大，对发展机遇的感受也更敏锐。特别是广东省，毗邻香港与澳门，历来是重要对外贸易口岸，在20世纪50—70年代处于封闭状态的中国，广东毕竟是一个向外敞开的窗口。香港知名人士也与广东省党政领导人保持往来。从1957年起，中国出口商品交易会在广州每年举办春秋两届。每年有大批香港同胞和海外华侨回国探亲。与内地相比，广东的官员和民众对香港及海外的情况和动向并不陌生。

对广东省领导触动最大的，莫过于持续不断地出现边民偷渡逃港的事件。自1951年封锁边界以后，粤港边界上的偷渡逃港事件就没有停止过。1957年、1962年、1972年、1978年形成了四次偷渡高潮。偷渡风潮来得最为猛烈的是1978—1979年。边防部队与民兵联合布设几道防线，仍无济于事。为什么偷渡逃港？根本原因是境内外巨大的经济差距。1978年广东全省农民人均收入仅77.4元人民币，与香港仅一河之隔的深圳农民人均收入也只有134元人民币，而河对岸的香港新界农民同期收入为13000元港币。这对边境农民具有强大诱惑力。日复一日的偷渡潮，不仅影响内地的生产秩序和社会安定，更是一件有伤国体的事情，广东省领导人深感头痛，中共中央也很重视。大家都明白，反偷渡光是堵解决不了问题，根本的办法是放宽政策，发展经济，缩小两地差距。

中央部门重视边境开发，还有另一层考虑，就是利用毗邻港澳的地理优势增加出口、赚取外汇。1978年实施大规模引进，外汇紧缺成燃眉之急。1978年3月，国家计委、外贸部工作组到宝安、珠海，与当地政府探讨了建立出口生产基地的问题。5月初，国家计委副主任段云率组考察港澳后回到广州，与习仲勋、刘田夫等人交换意见。双方一致认为，可把靠近港澳的宝安、珠海划为出口基地。回京后，考察组写出《港澳经济考察报告》上报中共中央。6月3日，段云直接向华国锋等人汇报。华国锋明确指示："总的同意"，"说干就干，把它办起来。"港澳考察组提出的方案，还不能算是办特区。不过，1979年2月国务院的批复文件明确提出："吸收港澳同胞和华侨的资金，合建工厂、农场和其他事业，也可试办。"这就有点特区的意思了。

与广东省不谋而合的，还有香港招商局。1978年，交通部派袁庚率工作组进驻招商局作调查研究。经过调查，袁庚代交通部起草了给中共中央国务院的请示报告，提出"充分利用香港招商局"，"冲破束缚，放手大干"的方案。10月12日，华国锋、叶剑英、邓小平、李先念、汪东兴5位中央常委全部圈阅同意，定下的方针是"以航运为中心，立足港澳，背靠内地，面向海外，多种经营，工商结合，买卖结合"。然而，要落实这个方针困难很大，主要是香港地价太贵，仅次于日本东京的银座。招商局新任副董事长袁庚产生了一个想法，在广东边境地区划一块地方，建设一个招商局工业区，由驻港企业按香港方式来经营。招商局先同广东省委交换意见，双方一拍即合，共同起草了《关于我驻香港招商局在广东宝安建立工业区的报告》，1979年1月6日，报送李先念并国务院。1月31日，李先念、谷牧召见交通部副部长彭德清和袁庚。李先念随即用铅笔在地图上南山半岛画了一条横线，笑着说："就给你们这个半岛吧"。南山半岛足有20—30平方公里，袁庚没敢要，只要了其中2.14平方公里。1979年7月20日，蛇口工业区破土动工，成为中国第一个出口加工区。

二、中共中央批准广东、福建"先走一步"

此时，广东省考虑跨出更大的步子。1979年1月，广东省委常委召开扩大会议，传达中共十一届三中全会精神。全会上印发的欧日、亚洲"四小龙"利用外资和外国先进技术加快发展的材料，给了广东省领导人很大激励。省委常委会提出，要利用广东毗邻港澳的有利条件，利用外资，引进先进技术设备，搞补偿贸易，搞加工装配，搞合作经营。会后，省委领导人分头到下面调查研究。吴南生率工作组赴汕头市。看到阔别多年的家乡仍然是一派贫穷落后的景象，不禁心寒。经一位海外朋友提醒，吴南生产生了一个大胆的想法：能否像台湾那样，在汕头划出一块地方，彻底开放，办出口加工区。吴南生在省委常委会议上正式提出这个设想，常委会一致赞同，4月1日和2日，省委常委会议确认："希望中央给广东放权"，让广东"先行一步。"具体要求是，在深圳、珠海、汕头划出一块地方，作为华侨、港澳同胞和外商的投资场所，按照国际市场的需要组织生产。名称初步定为"贸易合作区"。

4月3日，习仲勋赴京参加中央工作会议。4月8日，他在中南组发言说：现在中央权力过于集中，地方感到办事难，没有权，很难办。希望中央给点权，让广东先走一步，放手干。习仲勋提出在深圳市、珠海市、汕头市划出一块地方搞出口加工区的设想。得知广东省的设想，福建省在会上也提出在厦门建立出口加工区的要求。会议期间，谷牧向邓小平汇报了广东、福建的想法，邓小平说：广东、福建有这个条件，搞特殊省，利用华侨资金、技术，包括设厂。只要不出大杠杠，不几年就可以上去。如果广东这样搞，每人收入搞到1000—2000元，起码不用向中央要钱嘛！广东、福建两省8000万人，等于一个国家，先富起来没有什么坏处。当听说名称定不下来时，邓小平说："还是叫特区好，陕甘宁开始就叫特区嘛！"当谈到解决配套建设资金时，邓小平说："中央没有钱，可以给些政策，你们自己去搞，杀出一条血路来！"

会后，中共中央、国务院责成广东、福建两省提出具体实施方案报中央审定。5月11日至6月6日，谷牧受中央委托带领国务院进出口办、国家计委、国家建委、外贸部、财政部、物资部的10多位负责干部，前往粤、闽两省进行考察。通过20多天的考察，帮助两省分别起草了《关于发挥广东优越条件，扩大对外贸易，加快经济发展的报告》和《关于利用侨资、外资，发展对外贸易，加速福建社会主义建设的请示报告》。7月15日，中共中央、国务院批转广东、福建的报告。中共中央决定，在粤闽两省实行特殊政策和灵活措施，给两省在计划、财政、金融、物价等方面以较多的自主权。关键是实行财政大包干，明后两年，广东每年上缴数确定为12亿元，福建每年补助数确定为1亿元。允许两省自行安排和审批对外贸易，来料加工、补偿贸易和合资经营等项目。确定在深圳、珠海、汕头、厦门创办"出口特区"。

三、经济特区在争论中起步

兴办深圳、珠海、汕头、厦门四个特区，本来是中共中央对广东、福建两省实行特殊政策、灵活措施的一项内容。随后单列出来，由谷牧任主任的国家进出口管理委员会归口管理。1979年9月下旬，谷牧率队实地考察了这四个地方。这年12月和次年3月，谷牧在北京和广州两次召开两省会议研究特区建设问题，提出特区发展的五条建议：特区主要吸收外资和侨资进行建设；做好总体规划，分批分期铺开；先上投资少、周转快、收效大的加工工业生产项目，视情发展房地产和旅游业；适当降低外资企业所得税率和土地使用费；特区采取不同于内地的体制和管理办法，充分发挥市场调节的作用。会议还采纳了广东的建议，将"出口特区"改为"经济特区"。5月16日，中共中央、国务院批准《广东、福建两省会议纪要》。1980年4月，广东省五届人大三次会议审议通过《广东省经济特区条例》。8月26日，五届全国人大常委会批准了这一条例，由此完成了建立深圳、珠海、汕头、厦门四个经济特区的立法程序。《条例》赋予了经济特区特殊政策，如外商可以独立经营，雇用外籍人员；进口所需的生产资料免征进口税；企业所得税率为15%；所得利润在特区内再投资可申请减免所得税；外商可自行招聘中国职员和工人，必要时可以解雇等。这些规定比《中外合资经营企业法》赋予到内地投资的外商更加优惠的待遇。例如内地外商所得税率为33%，特区仅为15%。但在产品销售方面比内地的限制更严格些，规定特区产品主要供国际市场销售。

随后，国务院批准四个特区的区域范围。深圳经济特区327.5平方公里，蛇口工业区划为深圳经济特区的一部分；珠海经济特区6.81平方公里；汕头经济特区1.6平方公里；厦门经济特区2.5平方公里。以后珠海、汕头、厦门经济特区的区域范围有所扩大，到1990年年底，四个特区的面积从338.41平方公里扩大到632.1平方公里。

对于兴办经济特区，党内始终存在不同声音。然而，邓小平决心很大，叶剑英、李先念、胡耀邦、万里、谷牧等也很热心。1980年冬，中共中央决定，调习仲勋、杨尚昆回北京工作，调辽宁省委第一书记任仲夷接任广东省委第一书记，轻工业部部长梁灵光为第二书记；调项南出任福建省委常务书记。1980年10月31日至11月6日，任仲夷和梁灵光赴任前，叶剑英、邓小平、李先念、胡耀邦、万里等先后接见他们，给予明确支持。邓小平对任仲夷、梁灵光二人说："特区不是仅仅指深圳、珠海那几块地方，是指广东、福建两个省。单搞那一点地方不行，中央讲的是两个省。你们要充分发挥这个有利条件。对于搞特区，你们要摸出规律，搞出个样子来。"胡耀邦将成都武侯祠一副对联改动一字相赠："能攻心，则反侧自消，从古知兵非好战；不审势，即宽严皆误，后来治粤要深思。"期望他们能审时度势，通权达变。万里还授予任仲夷一项权力："各部的规定不符合广东情况的，你们可以不执行。"

随着特区引进外资工作的展开，不少人对特区日益担心起来，流传许多说法，如特区"香港化"了，"特区就是租界"。有人甚至说："特区除国旗是红色的以外，已经没有社会主义的味道了"。在1980年12月中央工作会议上，任仲夷不得不为特区政策辩护。邓小平支持了任仲夷，他在闭幕会上讲话表态："在广东、福建两省设置几个经济特区的决定，要继续实行下去。但步骤和办法要服从于调整，步子可以走慢一点。"

然而始终有人对特区忧心忡忡，经常有人提出这样的疑问："经济特区究竟姓'社'还是姓'资'？"中共中央和国务院一些部门生怕广东越了轨。不少文件都加上一句："广东、福建不例外"。广东和福建两省都感到，中央还没有给我们真特殊、真灵活、真先走的东西。1981年5月27日—6月14日，中共中央、国务院在北京召开广东、福建两省和经济特区工作会议，广东和福建共同呼吁中央进一步放手。这次会议达到了两个目的：一个是统一认识；一个是明确政策。会议纪要明确规定了经济特区建设10项政策，肯定两省实行特殊政策、灵活措施"在发展经济上有重要意义"，而且"关系到稳定港澳人心，争取台湾回归祖国的大事"，原则同意两省"对外更加开放""对内政策更加放宽""扩大两省的权力"，承诺中央将以更大的力度支持特区建设。7月19日，中共中央和国务院批转《广东、福建两省和经济特区工作会议纪要》，鼓励两省"要大胆放手去干"。

四、为什么没在其他省市办特区

虽然有了中央文件，但党内的不同意见并没有消除。经济特区姓"社"姓"资"的争论并没有解决。由于走私狂潮的出现，这种争论更加突出起来。1979年国门初开之后，沿海边境地区出现了走私潮，主要集中在广东、福建、浙江等沿海省份。走私进来的主要是电视机、收录机、袖珍电子计算器、手表等国内紧缺的日用品。走私出境的主要是黄金、白银和贵重药材。参与走私、投机倒把活动的，有华侨和港澳、台湾同胞，有外国人，国内有工人、干部、农民、现役军人，其中有些是党团员、高干子弟。他们组成集团，有收购、转运的，有窝赃、销售的。中央连续发出管理进口物品，打击走私的文件，但收效甚微，走私的势头愈演愈烈，1981年出现新的高潮。这引起了国人关注，议论蜂起。

由于走私主要集中在广东、福建，两省面临了强大的舆论压力。中共高层所担心的不只是经济上的，更是政治上的。这样下去，是否真的有“改变颜色”的危险？

1981年12月22日，在中央召开的省、市、自治区党委第一书记座谈会上，陈云要求，经济特区现在第一位的任务是认真总结经验，既要看到特区的有利方面，也要估计到特区带来的副作用。当时不少省、市都向中央要求试办经济特区，陈云坚决不同意，他明确指出：“现在只能有这几个。不能增多。”如果各省都开口子，国内外投机分子就会统统出笼。陈云赞成试办经济特区，但要求注意特区带来的负面影响，坚决不主张扩大特区的范围，特别不赞成在中国的经济心脏——江浙地区办经济特区。没有资料证明邓小平当时对其他省市试办经济特区的要求有什么表态。不过，20世纪90年代初，邓小平为80年代没有在上海设立经济特区不止一次地表示遗憾，说“浦东开发晚了”。

（肖冬连撰稿）

家庭联产承包制：覆盖全国农村的大变革

中国改革是从农村率先突破的。但它并不是预先设计好的，而是农民对政策底线的冲击与地方上开明的领导人相互推动，一步一步获得共识形成全国性政策的过程。农村改革的率先突破，对于随后以城市为重点的整个经济体制改革产生了重大影响。

一、农村改革是从调整政策开始的

“文化大革命”结束后，党中央高层对于恢复农业是有紧迫感的，但是思路还是，搞“农业学大寨、普及大寨县”的达标活动。然而，农民急切盼望的是放宽政策，而不是强化动员。第一个起来抵制“农业学大寨”的是万里，1977年6月，万里赴任中共安徽省委第一书记后，制定了一个“省委六条”，强调以生产为中心；尊重生产队的自主权；允许农民搞正当的家庭副业，产品可以拿到集市上出售；“联产到组”，只需个别人完成的农活可以责任到人等。这都与“大寨经验”背道而驰。其他省如四川省委也在放宽农村政策，扩大自留地，改变耕作制度，因地制宜发展多种经营。1978年2月1日，邓小平在成都听取汇报时指出：“我在广东听说，有些地方养三只鸭子就是社会主义，养五只鸭子就是资本主义，怪得很！农民一点回旋余地没有，怎么能行？”1978年，党中央也开始注意“落实农村政策”，连续发了两个文件，着手解决农民增产不增收、分配不兑现、生产队没有自主权、过度调用民工以及干部强迫命令等问题。

在1978年年底召开的中央工作会议上，农民贫困问题成为与会者关注的焦点之一。会前按照传统思路起草的关于加快农业发展的文件被推翻了，胡耀邦、胡乔木等人另起炉灶搞了一份加快农业发展的决定草案。这份文件批评了“穷过渡”和“平调风”，批评了农村中普遍存在的阶级斗争扩大化，强调按劳分配的物质利益原则，宣布今后不准把自留地、家庭副业和集市贸易当作资本主义来批，这些都直指广为宣传的“大寨经验”。全会没有再提“普及大寨县”的达标活动，党的农村政策开始全面转向。

中共十一届三中全会以后推行的农村政策，归结起来是两点：一是松绑，尊重生产队的自主权和所有权，恢复自留地、家庭副业、集市贸易、多种经营。十一届三中全会公报有两句话：关心农民的物质利益，尊重农民的民主权利。这两条为农民自主选择提供了依据。二是让利，就是大幅度提高农副产品收购价格。1979—1982年连续4年提价，加上议价、加价和市场收购部分，农副产品收购价格总共提高41.6%，平均每年提高9.1%。直接增加农民的收入，使农民得以休养生息。这些政策还不能说是改革，它把政策底线划在维护人民公社“三级所有、队为基础”之上，1979年年初下发的“农业决定”草案明确规定了“不许分田单干，不许包产到户”。但是，政策的基本取向是反“左”的。这时，政治环境也变了。随着停止批判“资本主义自发倾向”，纠正“穷过渡”，为“地富”摘帽，“右派”改正回城，政治上的紧箍咒松动了。正是在这种政治环境下，农民开始或秘密或半公开地搞起了包产到户。

二、包产到户是怎样搞起来的?

农民要求包产到户不是第一次了。1957年、1959年、1961年、1964年先后4次在不同地区出现过包产到户。特别是60年代初那场大灾荒过后，包产到户在更大范围出现。各地不同形式单干的生产队占20%—30%。如果不是批“单干风”，包产到户早在1962年就可能发展到全国农村。

1978年夏秋，安徽大旱，小麦集体种不下去，肥西县山南公社搞了个“借地渡荒”，谁种谁收，实际就是包产到户。万里知道了，省委做出决定，在山南搞试点。也是1978年秋，凤阳县湖马公社有10个生产队搞了“包干到组”，县委书记陈庭元告诉地委书记王郁昭，得到认可，称之为“大包干”。这个县梨园公社小岗队农民“得寸进尺”，1978年12月索性搞起了包干到户。18户农民开会达成秘密协议：我们分田到户，保证完成上交任务，如果干部坐牢，大家保证把干部的小孩养到18岁。各户主在保证书上按下手印。对小岗包干到户的事，县委书记陈庭元是知情的，但他一直为小岗保守秘密，直到1980年年初省委开会时才告诉万里。小岗包干到户的情节带有传奇色彩，现在，那份“保证书”的复制件作为中国农村改革的象征物放进了历史博物馆。

争论随之而来。开始争论的焦点还不是包产到户，而是“包产到组”，因为包产到户还没有浮出水面。1979年3月15日《人民日报》发表“张浩来信”并加编者按，要求已经分田到组、包产到组的地方“应坚决纠正”。这时，国家农委正在北京召开七省三县农村工作座谈会，会上对于要不要包产到组争论很大。华国锋到会发表长篇讲话，他以洞庭湖区的经验证明集体经济的优越性，不赞成“分队”。不过他的讲话语气平和，没有从意识形态出发提出问题，这就为讨论留下了空间。虽然这次会议纪要4月3日由中共中央批转了，影响却不大。

安徽的情况不是包产到组，而是搞包产到户。这毕竟与中共中央刚刚颁发的红头文件相违背，万里也有压力，希望有高层的表态。6月18日，全国人大会议休息时，万里到大会主席团对陈云说，安徽一些农村已经搞起了包产到户，怎么办？陈云答复：“我双手赞成”。万里又去找邓小平谈，邓小平答复：“不要争论，你就这么干下去就完了，就实事求是干下去。”到了年底，包产到户大有覆盖全省的势头，万里又专程赴北京向华国锋汇报，华国锋既没有反对，也没有支持，算是备了案。其实，其他省区如贵州、四川、甘肃、内蒙、河北、河南、广东等地也有农民或明或暗地搞了包产到户或类似的包干到户，地方党委并不是完全不知情。

到了1980年年初，争论的焦点从包产到组转到包产到户。这年1月11

日至2月2日，国家农委在北京召开全国人民公社经营管理会议，杜润生让安徽的周曰礼首先在大会上发言，周曰礼大赞包产到户对增产的明显效果，引起激烈辩论，焦点是包产到户是姓“社”还是姓“资”。1月31日，杜润生向中央政治局汇报，华国锋不赞成包产到户，理由还是上年七省三县座谈会上讲的。邓小平不愿表态，他说，对于包产到户这样的大问题，事先没有通气，思想毫无准备，不好回答。看得出，中央的主导意见仍然是不赞成包产到户。但由于有两种不同意见，中央书记处没有批转这次会议的纪要。

三、省委书记达成妥协：“你走你的阳关道，我走我的独木桥”

进入1980年，包产到户和包干到户发展很快。之前，已经在安徽、贵州等不少地方形成了气候，即便像广东湛江这样的地区，1980年上半年也已“成燎原之势，到处冒烟”（林若语）。不少地方发生了干部与农民“顶牛”现象，但这次农民胜了。基层干部的态度发生了许多变化，一些地方干部睁一只眼闭一只眼，采取默许和同情态度，一些县社干部暗中保护农民的秘密行动，省、地、县各级党委第一把手中都有一批支持者。

党中央支持包产到户的意见也逐渐上升。这年4月，国务院讨论长期规划，要解决贫困区的问题。杜润生向姚依林提出：与其向贫困区输送粮食，不如让他们实行包产到户。姚依林表示赞成。4月2日，姚依林到邓小平那里去汇报，提到了这个问题，邓小平表示同意。5月31日，邓小平同胡乔木、邓力群谈话，明确表态支持安徽的试验。他的理由是，实行包产到户的生产队都取得大幅增产的效果，不必担心包产到户影响集体经济。

6月以后，包产到户发展更快了，当时估计达到20%左右，并且向中心地区发展，党内议论纷纷。万里建议胡耀邦召开一次省委第一书记会议，以寻求统一的政策口径。在1980年9月召开的省委第一书记会议上，依然是两种意见争论激烈。可见邓小平关于包产到户的表态虽然为支持者撑了腰，却未能说服反对者。鉴于这种情况，即使是接替王任重出任国家农委主任的万里，在会上也不便多说。反对的原因不尽相同，江苏省担心集体土地和生产资料的分配会导致社队企业财产损失；黑龙江省寄希望于机械化大生产，反对划小耕地。而其他各省的领导人更多地受到集体化思想束缚，担心包产到户滑向资本主义。最有名的是贵州省委书记池必卿与黑龙江省委书记杨易辰的一个“口头协定”。池必卿主张包产到户，杨易辰不同意。休会时，池必卿找杨易辰个别交流，说我们可否达成协议：你走你的阳关道，我过我的独木桥，互不干预。杨易辰答到：好的，可以。池必卿在会上公布了他同杨易辰达成的口头协定，并上了会议简报，“你走你的阳关道，我过我的独木桥”传为佳话。

会议通过的“75号文件”允许各省根据自身的情况采用不同形式。不过，“75号文件”毕竟承认了少数地区包产到户和包干到户的合法性，从“不许包产到户”变为“支持群众的要求”，这是一个重大突破。当时预计，包产到户可限制在25%左右的贫困队。

四、包干到户覆盖全国，人民公社退出历史

看得出，当时支持包产到户和包干到户的领导人，大都也是当作解决农民温饱问题的应急之计，并不认为可以长期搞，不认为农民一家一户的小规模经营能使农业走上现代化，方向还是集体经济。但是不要着急，农民坚持要搞，搞了又能让农民吃饱饭，有什么理由跟农民对立呢？

1981年1月1日—8日，杜润生等人到鄂、豫、皖三省的宜昌、荆州、南阳、开封和菏泽5个专区考察农村情况。杜润生回京后写的报告中说：一路听到的都是好消息，农村形势比城市好。农民感到最满意的是获得了自己作主的权利和自由。他们说：“20多年了，可熬到自己当家了。”现在“戏没少看，集没少赶，亲戚没少串，活没少干，粮没少收”。所到之处，农民普遍要求允许包产到户搞三年。

进入1981年，包产到户迅速向中心地区扩散，不仅无法说服那个50%的“中间状态的社队”不搞包产到户，即使是那25%的较富裕的社队也挡不住。多数农民径直选择了包干到户的形式，因为它比包产到户更彻底，也更简便易行，这就是“交够国家的，留够集体的，剩下全是自己的”。一直扛着不让搞的山西省，到了这时也挡不住了。时任山西省副省长的

霍泛回忆说，当时的形势“如水之就下，来势之猛，如狂风骤雨，势不可当。”到年底，山西全省12.6万个核算单位包干到户已占69%。

这个势头，即使是支持包干到户的领导人也没有想到。怎么办？胡耀邦、万里、杜润生等主张尊重农民的意愿。杜润生回忆说，有两个情况说服了他自己：一是过去农民自留地的产出总比集体大田高出很多，说明家庭经营是有效率的；一是出国考察看到发达国家仍然保留了大量家庭农场，说明家庭经营是可以与现代化兼容的。但党内分歧仍然很大。1981年夏，万里推动国务院农口各部门领导140多人到农村进行调查研究，目的是让他们直接感受农村的形势和农民的愿望，转变他们的观念。此时，决策层已意识到包产到户“是一场牵动亿万群众的深刻而复杂的变革”。胡耀邦到东北三省，杜润生到河北等地，说服这些省负责人改变“死堵”的态度。

1982年1月，党中央关于农村改革的第一个一号文件，终于肯定“双包”到户是“社会主义集体经济的生产责任制”，解决了姓“资”姓“社”的争论。1983年中央一号文件，高度评价家庭经营联产承包制是“农民的伟大创造”，“是马克思主义农业合作化理论的新发展”，“具有广泛的适应性”。至此，全国各省市再也没有人反对包干到户了。最具标志意义的是，等待了四年之久的黑龙江省终于在这年春天全面铺开家庭联产承包制。到1983年年底，包产到户和包干到户已经覆盖全国。根据农民的意愿，还有2000个左右的生产队保留了生产队或大队集体经营。

包干到户动摇了人民公社制度的根基，1983年10月12日，中共中央、国务院正式发布通知，要求在全国实行政社分开，建立乡政府。年底，就有14636个人民公社实行了政社分开。1985年6月4日，新华社发了一条简短的消息：“全国农村人民公社政社分开、建立乡政府的工作全部结束。全国共建九万二千多个乡(含民族自治乡)、镇人民政府。至此，建立村民委员会八十二万多个。”延续28年的人民公社就这样寿终正寝，退出了历史。

五、农村率先突破的历史意义

中国农民从来没有享受国家给予的福利和保障，他们不怕在改革中失去什么既得利益。对于农民来说，包干到户不过是回到自己再熟悉不过的传统的家庭经营，按人头平均分配土地的办法保证了改革的公正性，避免了震荡和冲突，这些也减少了农民对不确定性的担心。因此，农民成了摆脱旧体制意愿最强的一个群体。

从决策过程看，农村改革是农民以自己的实践不断说服各级领导干部，最后形成全局政策的过程。面对党内的激烈争论，决策者的策略是“等待”，“让事实来说话”。没有人因为赞成或者反对包产到户而受到处分，农村改革可以称得上是中国渐进式改革的一个成功范例。

农村率先突破的意义，更在于凝聚了改革共识。农村改革促进了农产品的超常规增长，1979—1984年，农业总产值平均每年递增8.98%，粮食产量年递增1009万吨，1984年超过4亿吨。几十年来困扰着决策者的中国最大难题——“吃饭问题”出乎意外地被解决了，农村贫困人口大幅度减少。应当说，这几年粮食产量突然冒出这么多，是多种因素促成的，20世纪70年代进口的13套化肥生产线建成投产，农业开始大量施用化肥，以袁隆平的杂交水稻为代表的新品种的推广，是大幅度增产的第二大因素。但不可否认，普遍推行包干到户对粮食增产特别是对非粮农产品的普遍增产发挥了重要作用。这使决策者为之鼓舞，怀疑者也逐渐转变看法。农村改革给农民带来增产增收的好处，又丰富了城市居民的餐桌，同时满足了政府足额收购的要求，使国家对城市的粮食供应安全无虞，这大大提高了改革的声誉，凝聚了党内和社会对改革的共识。8亿农民稳定了，也使决策者可以比较从容地推进城市改革。

农村改革的后续发展，还从多方面对中国改革、发展和社会变迁发生了影响：农村商品大潮的出现和乡镇企业的异军突起使中国市场化改革不可逆转；大量廉价农民工成为制造中国经济“奇迹”的主角之一；数以亿计不期而至的“民工潮”为解决城乡二元结构，促进城乡一体化趋势提供了持续推力。

（肖冬连撰稿）

郑重的总结：《关于建国以来党的若干历史问题的决议》形成始末

在中共十一届三中全会上，邓小平提出“向前看”的方针。然而他很快发现，要想“向前看”不得不暂时“向后看”，对“文化大革命”乃至新中国成立以来的历史进行清理和评价。不这样做，很难结束党内外对历史问题的议论和纠结，很难消弭外界对中国政局的猜测，也无法为改革开放和现代化新政提供指导思想上的支持。这就是在提出工作重点转移以后，要花两年时间来制定一份《关于建国以来党的若干历史问题的决议》的缘由。

一、从“不匆忙”到提前上马

最早有人提出要对“文化大革命”作总结，可以追溯到1978年11月召开的中央工作会议。当时邓小平感到条件不成熟，“不必匆忙去做”。他的公开解释是，“有些事要经过更长一点的时间才能充分理解和作出评价”。问题的实质是，总结“文化大革命”不可能回避毛泽东的错误。在邓小平看来，急于触动这个敏感话题，不仅很难达成一致的认识，还会招来麻烦，徒增阻力，不如暂时把它搁置起来，专心致志搞建设。

30年国庆即将到来，这为初步总结历史提供了一次机会。1979年9月29日，叶剑英代表中共中央发表了国庆30周年讲话。这篇经过广泛征询意见、反复修改的长达3万字的国庆讲话，第一次对新中国成立30年历史进行了回顾总结。在肯定大部分时间里“路线是正确的”前提下，涉及一些重大历史事件的评价，其中包括“文化大革命”及“文化大革命”前的“左”倾错误。胡乔木解释说，如果“一概回避”，“不敢涉及”，必定会“造成中共领导人不敢正视自己历史的印象，甚至引起外界对中共党内分歧的猜测”。国庆讲话称“文化大革命”是“我国各民族人民遭受的一场骇人听闻的浩劫”，这是官方第一次为否定“文化大革命”定调，引起了国内外舆论的关注。讲话承诺，对于“文化大革命”“应当在适当的时候，经过专门的会议，作出正式的总结”。

国庆讲话影响很大，但是并没能统一认识，甚至议论更多了。一个时期，新中国成立后27年历史的评价问题成为人们关心的焦点。因为发生在这段历史中的一系列重大事件牵涉许多人的不同遭遇和是非功过，党内党外议论纷纷，不断地为此发生争论；国外舆论认为，中国政局“尚在未定之中”。担心中国政局出现反复，是外国投资者踟蹰不前的主要顾虑之一。更值得关注的是，国内外都在猜测中国是不是要搞“非毛化”。邓小平看来，放任这种议论蔓延在政治上是十分不利的。他意识到，对历史问题的评价已经没法绕过去了。另一方面，国庆讲话毕竟提出了一个粗略的历史蓝本，邓小平感觉，有了讲话，“历史决议就好写了”。

在国庆讲话后不久，《历史决议》的起草工作就开始启动了。1979年10月下旬，邓小平同胡耀邦、姚依林、邓力群谈话，要求起草《历史决议》“现在着手，明年年底六中全会讨论通过”。当时设想，中共十二大将在1981年提前召开，《历史决议》须在中共十二大之前完成，结束在历史问题上争论不休的局面。《历史决议》的起草工作，是在中共中央政治局、中央书记处领导下，由邓小平和胡耀邦主持进行的。起草小组由中共中央指定，胡乔木任组长。

要总结历史，还有两个问题需要处理：一是为刘少奇平反，一是审理林彪、江青“两案”主要成员，这两大问题都涉及对“文化大革命”的总体评价。还在中共十一届三中全会前，党内就有人对刘少奇案提出疑问。

中共十一届三中全会以后，党内外越来越多的人提出要对刘少奇的案件重新进行审查。1979年4月18日，中共中央成立刘少奇案复查组，1980年2月，中共十一届五中全会作出决定：撤销党的八届十二中全会强加给刘少奇的“叛徒、内奸、工贼”的罪名和把刘少奇“永远开除出党，撤销其党内外的一切职务”的错误决议，恢复刘少奇作为伟大的马克思主义者和无产阶级革命家、党和国家的主要领导人之一的名誉。5月17日，在人民大会堂举行刘少奇追悼会。

起草《历史决议》与审判林彪、江青“两案”是同时进行的。在中央领导人看来，前者是“解决党的领导上是非功过问题”，后者是“解决敌我性质的问题”。两案审判的原则是：只审罪行，不审路线。然而困难恰恰在于，如何厘清“罪行”与“路线”的界线，如何区别“领导上是非功过”与“敌我性质的问题”。这使得正式审判日期一再推迟，从原定的6月初推迟到11月20日才正式开始审判，1981年1月25日最终宣判。分别判处江青、张春桥死缓；王洪文无期；姚文元、陈伯达、黄永胜、吴法宪、李作鹏、邱会作、江腾蛟等人20年到16年不等有期徒刑。为刘少奇平反和公开审理两案为《历史决议》的起草扫除了最后两道障碍。

二、《历史决议》的基调和难题

主导《历史决议》起草工作的是邓小平，他先后作过十六七次有关谈话。1980年3月19日，邓小平与胡耀邦、胡乔木、邓力群谈话，提出三条意见：第一，确立毛泽东同志的历史地位，坚持和发展毛泽东思想。第二，对建国30年来历史上的大事包括一些负责同志的功过是非进行实事求是的分析，做出公正的评价。第三，通过这个决议对过去的事情做个基本的总结，力求能使大家的认识一致，不再发生大的分歧。其中最根本的是第一条。这次谈话为起草《历史决议》确立了基调。以后他的多次谈话都围绕这三条意见展开。

然而，对起草小组来说，落实这三条原则遇到了两个难题：一是如何既批评毛泽东的错误又肯定毛泽东功大于过，坚持毛泽东思想。二是如何既对重大历史事件作出经得起历史检验的评价，又体现30年大部分时间党的路线是正确的，成就是伟大的。邓力群说，为解决第一个难题，胡乔木“用了很多心血”。在7月3日中央书记处会议上，胡乔木一个建议获得赞同：这就是把毛主席晚年的错误同毛泽东思想加以区别，对毛泽东思想加以肯定，对毛主席晚年的错误加以批判。明确这个思路后，“困难就迎刃而解了”。至于第二个难题，关键是对1956—1966年的10年如何评价。这10年间运动不断，伤害了一大批人，饿死了一大批人。写来写去调子总是低沉。到最后，邓小平提出一个解决办法：先讲这10年的成绩，讲开拓了什么局面，然后再来讲在开拓局面的过程中，我们犯了什么错误。这样前10年的稿子最后才过关。

10月中旬至11月下旬，中共召集党内几乎所有高级干部，对《历史决议》稿进行了一次高层的内部讨论。由于预定参加讨论人数是4000人，所以称作“四千人大讨论”。8月中央政治局扩大会议，邓小平作了《党和国家领导制度的改革》的重要讲话，参加讨论的高级干部大多数对“文化大革命”有切肤之痛，这都促使参加四千人讨论的高级干部进行历史反思，邓小平说是“畅所欲言，众说纷纭”。党内民主达到了一个历史高点。讨论中大家都拥护中央做这个决议，但在许多重大问题上存在严重分歧，甚至尖锐争论。其中分歧最大的是对毛泽东的评价问题，以及要不要提毛泽东思想。

10月25日，邓小平找胡乔木、邓力群谈话，他坚定地说：毛泽东思想这个旗帜丢不得，丢掉了这个旗帜，实际上就否定了我们党的光辉历史。决议稿中阐述毛泽东思想的这一部分如果不写或写不好，整个决议都不如不做。不能把许多问题“都归结到”毛泽东的个人品质，“给毛泽东抹黑，也就是给我们党、我们国家抹黑”。陈云赞同邓小平的意见。他还主张党中央集体应当承担自己的责任。另一个起而维护毛泽东的是黄克诚，他听到对毛泽东和毛泽东思想的议论“深感忧虑”，在11月召开的中纪委会议上发表了长篇讲话。他说，有些人要丢掉毛泽东思想这面旗帜，这样会“把中国引上危险的道路，是要吃亏的，是会碰得头破血流的”。“我们不能毁掉自己的信仰”。1981年4月，《人民日报》等各大报发表了黄克诚的这篇讲话，引起很大反响。

四千人讨论后，起草小组和胡乔木重新改写新稿，到1981年3月最终得到邓小平的基本肯定。3月24日，邓小平专门到陈云住处征求他对决议稿的意见。为了使“毛主席的功绩是第一位的，错误是第二位的”的结论更有说服力，陈云建议，增写回顾建国以前28年历史的段落。最后形成的《历史决议》，实现了邓小平最初提出的三条原则。1981年6月27日—29日举行中共十一届六中全会，最终通过了《关于建国以来党的若干历史问题的决议》。

三、《历史决议》解决了什么？

中共十一届六中全会通过的《历史决议》洋洋3万余言，概括起来说，解决了两个方面问题：一是评价历史事件，分清历史是非，否定“文化大革命”。关于建国后前7年，《历史决议》认为在这个阶段“党确定的指导方针和基本政策是正确的，取得的胜利是辉煌的”。全面肯定土改、镇反、抗美援朝、“三反”、“五反”以及经济恢复的成就；强调1953年党提出过渡时期总路线“是完全正确的”，具有“历史的必然性”；强调三大改造“创造性地开辟了一条适合中国特点的社会主义改造的道路”，“一五”计划“取得了重大的成就”；继续肯定反高（岗）、饶（漱石）斗争；肯定“百花齐放、百家争鸣”方针；高度评价中共八大路线。《历史决议》对于前7年的评价几乎是全盘肯定，唯一指出的缺点，就是改造中存在“四过”（要求过急，工作过粗，改变过快，形式过于简单划一）的问题。关于前10年（1957—1966年），《历史决议》坚持认为10年间取得了“很大的成就”，积累了“重要经验”，“这是这个期间党的工作的主导方面”。在这个基本估计下，指出党的工作指导“有过严重失误”。《历史决议》彻底否定了“文化大革命”，指出“文化大革命”不是也不可能是任何意义上的革命或社会进步；发动“文化大革命”既没有经济基础，也没有政治基础；“文化大革命”是一场由领导者错误发动，被反革命集团利用，给党、国家和各族人民带来严重灾难的内乱。《历史决议》把“文化大革命”运动与“文化大革命”10年作了适当区分，强调“党和人民”坚持了同林彪、江青集团的斗争；经济仍然取得了进展；解放军仍在保卫祖国安全；党没有被摧毁；国务院还能工作；社会主义制度的根基仍然保存着。

二是确立毛泽东的历史地位和重新阐释毛泽东思想。《历史决议》彻底否定了毛泽东发动“文化大革命”的系统的理论观点，但肯定毛泽东功绩是第一位的，错误是第二位的，强调毛泽东的错误“终究是一个伟大的无产阶级革命家所犯的错误”。《历史决议》以很大篇幅对毛泽东思想进行了新的阐释，把毛泽东思想定义为：马克思列宁主义普理原理和中国革命具体实践相结合的产物，是中国共产党集体智慧的结晶，是经过长期历史考验形成的科学理论。《历史决议》把“毛泽东晚年错误”与毛泽东思想加以区别，坚持“科学的”毛泽东思想，否定“毛泽东晚年错误”。这样解释维护了毛泽东的旗帜，也为改革预留了可以发挥的空间。同时，大体平衡了党内党外各阶层人们的意愿和情感，从而冷却了人们对历史问题的关注。《历史决议》通过后，邓小平肯定地说，决议“真正是达到了我们原来的要求”。

（肖冬连撰稿）

走自己的路：“中国特色社会主义”命题的提出

“中国的事情要按照中国的情况来办”，中国的社会主义要从中国实际出发来搞，这个道理简单又明了。但就是这个简单的道理，在中华人民共和国成立后的很长一段时间里我们没有弄清楚搞明白，僵化、机械地拘泥于马克思列宁主义的个别词句和只言片语来理解和实践社会主义，结果“水土不服”，吃了大亏，走了弯路。1982年9月，邓小平在深刻反思历史教训的基础上，结合中共十一届三中全会后四年的成功实践，提出了“建设有中国特色的社会主义”科学命题，指明了全党全国各族人民团结奋斗的方向，成为引领当代中国发展进步的光辉旗帜。

一、毛泽东的未竟之业：找出一条中国自己的建设社会主义的具体道路

独立自主地探索一条中国自己的社会主义建设道路，这个任务是1956年由毛泽东首先提出来的。之所以要提出这个课题，概括说来有两个原因：

第一个原因，是随着中国社会主义制度的建立，以毛泽东为代表的中国共产党人对新中国成立后一段时间里照抄照搬苏联模式搞建设的做法越

来越不满意。不满意的心情，毛泽东后来曾多次表露过。1959年年底1960年年初，在读苏联《政治经济学》教科书时毛泽东说："解放后，三年恢复时期，对搞建设，我们是懵懵懂懂的。接着搞第一个五年计划，对建设还是懵懵懂懂的，只能基本上照抄苏联的办法，但总觉得不满意，心情不舒畅。"1962年年初，在七千人大会上，又说：建国头八年，"因为我们没有经验，在经济建设方面，我们只得照抄苏联，特别是在重工业方面，几乎一切都抄苏联，自己的创造性很少。这在当时是完全必要的，同时又是一个缺点，缺乏创造性，缺乏独立自主的能力。这当然不应当是长久之计。""不满意"怎么办？"不舒畅"怎么办？那就要探索自己的路。

第二个原因，也许是更重要的原因，是苏共二十大破除了对斯大林和苏联模式的迷信，极大地解放了全党的思想，使独立探索成为可能。1956年2月苏共中央总书记赫鲁晓夫在苏共二十大上作的《关于个人崇拜及其后果》的秘密报告，尖锐地揭露了斯大林的错误和苏联社会主义存在的严重弊端。对此，1956年4月4日，在讨论赫鲁晓夫秘密报告的政治局扩大会议上，毛泽东提出：民主革命时期，我们走过一段弯路，吃了大亏之后才成功地实现马列主义与中国实际的结合。现在是社会主义革命和建设时期，我们要进行第二次结合，要以苏联经验教训为鉴戒，努力找出在中国这块大地上建设社会主义的具体道路。

正是适应这样的要求，以毛泽东为核心的中共中央立足中国国情，在1956年中共八大召开前后的一年多时间里，就中国社会主义建设中的一系列重大理论和认识问题，进行了全方位思考，取得了一系列宝贵成果。这些成果，集中体现在毛泽东《论十大关系》报告、中共八大制定的路线和决策、毛泽东《关于正确处理人民内部矛盾的问题》的讲话以及刘少奇、周恩来、陈云等人提出的正确思想中。归纳起来，主要有以下几个方面的内容：一是依据国内主要矛盾的变化，作出了实现全党工作重点转移的战略决策；二是从中国国情出发，制定了既反保守又反冒进即在综合平衡中稳步前进的经济建设方针；三是针对照搬苏联的弊端，提出改革过于集中统一的计划经济体制的思想；四是创造性地阐述了社会主义社会的基本矛盾和两类矛盾学说；五是鉴于苏联的经验教训，提出加强社会主义民主政治建设的若干重要设想等。此外，还有党和毛泽东关于"双百"方针的论述、关于加强执政党建设的论述、关于知识分子问题的论述、关于学习外国和扩大对外交流的论述、关于和平统一祖国方针政策的论述，等等。这些成果，涉及中国社会主义经济、政治、文化建设的各主要方面，是中国共产党在探索中国自己的社会主义建设道路之初，对于"什么是社会主义、怎样建设社会主义"这个重大理论和实践问题所作的第一次回答。独立探索的开局良好。

但是，中共八大以后不久，由于国际国内多种因素的共同作用，党和毛泽东在中国社会主义建设的指导思想上出现了"左"的错误，探索开始遭受严重挫折。1957年发生了反右派斗争严重扩大化；1958年发动了"大跃进"和人民公社化运动，以高指标、瞎指挥、浮夸风、"共产风"为主要标志的"左"的错误严重泛滥，给党和国家造成重大损失。在随后领导纠"左"的过程中，毛泽东曾谈到对于社会主义的认识，他说："对社会主义，我们现在有些了解，但不甚了了。"又说："在社会主义建设上，我们还有很大的盲目性……拿我来说，经济建设工作中间的许多问题，还不懂得。工业、商业，我就不大懂……我注意得较多的是制度方面的问题，生产关系方面的问题。至于生产力方面，我的知识很少。"

政治上的"左"发展的极端，是在1966年发动了"文化大革命"。"文化大革命"的发生和发展，表明党和毛泽东对中国社会主义建设道路的探索偏离了正轨而陷入歧途。1969年2月，在和陈毅、李富春、李先念等人谈话时，毛泽东再次说到，对于"怎样搞社会主义，就是不懂。"历时10年之久的"文化大革命"不但没有达到毛泽东所追求的理想社会主义的目标，反而严重损害了社会主义的形象。邓小平曾深刻指出："文化大革命"虽然口头上也讲社会主义，但实际上搞的是"以极左面目出现的主张普遍贫穷的假社会主义"。

总的来说，以毛泽东为代表的第一代中国共产党人对中国自己的社会主义建设道路进行了开创性的艰辛探索，但没有取得成功。

二、以"解放思想"为起点打开"搞建设的新路"

1982年9月，邓小平陪同朝鲜劳动党总书记金日成乘专列赴四川访问。途中，在同金日成单独会谈时，邓小平说："从十一届三中全会到十二大，我们打开了一条一心一意搞建设的新路。"这条"新路"，是在反思"文化大革命"的沉痛教训，开展真理标准问题大讨论，冲破"两个凡是"藩篱基础上实现的。

"文化大革命"给党、国家和人民造成了重大损失。经济上，仅1974—1976年间，全国工业总产值就损失1000亿元，一些地区和部门，工厂停工停产，农村田园荒芜，整个国民经济濒临崩溃的边缘。按照正常年份百元投资的应增效益推算，"文化大革命"十年内乱使中国国民收入损失5000亿元，这相当于新中国成立后30年全部基本建设投资的80%，相当于全国40万个工交企业的全部固定资产的总和。"文化大革命"10年间，有5年经济增长不超过4%，其中3年负增长：1967年增长-5.7%，1968年增长-4.1%，1976年增长-1.6%。1957年以后20年"左"的错误，导致20年停滞，把中国与西方发达资本主义国家本已很大的经济科技差距进一步拉大了。而中国周边原来发展水平相当的一些国家和地区，如韩国、新加坡、中国台湾等则在此期间实现经济的快速腾飞。

粉碎"四人帮"、结束"文化大革命"以后，严峻的国内形势和国际竞争压力，要求人们不得不对"什么是社会主义"、如何体现和发挥社会主义的优越性进行深刻反思和总结。邓小平复出伊始，1977年12月，在会见澳大利亚共产党(马列)主席希尔和夫人乔伊斯时就尖锐地提出："怎样才能体现列宁讲的社会主义的优越性，什么叫优越性？不劳动、不读书叫优越性吗？人民生活水平不是改善而是后退叫优越性吗？如果这叫社会主义优越性，这样的社会主义我们也可以不要。"1978年3月，在国务院第一次全体会议时，他说："什么叫社会主义？它比资本主义好在哪里？每个人平均六百几十斤粮食，好多人饭都不够吃，28年只搞了2300万吨钢，能叫社会主义优越性吗？"1978年9月，在东北三省视察期间，他又说："我们要想一想，我们给人民究竟做了多少事情呢？""我们太穷了，太落后了，老实说对不起人民。""社会主义要表现出它的优越性，哪能像现在这样，搞了20多年还这么穷，那要社会主义干什么？"这一连串的"问号"，令人警醒、发人深思，要求人们认真思考究竟"什么是社会主义、怎样建设社会主义"。重新探索中国自己的社会主义建设道路的任务就这样提出来了。

但是，“文化大革命”的结束，只是使中国获得了有利的发展契机。要根本消除长期形成的关于社会主义的种种“左”的错误认识，是很不容易的。“两个凡是”方针的提出，就给当时稍稍有了一点独立思考空间的人们的头上套上了新的精神枷锁，成为阻碍中国社会前进的严重羁绊。要重新探索中国自己的社会主义建设的正确道路，首先必须破除个人迷信，开展一场思想解放运动。真理标准大讨论就是适应这样的形势开展起来的。真理标准问题大讨论对当代中国社会和中国共产党产生的影响是深刻而久远的，它的最大贡献，是重新恢复了党的解放思想、实事求是的思想路线，把人们从个人迷信、“两个凡是”的禁锢中解放出来，开启了当代思想解放的先河，奠定了党重新认识和探索“什么是社会主义、怎样建设社会主义”的思想前提。在思想解放基础上，1978年12月13日，邓小平在36天中央工作会议上发表了题为《解放思想，实事求是，团结一致向前看》的讲话，讲话是开辟新时期新道路的宣言书，实际上成为随后召开的中共十一届三中全会的主报告。邓小平在讲话中明确提出并论述了探索中国自己的社会主义建设道路的指导思想，这就是：“解放思想，开动脑筋，实事求是，团结一致向前看”，“正确地改革同生产力迅速发展不相适应的生产关系和上层建筑，根据我国的实际情况，确定实现四个现代化的具体道路、方针、方法和措施。”

中共十一届三中全会就是根据这样的指导思想，作出一系列重大决策，开始了中国从“以阶级斗争为纲”到以经济建设为中心、从僵化半僵化到全面改革、从封闭半封闭到对外开放的历史性转变，并在推动这个伟大历史转变中，“从中国的特点出发”，逐步走出了“一条中国式的现代化道路”。

三、“建设有中国特色的社会主义”命题的提出

基于对中华人民共和国成立以来正反两方面的经验、特别是对“文化大革命”教训的总结，经过中共十一届三中全会后两年多新的探索，1981年6月中共十一届六中全会宣布，“我们党已经逐步确立了一条适合我国

情况的社会主义现代化建设的正确道路”。全会通过的《关于建国以来党的若干历史问题的决议》第一次对这条道路的“主要点”从十个方面作了系统概括：

一是社会主义改造基本完成以后，我国所要解决的主要矛盾是人民日益增长的物质文化需要同落后的社会生产之间的矛盾。党和国家工作的重点必须转移到以经济建设为中心的社会主义现代化建设上来，大大发展社会生产力，并在这个基础上逐步改善人民的物质文化生活。党的各项工作都必须服从和服务于经济建设这个中心。二是社会主义经济建设必须从实际出发，量力而行，积极奋斗，有步骤分阶段地实现现代化的目标。三是社会主义生产关系的变革和完善必须适应生产力的状况，有利于生产的发展。社会主义生产关系的发展并不存在一套固定的模式，要根据我国生产力发展的要求，在每一个阶段上创造出与之相适应和便于继续前进的生产关系的具体形式。四是在剥削阶级作为阶级消灭以后，阶级斗争已经不是主要矛盾。五是逐步建设高度民主的社会主义政治制度，是社会主义革命的根本任务之一。必须根据民主集中制的原则加强各级国家机关的建设，使各级人民代表大会及其常设机构成为有权威的人民权力机关，在基层政权和基层社会生活中逐步实现人民的直接民主，必须巩固人民民主专政，完善国家的宪法和法律并使之成为任何人都必须遵守的不可侵犯的力量，使社会主义法制成为维护人民权利，保障生产秩序、工作秩序、生活秩序，制裁犯罪行为，打击阶级敌人破坏活动的强大武器。决不能让类似“文化大革命”的混乱局面在任何范围内重演。六是社会主义必须有高度的精神文明。要坚决扫除长期间存在而在“文化大革命”期间登峰造极的那种轻视教育科学文化和歧视知识分子的完全错误的观念，努力提高教育科学文化在现代化建设中的地位和作用，明确肯定知识分子同工人、农民一样是社会主义事业的依靠力量，没有文化和知识分子是不可能建设社会主义的。七是改善和发展社会主义的民族关系，加强民族团结。要继续贯彻执行宗教信仰自由的政策。要求宗教不得干预政治和干预教育。八是必须加强现代化的国防建设。国防建设要同国家的经济建设相适应。把人民解放军逐步建设成为一支强大的现代化的革命军队。九是在对外关系上，必须继续坚持反对帝国主义、霸权主义、殖民主义和种族主义，维护世界和平。在和平共处五项原则的基础上，积极发展同世界各国的关系和经济文化往来。十是加强执政党的党风建设，把中国共产党建设成为具有健全的民主集中制的党。

《历史决议》虽然还没有用“中国特色社会主义”这个概念来指称这条新道路，但这条新道路所包含的基本内容已经同中共十一届三中全会前党对社会主义的传统认识有了根本不同，已经是具有了显著的中国特色、为实践所初步证明了的“适合我国情况的社会主义现代化建设的正确道路”。

正是在此基础上，1982年9月，邓小平在中共十二大开幕词中鲜明地提出：“我们的现代化建设，必须从中国的实际出发……把马克思列宁主义的普遍真理同我国的具体实际结合起来，走自己的道路，建设有中国特色的社会主义，这就是我们总结长期历史经验得出的基本结论。”

（曹普撰稿）

走向全方位：中国外交政策的大调整

1978年年底，中共召开十一届三中全会。以此为标志，中国走上了改革开放的道路。1982年，中国对外政策出现了引人注目的调整，但事实上这一调整从1976年就开始了，直至1986年才基本结束。20世纪80年代末至90年代初，国际形势发生了重大变化，但中国外交保持了稳定和连续。经过十几年的努力，至世纪之交，中国构建起全方位、多层次的对外关系格局。

一、“文化大革命”后外交政策即开始调整

20世纪60年代末至70年代初，中国外交曾经历过一次重大调整，形成了主要针对苏联扩张主义的“一条线”战略。那次调整虽然主要出于国家安全方面的考虑，但它对中国外交和内政的影响是长远的。20世纪70年代初期，当中美关系正常化的进程启动之时，中国融入现代世界体系的进程也被启动了，中国加入了联合国并与世界上绝大多数国家建立了正常的外交关系。如果中国与世界的关系没有发生这样一种变化，很难设想几年之后，中国就能走上改革开放的道路。

“文化大革命”结束后，中国领导人就意识到必须对各方面的政策进行调整，其中也包括外交政策。那时，主管外交工作的叶剑英说，我们现在执行的是“周总理的外交路线”。不再重申坚持“毛主席的革命外交路线”，而代之以“周总理的外交路线”，这是即将对外交政策实行调整的重要信号。

1977—1978年，中国对外交往迅速活跃起来，中国领导人和各种代表团的出访活动达到高潮。这些出访大多带有考察外国经济、科技和教育的任务。通过访问，人们的共同印象是，虽然资本主义各国正处于经济不景气之中，但中国的发展同其他国家相比还是大大落后了；同时，他们也察觉到，国际形势为中国的发展提供了良机。内部实行改革开放的需要和外部有利于现代化建设的环境，为中国外交政策的调整提供了契机。

1978年中共十一届三中全会之前，邓小平在外交上做出两个决断：一是签订中日和平友好条约，二是实现中美建交。他做出这两个决断既有现实和长远的外交考虑，也有重要的国内政治考虑，就是要保证党的政治路线顺利转变，为即将实行改革开放的中国提供一个更稳定、更有利的国际环境。这个时期，指导中国外交政策的仍然是毛泽东划分“三个世界”的思想和以联美抗苏为主要内容的“一条线”战略。邓小平虽然继承了这一战略，但他的考虑与毛泽东有所不同。邓小平的主要目的是借此实现面向美国和西方国家的开放，推动中国的经济发展，而不仅仅是为了保障国家的安全。1979年中美建交后，中国希望进一步加强与美国的关系，但由于美国国会通过《与台湾关系法》，两国关系的发展并不顺利。这使中国领导人开始考虑改变“一条线”战略的问题。

二、与改革开放相配合的外交政策的形成

1982年是中国外交政策发生明显变化的一年。1981年12月，中美之间开始就售台武器问题举行谈判。1982年春，改善中苏关系的机会出现。3月24日，苏联领导人勃列日涅夫在塔什干发表长篇讲话，表示愿意改善对华关系。邓小平注意到苏方传递的信息，立即指示外交部做出反应。3月26日，中国外交部举行建部30多年来的第一次新闻发布会，发表了一份有

关中苏关系的简短声明，引起国际上的广泛注意。邓小平虽然重视中苏关系的改善，但并不急于调整对苏关系。他认为，先同美国就售台武器问题达成协议，把中美关系稳定下来，然后再调整对苏关系对中国更有利。

这一年夏秋之交是中国外交政策转换的枢纽。七八月间，邓小平邀集几位中央和外交部的领导人开会，提出要采取一个大的行动，向苏联传递信息，争取中苏关系有一个大的改善。他说，这样做是有原则的，条件是苏联必须做点事情，主动解决“三大障碍”问题。8月17日，中美签署了新的《联合公报》，确定了解决美国售台武器问题的原则和方向，美国承诺将逐步减少售台武器。这一公报的签署意味着建交后摇摆不定的中美关系大体稳定下来，虽然此后美国并未履行自己的承诺。与此同时，外交部采取了改善中苏关系的行动。8月中旬，苏欧司司长于洪亮以视察使馆工作的名义访问莫斯科，与苏联方面进行沟通，传递中方愿与苏方共同努力以改善两国关系的信息。

8—9月，中国新的外交政策出台。8月21日，邓小平会见联合国秘书长德奎利亚尔时强调，反对霸权主义、维护世界和平、加强同第三世界国家的合作是中国的基本外交政策。9月，中共召开第十二次全国代表大会。这次大会标志着改革开放的全面展开。关于外交方面，胡耀邦在大会的报告中说：中共坚持独立自主的对外政策，中国用以指导自己同各国发展关系的一贯原则是“和平共处五项原则”。他还表示，只要苏联采取实际步骤解除对中国安全的威胁，中苏关系就有可能走向正常化。

这些新的政策阐述表明，中国正有意识地同美国拉开一定距离，开始致力于建立更均衡的对外关系。从中共十二大以后，中国领导人不再公开提及毛泽东划分“三个世界”的理论，实际也放弃了“一条线”战略。10月，中苏两国举行了第一轮副外长级磋商，正式恢复中断已久的政治对话。

1986年3月的六届全国人大四次会议上，《关于第七个五年计划的报告》第四部分专门论述中国的外交政策。这个报告正式把中国总的外交政策概括为“独立自主的和平外交政策”，并分十个方面阐释了其主要内容和基本原则：第一，中国外交工作的根本目标是反对霸权主义、维护世界和平、发展各国友好合作和促进共同经济繁荣；第二，中国主张世界所有国家不论大小、贫富、强弱一律平等；第三，中国坚持独立自主，对一切国际问题都根据其本身的是非曲直决定自己的态度和对策；第四，中国决不依附于任何一个超级大国，也决不同它们任何一方结盟；第五，中国信守和平共处五项原则，并努力在这个基础上同世界各国建立、恢复和发展正常关系；第六，中国属于第三世界，坚持把加强和发展同第三世界国家的团结与合作作为对外工作的一个基本立足点；第七，中国反对军备竞赛；第八，中国坚持长期实行对外开放，中国的开放政策面向全世界；第九，中国遵循联合国宪章的宗旨和原则，广泛参加各种国际组织，开展积极的多边外交活动；第十，中国重视各国人民之间的交往。可以说，这份报告对改革开放以来中国外交政策的调整作了归纳和总结。至此，与改革开放相配合的外交政策基本定型。

1982—1988年期间，通过一系列外交活动，中国改善了同周边一些国家的关系，加强了与第三世界国家的政治经济合作；中国虽然有意识地拉开了与美国的距离，但这几年是中美关系发展最顺利的一段时间；同时，中国也逐步改善同苏联的关系，最终于1989年实现了中苏关系正常化；中国同西方国家和东欧国家的政治经济关系也在继续发展。此外，中国还加强了与联合国的合作，逐步参与多边经济、社会领域的活动和区域性争端的解决。

从20世纪70年代末至80年代中期，在上述政策变动的表象之下，更值得关注的是中国外交工作的指导思想所发生的深刻变化。主要是：第一，明确了外交工作的任务，除一如既往地维护国家独立、主权和社会主义制度之外，主要是配合国家的经济建设和祖国统一大业的完成，并为此创造一个和平的国际环境，特别是有利的周边环境。第二，在阐释独立自主的和平外交政策时增加了新的内容，强调要切实维护本国利益，反对霸权主义，并实行真正的不结盟，在国际共产主义运动中不扛旗，在第三世界国家中不当头。第三，在与世界各国的交往中，中国提出要根据世界的发展趋势和自身的利益要求来处理与不同类型国家的关系，不再以意识形态划线，也不再重复划分敌、我、友，团结一部分国家打击某个或某些国家的策略。

与此同时，中国领导人对重大国际问题以及中国与世界的关系也有了新的认识。主要是：第一，重新判断国际形势，逐渐放弃了以往关于大规模世界战争不可避免的观点。70年代末，邓小平认为世界大战可以推迟。20世纪80年代中期，他认识到世界大战可以避免，并提出当代世界的主要问题是“和平与发展”的论断。第二，承认现存世界是多样化的，认为多样化世界的各个组成部分有矛盾斗争一面，也还有互相依赖的一面。国家之间特别是大国之间，在处理一系列国际问题时存在着共同利益，需要进行合作，也可以进行合作。第三，明确了“独立自主不是闭关自守，自力更生不是盲目排外”，中国不仅要加强同世界各国的经济合作和贸易往来，而且必须学习、引进和吸收外国先进的科学技术和管理经验。

这一时期，中国外交政策调整的推动力，不仅来自政治和经济变革进程的实际需要，也来自对以往历史经验和教训的不断反思。中国外交指导思想的变化、中国对重大国际问题以及中国与世界关系的新认识表明，中国已经告别了以往那种带着浓重意识形态色彩的理想主义的“革命外交”，以积极主动的姿态，自觉地朝着融入现存国际体系的道路前进；同时，中国也领悟到，要在国际事务中发挥更大作用，“归根到底还是要把我们自己的事情搞好”。

20世纪80年代末至90年代初，国际形势出现重大变动，发生了美国等西方国家借中国出现政治风波对华实施“制裁”、东欧剧变、海湾战争、苏联解体等一系列重大事件。然而，在严重的冲击面前，中国外交政策却保持了稳定和连续，不仅没有进行大的调整，甚至没有出现大的波动。在新中国的历史上，这是前所未有的。

外交政策能够保持稳定有四个原因：第一，面对复杂的国际形势，邓小平提出了“冷静观察、稳住阵脚、沉着应付、韬光养晦、善于守拙、决不当头、有所作为”的战略策略方针，使中国免于重回按照意识形态斗争需要来处理国家关系的老路上去。第二，以江泽民为核心的党中央领导集体对国际形势作出了正确判断，认为和平与发展的主题没有改变，中国争取一个良好的国际和平环境和周边环境是可以实现的，决心坚持改革开放以来所确定的基本外交政策。第三，中国在外交方面采取的一系列应对措施得当。包括：积极在亚洲、中东和非洲开展外交活动并取得重要突破，在两年多的时间里实现了同新加坡、韩国、沙特阿拉伯、以色列、南非等

23个国家建交；利用海湾危机，迅速打破西方制裁，恢复和稳定了同西方发达国家的关系；在台湾、香港、西藏、澳门等问题上，有针对性地同有损中国主权的行为进行斗争；强调自主选择发展道路，根据国情决定改革和开放的步骤、领域和速度。最后，一个更深层次的原因，外交政策的连续性是由国内政治路线的连续性，继续实行改革开放和群众对这一路线的支持作保障的；同时，10年的改革开放已使中国与世界建立了前所未有的广泛联系，中国实际已不可能重返闭关自守的状态，而西方国家也担心对中国过度施压将损害其自身利益。

到1992年，中国已克服了由国内政治风波和国际形势变动所造成的困难，外交工作的进展甚至比中国领导人预期的还要好些。在经历了这场严峻的考验之后，与改革开放相配合的外交政策进一步得到巩固，中国外交也朝着更加务实的方向发展。

三、构筑全方位、多层次的对外关系格局

一般地说，中国外交包括四个方面，即同大国的关系、同周边国家的关系、同第三世界国家的关系和同国际组织的关系。不过，不同时期中国外交的侧重有所不同。总的来看，直至20世纪80年代，在中国外交的上述四个方面，存在着诸多不平衡。

从1982年起，中国开始朝着建立比较均衡的对外关系的方向努力。80年代下半期，中国外交向“全方位、多层次”发展的趋势已比较明显。90年代，这种趋势得到了经济全球化和国内建立社会主义市场经济体制两方面因素的有力推动。在意识到全球化的巨大影响之后，中国领导人越来越自觉地将政治、经济、外交诸方面因素结合在一起进行考虑。世纪之交，中国基本构筑起全方位、多层次的对外关系格局。在这一格局中，中国既考虑到同大国和同发达国家的关系，也考虑到同周边国家和广大发展中国家的关系；既重视发展与各国的双边关系，也积极开展多边外交活动。

建立全方位、多层次的对外关系格局是同中国外交面临的三项主要任务相联系的：一是应对冷战结束后国际关系的种种变化，特别是应对大国关系的普遍调整和各种区域性、洲际性的合作组织空前活跃的情况；二是

维护世界和平，反对霸权主义、强权政治和恐怖主义，推动建立更加公正合理的国际政治经济新秩序；三是应对经济全球化趋势和高科技迅速发展给中国带来的影响。

面向21世纪，中国外交在形式上和内容上表现出三个新特点：一是外交事务的内涵有明显扩大，涉及经济、安全、人权、环保等一系列区域性和全球性问题。二是首脑外交发挥了前所未有的和不可替代的重要作用。三是中国寻求建立普遍的伙伴关系，在中国与其他国家和地区性组织结成的伙伴关系和合作关系中，建立了不同层次的定期会晤、磋商和对话制度。

20世纪90年代，中国建立全方位对外关系格局的努力可以说是从睦邻外交开始的。90年代初，中国终于同周边所有国家实现了关系正常化；此后，中国同周边国家的关系不断发展。这一时期，十分引人注目的是中国同邻国在解决历史遗留的边界问题上取得了重大进展。中俄两国的边界问题通过一系列谈判基本得到解决。中越两国先后签署了陆地边界条约和有关领海问题的协定。中印边界问题虽然仍未解决，但边境形势已得到很大改善，两国政府签署了一些旨在维持现状的协定，为两国关系的发展创造了条件。

中国同大国的关系长期以来一直是影响中国对外关系格局的重要因素。稳定和发展同大国和发达国家的关系，不仅对中国的现代化建设具有重要作用，而且对维护世界的和平与发展具有重要意义。20世纪90年代中期，中国领导人提出，要积极致力于发展以不结盟、不对抗、不针对第三方为主要特征的新型大国关系。按照这一精神，中国率先于1996年同俄罗斯建立了“平等信任的、面向21世纪的战略协作伙伴关系”。1993年11月，江泽民和克林顿在美国西雅图举行的会晤，使中美关系走出了建交以后的第一个低谷。1997年，中美两国宣布将共同致力于建立面向21世纪的建设性战略伙伴关系。此后几年中，中美关系又经历了“炸馆”和“撞机”两次危机；但在“911事件”之后，两国关系终于稳定下来。在20世纪的最后几年中，中国还同法国、英国、加拿大、日本以及欧盟建立了面向21世纪的伙伴关系。中国同所有大国和发达国家均保持着较为良好的合作关系，这是前所未有的。

世纪之交，中国同非洲、西亚地区和拉丁美洲各国的关系也有所发展。2000年10月，“中非合作论坛——北京2000年部长级会议”举行。会议通过《中非合作论坛北京宣言》和《中非经济和社会发展合作纲领》。中国政府宣布在此后两年内，减免非洲重债贫穷国和最不发达国家所欠的100亿元人民币债务，以帮助推动非洲债务问题的解决。中国实现了同大多数拉丁美洲国家的建交，同一些未建交国也发展了经贸关系和民间往来。

积极开展多边外交是世纪之交中国外交的一个突出特点。1971年，中国恢复在联合国的合法席位后，开始逐步参与以联合国为中心的多边外交各个领域的活动。80年代中期，中国明确将多边外交列为独立自主和平外交政策的一个主要内容。90年代，中国在多边外交领域日趋活跃。作为安理会常任理事国，中国认真履行有关职责，为维护国际和平与安全、为推动重大地区冲突的公正、合理解决，作出了自己的贡献。这一时期，十分重要的是中国积极开展加入世界贸易组织的谈判，2001年年底中国终于成为世贸组织的正式成员。中国还以开放的姿态发起和参加了一系列地区多边组织。在多边外交活动中，中国积极倡导在和平共处五项原则基础上建立国际政治经济新秩序的主张，遵循反对霸权主义和强权政治，维护广大发展中国家的权益的原则。中国明确表示支持在平等参与、协商一致、求同存异、循序渐进的基础上开展多形式、多层次、多渠道的地区对话与合作，积极推进与周边国家建立多边信任措施，维护地区安全与稳定，促进地区经济发展。

21世纪初期，无论外部世界怎样，中国最重要的目标是在国内，即在21世纪头20多年里建成全面的“小康社会”。业已建立起全方位、多层次格局的中国外交将配合这一中心工作展开。

（章百家　孙艳玲撰稿）

成功的探索：探索经济体制改革的目标

在改革开放启动之时，中国的改革者们就认识到原有的计划经济体制缺乏活力，效率低下；然而对于改革最终要建立一个起什么样的体制，当时并没有明确一致的认识。当国家政策给被长期压制的市场辟出一丝缝隙后，各种新事物便如雨后春笋般破土而出。经过14年的探索与实践，1992年中共十四大确立了建立社会主义市场经济体制的目标，中国的改革开放取得了决定性突破。

一、计划体制困扰中国经济

20世纪50年代建立起的计划经济体制，追求“单一公有、高度集中、行政管理、平均分配”。这种体制在建立初期曾发挥过积极作用，集中了有限的财力物力为国家建立起工业化的初步基础，但此后其弊端逐渐暴露。在20余年的时间里，中国国民经济的发展大起大落，并未真正实现有计划发展，经济运行效率低下，且长期处于短缺状态。

事实上，计划经济权力过于集中，统得过死的缺陷，在20世纪五六十年代就被中国领导人意识到，并曾做过一些改革尝试。重点是向地方政府下放权力，包括下放计划权、企业管辖权、物资分配权、财政税收权、劳动管理权，等等。下放管理权的改革，往往造成全国经济的混乱，中央随后只好重新进行收权调整。现在来看，这种改革失败的根本原因是，下放权力只是将中央政府的计划经济变为地方政府的计划经济，并未跳出原体制的框架。直至“文化大革命”结束，有限的改革尝试始终在“一统就死、一放就乱”的怪圈中循环，无法摆脱出来。

这一时期，也有个别领导人和学者注意到市场问题。如陈云曾在1956年提出“三个主体，三个补充”的主张，即：国家和集体经营是主体，个体经营是补充；计划生产是主体，自由生产是补充；国家市场是主体，自由市场是补充。经济学家孙冶方、顾准在20世纪50年代中期就阐释了价值规律在社会主义经济中的作用。60年代孙冶方更是鲜明提出“千规律、万规律、价值规律第一条”。这些具有真知灼见的观点当时或未受到重视，或在不同程度上遭到批判，但这毕竟是对计划经济迷信的最初挑战，为日后的改革提供了宝贵的启示。

虽然对计划体制的缺陷人们早已有所认识，但要突破这种体制的困境，只有在“文化大革命”结束之后才有可能。当时出现了两个有利于实行经济改革的新因素：一是十年内乱结束后，夺回失去的时间，加快四化建设成为全国上下的一致呼声；二是此时中国的外部环境已发生了极大的变化，中国同大多数发达国家建立起正常的外交关系。人们走出国门，看到了真实的外部世界，也看到了实行对外开放的机遇。

二、计划为主、市场为辅的新思路

中国经济体制改革的最初思路是把计划与市场结合起来，即在整个国民经济中，以计划经济为主，同时让市场发挥调节经济的辅助作用。经过近30年的实践，经济工作的领导者们当时虽未打算从总体上放弃计划经济，但已深感不能排斥市场经济。

1978年改革开放启动之时，这一新的思路就已形成。1978年夏秋之交，在国务院务虚会上，就有人提出“计划经济与市场经济相结合”的观点。1979年，李先念、陈云、邓小平等先后就此表示了一些看法。李先念认为："在计划经济前提下，搞点市场经济作补充，不是小补充，而是大补充。"陈云指出，以往计划经济的弊端是只有"有计划按比例"这一条，而没有在社会主义制度下还必须实行市场调节这一条。邓小平提出："社会主义也可以搞市场经济，""我们是计划经济为主，也结合市场经济，但这是社会主义的市场经济"。

一些参与改革的经济学家思想更为解放。1980年夏薛暮桥在《关于经济体制改革的初步意见》中写到：我国现阶段的社会主义经济是"生产资料公有制占优势，多种经济成分并存的商品经济"，我国经济改革的原则和方向应当是按照发展商品经济的要求，"把单一的计划调节改为在计划指导下，充分发挥市场调节的作用"。这份文件被誉为中国市场取向改革的第一份纲领性草案。

但是，当时社会上还存在着反对将社会主义经济概括为商品经济的声音。持有这种观点的人认为，"商品经济就是资本主义经济"，"社会主义经济只能是计划经济"。尽管现阶段我国还存在着商品生产和商品交换，却不能使用商品经济的概念，因为那样将模糊资本主义经济和社会主义经济的界限。在这种传统认识的影响下，经济体制改革一时还难以取得进一步的突破。

总的来看，计划与市场相结合的思路虽仍以计划为主，而非放弃计划经济，但明确允许市场发挥重要的调节和补充作用，这就为市场经济的发展留下了宝贵空间。

三、新经济力量的出现

经济领域的改革一旦开始，很快带来意想不到的结果。一方面，对计划体制的改革受到多方掣肘，进展缓慢；另一方面，允许市场发挥调节作用却很快显出成效，并形成连锁反应。在"对内搞活、对外开放"口号的鼓舞下，市场要素重新生成，与市场相联系的力量迅速成长。

经济改革首先从城市开始，主要围绕国有企业放权让利展开。事实上，国有企业的真正困难在于体制上的诸多矛盾，这绝非简单的放权让利所能解决。当改革在城市中艰难摸索之时，突破却率先在农村出现。农民自发实行的“包产到户”做法很快得到了中央决策层的回应。通过调整农村政策，肯定农民的创造性实践，家庭联产承包责任制在农村迅速推广。打破“大锅饭”的变革，极大提高了农业生产效率，促进了农产品自由市场的繁荣，同时也解放出一批农业劳动力，促成了农村多种经营的开展和乡镇企业的兴起。几年时间，乡镇企业不仅创造出大量产值，而且在促进农村劳动力就业、提高农民收入、加速农村城市化进程、增加国家财政收入等方面发挥了重要的作用。邓小平将乡镇企业异军突起称为“完全没有预料到的最大的收获”。

城市新经济力量的出现也是实践推动的结果。“文化大革命”结束后，大批知青蜂拥回城，就业压力激增。1979年，全国待业人员达2000多万，其中回城青年700万，留城待业青年320万。许多城市发生请愿事件，社会安定受到影响。原来由政府统一安排就业的办法已难以为继，唯一的办法是放宽政策，广开就业门路，鼓励多渠道就业。一时间，街道、企业、机关纷纷开办“大集体”。人们自谋职业也得到允许和鼓励，个体经济获得发展的契机。

个体经济作为社会主义公有制经济的补充，其身份和地位在1982年的中共十二大和当年通过的新宪法中得到了肯定和保护。个体经营的发展必然产生雇工现象。起初，由于担心发展资本主义，曾明文规定只准“请1—2个帮手”，“最多不超过5个学徒”；但实际普遍超过这一限制，还有不少“雇工大户”，引起了社会的讨论和关注。最初，中央采取的是“三不政策”，即不宜提倡，不要公开宣传，也不要急于取缔。此后，有关部门经调查研究认为，雇工经营是必然趋势，不可避免，应考虑的问题是如何将其纳入轨道。对此，邓小平表示赞同。他说，因为我们搞的是具有中国特色的社会主义，这些雇工和过去的雇工不同，重要的是，鼓励大家动脑筋想办法发展我们的经济。

与此同时，随着对外开放的展开，特别是经济特区的建立，外资经济重新成为中国经济中活跃而重要的力量。在对外开放政策积极引导下，港澳同胞、海外侨胞积极回国办厂，日本等发达国家也开始在我国投资办厂。

乡镇企业、城镇“大集体”、个体私营经济、外资经济等，这些陆续出现的新兴经济力量，虽有的带有公有成分、有的属非公成分，但基本都在原来的计划体制之外。它们形成了适应市场经济要求的微观经济主体，不断创造和开拓市场，不断冲击着旧的计划经济体制。

四、“有计划的商品经济”

对中国的经济体制改革来说，能否突破传统的以计划经济体制为主的思想至关重要。一些直接参与改革的经济学家很快就认识到这一点。一批被称为改革派的经济学家们直接提出，中国最终必须放弃计划经济。但是，这种主张一时难以被大多数人接受，改革者们迈出的重要一步是首先为“商品经济”正名。

进入1984年，国家经济形势大为好转；同时经过几年改革，各种新兴经济力量出现。在这一有利背景下，同年9月，当时国务院主要负责人对经济体制改革中的问题发表了三条意见：一、在中国实行计划经济，不是市场经济；二、在当前今后相当长一段时间内，我国的方针应该是缩小指令性计划，扩大指导性计划；三、社会主义经济是以公有制为基础的有计划的商品经济。这三条意见得到了其他中央领导的认可。

在随后召开的中共十二届三中全会上，通过了《关于经济体制改革的决定》。党的文件中首次出现了“社会主义经济是有计划的商品经济”的提法，这是理论认识上的一大进步，突破了把计划经济同商品经济对立起来的传统观念。《决定》还提出“大的方面管住管好，小的方面放开放活”的原则，逐步缩小指令性计划的范围。邓小平对这个《决定》的评价很高，认为它说了些“我们老祖宗没有说过的话”，是“马克思主义的基本原理和中国社会主义实践相结合的新政治经济学”。

1987年10月党的十三大在经济体制改革方面又迈出了一步。会议召开之前，邓小平在一次谈话中讲到，为什么一谈市场就是资本主义，只有计划才是社会主义，计划和市场都是方法嘛，以前是学苏联搞计划经济，后来又讲以计划经济为主，以后不要再讲这个了。结合邓小平这次讲话的精神，十三大报告不再纠结于计划和市场主与辅的问题，而是强调“计划和市场的作用范围都是覆盖全社会的”，要“加快建立和培育社会主义市场体系”，“在公有制为主体的前提下继续发展多种所有制经济”，“逐步健全以间接管理为主的宏观经济调节体系”。这距离捅破那一层遮盖市场经济的“窗户纸”只差一步。

五、双轨制下的体制外先行

采用“双轨制”的方式实行过渡，是中国经济体制转轨的重要办法。双轨制不是一种预先的设计，而是在实践中形成的。经过几年的改革，“体制外先行”成为改革的实用战略，在非国有部门创建市场导向的企业，逐渐成为改革的重点。而对计划体制的改革，其重要目的之一是为体制外的增长创造条件。这一战略突破了体制内改革的“瓶颈”，同时也就不可避免地使最初潜伏着的双轨制浮出水面。

从1984年起，双轨制在经济活动中运行起来，并成为这一阶段改革最重要的特征。经济管理出现了指令性计划、指导性计划和市场调节三种形式；在投资体制方面，建设项目审批权限适当下放，“拨改贷”开始实行；在流通体制方面，农产品统派购制度取消，开辟出商品批发市场；在价格体制方面，国家统一定价的范围逐步缩小，浮动价格和自由价格的范围得到适当扩大。1985年，对自销产品的定价完全放开后，生产资料供应和定价的“双轨制”开始正式实行。此后，一物多价的情况比比皆是。价格双轨制可以说是经济双轨制最突出的特征，但双轨制并不局限于价格领域，在其他领域也不同程度地被采用。

在实行双轨制的过程中，适合微观经济主体生存发展的市场环境被逐步创造出来，中国经济出现了高速增长，同时流通领域也出现了混乱。作为一种渐进的改革措施，双轨制保证了市场机制和计划机制的同时并存，解决了经济体制转轨过程中的一个难题，即一面要进行市场化改革，另一面又必须维持原有计划经济的运转。这是因为，如果旧体制一下停止运转必然会造成国民经济的瘫痪，从而引发极大的社会混乱；同时，长期生活在计划体制下的干部和企业职工无论在心理上还是在经济上也很难在短期内适应市场经济的要求，这一点由于中国长期缺乏竞争机制，也没有现代社会的保险和福利制度而显得格外突出。双轨制是一种过渡性措施，其带来的混乱是预先就被估计到的，但要结束这种混乱必须坚持进一步的改革。

六、决定性的突破

1988年，为解决双轨制带来的混乱局面，在各方尚未准备好的情况下开始实行价格闯关。结果引发了严重的通货膨胀，社会上出现了抢购风潮。20世纪80年代末90年代初，国际上相继发生东欧剧变、苏联解体，国内也发生了严重的政治风波。在这一敏感时期，改革究竟是以完善计划经济体系为导向，还是以最后建立起市场经济体系为导向，再次引起理论界的激烈辩论。坚持“计划取向”的一派采取“上纲上线”的方法，提出“市场取向等于资本主义取向”，“市场化”是“资本主义和平演变”的一项主要内容。

改革开放虽一时受到挫折，但并未完全停顿。开发开放浦东和建立证券市场是20世纪90年代初期的两项具有战略意义的举措。1990年12月1日，深圳证券交易所试运行；12月19日，上海证券交易所正式营业。中国证券市场的建立，向世界发出了一个强烈信号，即中国在经历了那场政治风波之后，仍将坚定不移地实行改革开放。更重要的是，作为市场经济体系高端的资本市场的合法化，为中国经济体制的进一步改革注入了新的力量。这是中国经济体制改革目标确定前夕，所采取的最后一个重大的改革步骤。

当中国的经济体制改革有可能迷失方向的时候，邓小平再次发挥了巨大作用。20世纪90年代初，他多次就市场经济问题发表谈话：“社会主义与资本主义的区分不在于是计划还是市场这样的问题。社会主义也有市场经济，资本主义也有计划控制。”1992年年初，邓小平发表著名的南方谈话，更加尖锐地提出：“改革开放迈不开步子，不敢闯，说来说去就是怕资本主义的东西多了，走了资本主义道路。要害是姓‘资’还是姓‘社’的问题。判断的标准，应该主要看是否有利于发展社会主义社会的生产力，是否有利于增强社会主义国家的综合国力，是否有利于提高人民的生活水平。”他还说：“中国要警惕右，但主要是防止‘左’。”为学习和贯彻这次谈话的精神，中央将这次谈话作为当年中央的2号文件下发，并在

3、4月连续召开政治局会议和政治局常委会议，以统一党内的思想。

经过一系列准备工作，1992年6月9日，江泽民在中共中央党校省部级干部进修班上指出，建立新经济体制的一个关键问题，是要正确认识计划与市场的相互关系，在列举了关于计划与市场和建立新经济体制的几种不同提法后，江泽民明确表示个人倾向于使用“社会主义市场经济体制”的提法。12日，邓小平同江泽民谈话，赞成使用“社会主义市场经济体制”这个提法。10月，中共十四大召开，正式宣布：中国“经济体制改革的目标是建立社会主义市场经济体制”。这一目标的确立，是改革过程中具有决定意义的突破，它使中国经济体制改革告别了关于计划与市场的长期争执，有了明确的前进目标。

经济体制改革并非易事，中国能够成功绕过暗礁不断前进，有几个值得注意的因素：一是改革开放的口号始终起着凝聚人心的作用；二是有邓小平、陈云等经验丰富、眼光远大、极具智慧的领导者；三是选择了以经济建设为中心的正确路线，形成了“三个有利于”评判改革措施的明确标准；四是采取渐进的方法实行改革，待时机成熟时再作出决断；五是形成了利益均沾的动力机制，依靠包括群众、学者、地方和中央政府之间的上下互动来推动改革；六是对国际形势作出的和平与发展的新判断。

经济体制改革的目标，经过14年的探索和实践最终确定下来，过程虽然漫长而艰难，却不失为一件好事。模糊的目标使中国的改革免于遭受像俄罗斯那样看似目标明确的“休克疗法”的创伤，同时模糊的目标也削弱了国内不同意见的掣肘。总之，在社会主义市场经济体制目标建立之后，中国的改革开放进入系统推进阶段，中国经济更加充满活力。

（章百家　朱丹撰稿）

异军突起：乡镇企业的蓬勃发展

20世纪80年代，“体制外经济”的主要部分还不是私人经济，而是乡镇企业。对于乡镇企业的发展始终存在赞扬和质疑两种声音：赞扬者将其视为农村现代化的可喜趋势；质疑者将其看作是“冲击计划经济”，“挖社会主义墙脚”。政策上有扶植（如减免税收），也有限制（如要求它“就地采购、就地加工、就地销售”）。然而，无论赞扬还是质疑，乡镇企业都不会被约束在政策圈定的范围内，改革释放出来的农民的创业冲动使乡镇企业的发展势头持续强劲，也日益获得舆论和政策的支持。80年代中后期乡镇企业的“异军突起”，成就了中国的“增量改革”。

一、早期社队企业在缝隙中生长

社队企业是农村早期分工的积极成果。农村办工业，始于1958年“大跃进”。当年毛泽东提出大办工业“几个并举”的方针，其中就包括农村工业化。1959年高峰时，全国农村办起工业企业70万个，总产值71亿元。这种用行政手段一哄而起办起来的农村工业，随着“大跃进”的失败大部分下马了。不过，农民寻找脱贫致富出路的冲动仍然推动着少数社队自发兴办企业。1966年，毛泽东发表“五七指示”，号召有条件的社队可以办工业，社队企业重新取得合法身份。1975年和1976年两次全国农业学大寨会议，都要求积极发展社队企业。农业机械化要求建立县、社、队三级农机修造网，公社因此办起一大批农机修理厂，也有一些修配厂、制造厂，并且带动了社队的采矿、建材工业的发展。“文化大革命”期间和“文化大革命”刚结束时城市工业停工半停工，一些地区利用这个时机，借用城里的技术力量发展社队企业。到1978年年底，全国已办起社队企业152.4万个，企业总收入431.4亿元，占人民公社三级经济总收入的29.7%，安置农村劳动力2826.5万人。当然，社队企业的发展极不平衡。发展较快的有江苏、山东、河北三省，特别是江苏发展最快，社队企业总产值占到了全国的16.6%。

然而，社队企业毕竟是“野孩子”，从一开始就在计划体制的边缘生存，它们希望纳入国家指令性计划而不可得，迫使社队面向市场寻找出路。社队企业所需要的原材料大部分也是从计划外搞到的，这正好使社队企业具备了国营企业所不具备的灵活性和适应性。从江苏的情况看，凡是等待国家计划惠顾的地方，社队工业都没搞上去，凡是主动找市场搞计划外生产的社队工业都发展很快。

“文化大革命”结束以后，有一种看法，认为社队企业在“文化大革命”中的发展是钻了城市工业混乱的空子，因而是畸形的。一旦城市工业得以恢复，社队企业就难以发展了。但是，事实并非如此，社队企业不但没有萎缩，而且获得了出人意料的发展。地方政府的态度各不相同，有消极限制的，也有积极支持的。江苏省委尝到了甜头，认准了发展社队企业的道路，在财政上给予大力扶持。1978年4月，《人民日报》报道无锡县发展社队工业经验，并发表社论，号召“社队企业要有一个大发展”，在全国引起很大反响。

1979年进入国民经济调整阶段，但社队企业没有遇到太大的调整压力。1979年7月3日，国务院颁发《关于发展社队企业问题的规定（试行草案）》，对社队企业的调整提出了一些原则性的要求，但主导思想是扶持社队企业的。对社队新创办企业给予三到五年减免税收的扶持，并且提出一个发展目标：到1985年社队企业的总产值占三级经济收入的比重，要由现在的20%提高到50%以上。为什么调整不能挤掉社队企业？《人民日报》社论说，挤了社队企业，实际上是挤了农业，挤了农民。

1980年年底，中共中央决定对国民经济实行进一步调整，关于社队企业的争论随之再起。主要的批评是说社队企业“三挤”（以小挤大，以新厂挤老厂、以落后挤先进）。在1980年11月国务院召开的全国计划会议上，有些部门甚至提出要砍掉社队企业十几个行业。国务院领导人把砝码加在农民一边。1981年2月，薄一波责成国家机械委，组织一机部、农机部、四机部和农业部组成工作组，前往江苏省对社队企业进行调查，他还亲赴南京听取工作组的汇报。最后得出的结论是：“总起来说，社队机械工厂的产品，对国家大厂有挤有补。目前补的多一些，挤的少一些”，补大于挤，要“疏其不通，导其滥流，使其健康发展”。5月4日，国务院颁发《关于社队企业贯彻国民经济调整方针的若干规定》，虽然提出社队企业要调整和整顿，但是没有下达关停并转之类硬性指令。国家不是社队企业的投资主体，也不可能像对国营企业那样使用行政手段对社队企业进行关停并转。

二、20世纪80年代后期乡镇企业“异军突起”

20世纪80年代，由于国营企业扩大自主权改革开始启动，计划外空间比以前更大了。改革释放出来的农民的创业冲动，为自己开辟出一块市场新园地，也获得了越来越积极的政策支持。

1984年，中央先后发出一号、四号文件，充分肯定社队企业在农业和农村发展中的历史性意义，并且用“乡镇企业”取代了“社队企业”的称谓，在政策上打破了只能集体办企业的限制，允许联户和个体办企业，鼓励多种所有制企业同时发展；同时解除了过去在资源利用、经营项目、销售市场等方面对乡镇企业的限制；在户籍制度上也开了一个小口：允许务工、经商、办服务业的农民自带口粮到集镇落户。20世纪80年代中后期，国有部门的局部改革和计划体制的松动为乡镇企业的迅速发展提供了宏观环境。譬如1985年推行“价格双轨制”，局部开放生产资料市场，目的之一就是为体制外的这块经济的发展留下空间。各地政府也都把发展社队企业作为扩大财源、提升政绩的途径大力扶植，20多个省、市、自治区党委和政府纷纷作出了发展乡镇企业的相关决定。

1984年以后，乡镇企业出现了突破性发展的势头。突破了就地采购、就地加工、就地销售的“三就地”封闭式办企业的框框，越来越多的企业跨地区办企业，与城市国营企业联营，或与外资联营搞“三来一补”。突破了乡村（社队）两级集体企业的框框，出现联户办和个体办企业的热潮。一些原来乡镇企业基础薄弱的地区如福建、安徽等省也出现了快速增长的势头，当然发展最快的地区主要集中在沿海和大城市郊区。出现了多种发展模式，具有代表性的有“苏南模式”和 “温州模式”，前者以集体企业为主体，后者以私人企业为主体。苏南地区因为有早期社队企业的基础和经验，乡镇企业的发展以乡、村两级集体企业为主体。很快形成了一批产值上亿元的大企业。浙江温州地区乡镇企业的发展走的完全是另一条路子，即以家庭商业的兴起为突破口，由各种小商品专业市场和10万行走于全国的农民购销员队伍带动起来的。1985年，温州已有大大小小的市场415个，触角伸向全国各地，桥头纽扣市场的产品销到26个省市。

乡镇企业灵活的内外机制使它具有比国有企业更强的竞争力。即使在1989—1991年经济紧缩期间，乡镇企业受到很大压力，它的总体增长率仍然高于国有企业。1991年，乡镇企业总产值占工业总产值比重从1988年的24%提高到了30.83%。其出口所占比重也由1987年的11%上升到1993年的35%。1985—1990年，全国税收净增的21.6%是由乡镇企业贡献的，此外还支付了约1/3至2/3的各种筹资、摊派、收费、捐款等制度外财政收入。毫无疑问，乡镇企业是20世纪80年代带动中国经济增长加速的引擎，国家收获了一份额外的丰厚红利。邓小平曾以欣喜的口吻说：“我们完全没有料到的最大的收获，就是乡镇企业发展起来了，突然冒出搞多种行业，搞商品经济，搞各种小型企业，异军突起。”

三、乡镇企业勃兴的启示

20世纪80年代乡镇企业“异军突起”的原因，人们作了多种解释。诸如：大量农村剩余劳动力为乡镇企业发展提供了充裕的廉价劳动力资源；

土地集体所有制为其设厂建店提供了无偿或低价的土地供应；农业剩余的增长和民间借贷的出现提供了初始的资金来源；通过从国有企业和单位“挖”人才而获取人力资本；长期的消费品短缺和近年城乡居民购买力迅速增长，为乡镇企业发展以消费品为主的劳动密集型企业提供了良机；生产资料“价格双轨制”政策的出台，使其能够从市场上买到必要的生产资料；比较宽松的外部融资条件也助长了它的发展。地方政府的支持和推动也是必不可少的条件。

然而，根本的动力是改革激活了农民的致富欲望和他们中间“能人”的企业家精神。经济学家认为，农民具有“经济人”理性，一旦有新的刺激，他们就会走出小农经济的生存逻辑，激发出创业的冲动，乡镇企业的兴起就是一个例证。

地方政府在乡镇企业发展中的作用，各地有很大差异。以乡、村集体企业为主体的“苏南模式”，县乡地方政府起了主导作用。而以私人企业为主体的“温州模式”，则是农民自发的制度创新。在浙江《大事记》的记载中，80年代浙江省政府费力最多的是国有企业改革，发出的文件最多，大事也最多。乡镇企业、私营企业、专业市场等，省级政府没有单独下发过文件，也无扶持措施。只有一些市、县政府出台过相关规定。结果是，费力最多的国有企业成效不大，所占比重从1980年的60.6%下降到1999年的不足10%。而乡镇企业、民营企业“无心插柳”，却成了浙江经济的主体。可见，乡镇企业勃兴的原动力来自民间。就政府而言，县乡基层政府比上级政府起了更大的作用。财政分权的体制安排和以经济增长为指标的政绩考核，使地方政府及其官员有积极性去扶植本地企业，特别是扶植政府只出政策、不出投资的乡镇企业的发展。

乡镇企业在技术、人才、资金、原材料供应等诸种条件都劣于国有企业的情况下，却创造了远高于国有企业的增长率和经济效益，关键在于它面向市场竞争的运行机制和有激励的内部机制。乡镇企业始终没有被纳入指令性计划，资源供给和产品销售都必须面向市场，面对激烈竞争；乡镇企业灵活的营销手段与国有企业僵化的运行模式形成对照；乡镇企业必须自负盈亏，没有国有企业“预算软约束”的弊端；乡镇企业职工没有铁饭碗，经理人实行效益分成，有很强的激励。80年代中后期，一些乡镇企业老板的高薪和丰厚待遇曾使城里人钦羡不已。乡镇企业这种灵活的内外机制使它具有比国有企业更强的竞争力和自生能力。

经济学家认为，中国的渐进式改革，准确地说是“增量改革”或“体制外先行”的改革。所谓增量改革，就是在国有企业（存量）改革难有大的动作的情况下，把主要力量放到非国有经济（增量）方面，寻找新的生长点，在计划经济体系之外发展出一块市场经济来。这种新经济首先是从农村生长起来的。在某种意义说，正是乡镇企业的异军突起成就了中国的增量改革，扩大了市场经济的份额和领地。乡镇企业的强势进入还对国有企业形成竞争态势，以服装业为例，乡镇企业的进入使行业平均利润率大大下降，迫使国有企业趋向市场化改革，这被称为“倒逼式”改革。

（肖冬连撰稿）

岩缝奇葩：民营经济的生成轨迹

中国经济体制改革最为深刻的领域是所有制变革，从国有经济“一统天下”演变到多种经济成分并存、民营经济举足轻重的格局。民营经济的生成有两条渠道：一是体制外成长。20世纪80年代在国有企业不能作重大改革的情况下，允许和扶持集体企业、个体工商户、私营企业、乡镇企业和三资企业的发展，这几种经济的所有制性质不同，但都处在计划体制之外，以市场为导向。二是体制内改制。90年代的产权改革使大批国有中小型企业、城镇和乡镇集体企业改制为民营企业。所有制变革奠定了社会主义市场经济的微观基础，同时也颠覆了传统社会主义的根本观念，因而始终充满着激烈争论。

一、就业压力逼出来的改革

传统社会主义经济制度可以简化为一个公式：公有制+计划经济+按劳分配，公有制是基础。20世纪50年代毛泽东提出的口号是“要让资本主义绝种，小生产也绝种”。1978年以前，私人企业早已经绝迹，城镇个体工商户全国只剩15万人，几乎可以忽略不计。集体企业还是保留的，包括农村社队企业和城市集体企业，后者有所谓“大集体”和 “小集体”两种，“大集体”为城市的局、区所属；“小集体”为街道所属。1977年年底统计，城镇集体职工约占全体职工的20%，产值约占16%。然而，集体企业总被看成是低层次的公有制，不断被政府上收，国有经济占绝对统治地位，“国有制崇拜”是传统社会主义的核心观念。

这种所有制结构导致了一系列困境，其中之一是就业压力与日俱增。自1956年以后，城市自谋职业渠道完全被取消，政府实行 “包分配”的政策，结果就业的路子越走越窄，导致20世纪60年代初和70年代两次大规模城镇人口向农村逆迁徙。到70年代末，全国城镇累积待业人口高达2000万人，其中包括两部分，一是回城知青，一是新增劳动人口，前者是主要的。“文化大革命”结束以后，绝大部分知青陆续返回城市，但回城后无事可做，加上城市已积累大批待业者，就业问题成了最具“爆炸性”的社会问题，许多地方出现闹事风潮。

怎么办？开始各地政府千方百计把他们安插到现有的企事业单位，要求各单位“分片包干”解决自己的子女就业。但仍然解决不了问题，而且企业已经人满为患。其实，路子是现成的。当时的普遍现象是：“大批人无事干，大量事无人干”，商业、饮食、服务网点奇缺，哪里都有“饮食难”“成衣难”“修理难”等问题。只要广开就业门路，就能安置大批人就业。首先是地方政府开始做了，因为他们直接面对严峻的就业压力。1979年7月24日，中共中央和国务院将北京市《关于安排城市青年就业问题的报告》批转全国，上海、天津、广州等其他城市大都采取了类似做法。当时重点是要加快集体企业的发展，除了原有集体企业，1979年以后又出现两种新的集体（合作）企业：一种是为了安置自己的子女，由国有企业办起来的集体企业，这种“老鸡抱小鸡”的办法不是发展方向；一种是组织回城知青搞起来的合作社，如北京前门的“大碗茶”，受到政府鼓励和扶持。

与此同时，个体经济政策也开始松动了。1980年8月，中共中央召开全国劳动就业工作会议，提出鼓励和扶持个体经济适当发展。在此之前，许多城市恢复了个体工商业的登记发证工作，武汉市还把整个一条街——汉正街开放为小商贩集中经营的市场。全国劳动就业工作会议之后，各地对发展个体经济态度更加积极了。如1980年11月17日上海市政府批准发展城镇个体经济的12条规定；1981年4月北京市提出，解决“吃饭难”“做衣难”和“修理难”的问题要“国营、集体、个体一齐上”。全国个体经营者从1978年的15万人增加到1983年的231万人，主要从事手工业、商业、饮食、运输、建筑修缮以及各种服务业。

个体经济的重新出现引发了争议，国内外都有人提出中国到底走什么道路的问题。为了给一个说法，同时规范个体经济的发展，1981年7月7日，国务院颁布《关于城镇非农业个体经济若干政策性规定》，文件说明，发展个体经济的目的是搞活市场，解决就业问题。文件给个体经济设定了一个限制词，“要在国家法律规定的范围内发展”，就是不能雇工，不能有剥削。

事实上完全不雇工不可能，比如开一个小餐馆不雇人行吗？于是，文件规定，个体经营户“必要时”可以最多请两个帮手，带五个学徒。“请帮手”实质上就是雇工，但这个说法可以回避“雇工剥削”的敏感问题，这也是政治智慧。据参与起草文件的人回忆，七个人的限制是从实际中来的，并不是坊间说的先查了马克思的《资本论》，然后才有了这个规定。后来因为争论不断，有人就把《资本论》搬出来加以论证。

二、私人企业破茧而出

然而，个体经营规模扩大，自然会超过这个限制。雇工经营大户首先在农村出现，1979年以后，农村政策逐步放宽，先是恢复了城乡农贸市场，后是普遍推行了包干到户，1983—1986年出台了四个中央“一号文件”，允许农民长途贩运、异地经营；允许土地转包；鼓励股份制合作、入股分红；允许农民购买大型农机具；允许农民自理口粮进城镇做工、经商、办企业，等等，所有这些，目的是放活流通，鼓励农民发展商品经济。在这种环境下产生了大量专业户、重点户，其中孕育出一批雇工经营的大户。雇工最多的是养殖业、建材业。

如广东高要县农民陈志雄1979年开始承包鱼塘，1980年扩大到141亩，1981年达到497亩，雇请固定工5人，临时工1000个工日。争议来了，这些雇工大户是不是资本主义？是不是剥削？允许存在还是应当取缔？1981年5月29日，《人民日报》发表《关于一场承包鱼塘的争论》，此后《人民日报》就这件事组织了3个月的讨论，发表文章21篇，有赞成，有反对。《人民日报》的基调是肯定的，8月31日发表的最后一篇总结性文章中说，陈雇工不算剥削，因为他的收入“主要是多劳多得，是无可非议的”。但争论仍在继续，广东省社科院有人写了一份调查报告，尽数陈志雄雇工承包鱼塘的消极影响，认为陈以雇佣劳动为基础的大规模经营，其资本主义性质是非常明显的。1982年1月17日，新华社《国内动态清样》刊登了这份报告，引起中央领导人的重视。1月19日，杜润生批示“瑞芝并仲夷同志此事请酌处。”也有人批示：我个人认为，按这个材料所说，就离开了社会主义制度，需要作出明确规定予以制止和纠正并在全省通报。事关社会主义制度的大局，故提请省委考虑。并把这个批示同时抄送胡耀邦、万里和国家农委。万里见到批示，加上了一句话：“此事请调查研究，对农民发展商品经济的积极性要珍惜和保护，不可轻易用老框框來套。”广东省委对此不以为然，派人再调查之后，4月22日写了一份情况报告送到国家农委，肯定陈志雄开创了专业承包先例，对承包双方都带来了好处。中共中央1983年一号文件对已经出现的雇工现象提出“三不”原则：“不宜提倡，不要公开宣传，也不要急于取缔。”

对于雇工，邓小平和陈云都主张“看几年”。1983年12月9日，邓小平收到邓力群、王任重分别送来的涉及雇工问题的材料，让秘书打电话给胡启立说：“我在政治局会议上讲过，听其自然，看两年再说。”12月29日，陈云在1984年中央一号文件送审稿上批示：“雇工政策还可以再看几年，即使出一点问题也不可怕”，但“对党员雇工要慎重”。安徽芜湖有个年广久，制作“傻子瓜子”，生意兴隆，1979年年底就开始雇工，1984年时已雇了100多人，引起相当的社会震动，不少人要求取缔。1984年10月22日，邓小平在中顾委会议上说：“前些时候那个雇工问题，相当震动呀，大家担心得不得了。我的意见是放两年再看。那个能影响到我们的大局吗？如果你一动，群众就说政策变了，人心就不安了。你解决了一个‘傻子瓜子’，会牵动人心不安，没有益处。让‘傻子瓜子’经营一段，怕什么？伤害了社会主义吗？”

中央“看一看”的方针为私人经济留下了政策空间。1984年以后，私人企业发展很快，并向工业制造业发展。据安徽省后来的统计，私人企业1984年开业的有644家，1985年有1336家，1986年有1642家，1987年有1640家。其他地区的发展趋势也大体如此。从全国来看，在集体经济发达的地区私营企业数量很少，集体经济力量不强的地区发展很快。如浙江省温州市1987年有私营企业1万多家，产值占该市乡镇企业总产值的70%。福建省晋江市有私营企业4500多家，产值占该市乡镇企业总产值的84%。

到了这时，是该有明确政策的时候了。1987年1月，中共中央通过《把农村改革引向深入》的文件，正式承认“几年来，农村私人企业有了一定程度的发展”，同时肯定它是“社会主义经济结构的一种补充形式”。对私人企业的方针从“看一看”转向“允许存在，加强管理，兴利除弊，逐步引导”。10月，中共十三大明确肯定“私营经济一定程度的发展，有利于促进生产，活跃市场，扩大就业，更好地满足人民多方面的生活需求，是公有制经济必要的和有益的补充”。1988年4月，七届全国人大一次会议通过宪法修正案，第11条增加了一段内容：“国家允许私营企业经济在法律规定的范围内存在和发展。私营经济是社会主义公有制经济的补充。国家保护私营经济的合法权利和发展。对私营经济实行引导、监督和管理”。至此，自20世纪50年代消灭私人经济以来，重新确立了私人经济的法律地位。

此后，全国登记注册的私人企业增加很快。不过，实际的私人企业远比登记注册的多。由于私人经济仍然受到观念歧视，在登记领照、经营场地、申请贷款、产品销售、吸引人才以及应付各种摊派方面都不如公有企业，许多私人企业通过挂靠或假合作戴上“国有”或“集体”的“红帽子”。1994年国家工商局抽样调查，全国乡镇企业中有83%实际上是私营企业；同年浙江省东阳市统计，假集体的私营企业占比在70%以上。到20世纪80年代末期，民营经济已经取得举足轻重的地位。

三、民营企业在改制中迅速扩展

20世纪90年代，中国经历了一场深刻的产权变革，出现了一个规模巨大的“国退民进”的进程。所谓“民进”指民营经济的大发展，民营经济并非法定用语，而是中国转型期的特定称谓，广义泛指除国有企业之外所有类型的企业，包括集体、个体、合作、私人、外资以及各类混合型企业，狭义单指私人企业。

进入20世纪90年代，政策上进一步放宽了对雇工的限制，鼓励私人企业发展。1992年10月，中共十四大明确“建立社会主义市场经济体制”的改革目标，1993年11月，中共十四届三中全会对“公有制为主体”的老口号作出新解释，说“主体地位”主要体现在在社会总资产中占优势，对经济发展起主导作用。并强调国家一视同仁，为各种所有制经济平等竞争创造条件。

20世纪90年代民营经济的快速发展、国有经济比重大幅下降的趋势，引起党内一些人的强烈担忧，他们在1995—1997年先后写了四篇长文（俗称“万言书”）对当前政策提出强烈质疑，要求国家要用政权的力量保卫国有企业。而坚持市场取向改革的经济家回应说，社会主义的本质在于追求社会公正和逐步实现共同富裕，而不由国有经济所占份额所决定；公有制的实现形式也有多种，不能再把国有制作为最高形式。1997年9月，中共十五大对这场争论作出明确结论，把“公有制为主体，多种所有制经济共同发展”确定为“基本经济制度”，把非公有制经济确定为社会主义经济的“重要组成部分”。

与20世纪80年代体制外成长不同，90年代民营经济的扩展主要源自体制内企业的改制。90年代中后期，国有企业实行了“抓大放小”的战略性重组，全国7.22万户小型企业先后实行改制，大部分转变成民营企业。与此同时，城市集体工业企业也实行了大面积的民营化改制。到1998年年底，江苏、浙江、广东、福建、山东大部分城镇集体企业均已改制。1998年，国家经贸委、税务总局、工商局等部门联合对全国城镇集体企业进行了清产核资，原有46万户集体企业已经改制的约占40%，到2000年年底，这一比重已达50%左右。改制企业主要有股份制、股份合作制、私营或合伙等三种形式，其中第三种形式占主体。以辽宁为例，在22236户改制企业中，出售2965户，私营或合伙企业8250户，两者占改制企业的50%。

全面改制的还有乡镇企业。1996年，全国乡镇企业2336万家，职工1.35亿，完成国内生产总值1.76万亿元，经济地位举足轻重，其中苏南地区乡镇企业更是占据了当地经济总量的2/3。1996年以后，乡镇企业进行了几轮产权制度改革。最值得一提的是，曾经被寄予“超越私有制逻辑”厚望的“苏南模式”也全面改制，从乡村独资企业改为有限责任公司、股份合作制、合资企业和私营企业，大都是混合所有制。以苏州市为例，1999年年初已有11301家进行了改制，占全市乡镇内资企业总数的81.6%。到20世纪末，作为以集体经济为核心内容的“苏南模式”已成为历史。从总体上说，乡镇企业改制不仅必要，而且大多数取得了成功，形成了比较有活力的企业结构。然而，所有权在很短时间内迅速易手，其规模和速度类似于“休克疗法”，多数改制过程不透明，工人和社区居民被关在讨价还价的门外，乡镇企业改制也出现了“明售暗送”、资产流失、工人和居民利益受损害等问题。

20世纪90年代中后期，国有企业的经营状况恶化，出现大面积亏损，1997年亚洲金融危机袭来，更是雪上加霜，这迫使政府实施“下岗分流，减员增效”的“三年脱困”计划，数千万国有企业职工“下岗”，出路何在？人们将目光聚焦到了民营企业。1998年6月，中共中央和国务院发出文件，提出把大力发展民营中小型企业作为解决下岗职工再就业的主要手段，努力消除歧视和排斥私有经济的观念和做法，在信贷和税收方面给予扶持。民营中小企业获得了新的更大的发展机遇。据权威机构调查，截至2001年年底，全国共有中小企业2930万户，从业人员1.74亿人，其创造价值占中国GDP的50.5%，解决就业占新就业总量的75%以上，缴纳税款占全国税收的43.2%。中国经济的所有制基础发生了深刻变革，这场变革是不可逆转的。

（肖冬连撰稿）

有计划的商品经济：改革摸到了第一块石头

用“摸着石头过河”来描述中国改革的特征，是符合事实的。不过，不要以为这只是一个改革策略问题，一个过渡方式问题。“河的对岸”在哪里？改革的目标是什么？也是走一步看一步，逐渐清晰和明确起来的。确认社会主义经济为“有计划的商品经济”是改革摸到的第一块“石头”，它事实上确定了中国改革的市场化方向。

一、放权让利：最初的改革思路

1978年，很多人认识到现行体制必须改革，但是并不知道如何着手改，改成一个什么样的体制。对于现行体制的弊病，看得最清楚的是权力过于集中，统得太多，管得过死，束缚了地方、企业、劳动者的积极性。因此，最初想到的改革思路，就是放权让利，调动积极性。这大体是毛泽东1956年《论十大关系》关于“调动积极性”的思路。邓小平把这称之为“经济民主”。

这种放权让利的改革过去也作过尝试，但没有成功，反而造成更大的混乱。到了1978年，许多人认为，这是因为过去总是着眼于中央与地方的权力分割，而忽略了给企业放权。从国外经验看来，企业才是经济细胞，企业有活力，经济才有活力。因此，1979年以后更加注重扩大企业的自主权，给企业一定的独立地位和经济利益。与调动积极性相一致，邓小平还提出一个经济政策：允许一部分人“收入先多一些，生活先好起来”。这的确是一个大胆的政策，首次把利益驱动而不是“精神鼓励”作为经济发展的主要动力，以承认差距的方法激励进取。这对崇尚平均主义的传统社会主义观念来说，是一个大胆突破。就是这么一条，把人们积蓄既久的利益动机和致富欲望调动起来了，为经济发展注入了新的动力，也成为经济改革的驱动力。

1979年以后的改革与此前改革尝试最大的不同，在于对市场力量的估计上。在1978年国务院务虚会上，许多经济学家批评了要求消灭商品货币关系的“左”倾观点，提出应更多地发挥价值规律的作用。例如，孙冶方重提“千规律，万规律，价值规律第一条”；薛暮桥提出应当为长途贩运平反，要利用市场活跃流通，等等。李先念在国务院务虚会作总结时提出了“计划经济与市场经济相结合”的口号。这个口号显然是从陈云1956年的“三为主、三为辅”脱胎而来的。1979年2月22日，李先念在一次会议上说，他同陈云谈过计划与市场的问题。陈云同意“在计划经济前提下，搞点市场经济作为补充。计划经济和市场经济相结合，以计划经济为主；市场经济是个补充，不是小补充，是大补充”。他还说，“国内要竞争一下”。当时说的“市场经济”指的就是市场调节。11月26日，邓小平在接见美国不列颠百科全书出版公司副总裁吉布尼等人时指出：“市场经济不能说只是资本主义的。市场经济，在封建社会时期就有了萌芽。社会主义也可以搞市场经济。”这与陈云的意思也大致相同。陈云提出计划经济与市场调节结合，侧重点是强调在计划经济中引入市场机制和竞争，这对突破传统的单一计划体制具有重大意义，成为改革起步和最初方案设计的依据。

二、“社会主义商品经济”改革学派的出现

理论界的探索当然没有止步于此。大约在1980年时，一个主张发展社会主义商品经济的改革学派开始形成。主要代表人物是薛暮桥、杜润生、

于光远、马洪、廖季立等人，首推薛暮桥，他既是国务院经济研究中心总干事，又是国务院体制改革办公室顾问。改革学派的形成得益于两方面的思想资源：

一方面是对中国过去30年经验教训的反思。1978年7月24日，薛暮桥等人通过对江苏和北京的调查，得出一个基本看法：现在管理体制根本缺点是，不论条条管，还是块块管，都是按行政系统管，既割断了各行业之间的经济联系，也割断了地方与地方之间的经济联系。他认为，经济管理体制的根本问题，不仅是解决条条与块块之间的矛盾，而且要解决行政管理与经济发展的客观规律之间的矛盾。随后，薛暮桥开始撰写《中国社会主义经济问题研究》一书，系统总结过去的经验教训，剖析现行体制的弊端。此书1979年12月由人民出版社出版后，引起国内外强烈反响，成为改革的启蒙教材。

另一方面，由于国际交往的扩大，1979、1980年，出国考察热持续升温。国外经济学各种学派的思想和著作开始系统地介绍到国内，大大拓展了人们的视野。如果说，对西方经济学理论的借鉴还显得犹豫和有所保留，那么，东欧国家的改革经验更容易被理解。对社会主义经济体制的三种模式（苏联的集权模式、南斯拉夫的分权模式以及介乎二者之间的匈牙利模式），中国领导人和理论界对匈牙利模式表现出更大的兴趣。

1979年4月，经济学家们在江苏无锡召开关于价值规律问题讨论会。会上占主流的意见强调要重视价值规律的作用，少数人的观点更超前，如胡兆培提出“社会主义经济是公有制基础上有计划的商品经济”，顾纪瑞主张“市场经济应该有一个较大的发展”，较早提出发展社会主义商品经济的还有卓炯。

1979年3月14日，成立了以陈云为首、李先念为副的国务院财经委员会。6月27日，财经委成立了四个调查研究小组。体制改革组由张劲夫负责；经济结构组由马洪负责；技术引进组由汪道涵负责；理论方法组由于光远负责。这是经济决策引入咨询机制的开始。各小组进行了大量的调查研究，包括国内的情况和国外的情况。关于经济体制改革，12月3日形成了《关于经济体制改革总体设想的初步意见》，印发全国计划会议讨论。这个《初步意见》主要强调了两点：把企业从行政机构的附属物，改为相对独立的商品生产者，按专业化协作和经济合理的原则，组织专业公司和联合公司；把单一的计划调节，改为计划调节与市场调节相结合，以计划调节为主，注意发挥市场调节的作用。总的想法还是在坚持计划经济体制的前提下，引入市场调节作为一种辅助手段。

1980年3月17日，成立了中央财经领导小组，代替原国务院财政经济委员会。4月设立国务院改革办公室，体制改革组这个临时机构变成了一个常设机构，杜星垣任主任，廖季立为副主任，薛暮桥为顾问。9月8日，在薛暮桥和廖季立主持下，体改办搞出一个《关于经济体制改革的初步意见》，文件第一段话是薛暮桥加上去的："我国现阶段的社会主义经济是生产资料公有制占优势、多种经济成分并存的商品经济，必须建立与之相适应的经济体制。"这里提出了两个新概念：一个是发展多种经济成分，一个是商品经济，这在当时是一个重要突破。这份文件拿到9月中央召开的省、市、区第一书记会议，给关心改革的省委书记们"通气"。薛暮桥在会上作说明时说："在我们起草这个文件的时候，深深感到所谓经济体制的改革，是要解决在中国这块土地上，应当建立什么形式的社会主义经济的问题，这是社会主义建设的根本方向。将来起草的经济管理体制改革规划，是一部'经济宪法'"。薛暮桥意识到，即将进行的经济体制改革不会是小修小补，而是具有根本性质。薛暮桥意见的实质是建立以市场为基础的经济体系。但是，这一改革思路在决策层未能成为共识。

三、关于计划与市场的争论

1980年年底，中共中央确立经济紧缩政策，提出"重调整，缓改革"，改革要服从调整。《初步意见》中的一些改革设想不得不暂时搁置下来。1979年以后，进行了一些单项改革试验。这些改革初步激发出经济活力，但也引出新旧体制的矛盾，经济领域出现了某种困难和混乱现象，1979、1980年连年出现巨额财政赤字。城乡之间、地区之间出现了争夺原料，重复建设，重复引进，以小挤大，以落后挤先进，以新厂挤老厂等现象。

对于经济困难和混乱的原因，有两种不同解释。一派观点坚持认为，困难是由过分强调商品货币关系引起的，他们不赞成把市场调节与计划经济并提。另一派观点则认为，困难之所以发生，并不是因为进行了改革，而是因为改革的办法不适当。薛暮桥指出，放权让利改革(他称之为“分配改革”)有局限性。主张把改革的重点放到“物价管理体制改革”和“流通渠道的改革”方面去，逐步取消行政定价制度、建立商品市场和金融市场。

然而，在“重调整、缓改革”的大背景下，前一种观点在政治上占据了上风。到了1981年，主张社会主义经济应是商品经济的观点开始受到指责。1981年4月，中央书记处研究室整理了一份材料，按照对计划经济和商品经济的态度，将经济学家分为四类：第一类是坚持计划经济的；第二类是不那么坚持计划经济的；第三类是不太坚定地赞成商品经济的；第四类是主张发展商品经济的。当时，把对商品经济的态度，看成一种政治态度，作为政治排队的依据。6月，中共十一届六中全会通过的《关于建国以来党的若干历史问题的决议》强调了“必须在公有制基础上实行计划经济，同时发挥市场调节的辅助作用”。1982年9月，中共十二大召开。由于有争论，“商品经济”未能写进文件，而是沿用“计划经济为主，市场调节为辅”的提法；也没有提“多种经济成分”，只提“多种经济形式，多种经营方式”。1982年年底、1983年年初，陈云多次把实行统一计划与搞活经济的关系比喻为“笼子”与鸟的关系。他不主张把鸟在手上捏死，但坚持要有个笼子，笼子可以有大有小。从总体上看，决策者的改革思路没有超出适当引入市场机制以增加计划经济活力的框框。

四、“有计划的商品经济”是怎样写进《关于经济体制改革的决定》的?

从1979年以后，局部的改革试验进行了不少，但始终没有一个正式的改革文件，也没有一个中央认可的改革规划。不是说不重视，实事上，1981年以后中央财经领导小组和国务院对改革的研究和规划是加强了。1982年5月31日，成立了国务院总理兼主任的国家体改委，1981年6月、1982年2月、1983年2月和8月，国务院体改办和体改委先后拟制过四份改革意见和方案，但都停留在纸面。所以，中共中央决定搞一个有关改革的正式决定。1984年10月，中共十二届三中全会通过《关于经济体制改革的决定》。这个决定确认社会主义经济是“在公有制基础上的有计划的商品经济”，强调要缩小指令性计划，扩大指导性计划，扩大市场调节范围。

这是一个重要转变。一年之前，有计划商品经济、扩大市场调节、缩小指令计划等都是要受到批评的。一年之后却能写进中共中央的正式决议。为什么会发生这么大的转变呢？

这首先要归功于实践。1980年年底以后，经济改革方向在理论上不甚明朗，但改革实践探索取得了重要突破。在农村，1983年年底，全国农村普遍实行了家庭联产承包，城乡农贸市场全面恢复并开始繁荣，专业户大量出现，农民长途贩运、异地经商的人也多起来，乡镇企业发展起来了，一些地区形成了大规模的专业市场。在城市，国有企业搞了承包制试点，企业有了相当的自主权，一部分产品直接面向市场；国营工商小企业逐步放开经营，实行国家所有、集体经营或租赁给个人经营；城市综合改革试点先在沙市、常州，后又在重庆、武汉、南京、沈阳、大连等地进行，探索改变部门、地区之间分割的现象，加强横向经济联系；城乡个体经济逐步发展起来了，出现了雇工经营的私营企业。继1979年广东、福建两省实行“特殊政策、灵活措施”和建立四个经济特区之后，1984年开放14个沿海港口城市和海南岛，形成第二轮对外开放浪潮，三资企业发展起来了。到1984年，包括集体经济、个体经济、私营经济和外资企业在内的非国有成分已占有相当比重，其中在工业产值中所占比重达到36%，实际经济活动一步一步趋向市场化。体制环境发生重大变化，人们的认识也开始变化。

当然，能够取得这样的突破，也与主持第一线工作的领导人和一批经济学家的努力有很大关系。这个《决定》从1984年6月就开始起草，起草过程中，在要不要突出商品经济问题上始终得不出一致意见。不赞成的是多数，赞成的是少数。最初一个多月搞出一个提纲，没有脱离原来的调子。8月初拿到北戴河去讨论，由胡耀邦主持。胡耀邦很不满意，决定推倒重来，调整和扩大了起草班子，改变了牵头人。胡耀邦的思想一开始就很明确，就是要把改革的远景或目标、主要方法描绘出来，在理论上应当有所突破。

起草班子调整后，赞成写上“商品经济”的人占了多数，但仍然难以定论。国务院主要负责人让马洪、廖季立组织座谈会，讨论有计划商品经济的问题。讨论的结果，大都赞同应当提有计划商品经济，会后由马洪写了一个《关于社会主义有计划的商品经济的再思考》的报告送给国务院主要负责人，国务院主要负责人将这个报告送给一些老同志，“投石问路”。出乎意料，老同志反馈回来没有负面意见。于是，国务院主要负责人召集起草小组，就是否写入“商品经济”进行了两次讨论。一次在玉泉山，第二次在中南海。讨论中意见还是不一致。在第二次讨论时，国务院主要负责人问：这个东西在理论上站不站得住脚？社会主义国家有没有领导人说过或者文件上写过这个东西？杨启先说：有，保加利亚日夫科夫在报告中提过商品经济。国务院主要负责人又问：违不违背宪法？郑必坚说：不违背宪法。因为在1982年修改宪法的时候，把计划经济这个词给避开了，没有直接说要实行计划经济，也没有“计划经济为主，市场调节为辅”这句话。这样，国务院主要负责人心里有底了，他说，那行，咱们就这么定。之后，国务院主要负责人问邓力群：你的意见怎么样？邓力群说：我同意，我早就说过应该实行商品经济，1979年就写过文章。邓力群的确写过赞成搞商品经济的文章，这是他访问日本回来后写的，发在《财贸战线》1979年第11期上。

条件臻于成熟。9月9日，国务院主要负责人给胡耀邦、邓小平、李先念、陈云等常委写了一封信，写了四点意见。提出“各项改革都牵涉到计划体制，这是经济体制的核心”，“社会主义经济是以公有制为基础的有计划的商品经济。计划将通过价值规律来实现，要运用价值规律为计划服务。”“‘计划第一，价值规律第二’这一表述并不确切，今后不宜继续沿用。”当前和今后的方针“应该是逐步缩小指令性计划，扩大指导性计划”。9月11日，邓小平看了，批示同意，批给陈云、李先念，两人都画了圈。12日，陈云在批示中还特别说：“对五十年代适用的一些做法，现在不能也不应该套用。”胡耀邦是单独送的，也画了圈。这样，就把“有计划商品经济”写进了《决定》稿。

10月20日，《关于经济体制改革的决定》在中共十二届三中全会上获得通过。《决定》写道："就总体说，我国实行的是计划经济，即有计划的商品经济。""商品经济的充分发展，是社会经济发展的不可逾越的阶段，是实现我国经济现代化的必要条件。"在会上，有些领导人仍旧顾虑重重，为了取得共识，在讨论中加了一段话：劳动力不是商品，土地、矿山、银行、铁路等也都不是商品。这样《决定》才算最后通过了。

对于这份《决定》，邓小平评价很高，他在会上说，这个文件"是马克思主义基本原理和中国社会主义实践相结合的政治经济学"，"这次经济体制改革的文件好，就是解释了什么是社会主义。有些是我们老祖宗没有说过的话，有些新话。我看讲清楚了。"陈云也表态说："这个文件非常重要，是一个很好的文件。"《决定》的通过，标志中国改革从局部试点开始转向全面改革，并且基本确定了改革的市场化方向。

（肖冬连撰稿）

精兵之路：80年代的两次大裁军

进入20世纪80年代之后，根据中共中央十一届三中全会的精神，全党工作转入以经济建设为中心，国防事业的发展也服从这一要求。以邓小平为核心的中共中央、中央军委确定了以实践作为检验真理唯一标准的原则，根据解放思想、实事求是思想路线，科学分析当时的国际战略格局，对当代战争的主要根源、战争与和平形势的发展前景作出了新判断，提出了世界战争有可能避免的论断，并据此作出国防和军队建设指导思想实行战略性转变的重大决策。在80年代前期，中国军队结束了准备“早打、大打、打核战争”的临战状态，在1980—1982年、1985—1986年进行了两次减少军队员额都超过百万人的大裁军，从而大幅减少了国防费在国民总产值和国家财政支出中的比例，有力地保障国家的现代化建设。

一、军队数量过于膨胀，邓小平强调要把军队搞精干

中国进入改革开放的新阶段后，为了集中财力保障经济建设，必须解决国防费比例过高、军队员额过多的历史遗留问题。自进入20世纪60年代以后，由于党和国家主要领导人将战争危险估计得过于严重，加上周边安

全环境恶化，军队员额在50年代末期的240余万人的基点上不断提升，至1965年突破500万人，至1969年达到631万人，至1975年有640万人（不包括军费开支的基建工程兵23万人）。为了保障军队的"人头费"和建设庞大而又封闭的军工体系，国家财政支出的1/6左右用于直接军费，如加上国防工业建设和民防事业，这一比例高达国家财政支出的1/4。

早在1975年，邓小平在主持中央军委工作时就提出要"消肿"，认为"我们搞编制，就是整肿字"。同年中央军委通过的精简方案，曾决定将军队员额裁减至450万人。后因"批邓"的影响以及对国际战略形势的认识没有得到根本改变，军队的精简方案没有得到全面执行。至1979年，全军还有590万人，同年直接军费开支达222亿元（按当时汇率折算为160亿美元）。在同年中国1102亿元的国家财政收入中，军费支出的比例达到国家财政收入的20%，国民收入的7%，在世界上仍属于较高水平。若再加上地方开支中的国防项目费，同年的实际国防开支的比例则更高。

从中国解放后的建设过程可以看出，国防投入太多不仅会影响国家的经济建设和人民生活改善，从长远看也不利于国防建设。在60年代和70年代中国军费投入比例虽大，国防科研能力却长期提升不快，军队的装备技术同国际先进水平的差距反而重新拉大。这一时期军队因规模庞大需要相当大的费用来维持，而军内人员太多也导致相当多的钱都花在了吃饭穿衣上，妨碍武器装备的研制。军队内部存在机构重叠、臃肿的现象，导致各级指挥不灵，并滋生官僚主义现象，尤其是部队机关大、干部多已成为中国军队的一种病态。不过在当时形势下要实行军队的精简也很困难，除了传统的习惯势力影响和各种利益关系制约外，最大的阻力还是对世界形势及战争可能性的认识。

1976年10月，中共中央粉碎了"四人帮"，为实现拨乱反正，把全党全军全国人民从长期"左"的桎梏中彻底解放出来扫清了最大障碍。不过在粉碎"四人帮"后的一段时间里，"左"的思想还未得到全面清算，中国领导人认为国际形势仍比较严峻，继续坚持世界大战不可避免的观点，在国家战略全局的指导方面仍坚持毛泽东生前确定的"一条线"方针，并针对苏联在全球加紧扩张的形势，同美国、日本和西欧加强了战略上的联系，战备工作也继续以"三北"（东北、华北、西北）为重点进行，军队仍处在临战状态之下。1977年8月中共十一大政治报告中，仍然持世界大战不可避免的观点，报告中说："苏美两个超级大国都想称霸世界，到处争夺，搞得世界很不安宁。他们这样争夺下去，总有一天要打起来。"同年11月1日，《人民日报》发表的编辑部文章也阐发了同样的观点，认为：世界战争是不可避免的，但是可以推迟的。我们为了防止战争策动者的突然袭击，不能不要求我们的防务工作立足于早打大打，但是这并不等于说战争明天一定会打响。

1978年年末，中共十一届三中全会在政治上开始了历史性的拨乱反正，不过在这次全会的公报上及其以后不长的一段时间，仍然认为战争形势是严峻的。这其中既有着历史性原因，也与中国南疆出现了紧张形势及苏联入侵阿富汗有着重要关系。不过中国在南疆进行自卫还击作战时，北方的苏联并未做出实质性的军事反应，这证明以往对战争可能性的估计有过高之处。随后，中国领导人对战争与和平的认识就有了重要变化，同苏联的紧张关系自1982年以后也逐步缓和。尽管这时国际上美苏实行"新冷战"，又进行新一轮军备竞赛，我国领导人却决定大力减少军队员额和降低国防费的投入，这在改革开放的起步阶段对集中财力保障国家的经济建设起到了极其重大的作用。

二、1980年军队开始大幅精简，国防费比例逐年压低

进入1980年以后，中国领导人虽认为世界性战争的危险依然严重存在，却已经着重强调和平是有希望的。1980年1月，邓小平就指出："如果反霸权主义斗争搞得好，可以延缓战争的爆发，争取更长一点时间的和平。"1982年9月，胡耀邦在中共十二大政治报告中提出："如果世界人民真正团结一致，同霸权主义、扩张主义的一切表现进行坚决的斗争，世界和平是有可能维护的。"认识上的这一变化，对于当时开始实行的改革开放有着非常重要的意义。看到了实现持久和平的可能性，这不仅可以为中国的和平建设确定一个长时间的发展战略，同时也在主观上意识到过去长时间内对战争形势的判断不十分准确，从而酝酿了对以往看法的突破，为后来实行战略方针的转变奠定了重要的思想基础。

进入1980年后，中国的南疆形势已趋稳定，北线也未感到直接的战争威胁。同年3月，中央军委召开常委扩大会议，集中讨论了精简整编问题。邓小平在会上强调要减少军队人员，把省下来的钱用于更新装备。根据这一思想，全军从同年秋天起开始较大规模的精简整编，至1981年完成。这次精简整编，主要是将部分满员的野战师改为减编师，将担负内卫任务的部队移交公安部作为武警部队，撤销了原来穿军装却不由军费供养的基建工程兵（转业到各对口部门）。随后，中央军委又下决心从军队体制改革上解决问题，于1982年2月建立体制改革、精简整编领导小组。同年7月，军委座谈会针对精简问题提出了四项原则：精兵，合成，平战结合，提高效能。9月16日，中央军委又下达《关于军队体制改革精简整编方案》，根据这一方案全军又进行了进一步精简，将炮兵、装甲兵、工程兵领导机关分别改为总参的炮兵部、装甲兵部和工程兵部，将铁道兵番号撤销并入国务院领导的铁道部。至1982年年末，解放军总员额降至423.8万人。

在1980—1982年的精简整编中，全军大大减少了部队员额时，还提高了军队的合成水平。当时中央军委对兵种管理体制进行了改革，将坦克师和大部分炮兵师划归陆军的军领导，并开始组建合成的集团军。在军内人员构成上，机关、勤务保障人员和工程部队的比例大幅减少，作战部队的比例有所提高，初步改变了机关和保障部门臃肿的不正常局面。同时，考虑到国家安全环境有所改善，中央军委调整了全军战略预备队和战略值班部队的任务和规模，降低了“三北”地区部队的战备等级，并在压缩经费和项目的基础上重新制定了国防工程规划，停建了许多在强调“深挖洞”口号下进行的耗资巨大的国防工程。

经过整编，1982年中国军费降至176亿人民币（按当时的汇率折合120亿美元），占国民收入的4.2%和国家财政支出的15%。当时的国防工业也改变了单纯生产军品的状态，实行了平战结合、军用结合，以生产民品为主，对外也改变了“不当军火商”的原则而实行武器定价销售，在国际军贸市场上占有了一席之地，这就改变了国内军工企业过去只靠单纯财政投入来维持的状况，还成为创汇大户。当时国防工业部门能自己解决维持和发展的资金，也大幅节省了国家对国防事业的投入。

1982年的全军精简完成后，国防费在国家财政开支中的比例已经大大下降，不过当时中国军队的数量在世界上仍居于首位，国防支出比例在世界上仍居于中等偏上水平。解放军的编成中徒步的步兵仍占很大比例，陆军还保持35个军的规模和大量边防守备部队，这些仍然不适应世界范围内军队现代化发展的趋向。随着中国各项建设事业面向世界、面向未来、面向现代化，进一步走精兵之路又成为必然选择。

三、对战争可能性做出新判断，1985年再次裁军100万

进入20世纪80年代中期，以邓小平同志为核心的党中央进一步观察国际形势，对战争与和平的前景进行了重新认识和判断。在前一段认为战争可以推迟的基础上，明确提出和平力量的增长超过了战争力量的增长，认为如果工作做得好，世界大战可以避免。根据这一新的认识，中国的国防和军队建设指导思想实现了战略转变。

1984年11月7日，邓小平在会见外宾时说："当今世界有力量打大仗的只有美国和苏联这两家，它们都有毁灭对方、毁灭世界的能力，因而谁也不敢轻易动手。"1985年9月14日，邓小平在会见奥地利总统基希施莱格时又指出，虽然战争的危险依然存在，如果搞得好，战争是可以避免的。这个论断，是在战争与和平问题上的重大理论突破，为实现全军战略性转变创造了思想前提。

鉴于军队多年处于临战状态，难以按照和平时期的要求有计划地进行军队和国防现代化建设，邓小平特别说明："过去我们的观点一直是战争是不可避免，而且迫在眉睫的。""我本人对这个观点也宣传了好多年。"他还认为这一判断耽误了很多时间。邓小平在1985年5月的军委扩大会议上正式提出，较长时间内不发生大规模世界战争是有可能的，中央军委即根据这一判断，决定把军队建设的指导思想从过去立足于"早打、大打、打核战争"的临战状态，转到和平建设轨道上来，并采取了果断措施。

在1984年军委酝酿军队进一步精简时，邓小平便提出过全军员额再减少100万的设想。总参谋部在广泛征求意见和科学论证之后，提出改革体制和精简整编方案。在1985年的军委扩大会议上，邓小平正式宣布中国政

府将解放军员额减少100万的决定。同时，邓小平还提出军队要忍耐的思想，要求集中力量保障国家的经济建设。

军委扩大会议之后，根据中央军委拟定和中共中央批准的《军队改革体制精简整编方案》，全军确定了以下具体原则：（一）精减人员要与改革体制编制，改革有关制度同步进行；（二）重点是精简机关、直属单位，尤其是总部、大军区、军兵种、国防科工委机关及直属单位；（三）要减少层次，撤并机构，降低部分单位等级；（四）淘汰陈旧落后的舰艇、飞机和其他装备，封闭部分军事设施；（五）陆海空军都要裁减一些部队，多减守备部队、步兵部队和勤务保障部队；（六）精干编制，减少军队的社会性负担，将可由地方承担的工作交给地方有关部门；（七）调整军队的编成比例，加强一些薄弱环节，加强诸兵种合成；（八）改革体制、精简整编与提高干部素质结合，加强干部训练，促进干部队伍的革命化、年轻化、知识化、专业化。

1985年的裁军重点，是裁撤不必要的机构，并减少部门内干部的编制。由于过去的精简往往是着重减少单位的人员，而保留机构，因此机构重叠、臃肿的现象还是得不到克服，因此这次精简强调要大力“拆庙”，即重点精简机构和改革编制体制。当时解放军各总部、各军兵种、国防科工委和各大军区的领导机关都在原定额的基础上精简了近一半人员。一些单位降低了等级，撤并业务相近的部门和重叠机构，减少了层次。全军原有的11个大军区，合并减少为北京、沈阳、济南、兰州、成都、广州、南京7个大军区，同时陆、海、空军和二炮都减少了许多军级单位和师、团建制级。

装备相对比较落后的陆军，在这次裁军中精简数量最多。野战部队原有35个军，经精简撤编合成24个集团军。根据精兵、合成、平战结合、提高效能、增强战斗力的原则，陆军保留下来的装甲兵全部，地面炮兵、高射炮兵部队的大部分和野战工兵部队都划归合成集团军建制。着眼于提高现代条件下的合成作战能力，解放军又组建了一些新的技术部队和分队，建立了陆军航空兵、电子对抗兵、气象兵、山地作战部队、核潜艇部队、空军地空导弹部队、海军陆战队等新的兵种和快速反应部队。

在精简中，全军还撤并了部分军队院校，军事学院、政治学院、后勤学院三大学院合并为国防大学。县和相当于县的市人民武装部划归地方建制，实行地方和军队的双重领导。为使军队的构成更加合理，改变过去官兵比例长期高达1:2.8的不合理状况，这次整编中减少了各级副职，开始实行士官制度，机关、部队的一些军官职务改由士兵担任。这次裁军基本改变了军队自60年代以来长期臃肿庞杂的局面，解决了多年未能解决的问题，并使改革后的军队编制体制更适应平时训练和未来局部战争的需要。

在1986年年内，上一年确定的裁军目标基本完成，解放军的总员额降至320万人左右。同年的军费开支在物价大幅度上涨的形势下只有201亿元（按此时的汇率折合76亿美元），仅占国民收入的2.4%和国家财政支出的9%，在当时世界各大国已处于最低水平。此时，美国的国防开支仍占国民收入的7%左右，苏联则为10%以上，英法等国则保持在5%至6%左右。在国际上的冷战尚未结束时，中国能大幅度地降低国防费用的比例，腾出钱来搞建设，加速改革开放，这正体现了洞察国内外形势的远见卓识。

解放军完成精简整编后，根据新情况又对战备工作进行了调整，原先的战备建设计划也做了修改，重新规定了全军战备制度和战备等级。虽然指挥机构和值班人员有所减少，却因大量采用了新设备，指挥自动化的发展大大提高了效率。中央军委又进一步将许多军用机场、码头、人防工程和军事专用铁路线向社会开放或转交地方，不仅能够更好地为经济建设服务，同时节省了大量国防经费。

在1985年以后的多年间，中国的实际军费大幅度减少（按人民币计算数量虽略有增长，却抵上不通货膨胀率），在一定程度上也制约了武器装备更新换代的进程。当时军队以生产经营弥补开支不足，出现了部队兴办企业和经商的不正常现象，违反了全国解放后中共中央就一再强调的军队虽应从事农副业生产却绝不可办商业的原则，促使军队内部滋生了腐败现象，也影响了部队的训练等正常工作。后来江泽民领导中央军委工作，对这一倾向很快予以纠正。

从总体上看，1985年全军实行的战略性转变，在中华人民共和国的国防建设进程中有着重大的意义。通过大幅减少全军员额和国防投入的比例，中国的国防建设进入一个为时很长的忍耐期。由于这一时期中国的安全环境相对比较好，加上军队在忍耐期仍有所作为，还能保障国家的建设发展在和平安定的状况下进行。全军部队在精简整编中服从大局，表现出很高的纪律性，为保证国家以经济建设为中心做出了自己的奉献。随着改革开放进一步深化，中国的经济建设能以很高的速度发展，又通过寓军于民的方式发展国防科技事业，从长远角度看也有利于后来国防建设事业的健康发展。

（徐焰撰稿）

新老交替：干部制度的变革

中共十一届三中全会后，党和国家的工作中心转移到经济建设上来，但干部队伍的实际状况与改革开放和社会主义现代化建设的要求相差甚远。对此，在邓小平的大力提倡下，中共中央做出实行干部新老交替的重大决策，采取了一系列有利于干部队伍建设和选拔培养人才的措施，到1985年，逐步形成以干部队伍建设“四化”方针和离退休制度为核心的干部选拔与更新机制，基本实现干部队伍的新老交替。

一、问题凸显：干部队伍严重老龄化

中共十一届三中全会后，党的干部队伍的构成主要还是一大批落实干部政策恢复了工作的老干部。这支队伍存在着十分突出的问题。主要表现在两个方面：一是严重老龄化。10年“文化大革命”使党的干部工作遭到严重破坏。“文化大革命”后，为了完成拨乱反正的历史任务，在干部工作方面，中共中央在着力清除帮派体系的同时，为绝大多数老干部恢复了工作，并且将他们安置到重要的领导岗位。但是随着党的工作重心转移，面对经济建设与改革开放的重大而艰巨的任务，这些年事已高的老同志，已很难坚持日益繁重的领导工作，而现有干部队伍中的中青年干部极其匮乏。这样，干部队伍，尤其是领导班子普遍“老化”，青黄不接的问题异常突出。有资料显示，1965年，国家机关30多个单位的主要领导人平均年龄是55岁，其中55岁以下的占70%，66岁以上的只占5.7%。而1980年平均年龄是63岁，比1965年上升了8岁；其中55岁以下的仅占9%，下降了61%；66岁以上的占40%多，上升了34%。

二是文化素质偏低，干部队伍构成极不合理。改革开放和社会主义现代化建设，需要大批具备较高专业知识和文化素质的干部。但是我们的干部绝大部分还是革命和战争年代培养起来的，相当多的干部缺乏文化科学知识，更没有受过系统的专业训练。中华人民共和国成立后，本该有一个根本转变，同时培养出适应社会主义现代化建设的干部队伍，但由于工作上的失误，没有完成这一转变。当工作重点转移到经济建设上来后，干部队伍的实际状况是：1980年，全国2000多万干部中，大学毕业的只占20%左右，初中以下文化的在40%以上。在各级领导班子中，懂专业、会管理的干部更少。一般行政干部偏多，受过正规高等教育和专门训练的专业技术干部较少，在专业技术干部中，也存在着门类不全、分布不匀、比例不当等问题。干部队伍的整体素质和知识结构亟待提高和改善。

干部队伍和各级领导班子担负着党和国家的各级领导职务，在社会主义现代化建设中要发挥领导作用和骨干作用。但是，干部队伍和各级领导班子存在的这两大问题，使其无法适应新时期社会主义现代化建设的客观需要。为此，邓小平尖锐地指出：“现在我们面临的问题，是缺少一批年富力强的、有专业知识的干部。而没有这样一批干部，四个现代化就搞不起来。”改变干部队伍的这种状况已成为当时十分迫切的任务。

二、方针确定：干部队伍要实现“四化”

邓小平十分清醒地看到干部队伍严重老龄化的现象，中共十一届三中全会后不久，他就在多种场合提出：老同志要退让，要有意识地选拔一批德才兼备的年轻同志来接班。“许多老同志回到原来的工作岗位中担负相当原来职务的工作，这在前一段是必要的，但现在各级领导班子岁数太大，精力不够。”“不然为什么有些同志在家里办公呢？为什么不能在办公室顶八小时呢？”因此，必须尽快选拔培养接班人。他强调：“现在任何一个老同志和高级干部，合乎不合乎党员标准和干部标准，就看他能不能认真选好合格的接班人。”在选拔接班人方面，“老同志要让路”，“要自觉”。他说：“我自己就有这个想法，如果党允许我今天退休，我马上就退休。这是真话，不是假话。从整个事业看，我现在还不可能退休，我想大家也不会赞成。但是，就我个人的心情来说，确实感到这个问题太重要了。我们要向前看，我们这个事业是千秋万代的事业啊！”1982年1月13日，邓小平在政治局会议上再次强调让路接班问题，并把它比喻为一场革命，“这场革命不搞，让老人、病人挡住比较年轻、有干劲、有能力的人的路，不只是四个现代化没有希望，甚至于要涉及到亡党亡国的问题，可能要亡党亡国”。邓小平把培养接班人问题上升到关系党和国家兴衰存亡的高度，推动全党深刻认识。

对此，陈云也提醒全党：“应当清醒地看到，由于种种原因，我们党的干部队伍相当长时间以来就存在程度不同的老化问题，存在青黄不接的问题。这个问题不解决，或者解决得不好，共产主义事业在中国就有可能出现曲折。每一个同志，尤其是每一个老同志，都应当认识到这个问题的严重性与迫切性。”“解决好干部队伍的交接班问题，是摆在全党面前的一个重要任务。”“要解决这个问题，首先是老干部要陆续从领导班子中退出”。

在邓小平、陈云等领导同志的呼吁、支持下，中共中央开始采取一系列措施，培养、选拔年轻干部，实施干部队伍的新老交替。

选拔年轻干部，标准是什么？这是首先要明确的。1979年初中共中央就提出各级领导班子在德才兼备的基础上实现年轻化的要求，并在此后逐渐形成了“革命化、年轻化、知识化、专业化”这一新时期干部队伍和领导班子建设的方针。

1979年10月，叶剑英在庆祝中华人民共和国成立30周年大会的讲话中指出：我们的政治路线要以思想路线做基础，还要靠组织路线来保证。干部队伍要逐步年轻化和专业化，同实现四个现代化的政治任务相适应。我们的干部，特别是各级领导班子，需要尽可能地增加中青年干部，尽可能地具有专门的科学知识和技能。1980年8月，邓小平在中央政治局扩大会议上完整地提出了干部队伍“四化”方针的内容，提出“要把对于这种干部的提拔使用制度化”。同年12月，邓小平在中央工作会议上对干部队伍“四化”方针用更加明确的语言进行了概括，即：“要在坚持社会主义道路的前提下，使我们的干部队伍年轻化、知识化、专业化，并且要逐步制定完善的干部制度来加以保证。提出年轻化、知识化、专业化这三个条件，当然首先是要革命化，所以说要以坚持社会主义道路为前提。”

1981年，中共十一届六中全会通过的《关于建国以来党的若干历史问题的决议》要求在坚持革命化的前提下逐步实现各级领导人员的年轻化、知识化和专业化。这是第一次在党的重要文献中提出干部队伍“四化”方针。

1982年，中共十二大确定党的领导主要是思想政治和方针政策的领导，是对干部的选拔、分配、考核和监督。为了加强党的干部工作，中共十二大通过的党章增加了“党的干部”一章，对党的干部工作做了规定。指出：党的干部是党的事业的骨干，是人民的公仆。党按照德才兼备的原则选拔干部，坚持任人唯贤，反对任人唯亲，努力实现干部队伍的革命化、年轻化、知识化、专业化。干部队伍“四化”方针正式确立。

三、破冰之举：废除干部职务终身制

在干部领导职务问题上，党和国家虽然从来没有明文规定过领导职务终身制，但在过去的许多年中，干部任职不受年龄、健康、任期的限制，而且任职与工作业绩基本上没有什么联系，政绩平平、无所作为者照样任职。干部只要不犯大错误就可以无限期地任职，甚至直到临终。因此，实际上，我们的干部职务是终身的。这是造成干部队伍严重老化的重要原因。老干部不离退休，大批中青年干部就无法提拔上来。

对干部职务终身制问题，邓小平有过深刻的反思。他认为，“干部领导职务终身制现象的形成，同封建主义的影响有一定关系，同我们党一直没有妥善的退休解职办法也有关系”，并说没有及时解决这个问题是一个失策。1980年，他在答意大利著名记者奥琳埃娜·法拉奇时说：

"过去没有规定，但实际上存在领导职务终身制。"他认为，这是我们制度上的缺陷。

在1980年8月召开的中央政治局扩大会议上，邓小平提出，废除领导职务终身制"关键是要健全干部的选举、招考、任免、考核、弹劾、轮换制度，对各级各类领导干部(包括选举产生、委任和聘用的)职务的任期，以及离休、退休，要按照不同情况，作出适当的、明确的规定，任何领导干部的任职都不能是无限期的"。为了彻底解决实际上存在的干部领导职务终身制问题，中共十一届五中全会确定要废除干部领导职务终身制，中共十一届六中全会通过的《关于建国以来党的若干历史问题的决议》正式提出，党决定废除干部领导职务实际上存在的终身制。中共十二大通过的党章对这一问题做出明确规定：党的各级领导干部，无论是由民主选举产生的，或是由领导机关任命的，他们的职务都不是终身的，都可以变动或解除。年龄和健康状况不适宜于继续担任工作的干部，应当按照国家的规定，或者离职休养，或者退休。1982年以后，中共中央逐步建立了一系列相关的规章制度。

1982年2月20日，中共中央颁布《关于建立老干部退休制度的决定》。《决定》对老干部离退休的年龄界限等问题作了具体规定。4月10日，国务院发布《关于老干部离职休养的几项规定》的通知，规定对建国前参加中国共产党所领导的革命战争、脱产享受供给制待遇的和从事地下革命工作的老干部，达到离职休养年龄的，实行离职休养的制度。随后，第六届全国人大通过的宪法对国家领导人的任职届数作了规定：国家主席、副主席，全国人大常委会委员长、副委员长、国务院总理、副总理等国家领导人，任职均不得超过两届。这一规定意味着实际上存在的领导职务终身制被废除。

四、顾问制度：突破新老交替的瓶颈

实现领导干部年轻化，说起来容易，作个决定也不存在太大的难度。但真要实施推行，阻力不小。客观上看，是干部队伍青黄不接的实际情况，要在短期内全面实行领导干部的退休制度，不现实。主观上看，那就是老同志思想上想不通。老同志想不通似乎情有可原。刚刚恢复工作不久，就面临退休让位的问题，思想上一时难以接受。因此，究竟采取什么形式，使那些贡献较大、经验比较丰富的老干部既能适时退出第一线，以利于优秀中青年干部进入领导班子，又能在第二线过渡一段，继续在党和国家政治生活中发挥作用，在党的历史上还没有这方面的经验。

考虑到老干部的顾虑和当时的实际情况，邓小平提出了一个办法——建立顾问制度，作为顺利解决各级领导班子新老交替的一种过渡性组织形式。

1980年8月中央政治局扩大会议时，提议设置一个顾问委员会，连同中央委员会，都由党的全国代表大会选举产生。邓小平认为："这样，就可以让一大批原来在中央和国务院工作的老同志，充分利用他们的经验，发挥他们的指导、监督和顾问的作用。同时，也便于使中央和国务院的日常工作班子更加精干，逐步实现年轻化。"根据邓小平的建议，中共中央做出《关于设置顾问的决定》，规定在县级以上单位设置顾问。真正考虑成熟并下决心设立顾问委员会是在中共十二大召开前夕的中共中央政治局扩大会议上。邓小平评论说："顾问委员会，应该说是我们领导干部职务从终身制走向退休制的一种过渡。……我们选择了史无前例的这种形式，切合我们党的实际。"

1982年9月，中共十二大在北京召开。大会根据新党章的规定，选举了中央顾问委员会。9月13日，邓小平在中央顾问委员会第一次全体会议上，就中顾委的性质和任务作了重要讲话。邓小平指出：顾问委员会是一个新东西，其他国家的共产党虽然也有类似的组织，但像我们国家顾问委员会这样的组织还没有。这个组织是根据中国党的实际情况建立的。说清楚一点，这是解决我们这个老党、老人的实现新旧交替的一种组织形式。目的是我们的中央委员会能够逐步地更年轻化一些，同时也就能更妥善地使我们一些老同志，在退出第一线之后，还能够继续发挥一定的作用。顾问委员会就是这样一个组织。可以设想，我们再经过十年，最多不要超过十五年，取消这个顾问委员会。

建立顾问委员会，在解决新老干部交替问题上迈出了相当大的一步。按照邓小平"再经过十年，最多不要超过十五年，取消这个顾问委员会"

的想法，中央顾问委员会只存在两届（每届五年）。在中央顾问委员会完成了它的历史任务以后，中共十四大决定不再继续设立顾问委员会，标志着改革开放之初非常突出的新老干部交替问题得以顺利解决。

五、逐步推进：以老带新，新老交替

干部新老交替的相关政策制定后，中共中央开始有步骤地在实际中落实这些政策。首先是动员年老体弱、难以坚持正常工作的干部离退休，并力所能及地给予退下来的老干部以优惠的待遇；其次，按照革命化、年轻化、知识化、专业化的标准调整从中央到地方的各级领导班子；同时，积极进行后备干部的选拔与培养。新老交替在中共中央的直接领导下，逐步展开，并取得显著效果。

中共十一届六中全会标志着中央最高领导层实现了平缓交接。为了加速各级领导班子的“四化”进程，中央首先从最高领导机构开始实行新老合作与交替。中共十二大上，一批德高望重的老同志从第一线退出，一批德才兼备、比较年轻的干部进入中央委员会担负起中央的领导工作。在中共十二大选出的348名中央委员和候补中央委员中，新进的委员与候补委员有211人，占60.6%。其中有2/3的人年龄在60岁以下，具有大专以上学历的有120人，专业人员增加到159人。中央领导机构向年轻化迈出了一步。

为进一步实现中央领导机构成员的新老交替，在1985年9月16日—24日召开的中共十二届四中全会、中共全国代表会议和中共十二届五中全会上，中央领导机构成员再作调整。131位老干部分别退出中央委员会、中央顾问委员会和中央纪律检查委员会；增选中央委员56名、候补中央委员35名、中顾委委员56名、中纪委委员31名。为推动干部队伍的更新，叶剑英、邓小平等老同志身体力行，逐步退出中央最高领导层，为领导机构的新老交替、为党的事业的发展和国家的长治久安起了具有历史意义的表率作用。

在中共中央的倡导和推动下，全国各地在1982—1984年进行的领导班子调整中，约有90万名老干部退到二线、三线，带头以实际行动废除领导职务终身制。到1986年年底，全国共有137万新中国成立前参加工作的老干部离休或退休，为推动干部制度改革作出了重要贡献。

从1980—1985年，中共中央领导层及地方各级领导班子在实现年轻化方面迈出了重大步骤，特别是1982年的机构改革，是一次在全国范围内贯彻干部队伍“四化”方针的大规模行动，取得了突破性进展。1985年年底，全国已有46.9万名中青年干部走上县级以上领导岗位。

根据中共中央提出的改革党和国家领导制度的基本思想，1981年年底，中央国家机关率先进行机构改革，随后，省、地、县三级也都相继进行机构改革。到1982年6月，中央党政机关机构改革第一阶段的工作基本完成。在新的领导班子中新选拔的中青年干部占32%，平均年龄由64岁降到58岁。国务院的领导体制也进行了改革。在新的领导班子中新选拔中青年干部占16%，平均年龄由64岁降到60岁。

中共十二大以后，各级领导班子按照“四化”方针进行了调整。到1983年3月下旬，全国29个省、自治区、直辖市省级领导班子全部调整完毕。省属部、委、厅、局和地、市领导班子的调整，除个别省外，也已基本完成。经过调整后的省级领导班子平均年龄由原来的62岁降到55岁；具有大专文化程度的，由原来占20%提高到43%。地、市和省属部、委、厅、局的领导班子平均年龄由原来的58岁降为50岁；具有大专文化程度的由原来占14%提高到44%。

继省、地两级领导班子调整之后，1983年，全国县级机构改革全面展开。到1984年9月，全国除西藏自治区外，调整县级领导班子的工作基本结束。调整后，县级领导班子平均年龄在45岁左右，40岁以下的干部约占33%。具有大学文化程度的，由原来的10.8%提高到45%；有专业技术职称的增加到4500名，占15.4%。

1984—1985年，中共中央和省一级领导班子又进行了一次较大规模的新老交替。中央和国务院部委新选拔近百名中青年干部。国务院系统各部级领导班子，调整前正职平均年龄为56.6岁，调整后下降5岁，具有大专文化程度的比调整前增长27.5%，达到71%。据19个省、自治区、直辖市统计，调整后的领导班子中平均年龄由57岁下降到53岁，55岁以下者占90%，具有大专文化程度的占80%。经过这两次调整，各级领导班子的结构发生了很大变化。

在干部新老交替的同时，中共中央加强对后备干部的培养。到1985年年底，全国已选拔地(局)级后备干部2.3万名，县(处)级后备干部近14万名。

干部队伍的新老交替在中国共产党的历史上意义重大。它解决了困扰党几十年的接班人问题，使党和国家领导层保持了应有的政治活力，为社会主义现代化建设的顺利进行提供了有力的组织保证。同时，由于既要解决"退"的问题，又要解决"进"的问题，势必促进干部人事制度、干部选拔任用方式的改革。干部离退休制度建立以后，应该说，"退"的问题基本上得到解决。而"进"的问题，却是一个需要随着时代的发展、党面临的新形势新任务而不断改进的过程。怎样科学地选拔人才、培养干部，造就一支高素质的与社会主义现代化建设相适应的干部队伍，将促使干部选拔任用制度不断创新。此后的实践进程充分体现了这点。

(王旸撰稿)

精神文明决议：适应改革的观念变革

精神文明建设作为“中国特色社会主义”的一个方面，是中国共产党关于社会主义理念和实践的一个新概念。

“精神文明”最初是人们反思“文化大革命”教训提出来的。“文化大革命”时期，人类文明被公然践踏。“文化大革命”虽然结束了，但以历史文化传统中的负面因素为底蕴的意识和观念依旧存在。因此，中国在终结“阶级斗争为纲”、着重于经济发展和物质文明建设的同时，必须清除专制主义的思想残余，建设精神文明。1979年春，中国科学院副院长李昌向中共中央秘书长兼中央宣传部部长胡耀邦提出“精神文明建设”的建议，得到胡耀邦赞同。

这一年是中华人民共和国成立30周年。9月29日，中共中央副主席叶剑英代表中共中央发表国庆讲话，对中华人民共和国成立以来的重大历史问题初步作出结论，总结30年历史的经验和教训，提出今后的总目标和总任务。讲话第一次公开提出“建设精神文明”的任务，并将其纳入四个现代化的总目标之中。

“建设精神文明”的任务提出来了，但“建设精神文明”的具体目标是什么，通过什么途径建设“精神文明”，人们的认识还很模糊。1980

年12月，中共中央召开工作会议。还是李昌在会间致信中央副主席邓小平，再次提出“建设精神文明”的主张。李昌认为，经过10年“文化大革命”的灾难之后，党内还有“四人帮”极左的余毒，还有封建主义宗派思想残余，等等，在这些思想的袭击下，党内外思想有些涣散。在他看来，在提出“实现四个现代化”的同时，还可以考虑提出“建设社会主义精神文明”的目标。关于“精神文明”的内容，李昌初步作了概括，他认为应该包括两个部分，一是教育发达、科学昌明和文艺繁荣等实体部分，一是道德、传统、风尚等意识形态部分。邓小平很重视李昌的建议，批示将李昌的信印发与会者阅读。在会议的讲话中，邓小平特别谈到“建设精神文明”的问题：“我们要建设的社会主义国家，不但要有高度的物质文明，而且要有高度的精神文明。所谓精神文明，不但是指教育、科学、文化（这是完全必要的），而且是指共产主义的思想、理想、信念、道德、纪律，革命的立场和原则，人与人的同志式关系，等等。”

1981年6月，中共十一届六中全会作出《关于建国以来党的若干历史问题的决议》，再次提出“社会主义必须有高度的精神文明”。《决议》强调文化和知识分子在社会主义事业中的地位和作用；要求加强对马克思主义理论的研究，对中外历史和现状的研究，对各门社会科学和自然科学的研究，加强和改善思想政治工作，用马克思主义世界观和共产主义道德教育人民和青年，发扬祖国利益高于一切的爱国主义精神和为现代化建设贡献一切的艰苦创业精神。这些还都是在总结建国以来正反两方面经验的基础上，对“建设精神文明”提出一些要求，还不是全面阐述“精神文明”问题，尤其是没有涉及“建设精神文明”的目标、途径等问题。

对“建设精神文明”问题作了比较展开阐述的，是第二年9月召开的中共十二大。十二大召开时，“精神文明”建设已经有了一些初步实践；随着改革开放的进展，人们的观念和生活方式又发生了并且不断发生许多新的变化，原有的世界观、价值观日益受到挑战。十二大根据“精神文明”建设的初步实践和新时期出现的观念以及生活方式变化的现实，首次对“建设精神文明”问题作了比较展开的阐述。除了重申“努力建设高度的社会主义精神文明”是新时期的总任务之一外，值得注意的是，十二大用了“战略方针问题”的字眼，强调“建设精神文明”在建设社会主义中的地位，这是此前未曾有过的。在“建设精神文明”问题上，十二大的发展还有几点：第一，它以改造主观世界与改造客观世界的关系的逻辑，分析了精神文明与物质文明的密切联系，指出主观世界得到改造、社会的精神生产和精神生活得到发展，其成果就是精神文明，它表现为教育、科学、文化知识的发达和人们思想、政治、道德水平的提高。第二，将“精神文明”当作社会主义的重要特征，并指出这种精神文明是“以共产主义思想为核心”的，现阶段不能要求每一个社会成员都成为共产主义者，但必须用共产主义思想要求共产党员、共青团员和一切先进分子，并且通过他们去教育和影响广大群众。第三，对“精神文明建设”的内容作了明确界定，指出“精神文明建设”分为文化建设和思想建设两个方面。文化建设指的是教育、科学、文学艺术、新闻出版、广播电视、卫生体育、图书馆、博物馆等各项文化事业的发展和人民群众知识水平的提高，它既是建设物质文明的重要条件，也是提高人民群众思想觉悟和道德水平的重要条件；思想建设的主要内容，是工人阶级的、马克思主义的世界观和科学理论，是共产主义的理想、信念和道德，是同社会主义公有制相适应的主人翁思想和集体主义思想，是同社会主义政治制度相适应的权利义务观念和组织纪律观念，是为人民服务的献身精神和共产主义的劳动态度，是社会主义的爱国主义和国际主义，等等，概括起来说，最重要的就是革命的理想、道德和纪律。十二大关于“建设精神文明”的要求，显然侧重于思想建设，把它作为“决定精神文明的社会主义性质”的关键性因素。

中共十二大以后，改革开放的实践进一步发展，人们的生活方式和精神状态的变化越来越大，学术、文学、艺术、新闻、出版、影视以及个人追求、爱好、兴趣和社会习俗、风尚等都出现了许多新的事物，新旧观念的冲突日显激烈。是顺应、引导这种变化，还是排斥、抗拒这种变化，人们的看法不一。中共中央在着力抓经济体制改革的同时，也高度重视精神文明的建设，要求精神文明的建设与经济体制的改革实践相互配合和协调。1984年10月，中共十二届三中全会通过《关于经济体制改革的决定》，就特别强调：经济体制的改革，不仅会引起人们经济生活的重大变化，而且会引起人们生活方式和精神状态的重大变化。社会主义物质文明和精神文明的建设要一起抓，这是我们党坚定不移的方针。在创立充满生机和活力的社会主义经济体制的同时，要努力在全社会形成适应现代生产力发展和社会进步要求的，文明的、健康的、科学的生活方式，摒弃那些落后的、愚昧的、腐朽的东西；要努力在全社会振奋起积极的、向上的、进取的精神，克服那些安于现状、思想懒惰、惧怕变革、墨守成规的习惯势力。这样的生活方式和精神状态，是社会主义精神文明建设的重要内容，是推进经济体制改革和物质文明建设的巨大力量。中共十二届三中全会没有专门讨论“建设精神文明”问题，但是它指出经济体制改革必然带来人们生活方式和精神状态的重大变化，特别是要求形成适应现代生产力发展和社会进步要求的文明的、健康的、科学的生活方式，克服“安于现状、思想懒惰、惧怕变革、墨守成规的习惯势力”，透露出对“精神文明建设”要更多配合经济改革的意图。

1985年，根据几年来“精神文明建设”的实践和面临的问题，中共中央将“建设精神文明”问题提到更加重要的位置，决定制定一个全面而系统的决议，并启动了起草这个决议的工作。起草过程中意见不一，争论最多的是两个问题，一个是“精神文明”要不要继续提“以共产主义思想为核心”，一个是要不要重申“反对资产阶级自由化”。

“决议”稿最初的提纲，考虑与中共十二大的提法相衔接，还是提“以马克思主义、共产主义为核心”，同时指出：“现阶段的道德是从建设社会主义的利益中引伸出来的”，“要冲破那种把一大二公和绝对平均主义误认为社会主义的僵化观念，建立起适应新时期社会变革的新的道德观念（正确对待一部分人先富起来和共同富裕，竞争与互助等）。这样才能使理想、道德推动和引导改革、开放、建设，而不是两股劲、两张皮”。其深意在于把“建设精神文明”同改革开放和社会主义初级阶段的经济政策协调起来，既不因为讲改革开放就忽视精神文明，也不因为讲精神文明就否定改革开放、否定社会主义初级阶段的经济政策。

不久以后形成的“决议”稿“要点”，没有再提“以共产主义思想为核心”，但特别阐述了“共产主义道德和社会主义道德”的关系：“在社会主义阶段，我们提倡共产主义道德，但是，在全体社会成员中，在经常的大量的日常经济生活中，必须贯彻社会主义按劳分配、从物质利益上关心个人劳动成果、个人利益和公共利益相结合的社会主义原则。”“把

'铁饭碗'、平均主义当作社会主义道德，用以反对改革，都是完全错误的。""要点"把"共产主义道德"作为提倡的目标，而在现实经济生活中则强调还要贯彻按劳分配、关心个人劳动成果、注意把个人利益和公共利益结合起来，吸取了过去人为拔高社会多数人道德觉悟的教训，也注意到了当前某些有误的道德认识和观念与改革开放实践相抵牾的问题。

1986年8月，在胡耀邦主持下起草和多次修改的"决议"稿，正式提交中央政治局审议。稿子申明"精神文明"是"社会主义的重要特征"，没有再提"以共产主义思想为核心"，指出社会先进分子的共产主义道德应当在全社会提倡，同时先进性的要求必须同群众性、广泛性的要求结合起来，这样的社会主义道德才能连结和引导不同觉悟程度的人们一起向上，形成凝聚亿万人民的强大精神力量。正是这个问题，引起了激烈而尖锐的争论，反对的意见把问题提到了是不是违背中共十二大精神的高度。

9月14日，胡耀邦、赵紫阳联名致信邓小平，听取他的意见。信中说：同意起草小组意见，这次精神文明决议不用十二大报告"以共产主义思想为核心的社会主义精神文明建设"的提法，因为讨论中理解极不一致，"为核心"的说法，确实不怎么确切，执行起来必然会发生很多矛盾。我们今天自然不能把共产主义思想的宣传作为全体人民的行为规范。如果有必要，还可以在全会后从容讨论。第二天，邓小平就对来信作出批示："耀邦、紫阳同志的意见很对。"第三天，即9月16日上午，邓小平办公室又告：小平同志又看了一遍耀邦、紫阳给常委的信，说："还是照他们两位的意见办。"

9月17日上午，中央政治局扩大会议即将讨论并通过"决议"草案、提请中共十二届六中全会审议之前，胡耀邦特地去向邓小平汇报请示。他对邓小平说：看来讨论中有同志要挑起争论，坚持自己的意见。邓小平说：不要紧，实在要挑明就挑明，……最后还是以表决的办法解决问题。……那么一改，会使人感到我们的政策又变了。现行的路线不能动摇，我最近讲过多次，我们的政策还要放。有了邓小平的意见，最后提交中央政治局审议的稿子，维持了原来的写法。

关于"反对资产阶级自由化"问题，从"决议"稿起草一开始，党内外就存在争议。一些同志对前几年"反对资产阶级自由化"有些不同意见，有的直接表达了出来，有的表达得含糊委婉，有的是从语词含义方面提出意见，有的则是从实质方面提出意见。但摆到桌面上来的意见，主要是认为“资产阶级自由化”这个语词含义不明确，有毛病。起草小组议论过这个问题，大致比较一致的看法，认为“资产阶级自由化”这个语词含义方面确有可推敲之处（比如，为什么对“民主化”的提法可以采取肯定的态度，而对“自由化”的提法则必须采取否定的态度？），但词语构造是次要的问题、形式问题，不是实质问题；审时度势，权衡利弊，文件中还是以写上“反对资产阶级自由化”为有利，不写不利；关键是要在文件中把“资产阶级自由化”的含义尽可能地写明确，不要写得模糊、泛化，以求不带来副作用。所以，从最初的稿子到提交中央书记处、中央政治局审议的稿子，都写上了这个提法，并且作了比较严格的界定。

在征求对稿子意见的过程中，党内对此有不同意见，并且多次提出。在胡耀邦主持下，起草小组研究了这些意见，认为还是应该采取原来的方针。在文件中，反对资产阶级自由化还是要写；写在民主、法制和纪律的教育这一节更好一点。先写在人类历史上，在新兴资产阶级和劳动人民在反对封建专制制度的斗争中，形成民主和自由、平等、博爱的观念，是人类精神的一次大解放。然后写马克思主义批判地继承资产阶级的这些观念，又同它们有原则区别。然后写上：“搞资产阶级自由化，即否定社会主义制度、主张资本主义制度，是根本违背人民利益和历史潮流，为广大人民所坚决反对的。”胡耀邦也向邓小平讲了党内提出的不同意见，说了这个词的来历，还说了这个词是否科学可以研究，但现在必须保留。几年来小平同志定了一个界限：“自由化”是指根本反对四项基本原则，走资本主义道路。如果突然取消这个词，会带来某些麻烦，不利于社会稳定。现在实际工作中也不敢随便用这个词斗人。所以，他倾向保留“资产阶级自由化”的提法，不多出现。邓小平说：赞成你的这个意见。并说：我们要注意，保持我们的政治稳定，不要由于粗心大意，使整个局势再发生新的动乱。“左”的右的干扰都不理他。按照马克思主义的观点，该怎么干就怎么干。

9月28日，中共十二届六中全会在京举行，审议《关于社会主义精神文明建设指导方针的决议》草案。邓小平在讲话中说：反对“资产阶级自由化”，我讲得最多，而且我最坚持。自由化实际上就是要把我们中国现行的政策引导到走资本主义道路。搞自由化就会破坏我们安定团结的政治局面。所以我们用反对资产阶级自由化这个提法。反对自由化，不仅这次要讲，还要讲十年二十年。最后的结果，《决议》按原案通过。

《中共中央关于社会主义精神文明建设指导方针的决议》阐明了“精神文明建设”的战略地位、根本任务和基本指导方针。《决议》明确了“精神文明建设”在中国现代化建设总体布局中的地位，指出“以马克思主义为指导的社会主义精神文明是社会主义社会的重要特征”。《决议》指出，随着社会主义商品经济的发展和社会主义民主政治的完善，人们的思想意识、精神状态发生深刻的变化，同时也对精神文明建设提出新的更高的要求。能不能适应这种要求，形成有利于社会主义现代化建设和全面改革的舆论力量、价值观念、文化条件和社会环境，有力地抵制资本主义和封建主义的腐朽思想，防止种种迷失方向的危险，振奋起全国各族人民的巨大热情和创造精神，用几代人的努力建设起社会主义现代化强国，这是一个历史性的重大考验。

《决议》认为，人的素质是历史的产物，又给历史以巨大影响。在社会主义条件下，努力改善全体公民的素质，必将使社会劳动生产率不断提高，使人和人之间在公有制基础上的新型关系不断发展，使整个社会的面貌发生深刻的变化。这是我国社会主义现代化事业获得成功的必不可少的条件。由此，提出“建设精神文明”的根本任务：“适应社会主义现代化建设的需要，培育有理想、有道德、有文化、有纪律的社会主义公民，提高整个中华民族的思想道德素质和科学文化素质。”《决议》把这个根本任务，分解成两个方面：思想道德建设和教育科学文化建设。总结历史经验和教训，《决议》要求正确处理各种矛盾，坚持对思想性质的问题采取讨论的方法、说理的方法、批评和自我批评的方法，就是说，用教育和疏导的方法去解决；坚持一切着眼于建设。《决议》特别阐述了对待外国先进科学文化的态度，指出：拒绝接受外国的先进科学文化，任何国家任何民族要发展进步都是不可能的。闭关自守只能停滞落后。我们坚决摒弃维护剥削和压迫的资本主义思想体系和社会制度，摒弃资本主义的一切丑恶腐朽的东西，但是必须下大决心用大力气，把当代世界各国包括资本主义发达国家的先进的科学技术、具有普遍适用性的经济行政管理经验和其他有益文化学到手，并在实践中加以检验和发展。不这样做就是愚昧，就不能实现现代化。《决议》肯定民主和自由、平等、博爱的观念，是在人类历史上，在新兴资产阶级和劳动人民反对封建专制制度的斗争中形成的，是人类精神的一次大解放；同时指出，马克思主义批判地继承资产阶级的这些观念，又同它们有原则的区别。《决议》从理想、道德、教育和科学文化、马克思主义指导以及党组织和党员的责任等几个方面，规定了“建设精神文明”的具体任务和保证这些任务落实的条件。

《中共中央关于社会主义精神文明建设指导方针的决议》，为“建设精神文明”的实践规定了方向、任务和原则，是中国共产党历史上第一个有关“精神文明”的文件。它的提出，表明中国共产党适应改革开放以来人们观念和精神生活变化的实际，既坚持主流意识形态，又接受人类优秀文明成果的积极态度，是“中国特色社会主义”理论和实践的一个重要成果。

（韩钢撰稿）

革除弊端：政治体制改革的酝酿与规划

作为改革开放总设计师的邓小平为中国的现代化建设制定了两个总的目标。一个是在经济上发展生产力，另一个是建设社会主义民主政治。这两者构成了中国现代化建设的全部内容。它们之间是相互依托、相互支持的。因而，当经济体制改革启动后，以改革党和国家领导制度和加强社会主义民主法治建设为主要内容的政治体制改革也拉开了帷幕。

一、提出党和国家领导制度的改革

民主是世界历史发展的潮流，也是人类进步文明的重要标志。任何国家和民族无论置身何境，或迟或早都将步入民主时代，哪怕是被迫的。民主的前提是法治。没有法治基础的民主只能是“口头”的或反向的。中国是社会主义国家，以法治国，实行社会主义民主政治，是全党、全国人民的心愿与目标。

中华人民共和国成立后确立的社会主义制度无疑是好的。但是，具体的政治体制存在着弊端，而且这些弊端随着时间的推移越来越明显，特别是经过“文化大革命”，这些弊端已到了非改不可的地步。邓小平在《党和国家领导制度的改革》这篇政治体制改革的纲领性文件中对这些弊端做了准确概括。他说："从党和国家的领导制度、干部制度方面来说，主要的弊端就是官僚主义现象，权力过分集中的现象，家长制现象，干部领导职务终身制现象和形形色色的特权现象。"虽然邓小平当时使用的是"党和国家领导制度的改革"这种提法，而没有使用"政治体制改革"的提法，但是党和国家的领导制度、干部制度就是中国政治体制的核心内容。在他看来，中国原有政治体制存在着不少弊端，诸如官僚主义、权力过分集中、家长制、干部领导职务终身制，以及干部的各种特权等，但是这些弊端的总根源就是权力过分集中。与领导过分的集权相对应的就是民主的极度匮乏。这包括党内民主和人民民主两个方面。党内民主和人民民主在实际的政治生活中没有得到充分体现，基层和个人缺乏积极性，甚至受到无辜伤害。正是缺乏党内民主和人民民主导致了改革开放前的一系列错误，甚至出现了"文化大革命"这样使国家陷入无序状态的内乱，使中国的社会主义建设遭受了严重损失——国民经济走到了崩溃边缘、政治生活动荡不安，人民缺乏基本的生存尊严，社会秩序中没有法律的影子，国家的发展状况已经到了非改不可的地步。

改革是必须的！现存体制的弊端决定了中国政治体制改革的目标是建设中国特色的社会主义民主政治，改变党政不分、权力过分集中的状况。改革的内容首先是党政要分开，解决党如何善于领导的问题。这是关键，要放在第一位。第二个内容是权力要下放，解决中央和地方的关系，同时地方各级都有一个权力下放的问题。第三个内容是精简机构，目的也是下放权力。邓小平认为，政治体制改革除了抓住党政不分、权力过分集中这个总病根以外，还直接涉及干部人事制度的改革、人民代表大会制度的完善、由人治向法治的转变等。这其中尤其以建设法治国家最为重要。

二、政治体制改革的酝酿与提出

从1978年中共十一届三中全会到1982年中共十二大，可以看作是政治体制改革的酝酿与提出阶段。1978年5月，一场席卷全国的真理标准问题的大讨论为包括政治体制改革在内的全面改革开放开启了舆论先声。1978

年12月13日，在中共中央工作会议的闭幕会上，邓小平做了《解放思想，实事求是，团结一致向前看》的讲话。这篇讲话实际上成了中共十一届三中全会的主题报告。在这篇讲话中邓小平虽然没有明确提出政治体制改革，但是，关于政治体制改革的思想已经完全孕育其中了。他指出了党政不分、权力过分集中、民主集中制受到破坏的状况，并把民主作为解放思想的前提条件。这实际上为政治体制改革确定了基本内容和方向。

即使在今天看来，邓小平的一些论述仍然是切中要害的，并不过时。他说："因为民主集中制受到破坏，党内确实存在权力过分集中的官僚主义。这种官僚主义常常以'党的领导'、'党的指示'、'党的利益'、'党的纪律'的面貌出现，这是真正的管、卡、压。许多重大问题往往是一两个人说了算，别人只能奉命行事。""加强党的领导，变成了党去包办一切，干预一切；实行一元化领导，变成了党政不分、以党代政；坚持中央的统一领导，变成了'一切统一口径'"。这篇讲话第二部分的标题就是"民主是解放思想的重要条件"，把民主提到了前所未有的高度。他说："我们需要集中统一的领导，但是必须有充分的民主，才能做到正确的集中。"而且"当前这个时期，特别需要强调民主"。"在党内和人民内部的政治生活中，只能采取民主手段，不能采取压制、打击的手段。宪法和党章规定的公民权利、党员权利、党委委员的权利，必须坚决保障，任何人不得侵犯。""为了保障人民民主，必须加强法制。必须使民主制度化、法律化，使这种制度和法律不因领导人的改变而改变，不因领导人的看法和注意力的改变而改变。"

1980年8月18日，邓小平做了《党和国家领导制度的改革》的报告。这个报告是中国政治体制改革的宣言书和总纲领。它确立了政治体制改革的目标、原则、内容等基本问题。除了上述这些内容外，邓小平的讲话还提出了几项重大人事变动内容和六项重大改革内容。这意味着政治体制改革已经开始实施。这几项重大人事变动内容主要是华国锋作为党的主席不再兼任国务院总理，其他几位老同志不再兼任副总理。到1981年时，华国锋辞去中共中央主席和中央军委主席的职务。这两项职务分别由胡耀邦和邓小平担任，另外由赵紫阳担任国务院总理。在今天看来，类似的人事变动已经是正常的事，特别是在换届时期更不足为奇。但是，在当时就不仅仅是一次平常的人事变动，而是党政分开，改变权力过分集中的政治体制改革在中央一级的首次具体落实，意义重大，为以后的规范化、制度化调整打下了基础。

另外六项改革内容如下。第一，中央将向五届人大三次会议提出修改宪法的建议。要使新修改的宪法能够切实保障人民真正享有管理国家各级组织和各项企事业的权力，享有充分的公民权利。要使各少数民族聚居的地方真正实行民族区域自治。要改善人民代表大会制度。特别提出宪法将限制权力过分集中的状况。第二，中央设立纪律检查委员会，并准备设立中央顾问委员会。第三，建立从国务院到地方各级政府，从上到下的强有力的工作系统。由国务院和地方各级政府履行自己职责范围内的工作，中央和地方各级党委不干预国务院和地方各级政府份内的事。第四，有准备、有步骤地改变党委领导下的厂长负责制、经理负责制，经过试点逐步推广，分别实行工厂管理委员会、公司董事会、经济联合体的联合委员会领导和监督下的厂长负责制、经理负责制。还有党委领导下的校长、院长、所长负责制等，也考虑有准备、有步骤地加以改革。这是党政分开的具体举措。第五，各企事业单位普遍成立职工代表大会或职工代表会议。职工代表大会或职工代表会议有权对本单位的重大问题进行讨论，做出决定，有权向上级建议罢免本单位的不称职的行政领导人员，并且逐步实行选举适当范围内的领导人。第六，各级党委要真正实行集体领导和个人分工负责相结合的制度。

1982年9月，中共十二大召开。这次代表大会用“政治体制改革”代替了“政治制度改革”的提法。大会的政治报告提出，要改革和完善国家的政治体制和领导制度，努力建设高度的社会主义民主，使社会主义民主同社会主义法制建设结合起来，使社会主义民主制度化、法制化。改革和完善国家的政治体制的目的，是使人民能够更好地行使国家权力，使国家机关能够更有效地领导和组织社会主义建设。中共十二大决定中央不再设主席和副主席，只设总书记，由总书记负责召集中央政治局会议和常务委员会会议，并主持中央书记处的工作。这是为了加强中央集体领导，防止个人专断的又一举措。

三、政治体制改革的蓝图规划

从1982年9月的中共十二大到1989年6月的中共十三届四中全会是政治体制改革方案逐步成熟同时在实践中逐步展开阶段。

随着经济体制改革的深入，对政治体制改革的要求也日益迫切。特别是在1984年以后，经济体制改革的重点由农村转入城市，这种要求更为急迫。在1986年6月28日的讲话中，邓小平说："政治体制改革同经济体制改革应该相互依赖，相互配合。只搞经济体制改革，不搞政治体制改革，经济体制改革也搞不通，因为首先遇到人的障碍。事情要人来做，你提倡放权，他那里收权，你有什么办法？从这个角度来讲，我们所有的改革最终能不能成功，还是决定于政治体制的改革。"而改革的核心内容还是他一贯强调的党政分开、权力下放。

从1986年9月到11月，邓小平四次谈到政治体制改革，重申了他一贯提倡的政治体制改革的必要性和具体的原则、内容与标准。他说："现在经济体制改革每前进一步，都深深感到政治体制改革的必要性。不改革政治体制，就不能保障经济体制改革的成果，不能使经济体制改革继续前进，就会阻碍生产力的发展，阻碍四个现代化的实现。""政治体制改革包括什么内容，应该议一下，理出个头绪。……改革的内容，首先是党政要分开，解决党如何善于领导的问题。这是关键，要放在第一位。"同时他指出，政治体制改革有三个目标：一是始终保持党和国家的活力；二是克服官僚主义，提高工作效率；三是调动基层和工人、农民、知识分子的积极性。1987年3月27日邓小平在《怎样评价一个国家的政治体制》的谈话中说："我们评价一个国家的政治体制、政治结构和政策是否正确，关键看三条：第一是看国家的政局是否稳定；第二是看能否增进人民的团结，改善人民的生活；第三是看生产力能否得到持续发展。"1987年7月1日，中国共产党生日这一天，新华社重新发表了邓小平1980年8月18日所做的《关于党和国家领导制度的改革》讲话，意在进一步为政治体制改革、为中共十三大营造舆论氛围，促使全党、全国人民重视政治体制改革。而邓小平的上述几次谈话，实际上是在为中共十三关于政治体制改革的议题描绘蓝图。

1987年10月，中共十三大对政治体制改革做了全面、详尽的论述和规划。中共十三大明确提出："进行政治体制改革就是要兴利除弊，建设有中国特色的社会主义民主政治。"会议的政治报告关于政治体制改革的部分共涉及七个方面的内容。一是实行党政分开；二是进一步下放权力；三是改革政府工作机构；四是改革干部人事制度；五是建立社会协商对话制度；六是完善社会主义民主政治的若干制度；七是加强社会主义法制建设。除了党政分开、权力下放是宏观指导的意见外，其他几个方面，既有宏观指导性，又具有可操作性。比如，关于改革政府机构，不再单纯为了精简而精简，为了防止重复过去"精简—膨胀—再精简—再膨胀"关老路，强调机构改革必须抓住转变职能这个关键。这同样适合于今天的机构改革。关于干部人事制度，首次提出要建立国家公务员制度。关于选举问题，提出今后应当更充分地尊重选举人的意志，保证选举人有选择的余地，要继续依法坚持差额选举制度，改进候选人的提名方式，完善候选人的介绍办法。关于基层民主问题，提出要使基层民主制度化。在完善社会主义民主制度方面，要充分发挥人民代表大会作为权力机关的作用等。

中共十三大在中国政治体制改革发展进程中意义重大，它在党的全国代表大会上把政治体制改革提到了全党的议事日程，并为政治体制改革制定了行动纲领。

四、政治体制改革的成效

中共十三大后，中国的政治体制改革大张旗鼓地展开了。1988年成立了中国政治体制改革研究会，1989年初创办了《中国政治体制改革》杂志。中共中央对政治体制改革的积极推进，使整个社会都积极投入到政治体制改革中去，形成了浓厚的政治体制改革氛围。

从1979—1989年，这一时期中国政治体制改革的成效体现在：

第一，修改宪法，加强人民代表大会的作用。政治体制改革的一个重要内容就是完善社会主义法制。当时修改宪法就是完善社会主义法制最为突出的任务。通过宪法和法律，党的意志上升到了国家意志的高度。这是中国政治体制改革的巨大进步。

第二，完善人民政治协商制度和共产党领导的多党合作制度。政协重新成为中国政治结构中一个重要的组成部分。各民主党派又开始活跃在中国的政治舞台上，各民主党派和人民团体在政协中的名额逐渐增加。各民主党派在政治协商、参政议政、民主监督中发挥着日益重要的作用。

第三，民族区域自治制度进一步完善。1982年宪法对民族区域自治制度的规定恢复了1954年宪法的一些内容，并作了许多新的原则规定。根据1982年宪法的总原则，1984年10月1日，《中华人民共和国民族区域自治法》颁布实施。民族区域的自治权扩大，民族区域自治制度不断健全与发展。

第四，基层群众的自治制度和民主管理制度的建立。1982年宪法的一个重大作用就是推动了基层民主的发展。宪法明确规定了城市和农村按居住地区分别设立居民委员会和村民委员会，作为基层群众的自治组织，由群众自己管理本地区的公共事务和公益事业。特别是村民自治制度的实行，极大提高了村民的民主意识，是中国直接民主的一种具体实现形式。

第五，改革和完善党的组织制度和领导体制。这是中共中央决策层一直关注的重大问题。采取的措施有：其一，恢复和健全国家领导体制。其二，从组织上确立党的集体领导原则和集体交接班制度。其三，设置中央和地方各级纪律检查委员会，形成了党内自上而下的纪检系统，加强了党内监督的力度。其四，初步解决党政职能不分问题。其五，改革党政领导机构和干部制度。

总之，中共十一届三中全会以来的政治体制改革取得了一定成果。但是，从一定意义上说，政治体制改革要比经济体制改革复杂得多，也难得多。因为它直接涉及社会的各个方面、各个阶层、各个成员的直接利益，涉及在社会主义基本政治制度内权力结构调整和职能的转化这样深层次的矛盾，因此，作为一项非常艰巨而复杂的事业——建立一整套成熟、定型的制度，不可能在短期内完成。政治体制改革任重道远！但不管怎样，我们要达成社会主义民主政治的目标不变，政治体制改革必须向前推进。

（王旸撰稿）

曲折前行：从价格闯关到治理整顿

1988年是中国经济改革遇到的第一道坎，价格双轨制引发的矛盾和弊端，引起舆论的尖锐批评，促使决策者作出“价格闯关”的决定，希望一举越过价格这道难关，结束新旧两种体制胶着的状态。然而方案一经公布，强化了民众业已存在的高通胀预期，导致全国恐慌性的挤兑银行存款抢购商品的风潮。这迫使决策层不得不放弃价格闯关的设想，转向治理整顿，以稳定人心。

一、“价格双轨制”是如何形成的？

1988年为什么提出“价格闯关”呢？这首先要了解价格改革在整个经济改革中的重要性。20世纪80年代经济改革始终面对两大难点：一是国有企业改革，一是价格改革。1984年的改革决定提出，企业改革是中心环节，价格改革是关键。过去，95%以上的消费品价格、100%的生产资料价格都是国家控制的。价格由国家规定，几十年不变，无法反映市场供求，起到配置资源、鼓励竞争的作用。各类产品比价极不合理，导致行业之间利润率悬殊，企业之间苦乐不均。价格不改，企业就没有自主经营、自负盈亏的基本条件。

然而，价格改革难度极大，不仅牵涉企业、部门利益，牵动千家万户，而且很容易爆发全面涨价，导致高通货膨胀。由此而引发社会震荡乃至政治危机的事，国际上不乏前例。当时有一个重要原则，就是价格改革绝不能导致过高的通货膨胀，物价指数绝不能超过4%—5%。因此，价格改革虽然1979年就开始了，但步子迈得不大。1984年以前，主要办法是通过国家主动调价来“理顺价格”，减少比价不合理的矛盾。当然也有“放”的部分，比如火柴、肥皂、小五金之类小商品价格到80年代中期基本放开了，城乡农贸市场的交易是随行就市的。生产资料双轨价格也事实上出现了。从80年代初扩大企业自主权开始，企业有占10%—15%的计划外自销产品，这部分产品可以实行浮动价，浮动幅度限定在20%之内。事实上突破了这个幅度。不过，从总体上说，企业计划外自销产品的比重不大。

1985年，价格改革的重点转到生产资料领域。生产资料是上游产品，价格变动牵动整个产业链。大面积调整不可行，完全放开风险极大。1984年9月，在浙江省德清县莫干山召开了一次中青年经济学者论坛。一些中青年经济学者提出“调放结合、双轨过渡”的思路。这个思路被决策层采纳，因为风险相对可控。1985年3月，国务院正式下文，决定计划内生产资料继续按国家规定的价格出售，企业超产自销部分放开价格。废除了对计划外生产资料价格的控制，双轨制正式成为中国的政策。同时，国家逐步缩小了计划分配物资的品种、数量和范围。到1986年年底，国家计委下达的工业指令性计划产品从120种减到60种，国家统配物资从256种减到26种。实行浮动价和市场价的比重，农副产品占65%，工业消费品占55%，生产资料占40%。相应地，企业从市场购进物资的比重上升为67.7%。全国各地建成了几百个大型贸易中心。生产资料进入两条轨道、两种价格并存的时期。

双轨制被认为是推进价格改革一个有创意的选择。“保”一块，稳定了全局，减缓了对企业的冲击；“放”一块，给了企业利润刺激，有利于增加短线产品供给，使市场功能得到进一步发展，让国有企业逐步进入市场；同时也为乡镇企业采购原材料开辟了一条渠道。

二、1986年“价税财联动”方案为什么没有实行？

“双轨制”改革一开始就存在争论，一些经济学家如吴敬琏等人尖锐提出，双轨制必然导致混乱，助长倒买倒卖、皮包公司林立、腐败蔓延。主张进行配套改革，尽快结束价格双轨制。1986年春，国务院主要负责人接受了这一种意见，提出要搞“价、税、财配套改革”的思路，就是把生产资料价格一次性调到合理水平，生产企业由于涨价增加的利润国家通过税收把它收上来；使用企业由于涨价增加的支出，国家通过财政补贴返还给它，通过这种办法把价格体系理顺，让计划价与市场价靠拢，然后放开，实行市场价格。3月15日，国务院主要负责人部署制定1987年价格、税收、财政配套改革方案时说，新旧两种体制并存矛盾很多，漏洞也很多，不宜拖得太久，要在“七五”期间“进入以新体制为主的阶段”。在这之后，国务院成立经济体制改革方案研究领导小组，田纪云负责。下设办公室，安志文为主任。开始设想把钢铁、有色、煤炭、电力、石油、建材和化工六大系列的价格一次性上调。6月份在玉泉山讨论方案时，多数人赞同，但安志文表示担心，认为这样搞风险太大。最后决定：先动钢铁系列，其他不动。方案规定，从1987年开始，标准圆材计划价格每吨从693元提到1000元，同时从钢铁企业每吨收税307元。然而，当时实际的出厂价不是693元而是897元，而使用钢材的企业价格已经到了1100元。因此，即使单动钢铁系列，也因为部门利益很难摆平，在技术上就行不通。

当时，国内外都有专家对一次性解决价格问题可能引发通货膨胀表示了严重担忧。10月6日，德国“六贤人委员会”主席施奈德应邀来华访问，他根据西德的经验，提出“对初级产品价格放开要慎重和推后”。因为加工的工业品价格直接影响部分消费者利益，而初级产品价格一旦调整，会影响多种加工产品的价格。西德1948年开始改革，直到1957年才放开钢材价格。此前，9月8日《世界经济导报》刊登了瑞士经济专家林德评中国改革敏感问题的报道，也提出“中国经济体制改革，对关系着千家万户情绪的物价不应急着动，一定要慎重”。他说：“那种一边放开物价一边补贴的做法，是东欧搞了多少年都不成功的尝试。”这些意见引起国务院主要负责人的警惕。10月14日，他在听取杨培新汇报施奈德意见后说，不仅施奈德，瑞士专家林德也认为，现在中国不应该把注意力放在搞价格改革，应把注意力放在发展生产上。厉以宁认为，在法制不完备情况下，不宜搞价格改革。国务院主要负责人提出："两种价格初级产品是否暂不作大的变动"。11月初，决策者放弃了这个"价税财联动"的方案，把注意力重新转向"搞活企业"，生产资料价格改革拖了下来。

三、"价格闯关"决策是如何出台的?

然而，双轨制价格的弊端很快就显露了出来，并由于投资过热，生产资料普遍供不应求，市场价格飙涨，两种价格差距迅速扩大。例如钢材计划内为700—800元/吨，计划外达到1000—2000元/吨；聚苯乙烯计划内3000多元，计划外高达10000元。一些企业想办法"躲避"计划，追逐市场高价。社会上倒买倒卖也多了，一时全民经商，公司林立，"倒爷"猖獗。一些党政机关、党员干部及其亲属子女"蜂拥经商"，利用职权"批条子"倒卖计划内商品，牟取暴利。甚至"官倒""私倒"勾结，套购国家物资，垄断市场。例如铝锭国家定价为4000元/吨，最高限价为6800元/吨，但大量铝锭被"官倒""私倒"们操纵，铝制品加工企业不得不以1.65万元/吨的价格购进铝锭。双轨制诱发了改革以来第一次大规模的权力寻租，有人计算，由"双轨制"价格产生的"租金"总额1987年达2000亿左右，约为当年国民收入的20%。

到了1988年，矛盾更加尖锐了，两种价格悬殊逐年扩大，1985年实行双轨制之初，两种价格的价差大约是一倍左右，到了1988年，许多重要产品两种价格的价差达到三四倍。官办公司急速膨胀，以上海市为例，这年各类党政机关团体兴办的企业达361家，绝大多数公司属商业性企业，650多名党政干部担任公司职务。更有数不清的掮客在到处牵线搭桥，人们戏称："十亿人民九亿倒，还有一亿在寻找。"各方面对物价上涨、权钱交易、"官倒"现象反映强烈，在3月召开的全国人大和全国政协会议上，"官倒"问题成了议论的焦点。如千家驹在全国政协会上发言直接批评宏观政策，引起强烈反响，30分钟发言获得31次掌声。另一方面，物价年年在上涨，价格严重扭曲的状况却没有多大改变，国家财政补贴日益增加，压力有增无减。

邓小平在听取李鹏关于两会情况汇报后，决定“价格闯关”，认为“晚过不如早过”，“长痛不如短痛”。4月2日，赵紫阳邀集李铁映、马洪、陈先、项怀诚等座谈生产资料价格改革问题。与会者认为，实行生产资料价格双轨制“现在问题太大了”，而且越来越严重，改革已经“到了不进则退的时候了”。国务院成立了物价委员会，姚依林为主任，负责制定物价改革方案。5月18日，姚依林到陈云处通报政治局的意见。姚依林说：我们设想，从明年开始，每年价格上涨10%，连涨5年，价格总水平提高60%—80%，工资增加100%。陈云表示怀疑，说：“物价每年上涨10%，连涨5年，我打个很大问号。”姚依林说：这条路是否走得通，我也没有把握。5月19日，邓小平同外宾说，“不闯这个关没有出路”，“如果前怕狼后怕虎，就走不了路。”5月30日，中共中央政治局召开有各省市自治区党委书记参加的扩大会议，决定对物价和工资制度进行改革。8月15日—17日，中共中央在北戴河召开政治局扩大会议，讨论价格、工资改革方案，方案设想，用五年时间初步理顺价格关系。基本取消生产资料价格双轨制，五年内平均工资增加一倍。价格改革总方向是，少数重要商品和劳务价格则国家管理，绝大多数商品价格放开，实行市场调节。方案在会上一致通过，没有反对意见。8月19日，《人民日报》发表中央政治局会议公报，报道了价格改革方案的基本内容。

四、为什么从“价格闯关”转向治理整顿？

价格改革的涨价预期强烈，国外的经验是只做不说。然而决策层对“心理预期”这回事没有概念，当时提倡政治“透明度”，北戴河一通过，新华社就发通稿，公之于众，“物价涨一半，工资翻一番”的流言在社会上广泛传播开来；恰在这个时候，高档烟酒大幅度提价；在这之前，通货膨胀延续了几年，1988年年初已经越过两位数的大关，7月份已达到19.3%，存款利息大大低于物价上涨。这些因素加在一起，造成了全面大涨价的心理预期。结果参加会议的人还没有从北戴河回来，全国性的“挤兑”和“抢购”风潮就发生了。参与抢购者遍及社会各阶层，来势迅猛，波及面大，部分商品库存已超出最低警戒线。8月份居民提取储蓄存款389.4亿元，比上年同期增长1.3倍，物价上涨20%以上。

这完全超出了决策层的预料，迫使决策层不得不放弃“价格闯关”。8月30日，国务院发出紧急通知说：改革方案中所讲少数重要商品和劳务价格由国家管理，绝大多数商品价格放开，由市场调节，指的是5年或更长一些时间的长远目标，目前这个方案还在进一步修改完善中。9月15日—21日召开中央工作会议，9月26日—30日召开中共十三届三中全会，确定把明后两年改革和建设的重点突出地放到治理经济环境和整顿经济秩序上来，以扭转物价上涨幅度过大的态势。赵紫阳代表中央政治局作报告说：“我们还是见事迟了，抓得晚了。”承认决策失误。随后采取措施稳定市场，稳定人心。先是将银行存款利率从7%大幅度提高到14%，接着又实行保值储蓄，存款年利率随物价上升指数浮动，同时整顿皮包公司。10月8日，陈云同赵紫阳谈话指出：“学习西方市场经济的办法，看来困难不少。”含蓄地批评照搬“西方市场经济”的办法脱离中国的实际。

价格改革这道关是迟早必须过的，然而1988年并不是一个好的时点，策略上也不无失算之处，国内物价上涨持续了几年，1988年年初指数就已越过两位，经济关系绷得很紧，民众对物价极度敏感。在这种情况下，没有作出细致解释就将价格改革方案见诸报端，引起恐慌就难以避免了。进入治理整顿阶段以后，经济形势发生了变化，市场由紧张转向疲软，长期的卖方市场转向短暂的买方市场，导致计划内外两种价格差别缩小，这几年国家并没有大张旗鼓地推动价格改革，却悄无声息地基本实现了价格并轨。经历了1988年的教训，民众也长了见识，增强了承受力，到1994年再度出现高通胀时，再也没有出现疯狂抢购的非理性状况。

（肖冬连撰稿）

临危受命：新的党中央领导集体的形成

20世纪80年代末90年代初，对中国共产党来说，是一个多事之秋。特别是1989年发生的政治风波，更是对中国共产党执政地位的一次严峻考验。危机关头，中共召开十三届四中全会，选举产生了以江泽民同志为核心的新的中央领导集体，引领全党全国人民沿着中国特色社会主义的航向劈风斩浪，继续奋然前行。

一、平息国内政治风波

长期以来，一些西方国家的政治势力千方百计通过各种渠道对社会主义国家进行思想、政治渗透，支持和扶植各种反共反社会主义的活动。在中国，20世纪80年代一段时间里，由于少数中共领导人在推进改革开放，大力发展经济的同时，对坚持四项基本原则缺乏一贯性，忽视党的自身建设和精神文明建设，少数干部中滋生了相当严重的腐败现象，损害了党在群众中的威信和社会主义在人们心目中的形象，这使得曾一度收敛的资产阶级自由化思潮再度泛滥。

1988年年末到1989年年初，极少数人利用党在工作中的失误，特别是人民群众对物价上涨和一些干部中腐败现象的不满情绪，在北京等若干大城市陆续举行意在反对共产党的领导、根本改变国家制度的各项政治活动。有人致信邓小平，提出所谓“大赦”，释放“政治犯”的要求。1989年4月胡耀邦逝世后，事态进一步发展。对胡耀邦的悼念活动很快发展成为政治性的示威游行，出现了大量的大小字报和标语口号，攻击邓小平等党和国家主要领导人，攻击党的领导和社会主义制度。在首都北京，连续发生了聚众冲击中南海新华门等严重事件，出现了占领天安门广场的非法行动和大规模的非法游行示威。在西安、长沙、成都和其他一些地方，也先后发生了严重的打、砸、抢、烧等犯罪活动。

在关系党和国家生死存亡的关键时刻，中央政治局在邓小平和其他老一辈革命家坚决支持下，采取果断措施，在6月4日平息了这场政治风波。政治风波的平息，巩固了我国的社会主义制度和10年改革开放的成果，人民的根本利益得到了维护。1989年6月9日，邓小平在接见首都戒严部队军以上干部时对这场政治风波进行了深刻反思，向全党提出了两个需要认真思考的重大问题：第一个问题，党的十一届三中全会制定的路线、方针、政策，包括我们发展战略的“三部曲”，正确不正确？第二个问题，党的十三大概括的“一个中心、两个基本点”对不对？对此，邓小平旗帜鲜明地回答：党的十一届三中全会制定的路线、方针、政策，包括“三步走”发展战略没有错，不能因为这次事件的发生，就说我们的战略目标错了；党的十三大概括的“一个中心、两个基本点”也没有错。他坚定地提出：我们原来制定的基本路线、方针、政策，照样干下去，坚定不移地干下去。除了个别语言有的需要变动一下，基本路线和基本方针、政策都不变。

二、第三代中央领导集体的建立

政治风波的发生，使我国的改革开放和正常的生产生活秩序受到严重干扰，同时也暴露了党中央领导层中存在的严重问题，使更换中央领导集体成为必要。

还在政治风波平息前的5月31日，邓小平在同李鹏、姚依林谈话时，就明确提出“要改换领导层”。他说，在“我们党的历史上，真正形成成熟的领导，是从毛刘周朱这一代开始。第二代是我们这一代，现在换第三代”。他提出：新的中央领导机构要使人民感到面貌一新，感到是一个实行改革的有希望的领导集体，这是确定新班子成员的一个十分重要的问题，不是九分九，而是十分重要的问题。新的领导机构，眼界要非常宽阔，胸襟要非常宽阔，要选人民公认是坚持改革开放路线并有政绩的人，使人民感到我们真心诚意要搞改革开放。

根据邓小平等老一辈革命家的意见，经过充分酝酿，中共中央政治局委员、中共上海市委书记被确定为新一代中央领导集体核心的人选。6月16日，邓小平在同江泽民、李鹏等八位中央负责同志谈话时再次提出：“我们中国共产党现在要建立起第三代的领导集体。任何一个领导集体都要有一个核心，没有核心的领导是靠不住的。第一代领导集体的核心是毛主席。第二代实际上我是核心。第三代的领导集体也必须有一个核心，就是现在大家同意的江泽民同志。新的常委会从开始工作的第一天起，就要注意树立和维护这个集体和这个集体中的核心。”

1989年6月，中共十三届四中全会在北京举行。出席全会的有中央委员170人，候补中央委员106人。全会分析了全国的政治形势，审议并通过了李鹏代表中央政治局提出的《关于赵紫阳同志在反党反社会主义的动乱中所犯错误的报告》。

全会对中央领导机构的部分成员进行了调整：决定撤销赵紫阳的中央委员会总书记职务，选举江泽民为中央委员会总书记；增选江泽民、宋平、李瑞环为中央政治局常务委员会委员；增补李瑞环、丁关根为中央书记处书记；免去胡启立中央政治局常务委员会委员、中央政治局委员、中央书记处书记的职务，免去芮杏文、阎明复中央书记处书记的职务。新的中央政治局常委会由江泽民、李鹏、乔石、姚依林、宋平、李瑞环六人组成。全会提出了当前要特别注意抓好的四件大事：一是彻底制止动乱，进一步稳定全国局势；二是继续搞好治理整顿，更好地坚持改革开放，促进经济持续、稳定、协调发展；三是认真加强思想政治工作，努力开展爱国主义、社会主义、独立自主、艰苦奋斗的教育，切实反对资产阶级自由化；四是大力加强党的建设，大力加强民主和法制建设，坚决惩治腐败，切实做好几件人民普遍关心的事情，决不辜负人民对党的期望。

江泽民在全会上发表了重要讲话，他首先表示："这次中央全会推选我担任政治局常委、总书记，我没有这个思想准备，又缺乏中央全面工作的经验，深感担子很重，力不从心。现在全会已经作出决定，我感谢同志们的信任，决心同大家一道，刻苦学习，加强调查研究，尽心尽力做好工作，不辜负老一辈革命家和同志们的期望。"江泽民明确表态："我们党已经制定和形成了一条建设有中国特色社会主义的路线和一系列基本政策。概括地说，就是小平同志多次指出、最近再次强调的，以经济建设为中心，坚持四项基本原则，坚持改革开放。这是我们有信心做好工作的根本的、坚实的基础。这次中央领导机构作了一些人事调整，但是，党的十一届三中全会以来的路线和基本政策没有变，必须继续贯彻执行。在这个最基本的问题上，我要十分明确地讲两句话：一句是坚定不移，毫不动摇；一句是全面执行，一以贯之。"

中共十三届四中全会是中共历史上一次非常重要的会议，标志着党在关系自身生死存亡的严重政治斗争中取得了决定性胜利。

三、新老中央领导集体的顺利交接

中共十三届四中全会以后，新的中央领导集体围绕十三届四中全会提出的"四件大事"，从党和国家最紧迫和人民群众最关心的问题入手，以巩固和促进社会政治稳定为中心，有条不紊地开展各项工作，很快打开了新的局面。

1989年7月28日，中央政治局全体会议讨论并通过《中共中央、国务院关于近期做几件群众关心的事的决定》，要求从党中央和国务院的领导同志做起，在惩治腐败和带头廉洁奉公、艰苦奋斗方面先做七件事，即：进一步清理整顿公司；坚决制止高干子女经商；取消对领导同志少量食品的"特供"；严格按规定配车，严格禁止进口小轿车；严格禁止请客送礼；严格控制领导干部出国；严肃认真地查处贪污、受贿、投机倒把等犯罪案件，特别要抓紧查处大案要案。这些工作，受到了广大人民群众的拥护和欢迎。

同时，党中央还发出《关于加强宣传、思想工作的通知》，要求各级党委必须高度重视宣传思想工作，旗帜鲜明地同国内外敌对势力“和平演变”的图谋和行动作长期的、坚决的斗争，坚决妥善地整顿宣传舆论文化阵地，加强和改进思想政治工作，稳定充实政工干部队伍。根据这个《通知》的精神，全国意识形态部门进行了思想和组织整顿，调整和加强了领导班子建设。

8月11日，国务院举行第四十五次常务会议，讨论进一步清理整顿公司的问题。会议提出，在清理整顿工作中，中央国家机关要首先带头做好，作出表率。各部门、各地区要按照中共中央、国务院总的要求，结合自己的实际情况，采取具体、明确、切实有效的措施，认真负责地进行。8月15日，国家审计署审计长吕培俭在国务院全体会议上公布对中国康华发展总公司、中国国际信托投资公司、光大实业公司、中国工商经济开发公司和中国农村信托投资公司的审计结果。8月17日，中共中央、国务院作出《关于进一步清理整顿公司的决定》。

在这个过程中，遵照邓小平关于“常委会的同志要聚精会神地抓党的建设，这个党该抓了，不抓不行了”的嘱托，中共中央还采取了一系列措施大力加强党的建设。1989年7月1日，江泽民在中央组织部召开的“七一”座谈会上发表讲话，强调“要下决心对各级党的组织从思想上组织上进行一次认真的整顿”。从1989年8月起，在中央的统一部署下，在县（处）级以上党政领导干部中普遍开展了一次马列主义、毛泽东思想基本理论的教育。加强党的建设，还必须加强和改善党的领导。1989年12月29日，在同党建理论研究班全体学员座谈时，江泽民指出：我们党是执政的党，党的领导要通过执政来体现，我们必须强化执政意识，提高执政本领，要努力确保县以上各级领导集体由真正忠诚于马克思主义的人组成，要下大力气做好领导骨干的培育工作。

为了加强对工青妇等群众团体的领导，1989年12月21日，中共中央发出《关于加强和改善党对工会、共青团、妇联工作领导的通知》，要求各级党组织都要按照党的路线、方针、政策，对同级工会、共青团、妇联实行统一领导，使这些组织坚持正确的政治方向，同党中央在政治上、思想上、行动上保持高度的一致。12月30日，中共中央又发布《关于坚持和完善中国共产党领导的多党合作和政治协商制度的意见》，强调中国共产党领导的多党合作和政治协商制度是我国的一项基本政治制度，重申“长期共存、互相监督、肝胆相照、荣辱与共”是共产党同各民主党派合作的基本方针，决定加强中国共产党和各民主党派之间的合作与协商，进一步发挥民主党派成员、无党派人士在人民代表大会中的作用，举荐民主党派成员、无党派人士担任各级政府及司法机关的领导职务，进一步发挥民主党派在人民政协中的作用，并支持民主党派加强自身建设。

通过上述一系列工作，国内政治局势逐步稳定下来。在此期间，邓小平曾多次表示：等新的领导班子一经建立威信，他就要坚决退出中央领导岗位。鉴于新的中央领导集体已经卓成有效地开展工作，并逐步赢得了党和人民的信任，1989年9月4日，邓小平致信中央政治局，正式向中央提出了辞去中央军委主席职务的请求。信中写道：“党的十三届四中全会选出的以江泽民同志为首的领导核心，现已卓有成效地开展工作。经过慎重考虑，我想趁自己身体还健康的时候辞去现任职务，实现夙愿。这对党、国家和军队的事业是有益的。恳切希望中央批准我的请求。我也将向全国人民代表大会提出辞去国家军委主席的请求。”

1989年11月，中共十三届五中全会召开。全会经过认真讨论，批准了邓小平辞去中央军委主席职务的请求，决定江泽民为中共中央军委主席。1990年全国人大七届三次会议决定接受邓小平辞去中华人民共和国中央军事委员会主席职务的请求，选举江泽民为中华人民共和国中央军事委员会主席。

从中共十三届四中全会到五中全会，以邓小平同志为核心的第二代中央领导集体和以江泽民同志为核心的第三代中央领导集体顺利实现了新老交接，这是保证中共十一届三中全会以来党的路线、方针、政策的连续性、稳定性，维护国家的长治久安的重要举措，也是中国共产党在政治上高度成熟、组织上坚强有力的明证。

（曹普撰稿）

南方谈话：东方风来满眼春

1992年1月17日下午（农历腊月十三），邓小平携家人及工作人员从北京乘专列南下。这位久经考验、具有雄才伟略和远见卓识的无产阶级革命家、政治家，带着他对祖国和人民的深深眷爱，踏上了视察南方之路。

邓小平为什么选择这个时候视察南方呢？还是让我们把目光回溯到数年前的中国。

一、党和国家面对重大考验

党的十三大后，党领导全国人民沿着有中国特色社会主义道路继续前进，努力实现社会稳定和经济发展。从1984—1988年，我国经济经历了一个加速发展的飞跃时期。国民生产总值从7171亿元增加到14928亿元；国家财政收入从1642.86亿元增加到2357.24亿元；社会商品零售总额从3376.4亿元增加到7440亿元。外贸进出口总额从535.5亿美元增加到1027.9亿美元；实际利用外资从27.05亿美元增加到102.26亿美元。展现了农业和工业、农村和城市、改革和发展相互促进的生动局面，整个国民经济提高到一个新水平，综合国力迈上了一个新台阶。

但与此同时，随着经济的活跃和经济体制的转轨，在加速发展过程中，也出现了一些问题。主要是物价波动较大，通货膨胀加剧，重复建设严重，经济发展过热。1984—1988年国民收入只增长70%，而全社会固定资产投资增长214%，城乡居民货币收入增长200%，投资和消费的增长与国民收入增长的比例严重失调。具体表现在所谓“四过一乱”的现象，即过旺的社会需求，过快的工业发展速度，过多的信贷和货币投放，过高的物价涨幅和包括生产、建设、流通领域在内的经济秩序混乱。

1988年8月15日至17日，中共中央政治局在北戴河召开第十次全体会议，讨论并原则通过了《关于价格工资改革的初步方案》。会议认为，价格改革的总方向是：少数重点商品和劳务价格由国家管理，绝大多数商品价格开放，由市场调节，以转换价格形成机制，逐步实现“国家调控市场，市场引导企业”的要求。会议要求放开大部分商品价格，实行价格改革“闯关”。在企业和群众的承受能力还相当脆弱的情形下，物价闯关诱发了全国性抢购风潮，影响了社会的安定。

1988年的中国，物资依然短缺。面临物价上涨，人们的应对办法很大程度上是倾囊抢购。北京、上海、天津、昆明等城市，商店开门后两三个小时，原计划卖一天的名烟名酒即被扫荡一空；盛夏时节，杭州的毛衣毛裤柜台前排起了长龙；四季如春的昆明，经常滞销的电风扇变得炙手可热；武汉有人买回200公斤食盐，南京有市民买下500盒火柴，广州有女士扛回10箱洗衣粉……

为扭转严峻的经济形势，1988年9月，党的十三届三中全会决定，用一段时间治理经济环境、整顿经济秩序，扭转物价上涨幅度过大的趋势，创造理顺价格的条件，更好地推进改革和建设。根据这一决定，国务院相继采取一系列治理整顿的措施，压缩投资和消费需求，加强对物价的调控和管理，整顿经济生活特别是流通领域中的各种混乱现象。

治理整顿虽取得成效，但压缩社会需求使工业发展速度回落过猛，也带来负面的效应，主要是市场销售疲软、企业产品滞销、效益下滑，这表明，国民经济发展的难关尚未完全渡过，特别是深层次的结构和体制问题还有待进一步解决。

面对这种状况，社会上一些鼓吹资产阶级自由化的人，在这一时期异常活跃。西方一些不希望中国强大和发展的敌对势力，也积极支持他们的活动。

1989年春夏，极少数反党反社会主义分子和鼓吹资产阶级自由化的人，利用党在工作中的失误和人民群众对物价上涨，特别是对一些干部中腐败现象的不满情绪，进行煽动反对共产党的领导、反对社会主义制度的活动。这场政治风波前前后后持续了近两个月，使首都北京及部分城市的生产生活和社会秩序受到严重破坏，改革开放和现代化建设的进程受到严重干扰。

在关系党和国家生死存亡的关键时刻，中共中央政治局在邓小平和其他老一辈革命家坚决有力的支持下，依靠人民，旗帜鲜明地反对动乱，并采取果断措施，一举平息了反革命暴乱。

进入20世纪90年代，全球风云多变，世界动荡不安。国际共产主义运动连遭挫折，东欧社会主义国家的改革非但没有成功，反而改变了颜色。接着，世界上第一个社会主义国家苏联也出现剧变，列宁创建的苏联共产党丧失了执政地位，苏维埃社会主义联盟共和国解体了。

西方的一些政治势力利用这一时机，利用政治、经济、文化、外交等手段，妄图达到“不战而胜”的目的。

正是在这种形势下，中国的改革开放也经受着严重考验。有人提出，资产阶级自由化的主要危险来自经济领域，多一个三资企业就多一份资本主义。一时间，姓“资”姓“社”的争论来势汹汹；有人要重提以阶级斗争为纲；还有人想对上海《解放日报》按照邓小平的讲话精神以皇甫平署名发表的《改革开放要有新思路》《扩大开放的意识要强些》等文章进行批判。这样，国内外的一系列尖锐问题摆在了人们的面前：中国的改革是继续前进，还是向后退；是继续以经济建设为中心，还是退回到原来的路子？

在这个关键时刻，中国改革开放的总设计师邓小平，开始了他的南方之行。

二、邓小平的南方视察

1月18日，邓小平专列抵达武昌。在站台上，邓小平接见了湖北省委书记关广富和省长郭树言，他问的第一句话是："生产搞得怎么样了？以经济建设为中心你们抓得怎么样？"关广富、郭树言简要汇报了湖北的情况后，邓小平一字一顿地说："就是要抓住以经济建设为中心嘛！"

随后，专列驶离武昌，继续南下。1月19日上午8时许，在深圳火车站月台上，在欢迎人群期待的目光中，身穿深灰色夹克、黑色西裤的邓小平，步履稳健地迈出专列。老人家的身体非常硬朗，目光如炬，炯炯有神，慈祥的笑容让人感到特别亲切。他的足迹，又一次踏在处于改革开放最前沿的深圳这块热土上。

据当时负责接待的广东省委原副秘书长陈开枝回忆，按原定计划，小平同志千里迢迢来到广东，旅途劳累，他抵达深圳的第一天是安排休息的。因此，省市负责人见过面后，为了不影响老人家休息都走了。没想到小平同志进房不一会就出来对他说："你快点叫车，让我出去看看吧！"老人家牵挂特区发展的迫切心情表露无遗。

当天下午，在省市负责人的陪同下，邓小平先参观了皇岗口岸。站在两端分别飘扬着五星红旗和米字旗的深圳河大桥的桥头边境上，邓小平久久地凝视着对面的香港土地。他没讲话，站了很久，当时风很大，不断把他的大衣吹起。他默默地望着那片即将回归祖国怀抱的土地，神情凝重而又深沉，最后才依依不舍地转身上车。

随后，邓小平乘车参观市容，沿途看到一片繁荣兴旺的繁华景象。宽阔的马路平坦齐整，纵横交错，四通八达，花木夹道，绿树成荫，两旁高楼大厦巍然耸立，鳞次栉比。看到深圳这些年来的巨大变化，邓小平高兴地对陪同人员说："八年过去了，这次来看，深圳特区和其他一些地方，发展得这么快。我没有想到，看了以后信心增加了。"

邓小平一边兴致勃勃地看，一边与省市负责同志亲切交谈，他讲道："对办特区，从一开始就有不同意见，担心是不是搞资本主义。深圳的建设成就，明确回答了那些有这样那样担心的人。特区姓'社'不姓'资'！"这番斩钉截铁的话，令在场的同志都感到振奋不已。"从深圳的情况看，公有制是主体，外商投资只占四分之一，就是外资部分，我们还可以从税收、劳务等方面得到益处嘛！多搞点'三资'企业，不要怕！"接着，他尖锐地批评道："有的人认为，多一分外资，就多一分资本主义，‘三资’企业多了，就是资本主义的东西多了，就是发展了资本主义。这些人连基本常识都没有！”

当谈到深圳的发展前景时，邓小平语重心长地说道：“广东20年赶上亚洲‘四小龙’，不但经济要上去，社会秩序、社会风气也要搞好，两个文明建设都要超过他们，这才是有中国特色的社会主义”。

20日上午9时35分，邓小平在省、市负责人的陪同下，来到国贸大厦，登上53层的旋转餐厅。他一边听深圳市委书记的汇报，一边看“深圳特区总体规划图”。汇报结束后，邓小平作了大约30分钟的讲话。他说：“要坚持党的十一届三中全会以来的路线、方针、政策，关键是坚持‘一个中心、两个基本点’。不坚持社会主义，不发展经济，不改善人民生活，只能是死路一条。基本路线要管一百年，动摇不得。”邓小平继续说：“为什么‘六四’以后我们国家能够很稳定？就是因为我们搞了改革开放，促进了经济发展，人民生活得到了改善。”

23日，邓小平在结束深圳视察前，跟部分深圳市负责人握手告别。在登上去珠海的轮船前，回过头来对深圳市委书记说：你们要搞快一点！当天，邓小平在听取广东省委书记谢非和珠海市委书记的汇报后，一再强调要争取时间，抓住机遇，大胆地试，大胆地闯。在珠海，他发表了一段意义深远的讲话。他说：要警惕右，但主要是防止“左”；要保持清醒的头脑，这样就不会犯大错误，出了问题也容易纠正和改进。现在有右的东西影响我们，也有“左”的东西影响我们，但根深蒂固还是“左”的东西，有些理论家、政治家，拿大帽子吓唬人，不是右，而是“左”。“左”带有革命色彩，好像越“左”越革命。“左”的东西在我们党的历史上可怕呀！一个好好的东西，一下子被他搞掉了。右可以葬送社会主义，“左”也可以葬送社会主义。中国要警惕右，但主要是防“左”。右的东西有，动乱就是右！“左”的东西也有，把改革开放说成是引起和发展资本主义，认为和平演变的主要危险来自经济领域，这些就是“左”。

他强调：实践是检验真理的唯一标准。我们相信毛主席讲的实事求是，过去我们打仗靠这个，现在搞建设，搞改革也靠这个，我们讲了一辈子马克思主义，其实马克思主义并不玄奥，马克思主义是很朴实的东西，很朴实的道理。

在珠海，邓小平先后视察了珠海特区生化药厂、亚洲仿真控制系统工程有限公司、内联企业江海电子公司等企业。当他来到拱北芒园大厦，乘电梯上到29层旋转餐厅观赏拱北新貌和澳门风光时，深有感触地说：这10年真干了不少事。我们国家发展得这么快，使人民高兴，世界瞩目，就足以证明三中全会以来的路线、方针、政策的正确性。谁想变也变不了，谁反对改革开放谁就垮台。说来说去，就是一句话，坚持这个路线方针不变。

上海是邓小平此次南方视察的最后一站。1月31日晨7时许，邓小平在上海站下了火车。1992年农历年除夕是公历的2月3日，邓小平、杨尚昆与上海市党政军负责人和各界人士欢聚一堂，共迎新春佳节。农历正月初四，邓小平来到刚通车不久的南浦大桥。他说，南浦大桥具有国际领先水平。他乘车欣赏了南京路夜景，乘船游览了黄浦江，说南京路和外滩大放光明，上海大有变化。

2月10日，邓小平视察上海贝岭电子制造有限公司。他说："要发展高新技术，实现产业化。"在一台大束流离子注入机前，邓小平问："你们说这台设备姓'社'还是姓'资'？"

两天以后，邓小平视察上海闵行开发区时，又谈到姓"社"还是姓"资"的问题。他说："要用上百、上千的事实来回答，回答改革开放姓'社'不姓'资'。"

从1月底到2月21日，邓小平在上海向上海市的主要负责同志作了多次重要谈话。邓小平说：改革开放要有新思路，十一届三中全会以来的路线要管一百年。他还以一个雄才大略的政治家的坦荡胸怀开诚布公地说：回过头来看，我的一个大失误就是搞四个经济特区时没有加上上海。要不然，现在长江三角洲，整个长江流域，乃至全国改革开放的局面，都会不一样。

在一个多月南方视察的过程中，概括起来说，邓小平谈话最主要的内容是：第一，阐述了要坚持党在社会主义初级阶段的基本路线不动摇；第二，阐述了社会主义市场经济的理论；第三，创造性地提出了社会主义本质论和判断各项事业是非得失的标准；第四，对反对错误倾向做出了新概括；第五，对台阶式或波浪式的经济发展战略和科学技术的作用做出了新概括。实践证明，邓小平的南方谈话具有纲领性的意义，这次谈话标志着邓小平理论日臻成熟。

三、春天的故事意蕴深远

邓小平的南方谈话，精辟地分析了国际国内形势，科学地总结了十一届三中全会以来党的基本理论和基本经验，明确地回答了这些年来经常困扰和束缚人们思想的许多重大认识问题，使建设有中国特色社会主义的理论更加系统，形成了科学体系。这一谈话在整个中国，乃至世界都产生了重大反响。世界各国媒体积极报道邓小平南方视察的消息，尤其是信息灵通的中国港澳媒介，更是争相报道邓小平南方视察及其发表的重要谈话。

1992年2月28日，中共中央发出《关于传达学习邓小平同志重要谈话的通知》，印发了邓小平同志谈话的要点，要求各地尽快地将其传达到全体党员、干部。《通知》还要求全党同志尤其是各级领导干部，要认真学习邓小平同志的重要谈话，全面深刻地领会谈话的精神实质，紧密结合实际，认真贯彻落实。

3月9日和10日，中央政治局召开全体会议，讨论中国改革和发展的若干重大问题。会议认真学习了邓小平的南方谈话，一致认为邓小平的谈话对于中国的改革和建设具有重要的指导意义。

这一切，犹如一股和煦的春风吹遍了中国大地，人们那种困惑、疑虑、忧郁的心情一扫而光，那种一度蔓延滋长的“左”的思潮得到了遏制。新的一轮改革开放如滚滚春潮势不可当，在整个中国涌动。

邓小平南方谈话不久，不同的地区，不同的省份，南方和北方，东部和西部，都产生着一种互动效应。广东提出20年要赶上亚洲“四小龙”；上海则发誓赶超广东，上海市委市政府迅速制定了改革开放的战略目标：以浦东开发为龙头，带动长江三角洲、长江沿岸地区经济发展，把上海建成远东地区的经济、金融和贸易中心。齐鲁儿女则豪迈地提出了“80年代看广东，90年代看浦东，2000年看山东”的口号。黑龙江、吉林、陕西、山西、湖南、宁夏、青海、贵州、云南、四川、新疆、西藏等地，也纷纷提出新的改革开放的发展战略。

中共中央政治局常委会在3月、4月、5月多次召开会议，在深入领会邓小平南方谈话精神的基础上，决定根据谈话中提出的一些重大问题，并结合当前建设和改革的实际情况，分成若干专题，一个一个地研究贯彻落实的初步方案，并进行分工。确定的专题有：关于加快改革，扩大开放，力争经济更好更快地上一个新台阶的意见；关于搞好社会秩序、社会风气，维护社会政治稳定；关于加强思想教育和宣传工作，促进社会主义精神文明建设；关于加强党的建设等。

6月9日，江泽民到中共中央党校讲话，强调要进一步落实邓小平南方谈话的精神，并正式提出“社会主义市场经济”的概念，起到了统一全党认识的作用。

由于邓小平的南方谈话直接为中共十四大做了思想、理论、政治和组织准备，中共十四大开得非常成功。中国改革开放和现代化建设的历程，以此为标志，进入了新的历史发展阶段。

（李向前撰稿）

高举旗帜：邓小平理论的形成和确立

从人类思想史发展的角度看，任何一种理论的创立都必然有其产生、形成和发展的过程，邓小平理论也不例外。邓小平理论从确立主题、形成轮廓、走向成熟到最终确立为中国共产党的指导思想，历时约20年时间。

一、1975年全面整顿与邓小平理论的酝酿

作为中共第一代中央领导集体的重要成员，邓小平参与了1956年中共八大前后对中国自己的社会主义建设道路的探索，并提出了一系列真知灼见。“文化大革命”期间，邓小平被错误地打倒，在被软禁和下放江西的日子里，开始了对什么是社会主义以及怎样建设社会主义等一系列重大问题的深入思考。1975年，在受命主持中央日常工作时，他针对“文化大革命”造成的痼疾，大刀阔斧地领导了一场声势浩大的全面整顿。整顿的指导思想和各项政策，实际上形成了与“文化大革命”及其以前的“左”倾错误相对立的指导方针，是新时期拨乱反正和改革开放的“总预演”，也是邓小平理论产生前的酝酿。

1975年邓小平领导“全面整顿”的思想，概括起来，主要包括以下

内容：针对“以阶级斗争为纲”的方针，提出全党全国都要以实现四个现代化为“大局”的观点；针对“文化大革命”造成的严重混乱，提出“全面整顿”即进行各方面改革的思想；针对把毛泽东的个别观点绝对化、庸俗化的倾向，提出毛泽东思想是“完整的一套”的观点；针对“左”倾错误给科教事业带来的严重破坏，提出了科学技术是生产力、知识分子是工人阶级的一部分、科研工作要走在国家建设前面的观点；针对“四人帮”把对外交往污蔑为“崇洋媚外”“卖国主义”的谬论，提出要大力发展对外经济技术交流，引进西方新技术新设备，积极扩大进出口的观点，等等。这些思想和主张，“实际上是同‘文化大革命’唱反调”的，是拨乱反正的最初努力，其实质是要系统地纠正“文化大革命”的错误理论和实践，与中共十一届三中全会后形成的一系列路线方针政策有着明显的承接关系。

在领导全面整顿的过程中，邓小平提出并始终坚持以下方针政策：一是反对派性，增强党性；二是认真落实政策，调动各方面的积极性；三是恢复和健全必要的规章制度，加强组织纪律性；四是建立坚强的党的各级领导班子。全面整顿和一系列新的理论观点的提出，表明邓小平对于如何在中国建设和发展社会主义有他自己一套独特的想法和做法。正如他后来所说的：“说到改革，其实在1974年到1975年我们已经实验过一段”，“那时的改革，用的名称是整顿，强调把经济搞上去，首先是恢复生产秩序。凡是这样做的地方都见效。……粉碎‘四人帮’以后，十一届三中全会重新确立了实事求是的思想路线，确定了以发展生产力为全党全国的工作中心，改革才重新发动了。”

但是，随着全面整顿的深入，势必涉及“文化大革命”错误的系统纠正，这是毛泽东所不能容忍的。1975年年底，邓小平再次被打倒，进行了九个多月的全面整顿工作遂告中断，全国再度陷入了极度混乱之中。

二、邓小平理论主题的提出和展开

邓小平理论形成的历史起点是1978年召开的中共十一届三中全会。

粉碎“四人帮”，结束“文化大革命”以后，在真理标准问题大讨论的基础上，经过36天中央工作会议的充分准备，中共十一届三中全会实现了新中国成立以来党的历史上具有深远意义的伟大转折。全会重新确立了党的解放思想、实事求是的思想路线，实现了从“以阶级斗争为纲”到以经济建设为中心、从封闭半封闭到改革开放的历史性转变，并在事实上形成了以邓小平为核心的新的中央领导集体。通过中共十一届三中全会，党的思想路线论、党的工作重点论、社会主义根本任务和主要矛盾论、社会主义民主法制论、社会主义改革开放论等一系列重要理论开始提出，邓小平理论的大框架初具雏形。

中共十一届三中全会后，改革开放在实践上取得两大突破，一是家庭联产承包责任制冲破重重阻力在广大农村如火如荼地展开；二是在深圳、珠海、汕头、厦门等地建立经济特区，打开了对外开放的突破口。为了从根本上纠正“左”的和右的错误倾向，1981年6月，中共十一届六中全会通过《关于建国以来党的若干历史问题的决议》，实事求是地评价毛泽东的历史地位，恢复了毛泽东思想的本来面目，并对建国以来的一系列重大历史问题作出正确的结论，彻底否定了“文化大革命”。在拨乱反正和改革起步中，邓小平理论形成主题，这就是邓小平在中共十二大开幕词中宣布的：“走自己的路，建设有中国特色的社会主义”。

中共十二大以后，改革开放全面展开。1984年，中共十二届三中全会阐述了加快以城市为重点的整个经济体制改革的必要性、紧迫性，规定了改革的性质、基本任务和各项基本方针政策。《中共中央关于经济体制改革的决定》突破了把计划经济同商品经济对立起来的传统观点，确认我国社会主义经济是公有制基础上的有计划商品经济；充分发展商品经济，是社会经济发展不可逾越的阶段，是实现我国现代化的必要条件。社会主义商品经济论的提出，是党对马克思主义政治经济学的新发展，为建设有中国特色的社会主义经济提供了新的理论指导。此后，经济体制改革的重点由农村转向城市，对外开放逐步形成由沿海地区向内地滚动的格局，科技、教育和政治体制改革也提上日程。

在对国情的认识逐步深入的基础上，1987年，中共十三大比较系统地论述了社会主义初级阶段理论，大会指出：“我国正处在社会主义的初级阶段。这个论断，包括两层含义。第一，我国社会已经是社会主义社会。

我们必须坚持而不能离开社会主义。第二，我国的社会主义社会还处在初级阶段。我们必须从这个实际出发，而不能超越这个阶段。”大会提出党在社会主义初级阶段的基本路线是：领导和团结全国各族人民，以经济建设为中心，坚持四项基本原则，坚持改革开放，自力更生，艰苦创业，为把我国建设成为富强、民主、文明的社会主义现代化国家而奋斗。社会主义初级阶段论，是邓小平理论在国情判断方面的基础。而邓小平理论在哲学、政治经济学、科学社会主义方面的特色和创造，归根结底，都要结合到、落实到中国国情判断这个基础上来。中共十一届三中全会前我们在建设社会主义中出现失误的根本原因之一，就在于提出的一些任务和政策超越了社会主义初级阶段。中共十一届三中全会后近30年来改革开放和现代化建设取得成功的根本原因之一，则是逐渐认清了“中国现在处于并将长期处于社会主义初级阶段”这个最基本的现实国情。中共十三大根据邓小平提出的设想，还明确规定了我国经济发展三步走的战略部署：第一步，实现国民生产总值比1980年翻一番，解决人民的温饱问题；第二步，到20世纪末，使国民生产总值再增长一倍，人民生活达到小康水平；第三步，到21世纪中叶，人均国民生产总值达到中等发达国家水平，人民生活比较富裕，基本实现现代化。

中共十三大还高度评价了十一届三中全会以来开辟建设有中国特色社会主义道路的重大意义，强调这是马克思主义与中国实践相结合的过程中，继找到中国新民主主义革命道路、建立新中国和社会主义基本制度，实现第一次历史性飞跃之后的第二次历史性飞跃。大会对中共十一届三中全会以来，我们党在对社会主义再认识的过程中，在哲学、政治经济学和科学社会主义等方面发挥和发展了的一系列科学理论观点，从12个方面作了概括，指出：“这些观点，构成了建设有中国特色的社会主义理论的轮廓，初步回答了我国社会主义建设的阶段、任务、动力、条件、布局和国际环境等基本问题，规划了我们前进的科学轨道。”中共十三大报告的上述概括表明，在总结历史经验和改革的逐步深入中，中国共产党已经“开始找到一条建设有中国特色的社会主义的道路”，邓小平理论的轮廓初步形成。

三、邓小平理论的进一步发展和指导地位的确立

1989年中共十三届四中全会后，为了突出邓小平对创立中国特色社会主义理论的特殊贡献，中共中央的一些重要文献开始在“建设有中国特色的社会主义理论”前面冠以“邓小平同志”或“邓小平”几个字，称之为“邓小平（同志）建设有中国特色的社会主义理论”。1990年12月，中共十三届七中全会将建设有中国特色社会主义理论概括为12条基本原则。1991年7月在庆祝建党70周年大会上，江泽民比照毛泽东《新民主主义论》的论述，把建设有中国特色社会主义理论体系的基本特征和基本内容从经济、政治、文化三个方面作了归纳。

20世纪80年代末90年代初，随着苏东剧变和国内政治风波的发生，一段时间里国内出现了一股愈演愈烈的“左”倾思潮，中国又一次面临向何处去的重大抉择。关键时刻，已届88岁高龄的邓小平视察武昌、深圳、珠海、上海等地，就中国改革发展中的一系列重大理论和认识问题发表了极具针对性的谈话。

南方谈话的针对性至少包括以下十个要点：一是提出党的“一个中心，两个基本点”的基本路线要管一百年，动摇不得——这是针对着“两个中心”“双重任务”的观点而发的；二是提出以“三个有利于”作为判断姓“资”姓“社”的根本标准——这是针对姓“资”姓“社”的争论而发的；三是提出了“解放生产力、发展生产力、消灭剥削、消除两极分化，最终实现共同富裕”的社会主义本质理论——这是针对在社会主义问题上的一系列错误言论和错误认识而发的；四是再次重申社会主义也可以搞市场经济——这是针对着把“市场经济等同于资本主义”的观点而发的；五是强调中国要警惕“右”，但主要是防止“左”——这是站在历史的高度，从整体上针对着“左”的错误及其造成的危害而发的；六是提出发展是硬道理，中国经济发展要力争隔几年上一个台阶——这是针对着当时改革开放限于停顿，国民经济连续几年增速减缓的实际而发的；七是重申科学技术是第一生产力，强烈呼吁要发展中国的高科技——这是针对90年代世界科学技术加速发展、中国科技水平落后的紧迫形势而发的；八是强调“两手抓”，两个文明建设都搞好才是有中国特色的社会主义——这

是针对一段时间里放松思想教育工作、一手硬一手软的现象而发的；九是提出“中国要出问题，还是出在共产党内部”，强调要加强干部队伍建设，要选好接班人——这是以苏联东欧为前车之鉴，针对党的建设和党的干部队伍中存在的各种隐患和问题而发的；十是从人类历史发展的战略高度，坚信社会主义在经历一个长过程发展后必然会代替资本主义，号召全党抓住有利时机，埋头苦干，到建国一百年时把我国建设成为中等水平的发达国家——这是针对一部分人共产主义理想淡漠，对社会主义的前途丧失信心的问题而发的。

南方谈话在科学总结中共十一届三中全会以来党的基本实践和基本经验的基础上，结合当时的国际国内形势，以一系列振聋发聩的新的科学理论观点，高屋建瓴地回答了多年来经常困扰和束缚人们思想的许多重大认识问题，狠批了“左”，促进了全党和全国人民的又一次思想大解放，是邓小平理论的集大成之作。

在南方谈话精神指导下，1992年10月中共十四大召开。十四大以更加广阔的视野，从理论和实践相结合的角度，围绕在中国这样经济文化比较落后的国家如何建设、巩固和发展社会主义的问题，从九个方面对邓小平建设有中国特色社会主义理论作了更加系统、准确、完整的概括，全面构筑了这一理论的新的体系框架。这九个方面的内容是：在社会主义的发展道路问题上，强调走自己的路，不把书本当教条，不照搬外国模式，建设有中国特色的社会主义。在社会主义的发展阶段问题上，作出了我国还处在社会主义初级阶段的科学论断，强调这是一个至少上百年的很长的历史阶段，制定一切方针政策都必须以这个基本国情为依据，不能脱离实际，超越阶段。在社会主义的根本任务问题上，指出社会主义的本质是解放生产力，发展生产力，消灭剥削，消除两极分化，最终达到共同富裕。在社会主义的发展动力问题上，强调改革也是一场革命，也是解放生产力，是中国现代化的必由之路，僵化停滞是没有出路的。在社会主义建设的外部条件问题上，指出和平与发展是当代世界两大主题，必须坚持独立自主的和平外交政策，为我国现代化建设争取有利的国际环境。强调实行对外开放是改革和建设必不可少的，应当吸收和利用世界各国包括资本主义发达国家所创造的一切先进文明成果来发展社会主义，封闭只能导致落后。在社会主义建设的政治保证问题上，强调四项基本原则是立国之本，是改革开放和现代化建设健康发展的保证，又从改革开放和现代化建设获得新的时代内容。在社会主义建设的战略步骤问题上，提出基本实现现代化分三步走。在社会主义的领导力量和依靠力量问题上，强调作为工人阶级先锋队的共产党是社会主义事业的领导核心，党必须适应改革开放和现代化技术的需要，不断改善和加强对各方面工作的领导，改善和加强自身建设。在祖国统一的问题上，提出“一个国家、两种制度”的创造性构想。通过南方谈话和中共十四大，邓小平理论走向成熟，形成体系。

1997年召开的中共十五大，站在回顾百年和面向21世纪的历史高度，鲜明地提出了“邓小平理论”这一科学概念，深刻论述了邓小平理论的历史地位和指导意义，指出：邓小平理论“第一次比较系统地初步回答了中国社会主义的发展道路、发展阶段、根本任务、发展动力、外部条件、政治保证、战略步骤、党的领导和依靠力量以及祖国统一等一系列基本问题，指导我们党制定了在社会主义初级阶段的基本路线。它是贯通哲学、政治经济学、科学社会主义等领域，涵盖经济、政治、科技、教育、文化、民族、军事、外交、统一战线、党的建设等方面比较完备的科学体系，又是需要从各方面进一步丰富和发展的科学体系”。中共十五大通过的党章修正案郑重地把邓小平理论确立为党的指导思想，规定：中国共产党以马克思列宁主义、毛泽东思想、邓小平理论作为自己的行动指南。

（曹普撰稿）

国企改革：中国改革的攻坚之役

中国改革是“体制外先行”，并不是说国有企业原封不动。事实上，20世纪80年代在国企改革上作了一系列的摸索，基本的思路是“放权让利，两权分离”，先后实行了扩大企业自主权、两步利改税、承包制等不同的办法，目的是增强企业活力。然而终其80年代，国有企业改革始终没有取得突破性进展。90年代以后，国企改革从“放权让利”转上“制度创新”。突破产权改革的门槛，对国有大中型企业推行公司化改造和资产重组，对大量国有小企业实行非国有化改制，希望建立一种适应社会主义市场经济的现代企业制度。这场改革被称为中国改革的“攻坚之役”。

一、20世纪80年代的“放权让利”

“文化大革命”结束以后，企业管理体制改革问题就提出来了，当时经济问题的症结集中表现为企业效率的低下。中国财政的基础主要是企业上交利润，企业效益低，财政必然困难，人民也很难得到实惠，因此提出要“搞活企业”。怎么搞活？基本的思路是“放权让利”，给企业一些自主权，一点经济利益，核心是让利。开始是试行企业基金制度，接着搞扩大企业自主权试点。扩权改革是四川1978年10月先搞起来的，其他省市如云南省、广西柳州等地也仿效四川开始扩权试点。全国扩大企业自主权改革试点由国家经委推行，国家经委袁宝华率团先后到英、法、日、美等国考察企业管理。1978年年底考察日本回来后，向国务院提出扩大企业自主权的建议。1979年年初，在主持国务院日常工作的李先念的支持下，国家经委搞出扩权10条，提交4月中央工作会议讨论，原则通过。5月25日，国家经委、财政部等6个部门确定在北京、天津、上海共选择8个企业进行扩权试点。7月13日，国务院正式印发关于扩大企业自主权试点的五个文件。随后各地各部门组织试点。到1980年6月，试点企业发展到6600个，约占全国预算内工业企业数的16%，产值占60%左右，利润占70%左右。

对于扩大企业自主权，开始企业是很高兴的。过去企业既无权又无钱，现在有了点自主权，有了点“自主钱”，可以给职工发点奖金、修点住宅，改善点福利，职工高兴，企业也有了自我发展的动力。然而不久，企业就不满意了，因为留成太少，留成的办法又是“鞭打快牛”。更大的问题是，由于比价极不合理，造成各行业间利润率相差悬殊，苦乐不均。于是想到另一种办法，实行“利改税”，也就是把企业向国家上交利润改为交税。不过一步到位还不行，分两步走。1983年首先实行“利税并存”，对国营企业所创利润，先征收55%的所得税，剩下的45%再在企业与国家之间谈一个分成比例，为解决因比价不合理造成苦乐不均的问题，设置了调节税。1984年转向完全交税。

实行利改税以后，由于所得税率过高企业仍然没有积极性，苦乐不均和鞭打快牛的问题仍然不能解决。于是，回过头来搞承包制。在这之前已经有少数企业实行了承包制，最早是首钢，第二个是二汽。首钢、二汽承包后企业活了，效益大增，首钢经验被广为宣传。1984年2月，国家经委提出选择100个企业扩大承包试点，财政部不赞成，体改委也反对，全面承包制没有推行。1986年下半年，国务院讨论企业改革问题，当时有三种意见：国家经委主张搞承包制；财政部主张利税分流；国家体改委主张搞股份制。利税分流不受企业欢迎，股份制太超前，企业乐意接受的是承包制。1986年年底，财政形势已经很严峻了，企业利润普遍交不上来，1987年的财政任务也落实不下去。首先是天津逼出一种办法，由主管部门同企业一家一家谈判，核订承包指标，签订承包合同，最后把财政任务派下去了，这个经验很快就在其他地方效仿。1987年5月，为了防止经济滑坡，国务院决定在全国普遍推广承包经营责任制。到1988年年底，90.8%的国有工业企业实行了承包经营。承包制的理论依据是“两权分离”，即国家拥有所有权，企业拥有经营权，让企业成为自主经营、自负盈亏的独立实体。当时国务院领导人觉得，承包制是目前实行两权分离“最可行的一种形式”。

20世纪80年代国企改革，除了承包制还进行了其他多种改革。1985年9月，中共中央通过“七五”计划建议确定：“部分小型全民所有制企业，可以通过承包、租赁等形式转为集体或个体经营。”1986年12月2日，全国人大通过《企业破产法》，目的是要打破企业只负盈不负亏的局面，让企业经营者和职工共同承担企业经营风险。

当然有意义的还是股份制试点。1984年7月成立的北京天桥百货股份有限公司和11月成立的上海飞乐音响股份有限公司，是最早的两家规范化的股份有限公司。1984年，世界银行在关于中国经济发展的报告中提出，中国的国有企业改革可以借鉴西方的公司制、股份制，实行多种国家机构所有制，可以打破条条块块。1986年秋，西德“五贤人委员会”主席施奈德在接受咨询时也建议：改革国有企业最好的办法可能就是搞成公司制、股份制。这些意见受到高层重视，1986年年底，国务院在推行承包制的同时，提出选择少数大中型企业“进行股份制试点”。1987年，深圳发展银行、万科房地产公司等企业发行公众股。1987年以后，各地股份制企业的试点迅速增多，出现股票交易的需要。1986年9月，中国工商银行上海信托投资公司静安证券部挂牌，首次进行股票柜台交易。1988年上海又有申银、万国、海通三家证券公司成立，初步形成了场外证券交易市场。1990年12月和1991年4月，上海证券交易所和深圳证券交易所正式批准成立。开始在两市交易的只有13只股票，上证所8只，深证所5只。伴随股份制试点和股票交易的出现，争论随之而起，焦点是股份制是公有制还是私有化。面对争议，决策层十分谨慎，将底线划在“以公有制为主体”，由不同的国有机构相互参股，避免非公有资本的介入，而且严重限定股份制试行范围。

二、20世纪90年代的“抓大放小”

20世纪80年代的“放权让利”改革是起了积极作用的，至少有三方面意义：一是使企业有了一定活力，二是肢解了旧体制，三是释放出市场空间。但到了90年代初，承包制遇到了困难，国有企业亏损面扩大，2/3的企业已经无利润可包了。这与市场“疲软”的宏观环境有关，但也说明承包制不能真正搞活企业。一方面仍然无法摆脱政府部门的行政干预；另一方面企业追求短期利益，忽视长远发展，只负盈不负亏，“内部人控制”侵蚀资产利润。同时，财政收入在国民收入中的比重持续下降，“让权”的空间已经用完；财政困窘，宏观调控能力下降。

1992年7月23日，国务院颁发《全民所有制工业企业转换经营机制条例》，希望把企业推向市场。一些部门和地方政府把“破三铁”（铁交椅、铁饭碗、铁工资）作为突破口，然而，当时社会保障体系尚未建立，大批职工被“优化”下岗，引起了强烈反弹。1992年中共十四大确立了“社会主义市场经济”目标，打开了国企改革的思路，过去不敢触动的产权制度改革问题提上了台面。1993—1996年，中国社科院、国家经贸委、国家体改委和国务院发展研究中心提出的报告，有一个共同的思路：国家没有办法搞好所有国有企业，应当“抓好大的，放活小的”，对国有经济实施战略性改组。这一思路在1995年9月中共十四届五中全会上被采纳，明确了“抓大放小”的战略。1999年9月中共十五届四中全会关于国有企业改革的决定，进一步提出国有经济必须“有进有退、有所为有所不为”。明确国有经济仍要控制的领域主要有四个，即有关国防安全、提供重要特殊垄断的产业、提供重要公共产品的企业和服务支柱产业、高新技术产业当中的骨干企业。其他领域虽没有明说退出，显然不在必须由国有经济控制之列。

“抓大放小”核心是“放小”，即对小企业实行非国有化改制。1995年全国共有国有工业企业8.79万户，其中大中型企业1.5万户，其余7.22万户都是小型企业。“放小”首先是地方政府搞起来了，因为地方中小型企业大多数亏损，甚至资不抵债，地方政府急着要“甩包袱”。以山东诸城市为例，1992年4月，150家市属企业103家亏损，43家资不抵债，职工发不出工资，频频到政府上访。1993年，诸城开始全面改制。消息不胫而走，全国轰动，市长陈光被称为“陈卖光”，引起高层关注。朱镕基专门去看了一次，诸城人对他说，他们搞的是股份合作制，朱镕基听了很高兴。另一个率先“放小”的是广东顺德市，到1994年年底，全市896家企业基本完成改制。1997年以后，小企业改制步伐大大加快。主要形式有三种：公司制改组、股份合作制和出售。显然，股份合作制是领导者所希望的，但后来坚持下来的很少，大多都转为私人企业或民营企业了。全国50多万户乡镇企业在20世纪90年代后期也全面改制，多数转成私人企业或民营企业了，整个经济呈现“国退民进”的总趋势。

“抓大”的举措之一是实行大企业集团战略，加快国有资本的集聚。1991年12月14日，国务院决定选择一批大型企业进行企业集团试点，首批试点有一汽、宝钢等57家企业集团，1997年增加到120家。地方和部门也都积极进行国有经济战略性改组，截至1999年，登记在册的企业集团共5456家。

然而，20世纪90年代中后期，国有企业陷入大面积亏损境地。1997年，重点监测的14个工业行业中，纺织、有色、军工、煤炭、建材5个行业整体亏损；全国31个省区市有12个整体亏损；16874户国有大中型工业企业中亏损6599户。到1998年上半年，“全国企业的亏损面仍然在40%—45%之间”，相当一部分企业“已经被逼到死角”，面临破产倒闭的边缘。面对国企的严峻形势，有学者认为，拯救国企代价太大，国有企业应当从一切竞争性领域退出去，这在当时不可能成为一个政治选项。1997年9月，中共十五大提出“用三年左右时间，通过改革、改组、改造和加强管理，使大多数国有大中型亏损企业摆脱困境”。1998年，新任总理朱镕基在一次会议上表示：如果国有企业三年脱不了困，他就引咎辞职。由此打响了“三年脱困”的战役。第一项措施是行业结构调整。突破口选择纺织业，到1999年年底，累计压锭906万，分流职工116万。第二个领域是煤炭行业“下放、关井、监管”。1998年，94个国有重点煤矿全部下放地方。到2001年，全国关闭小煤矿5.8万处。对于冶金、有色、军工、建材、石油化工、电力等行业也实行结构调整。党政机关与所办经济实体“脱钩”，军队、武警所办企业全部移交地方。第二项措施是对骨干企业给予技术改造贴息。第三项措施是“债转股”，即将企业所欠银行贷款转为股份，由金融资产管理公司持有。第四项措施是“兼并破产、下岗分流”。三年内，全国兼并破产和关闭项目2334户。全国下岗职工，1998年第一季度655万人，1999年达到1190万人，2003年达2780万人。几千万“下岗”职工承担了“攻坚之役”的主要代价。

三、国有企业的公司化改造

“三年脱困”取得了重大成效，但主要还是靠注资实现的。中共十六大后，国企改革的重点转到公司化改造上来。

国有企业公司化改造从1993年就开始了。这年11月，中共十四届三中全会关于建立社会主义市场经济体制的决定，提出国有企业改革的方向是“建立现代企业制度”。何谓现代企业制度？当时提出四句话：“产权明晰，权责清楚，政企分开，管理科学”。其中关键是“产权清晰”，明确国家拥有企业中的国有资产的所有权；企业拥有所有投资者出资形成的全部法人财产权。随后，国务院选择100家国有大中型企业进行建立现代企业制度的试点。1995年，试点企业增加到2000多家。这次试点并不很成功，多数试点国有企业改成了国有独资公司，只是“翻牌”，并没有转换机制。政策上也没有明确公司制是现代企业制度的主要形式。1999年中共十五届四中全会关于改革和发展的决定才明确实行公司化改制。2003年10月，中共十六届三中全会关于完善社会主义市场经济体制的决定，最终明确股份制是公有制的“主要实现形式”，要求大的国有企业尽可能要走公司制、股份制的路子，大力发展国有、集体和非公有资本参股的混合所有制经济，实现投资主体多元化。

国有企业公司化改造的内容包括：一是通过引进民营资本、外资并购、发行公众股等方式推动国有企业股权多元化，并重组上市。重组上市有两种形式，一种是整体上市，一种是剥离上市。大部分上市企业是后者，即将集团核心优质资产从全部资产中剥离出来，包装上市，原来的集团公司成为上市公司的控股大股东，这种“母鸡抱小鸡”的方式，是一种次优选择。自20世纪90年代中期以来，中国的证券市场始终肩负着一项使命，就是为国有企业的融资、脱困和改制服务。还有一批优秀国有企业在境外发行上市。2001年中国加入WTO以后，迎来了新的外商投资热潮。

2002年11月，国务院颁布《利用外资改组国有企业暂行规定》，将外资并购作为促进国有企业改组、改制的重大措施。2003年以后，工商、中国、建设、交通四大国有商业银行在剥离不良资产、补充资本金的基础上，引进境外“战略投资者”进行股份制改造，并公开发行股票在境内外上市。

二是建立“企业法人治理结构”。1999年中共十五届四中全会首次明确“公司法人治理结构是公司制的核心”。所谓法人治理结构，主要由股东会、董事会、监事会和经理层等制度构成，形成权力机构、决策机构、监督机构和经营管理者之间的制衡机制，同时给企业领导人以符合市场规则的激励。

三是建立国有资产管理制度。2002年中共十六大明确提出，建立“代表国家履行出资人职责”的机构。2003年3月26日，国务院国有资产监督管理委员会正式挂牌。此后，全国31个省份国资委也全部组建完成。按照“国家所有，分级行使产权”的原则对国有资产实行“资产化管理”。

四是进一步推动国有企业重组。国有资本继续向石油、石化、电力、电信、冶金、有色、铁路、军工等重点行业、大型重点企业集聚。而在机械、电子等竞争性行业，国有经济比重明显下降，非公有制经济发展迅速。在电信、民航、电力等行业引入竞争机制，电信业在分拆基础上成立中国电信集团、中国网通集团；民航业成立三大集团（国航、南航、东航）；电力业成立两大电网公司、五大发电集团公司。中央企业加快了重组步伐，2003年，国务院国资委管理的中央企业189家，2005年减至169家，并继续减少。

虽然在国企改制过程中也出现了“贱买贱卖”、“自买自卖”、利益输送和损害职工权益等问题，在如何打破资源垄断，促进平等竞争，避免权贵资本主义等问题上仍然存在很多的争论。但国企改革基本上是成功的，成功在于国有经济的实现形式已经多样化，包括国有独资企业、国有独资公司、国有资本控股公司、国有资本参股公司。国有企业摆脱了大面积亏损的困局，整体盈利能力在增强，国有资产总额持续增长。走出了一条公有制、国有企业与市场经济融合的路子。

（肖冬连撰稿）

香港回归：“一国两制”的成功实践

“一国两制”是新时期中国共产党实现祖国统一的战略方针，以解决历史遗留下来的台湾问题、香港问题和澳门问题。实际上，在20世纪70年代末，党中央特别是邓小平把台湾问题放在实现祖国统一大业的首位，而且“一国两制”战略的初步构想也正是针对台湾问题提出的。但由于解决台湾问题的条件远未成熟，邓小平于1981年决定把实现香港回归作为突破口，推动祖国统一进程。历史表明，这是一个正确的决策。

一、为解决台湾问题提出“一国两制”构想

“一国两制”战略不是邓小平凭空构想出来的，它具有深厚的思想渊源。同时，它又首先是在考虑如何解决台湾问题的过程中逐步明确的。

新中国成立后的一段时间里，毛泽东把台湾问题作为国共内战的继续，准备用武力方式来解决。但从1955年开始，他提出了和平解放台湾的方针，到20世纪60年代初又形成了“一纲四目”的政策设想。“一纲”即台湾必须统一于中国。“四目”是：一、台湾回归祖国后，除外交必须统一于中央外，所有军政大权、人事安排等悉委于蒋（介石），陈诚、蒋经

国亦悉由蒋意重用；二、所有军政及建设经费不足之数悉由中央拨付（当时台湾每年赤字约8亿美元）；三、台湾的社会改革可以从缓，必俟条件成熟并征得蒋之同意后进行；四、互约不派特务，不做破坏对方团结之举。尽管有了很好的政策设想，但毛泽东在世时，根本不具备把台湾问题及整个祖国统一提上日程的国际国内条件。

1978年下半年，邓小平主持了以台湾问题为焦点的中美建交谈判。在谈判后期，邓小平参考毛泽东和周恩来关于台湾问题的方针，就解决台湾问题提出了初步设想：第一，我们希望用和平方式解决台湾问题，但不作不使用武力的承诺，如果承诺不使用武力，反而会成为和平统一台湾的障碍，使之成为不可能；第二，祖国要统一，但在解决台湾问题时，我们会尊重台湾的现实，可以保留原来的社会制度、经济制度，生活方式可以不动；第三，美国可以在台湾继续投资，继续保持它的经济利益。邓小平在这里提出的设想，就是以后概括为"一国两制"的初步表述。

1979年元旦，全国人大常委会发表《告台湾同胞书》，宣布了台湾回归祖国、实现国家统一的大政方针：在解决统一问题时，一定要考虑台湾的现实情况，"尊重台湾现状和台湾各界人士的意见，采取合情合理的政策和办法，不使台湾人民蒙受损失"。《告台湾同胞书》的发表，标志着新时期中国共产党对台政策的重大转变，引起了海内外的强烈反响。1981年9月30日，叶剑英委员长宣布了中国政府关于台湾回归祖国实现和平统一的九条方针政策，建议举行中国共产党和中国国民党两党对等谈判，实行第三次合作，共同完成祖国统一大业。他还提出，国家统一后，台湾可作为特别行政区，享有高度自治权，并可以保留军队。中央政府不干预台湾地方事务。台湾现行社会、经济制度不变，生活方式不变，同外国的经济、文化关系不变；私人财产、房屋、土地、企业所有权、合法继承权和外国投资不受侵犯。台湾当局和各界代表人士，可以担任全国性政治机构的领导职务，参与国家管理。

1982年1月11日，邓小平在会见美国华人协会主席李耀滋时，对"叶九条"的实质作出高度概括，指出九条方针实际上是一个国家两种制度。1982年12月，全国人大五届五次会议通过《中华人民共和国宪法》，其中第31条规定："国家在必要时得设立特别行政区。在特别行政区内实行的制度按照具体情况由全国人民代表大会以法律规定。”这一条规定，把“一国两制”构想载入中国的根本大法，使之有了宪法的保障。

可见，“一国两制”是邓小平为实现祖国统一，首先是为解决台湾问题而提出的战略构想，它是在中国特色社会主义的理论框架下制定的。他总结说：“我们的社会主义制度是有中国特色的社会主义制度，这个特色，很重要的一个内容就是对香港、澳门、台湾问题的处理，就是‘一国两制’。这是个新事物。这个新事物不是美国提出来的，不是日本提出来的，不是欧洲提出来的，也不是苏联提出来的，而是中国提出来的，这就叫做中国特色。”这个方针被国外政治家称作“超级战略”，为实现祖国统一提供了最佳途径。

二、祖国统一，从解决香港问题开始

虽然邓小平把台湾问题最早摆上议事日程，并由此提出“一国两制”构想，但解决台湾问题的条件并不成熟，祖国统一无法在台湾首先取得突破。解决澳门问题的条件虽然已经成熟，但从祖国统一的全局看，却不是最佳入手处。经过深思熟虑，邓小平抓住时机，把解决香港问题作为实现祖国统一的突破口。这是一个正确的战略选择。

毛泽东、周恩来在新中国成立前夕曾作出暂不收回香港和澳门的战略决策，并一直坚定不移地贯彻这一方针。1963年，毛泽东亲自为《人民日报》起草了一篇社论，进一步阐述了中国共产党的港澳政策：“香港澳门这类问题属于历史上遗留下来的帝国主义强加于中国的一系列不平等条约的问题”，“我们一贯主张，在条件成熟的时候，经过谈判和平解决，在未解决以前维持现状”。为防止香港和澳门走向自治和独立，中国政府促使联合国大会于1972年11月把香港和澳门从殖民地名单中删除。

1980年之前，邓小平并没有忽略香港问题。他在集中注意力于台湾问题的同时，也统筹考虑中国政府关于解决香港前途问题的方针。1979年3月，他会见香港总督麦理浩时已经对解决香港前途问题提出了“一国两制”的清晰思路。但当时的邓小平把解决台湾问题放在首位，甚至当作20世纪80年代的三大任务之一，而没有把解决香港问题提上具体议事日程。

由于英国政府已经把香港前途问题提上议事日程，并不断试探和催促中国政府拿出具体方案，同时，邓小平很快认识到率先解决台湾问题的条件尚不成熟，相反，解决香港问题的条件已经完全成熟。因此，他于1981年初作出了明确的决策：香港问题已摆上日程，我们必须有一个明确的方针和态度。他催促有关部门研究提出供中央参考的方案。

按照邓小平的指示，与香港有关的部门如外交部、国务院港澳办公室、新华社香港分社、对外经济贸易部、调查部和中国银行等，开始围绕如何解决香港问题反复进行研究。1981年3月，以廖承志为首的国务院港澳办负责人来到外交部，同黄华等外交部领导成员开会，研究香港问题。会上达成的一致意见是，1997年如期收回香港。这一年4月，国务院港澳办和新华社香港分社的负责人在廖承志的主持下，根据邓小平同港督麦理浩和英国外交大臣卡林顿的谈话精神和“一国两制”的构想，参照中央对解决台湾问题和西藏问题的政策，起草了一份给中央的报告，建议1997年如期收回香港，并提出了收回以后所采取的政策。

当1981年9月对台“叶九条”宣布后，廖承志召集港澳办、外交部和新华社香港分社等部门负责人，参考“叶九条”，又修改充实对香港政策。开始提出八条，以后又逐步发展成十二条政策。1981年4月和12月，中共中央书记处两次召开会议，听取廖承志关于对香港政策的汇报。12月书记处会议还向廖承志等转达了邓小平的意见：要求在三个月内拿出解决香港问题的最后方案。

为了如期拿出解决香港的最后方案，同时也为中英关于香港前途问题的谈判提供咨询服务，邓小平和当时的其他中央领导人决定成立一个香港前途问题研究小组。这个小组在北京和香港同时开展了对香港各方面情况的调查研究工作，组织有关方面先后编写了20多份有关香港经济、政治、法律、社会各方面情况的专题材料。他们首先分析了香港经济获得成功的各种因素以及这些因素形成的条件，然后又认真研究了这些因素能否在1997年后存在下去。结果，答案是肯定的。于是，制定出了中国政府关于解决香港问题的十二条基本政策。1982年上半年，中国领导人开始征求香港一些有代表性人士的意见，并将好的建议吸收到解决香港问题的十二条方针政策中去。

经过充分调查研究，以及反复的修改，在举行中英关于香港问题谈判之前，国务院港澳办等有关部门终于拿出了成熟的解决香港问题的十二条方针政策。其重要内容包括，香港特别行政区直辖于中央人民政府，享有高度的自治权，国防、外交由中央政府负责；香港特别行政区享有行政管理权、立法权、独立的司法权和终审权，现行法律基本不变；香港特别行政区政府由当地人组成，行政长官在当地通过选举或协商产生，由中央人民政府任命，主要官员由行政长官提名；香港的现行社会、经济制度不变，生活方式不变，依法保障居民的权利和私有财产；香港特别行政区将保持自由港和独立关税地区的地位；香港特别行政区将保持财政独立，财政收入不上缴中央，中央政府不向香港特别行政区征税；香港特别行政区可同英国和其他国家建立互利的经济关系；香港特别行政区可以“中国香港”的名义单独同各国、各地及有关国际组织保持和发展经济、文化关系等。这十二条特殊政策在恢复行使主权的前提下，表现了极大的灵活性：既坚持了主权原则，又照顾到香港人民的愿望，同时适当照顾了英国和其他国家在香港的利益，是可以为各方面所接受的、切实可行的正确政策。

英国于1982年初获得了中国政府关于香港问题的新态度后，立即决定当年秋派首相撒切尔夫人访华，与中国领导人正式展开关于解决香港前途问题的讨论。1982年9月下旬，中英两国领导人就香港前途问题启动会谈，提出了各自的基本立场和原则。由于双方在主权问题上立场差距很大，谈判形成僵局。1983年春，中方以灵活的策略给英国人一个台阶下，使谈判突破僵局进入到讨论实质性内容阶段。1983年下半年，英国打出了各种“牌”，企图迫使中国政府同意其“以主权换治权”的要求。中国政府顶住各种压力，迫使英方收回各种不合理的要求，把谈判纳入中国对香港政策“十二条”的正确轨道上来。1984年上半年，中英在谈判中就一些重大问题发生分歧，如中国驻军香港问题、中英联合联络小组问题以及香港人的治港信心等问题，经过双方互谅互让，谈判得以顺利进行，最终中英顺利达成协议，于1984年12月正式签署联合声明，香港前途问题终于得到解决。

三、香港基本法的形成与后过渡期的波折

1985年上半年，中英两国政府交换了《关于香港问题的联合声明》及其三个附件的批准书，并签署了互换批准书的证书。从此，香港地区正式进入了12年过渡期。

进入过渡期以后，中国在香港问题上所面临的首要任务，就是起草香港特别行政区基本法。这一历史性文件，将把体现"一国两制"方针的中英联合声明，以及"五十年不变"的承诺，以法律形式固定下来，确保中国对香港基本方针政策的实施，具有最大程度上的权威性、稳定性和长期性，为未来特别行政区政府的成功管理，提供完整的规范和依据，可以增强港人治港的信心，保证香港长期繁荣稳定。

从1985年7月至1990年2月，内地和香港人士经过四年零八个月的辛勤劳动，完成了具有历史意义和国际意义的香港特别行政区基本法的起草工作。1990年4月4日，中华人民共和国第七届全国人大第三次会议审议通过了《中华人民共和国香港特别行政区基本法》及其三个附件。香港特别行政区基本法的根本特点在于，它把维护国家主权、统一和领土完整与授权香港特别行政区实行高度自治、保持香港的繁荣和稳定紧密地结合了起来，是一个体现"一国两制"方针的全国性法律。

在香港过渡期的前几年里，在有关香港回归问题的外交磋商中，中英双方抱着合作态度处理香港问题，遇到意见不同，可以考虑对方的立场，进而通过交换看法，达成了一些共识，维护了香港的繁荣和稳定。但在后过渡期出现了巨大的波折，特别是英方单方面推出的香港政治改革方案，破坏了中英合作。

1989年春夏之交，北京发生一场政治风波。以美国为首的西方世界，对中国这一内部问题反应强烈，迅速采取对华制裁措施。英国也积极加入西方特别是欧共体制裁中国的行列，在香港问题上改变了多年来的合作态度，从多方面向中国政府设置障碍。

1991年秋冬，国际局势再次发生剧变，苏联突然解体。在这种国际背景下，英方对中国形势作出新的估测，对华政策又向对抗的方向急速转变。1992年10月，最后一任香港总督在首次施政报告中，单方面公布了新

的香港政制改革方案。这一方案对香港的政治构架和选举制度，作出了重大变革，与香港基本法严重背离，抛弃了香港民主化“循序渐进”的发展原则。

由于英方在政改问题上坚持对抗姿态，中国政府决定“另起炉灶”，在英方不合作的情况下，依靠香港爱国爱港人士来做好后过渡期各项工作。八届全国人大常委会第二次会议于1993年7月2日决定设立全国人大常委会香港特别行政区筹委会预备工作委员会。该委员会是全国人大常委会的工作机构，其职责是在香港特别行政区筹备委员会成立前，为1997年我国对香港恢复行使主权，实现平稳过渡，进行各项有关准备工作。1996年1月26日，香港特别行政区筹委会正式成立，标志着中国在香港恢复行使主权进入具体实施阶段。

1997年6月30日午夜至7月1日凌晨，中英两国政府香港政权交接仪式隆重举行，中国恢复对香港行使主权，英国在香港长达156年的殖民统治宣告终结。

四、回归后的香港继续繁荣稳定

“一国两制行得通行不通？”国际社会和一些香港人曾经普遍怀有疑虑。美国《财富》杂志刊登文章预言，香港回归将会是“香港死亡”。实践证明，史无先例的“一国两制”伟大构想在香港已经变为生动的现实。如今，“一国两制”、“港人治港”、高度自治的方针得到全面贯彻落实，香港保持了自由法治、经济发展、民生改善、社会和谐，处在历史发展的最好时期。

在“一国”的前提下，香港按照基本法继续实行资本主义制度，不仅原有的社会、经济制度和生活方式保持不变，法律基本不变，保持了香港的国际金融、贸易、航运中心地位，而且香港同胞全面行使基本法授予的行政管理权、立法权、独立的司法权和终审权，积极参与特别行政区政治、经济和社会事务的管理，实现了“港人治港”、高度自治。香港循序渐进地发展了符合本地实际的民主制度，广大香港同胞真正实现了当家作主，享有了比港英时期更为广泛的民主权利。

香港回归以来，中央政府一直关心和支持香港的繁荣、稳定和发展。当香港面临一次又一次严峻考验时，中央政府总是不断推出各项措施，帮助香港渡过难关。因此，香港不但逐步摆脱因亚洲金融风暴、“非典”疫情和全球金融危机造成的困境，而且经济强劲复苏，市民生活逐步改善，香港重现活力，市民重拾信心。香港人喜爱的传统生活方式依然保持不变，香港依然是充满动感活力、引领潮流的国际大都会。香港犯罪率低，社会秩序良好；特区政府廉政建设成效卓著，公务员体制成熟运作，政府廉洁度长期居于世界各国及地区前列。“一国两制”的成功实践，使香港特区保持繁荣稳定，经济持续发展，民生不断改善，赢得了广大港人和国际社会的广泛认同。1997年之前不少移居海外的港人，近年来纷纷携手回流。

“一国两制”在香港的成功实践，得到了港人和国际社会的一致高度评价。英国牛津大学巴利奥尔学院经济学导师詹姆斯·福德在其名为《香港2007：回归十年》的调查报告中认为，香港的“一国两制”获得了“完全的成功”。英国外交部和欧盟赞扬说，中国政府在香港落实“一国两制”是成功的。美国《时代周刊》否定了《财富》于1997年所作的香港回归将会“死亡”的预言。

香港回归，并成功地实践“一国两制”，对台湾问题的解决起到了最直接、最有效的示范作用。

（王红续撰稿）

与时俱进："三个代表"重要思想的提出

"三个代表"重要思想，从根本上回答了在充满机遇和挑战的21世纪里，把中国共产党建设成为一个什么样的党和怎样建设党的问题。它同马克思列宁主义、毛泽东思想、邓小平理论一脉相承又与时俱进，是中国共产党对于马克思主义党的建设理论的重大丰富和发展。在2002年召开的中共十六大上，"三个代表"重要思想被确定为中国共产党的指导思想。

一、"三个代表"重要思想的酝酿

"三个代表"重要思想经历了一个长时间的酝酿过程。江泽民对此说过："我提出这个问题，是经过了长时期思考的。在实行改革开放和发展社会主义市场经济的条件下，'建设一个什么样的党，怎样建设党'，是一个重大的现实问题，直接关系到我们党和国家的前途命运。党的十四届四中全会和十五大提出的党的建设的新的伟大工程，就是回答这个问题的。"

对执政党的建设问题给予高度重视，是在江泽民担任中共中央总书记、主持党和国家的全面工作后就开始了的。

1989年春夏，我国发生了一场政治风波。这场风波是由多种因素促成的，其中一条重要原因，是党的自身建设出了问题。鉴于这方面的严重教训，1989年6月16日，还在酝酿建立新的中央领导集体及其核心之时，邓小平在同几位中央负责同志谈话时，就明确提出“常委会的同志要聚精会神地抓党的建设”，要坚决惩治党内的各种消极腐败现象，强调“这个党该抓了，不抓不行了”。6月23日至24日，中共十三届四中全会召开。全会选举产生了以江泽民同志为核心的新的中央领导集体。在当选总书记后发表的即席讲话中，在讲到党的建设问题时，江泽民强调：“我们党是工人阶级的先锋队，是社会主义事业的领导力量。形势和任务不断变化，党的路线、方针、政策和斗争策略、活动方式、工作方法也要相应改变，但是党的性质不能变，共产主义的最高目标不能变”。他提出“要结合建设、改革的实际和当代世界的发展状况，在全党进行马克思列宁主义、毛泽东思想基本理论教育，进行社会主义、共产主义思想的教育，进行党纲党章和党的路线、方针、政策的教育”。要拿出惩治腐败的实际行动来，“制定防止和惩治腐败的制度，使党风有根本的好转，恢复和加强党和群众的密切联系”。

党的十三届四中全会后，以江泽民同志为核心的新的中央领导集体，遵照邓小平的嘱托，“聚精会神地抓党的建设”，着力解决当时党的建设中面临的迫切问题。

1989年8月21日，在全国组织部长会议上，江泽民深刻总结了党的建设的经验教训，提出：“与群众的血肉联系是我们党的力量所在。只要我们始终代表人民群众的利益，全心全意服务于人民，就能经得起任何风浪的考验，永远立于不败之地。”8月28日，中共中央发出《关于加强党的建设的通知》，进一步提出了从八个方面加强党的建设的具体要求。1989年年底，中央宣传部等四部门联合在中央党校举办党建理论研究班，江泽民在与研究班学员座谈时发表讲话，在论及“必须坚持党的工人阶级先锋队性质”时，他首次提出了工人阶级是“两个代表”的观点。江泽民指出：中国共产党之所以要坚持工人阶级先锋队的性质不变，就是因为工人阶级是与现代大工业紧密联系在一起的，能够“代表先进生产力和生产关系，代表全体人民的根本利益”。1991年7月1日，在建党70周年纪念大会上的讲话中，江泽民针对国际国内形势的新变化，郑重强调：“党必须在理论上更加成熟起来”，要“紧密联系实际，加强调查研究，深入认识和把握中国国情，认真探讨和解决当代重大的政治、经济、思想文化等问题”，并“做出新的理论概括”。在这一认识下，讲话系统阐述了“进一步加强中国共产党的建设”的问题，提出了加强和改进党的建设的四项重大任务。

1992年10月，中共十四大提出了用邓小平建设有中国特色社会主义理论武装全党的战略任务，系统论述了加强党的建设和改善党的领导的问题。为了落实十四大提出的党建任务，1994年9月，中共十四届四中全会专门研究了新形势下党的建设问题，通过了《关于加强党的建设几个重大问题的决定》。《决定》分析了党的建设面临的形势和任务，提出要“在当代世界风云变幻的条件下，在当代中国改革开放和现代化建设的伟大变革中，把党建设成为用建设有中国特色社会主义理论武装起来、全心全意为人民服务、思想上政治上组织上完全巩固、能够经受住各种风险、始终走在时代前列的马克思主义政党”。《决定》指出：这是以邓小平同志为核心的第二代中央领导集体开创的、以江泽民同志为核心的第三代中央领导集体正在领导全党继续进行的党的建设的“新的伟大的工程”。

1997年9月，中共十五大报告进一步阐述党的建设问题，第一次郑重提出了在改革开放和发展社会主义市场经济条件下“建设一个什么样的党、怎样建设党”的重大课题，并以最新的科学表述，明确了党的建设新的伟大工程的总目标，同时提出了按照这个总目标，从思想上、组织上、作风上全面加强党的建设，不断提高领导水平和执政水平，不断提高拒腐防变能力的任务。

需要指出的是，江泽民在中共十五大上作的政治报告中，依据党的基本路线，在论述建设有中国特色社会主义的经济、政治、文化纲领时，实际上已蕴含了党要成为“三个代表”的思想。报告指出：“建设有中国特色社会主义的经济，就是在社会主义条件下发展市场经济，不断解放和发展生产力”——这就要求党要成为中国先进生产力发展要求的代表；“建设有中国特色社会主义的政治，就是在中国共产党领导下，在人民当家作主的基础上，依法治国，发展社会主义民主政治”——这就要求党要成为中国最广大人民根本利益的代表；“建设有中国特色社会主义的文化，就是以马克思主义为指导，以培育有理想、有道德、有文化、有纪律的公民为目标，发展面向现代化、面向世界、面向未来的，民族的科学的大众的社会主义文化”——这就要求党要成为中国先进文化前进方向的代表。在报告中，江泽民还反复强调了“保持党的先进性”的问题，提出“共产党员要保持先进性，要体现时代的要求”，要“始终走在时代前列”。这都表明，中共十五大报告实际上已经蕴含并比较完整地表达了中国共产党要成为中国先进生产力、先进文化和最广大人民的根本利益的“代表”的总体含义。

二、“三个代表”重要思想的提出

中共十五大以后，以江泽民同志为核心的党中央面向21世纪，对“建设一个什么样的党、怎样建设党”这一党的建设的根本问题继续进行不懈探索。

1998年年底，中共中央决定：在全国县级以上党政领导班子、领导干部中集中时间，分期分批开展以“讲学习、讲政治、讲正气”为主要内容的党性党风教育活动。全党共有70万党政领导干部参加了“三讲”教育，其中省部级领导班子成员达2100多人。在指导“三讲”教育的过程中，江泽民指出：“在对外开放和发展社会主义市场经济的条件下，我们党如何始终保持工人阶级先锋队的性质，更好地代表最广大人民的利益；在社会经济成分、组织形式、物质利益和就业方式多样化的趋势进一步发展的条件下，如何始终保持全党同志按照党的奋斗目标，按照国家和人民的最高利益来行动，维护和加强党的坚强团结与高度统一，这是我们在新的历史条件下加强党的建设的重大理论问题，也是重大现实问题。只有正确回答了这些问题，党的建设才能更好地向前推进。”

2000年，党建工作的重中之重是搞好县（市）级领导干部的“三讲”教育活动。对此，中央政治局给予高度重视。中央政治局常委会决定，每一位常委都到一个县去对县级党政领导干部开展“三讲”教育作一次讲话，直接抓县级领导干部的“三讲”教育。2000年2月，江泽民在出席广东省高州市领导干部“三讲”教育会议之后，在广东考察工作，重点就如何加强新时期党的建设和推进高新技术产业发展这两个题目进行调研。在深入调研的基础上，他就如何在改革开放和发展社会主义市场经济条件下加强党的建设问题，发表重要讲话，指出：“总结我们党七十多年的历史，可以得出一个重要的结论，这就是：我们党所以赢得人民的拥护，是因为我们党在革命、建设、改革的各个历史时期，总是代表着中国先进生产力的发展要求，代表着中国先进文化的前进方向，代表着中国最广大人民的根本利益，并通过制定正确的路线方针政策，为实现国家和人民的根本利益而不懈奋斗。人类又来到一个新的世纪之交和新的千年之交。在新的历史条件下，我们党如何更好地做到这‘三个代表’，是一个需要全党同志特别是党的高级干部深刻思考的重大课题。”这是江泽民第一次完整地提出“三个代表”重要思想。他要求“所有的共产党员和领导干部，都要深刻认识和牢牢把握这‘三个代表’，用以指导自己的思想和行动”。

“三个代表”重要思想提出后，很多人当时并未立即意识到这个看似平常的论断所蕴含的重大理论意义和创新意义。在此情况下，为了进一步引起人们对“三个代表”重要思想和党的建设问题的高度重视，2000年5月8日至15日，江泽民来到改革开放的另一前沿地带江苏、浙江、上海考察，再次就如何加强新时期党的建设的问题进行实地调研，继续阐发“三个代表”重要思想。

通过深入调查研究，5月14日，江泽民在上海主持召开党建工作座谈会，专门就按照“三个代表”要求切实加强党的建设问题发表重要讲话。江泽民指出：“始终做到‘三个代表’，是我们党的立党之本、执政之基、力量之源。按照‘三个代表’的要求抓党的建设，同新时期党的建设新的伟大工程的总目标总要求是一致的。推进党的思想建设、政治建设、组织建设和作风建设，都应贯穿‘三个代表’的要求。”江泽民亲自到江苏、浙江、上海等地进行党建调研，并再次对“三个代表”重要思想进行深刻阐述，这个消息经5月16日的《人民日报》报道后，立即引起了全党的高度关注和强烈反响，并迅速在全党范围兴起了一股声势浩大的学习、研究、宣传“三个代表”重要思想的热潮。

5月18日，《人民日报》发表《“三个代表”重要论述与面向21世纪的中国共产党》的长篇文章，全面介绍和阐述了“三个代表”重要思想的科学内涵和重大意义。同日，《光明日报》发表评论员文章：《深入学习“三个代表”，全面落实“三个代表”》；5月19日，《经济日报》发表评论员文章：《深入学习“三个代表”重要思想》；5月22日，《人民日报》发表社论：《全面加强党的建设的伟大纲领》，强调“三个代表”重要思想“具有极为重大的现实意义和长远的指导意义”；同日，《解放军报》发表社论：《立党之本，执政之基，力量之源》。与此同时，新华社、《求是》杂志以及全国其他主要报刊也先后发表社论或有关文章，阐述“三个代表”重要思想的重大意义。从中央到地方，不少单位和部门还举办了各种类型的学习“三个代表”的研讨会、座谈会，出版的有关“三个代表”的辅导读物也达上百种。

学习、宣传、贯彻“三个代表”重要思想，成为2000年后中国共产党理论工作的主旋律。

三、“三个代表”重要思想的深化

“三个代表”重要思想提出后，全党全社会展开了热烈的讨论，人们在对“三个代表”重要思想重大理论意义和现实意义的认识上，也逐步取得共识。江泽民则继续对党的建设问题进行探索和思考，并在多个场合、多次讲话中从不同角度和不同方面进一步阐发“三个代表”重要思想，从而不断丰富、完善和深化了“三个代表”重要思想的科学内涵。

2000年6月9日，在全国党校工作会议上，江泽民指出：“我们要坚持毛泽东同志、邓小平同志关于党的建设的理论和一系列重要思想，集中起来最重要的，就是要在思想上和行动上坚持这‘三个代表’。这是我们党的立党之本、执政之基、力量之源。”6月20日，在西北五省区党建工作和西部开发工作座谈会上，江泽民发表了《不断根据实践的要求进行创新》的重要讲话，第一次提出了创新是“一个政党永葆生机的源泉”的论断。6月28日，江泽民在中央思想政治工作会议上的讲话提出了“四个如何认识”的问题，即：如何认识社会主义发展的历史进程、如何认识资本主义发展的历史进程、如何认识我国社会主义改革实践过程对人们思想的影响以及如何认识当今的国际环境和国际政治斗争带来的影响。通过对“四个如何认识”的研究探讨，中国共产党对一系列重大理论和实际问题的认识上了一个新台阶，思想得到进一步解放，同时也为“三个代表”重要思想的学习和宣传提供了重要的思想基础和舆论氛围。10月11日，在中共十五届五中全会上，江泽民分析了“三个代表”重要思想提出的基本依据，强调“我们开展的各项工作，都要贯彻落实‘三个代表’的要求，看看我们所采取的措施、所做的工作，是不是符合‘三个代表’的要求，符合的就毫不动摇地坚持，不符合的就勇于实事求是地纠正”。12月26日，在中共中央纪律检查委员会第五次全体会议上的讲话中，江泽民指出：“进入新世纪，如何按照‘三个代表’的要求把党建设得更加坚强，推动党风廉政建设和反腐败斗争深入开展，仍是全党同志需要进一步思考和解决的重大课题”。为此，他通过对中共十三届四中全会以来党风廉政建设和反腐败斗争经验的总结，分析了党处于执政地位及其带来的影响，提出了加大从源头上预防和治理腐败现象力度的反腐思路。

2001年是中国共产党建立80周年。2002年秋，将召开中共十六大。为了科学总结党成立80年来的历史经验，同时为中共十六大的召开做好思想理论上的充分准备，2000年12月，江泽民提出，要组织专门力量，就加强新时期党的建设问题开展调研。中央抽调了有关部门的80多位同志组成10个课题组到12个省市区进行调研，形成了一批党建调研成果。

在深入调研的基础上，2001年7月1日，江泽民在庆祝建党80周年大会上发表讲话。讲话以“三个代表”重要思想统领全篇，回顾并充分肯定了我们党80年的光辉历程和奋斗业绩，深刻总结了我们党领导革命、建设和改革的基本经验。这个讲话把一年多前提出的重要论断进一步展开，更加系统、更加全面、更加深入地揭示了“三个代表”重要思想的科学内涵和精神实质，是“三个代表”重要思想全面深化并初步形成理论体系的重要标志。

2002年5月31日，中共十六大召开前夕，江泽民来到中央党校，就即将召开的党的十六大的主题和贯彻“三个代表”要求等问题发表重要讲话，对“三个代表”重要思想的科学要义进行了新的阐发，指出：“贯彻‘三个代表’要求，关键在坚持与时俱进，核心在保持党的先进性，本质在坚持执政为民。”在此基础上，中共十六大报告进一步指出：“‘三个代表’重要思想是对马克思列宁主义、毛泽东思想和邓小平理论的继承和发展，反映了当代世界和中国的发展变化对党和国家工作的新要求，是加强和改进党的建设、推进我国社会主义自我完善和发展的强大理论武器，是全党集体智慧的结晶，是党必须长期坚持的指导思想。”大会修订通过的新党章明确规定：“中国共产党以马克思列宁主义、毛泽东思想、邓小平理论和‘三个代表’重要思想作为自己的行动指南。”

（曹普撰稿）

漫长的博弈：从“复关”到“入世”

2001年加入世界贸易组织（WTO），是中国融入经济全球化的里程碑。中国从“复关”到“入世”，进行了长达16年的马拉松式谈判。谈判的道路如此漫长，既是一场中国与各缔约国在“入场券”与“入场费”之间的利益博弈，也客观地记录了中国市场化改革逐步适应国际商业规则的过程。“入世”将中国的改革开放推上了一个新台阶。

一、围绕中国经济体制的反复答疑

世界贸易组织成立于1995年，它的前身是关贸总协定。关贸总协定1948年成立时，中国是它的创始缔约国之一。由于冷战的原因，中国长期中断了与关贸总协定的联系。1971年，中国在联合国的合法席位得以恢复，1972年关贸总协定邀请中国加入，中国没有响应。1982年11月，中国获得关贸总协定观察员身份。12月31日，国务院批准中国申请参加关贸总协定的报告。中国的对外贸易80%以上是与关贸总协定成员国进行的，中国政府开始日益关注关贸总协定的多边谈判。1986年，关贸总协定将开展自成立以来第八轮谈判，即所谓“乌拉圭回合谈判”，中国不希望错过以正式成员身份参加“乌拉圭回合谈判”的机会。这促使中国政府做出决定，正式向关贸总协定提交复关申请，7月10日，中国驻日内瓦大使钱嘉东向关贸总协定总干事邓克尔递交了中国政府的照会，自此开始了与各缔约方的“复关”谈判。第一任中国复关谈判代表团团长是沈觉人。

中国复关道路决非坦途，但当时估计四年足够了，因为此前“入关”谈判最长的国家也不到三年。没有想到谈判会如此旷日持久，一谈就是16年。复关谈判一开始，中国政府提出三条原则：第一，中国是“恢复”而不是“加入”关贸总协定；第二，中国“复关”以关税减让为基础，而不以承担进口增长为条件；第三，中国期望得到与其他发展中国家相同的待遇。第一条关乎政治和法律问题，必须坚持中国作为缔约方的地位。第二、三条则直接涉及中国的权利与义务。

在最初的几年里，谈判的焦点集中在对中国的经济制度和外贸制度的审查上。从1987—1991年，缔约方先后向中方提出了近3000个问题，反复地诘问和答疑，特别在中方描述的“有计划的商品经济”的说法上纠缠不清。关贸总协定的宗旨是在全球推行自由贸易，它的所有规则都建立在市场经济的基础上。无论作怎样的解释，“有计划的商品经济”与“市场经济”确有实质性的不同。中方谈判代表曾向国内报告，能不能在英文表述上将“有计划的商品经济”改成“有计划的市场经济”，得到的答复是：“有计划的商品经济”是我国现阶段的基本经济制度，英文也不能改。经过反复说明，1989年4月第六次中国工作组会议完成了对中国外贸体制的最终评估，各缔约方认可中国“有计划的商品经济”的陈述，或者说他们对中国坚持改革开放的方向有积极的预期。这一阶段的双边磋商，主要是与美国的谈判进展比较顺利，从1986年11月到1989年5月28日，中美双方先后进行了五轮谈判，基本上满足了对方的要求，达成了一系列谅解和协议。当时的大背景是，美苏对峙局面尚未改变，美国乐见中国融入国际贸易体系，中国的复关前景看起来一片光明。

二、中国未能成为世贸组织创始成员国

然而，1989年夏季，中国复关的脚步突然停顿了。政治风波之后，以

美国为首的西方国家对中国进行制裁，复关谈判处在最艰难的时期。各主要谈判对手不仅提高了要价，而且把中国复关问题政治化，企图以此为手段向中国施加压力，中美之间贸易争端也在进一步升级。对于中国外贸制度的审议本来在1989年中已经完成，这时缔约方要求中国提供一份新的说明，重新开始审议。1991年1月，中方递交了《中国对外贸易制度备忘录补充文件》和一系列补充材料，11月，佟志广出任第二任团长和首席谈判代表，算得上是临危受命。

1992年10月12日，中共十四大召开，大会正式确定要在中国建立社会主义市场经济体制。这一重大决策破解了困扰六年的难题，解放了中国的谈判代表们。10月21日，在关贸总协定总部谈判大厅，佟志广满怀激情向全体缔约方宣告：中国是搞市场经济的。中国实行社会主义市场经济，将使中国的经济结构和政策更快地靠拢关贸总协定的体制，使复关后的中国能够更好地履行关贸总协定规定的义务。这一宣告引起全场轰动。1993年3月，谷永江出任第三任团长和首席谈判代表。在9月召开的中国工作组第十五次会议上，一份中国经贸体制的问题综合清单获得了缔约方的通过，持续六年关于中国经济体制和外贸体制的答疑终于结束了。中国复关的多边谈判，进入了实质性阶段。

“乌拉圭回合多边贸易谈判”持续七年之久，1993年12月15日结束。1994年，中国签署了乌拉圭回合的最后文件和世界贸易组织协定，这是中国复关的必备条件。这时，中国的心情有些急切，希望在年底完成中国复关的实质性谈判，这样就可以成为1995年元旦成立的世界贸易组织创始成员国。1994年，中国为复关谈判的“冲刺”做了一系列的体制改革：1月废止了双轨制汇率和外汇留成，取消了283种商品的进口许可证和配额管理，废止了一批外贸管理法规文件。2月发布了《出口商品配额招标办法》和《关于进一步深化对外经贸体制改革的决定》。5月颁布《对外贸易法》。6月取消208种商品的非关税措施。8月提交农产品减让表、工业品关税减让表和服务贸易减让表等一揽子方案，至1994年年底，中国进口关税率降到了35.9%左右。

然而，形势不如所愿。此时美国克林顿政府的对华政策奉行“以压促变”的方针，年初美国就把“人权”问题与中国最惠国待遇挂钩。此后美国政府制造了若干事端，使双边关系的气氛继续恶化。1994年3月11日，美国国务卿克里斯托弗访华，在人权问题上向中国施压，被中国领导人严词拒绝。在中国复关谈判中，美国的策略改变了，目标是阻止中国成为世贸组织创始成员国，其方式是漫天要价而不作任何承诺。在7月召开的中国工作组第十八次会议上，美国代表突然提出：中国已经是发达国家，不能再以发展中国家的身份进入关贸总协定。随后开出10项新要价，包括要求中国承诺取消所有的出口关税和价格控制，连一些西方媒体都认为这是中国不可能接受的。出席会议的中方代表龙永图当即表示：这10个问题现时没有谈判余地。会后，中国又和包括美国在内的主要缔约方进行了近50天的“极其乏味、极其艰涩”的谈判，终无结果。美国代表团以国内法为借口，声称即便中国加入关贸总协定美国也不能给予中国永久最惠国待遇。最惠国待遇是中国一定要争取到的目标。否则，复关的意义大打折扣。

11月28日，中国工作组第十九次会议举行前，龙永图率团提前到达日内瓦，通报了中国政府“年内结束实质性谈判”的决定，并且强调，如果届时不能谈成，中国不再做新的出价，也不再主动举行双边和多边会谈，这被外界解释为“最后通牒”。然而，中方代表很快就意识到，这次冲刺性的努力将不会获得成功。由于美国等少数缔约方漫天要价，12月召开的中国工作组第十九次会议没有就中国成为WTO创始成员国问题达成协议，中国未能如愿。12月20日，谷永江对个别缔约方蓄意阻挠中国复关表达了中国的愤慨。

三、从“复关”转向“入世”，又经历了七年的博弈

1995年元旦，世界贸易组织成立，并在一年的过渡期后完全取代关贸总协定。7月，中国成为世界贸易组织的观察员。在1994年的最后“冲刺”未能成功以后，中国主动放慢了自己的步伐。对于加入世贸组织，中国政府的原则也是三条：第一，世界贸易组织是一个国际性组织，如果没有中国这样最大的发展中国家参加是不完整的；第二，中国要参加无疑是作为一个发展中国家参加；第三，中国的参加是以权利和义务的平衡为原则的。这三条原则最早是国家主席江泽民1993年11月20日出席在美国西雅图亚太经合组织非正式首脑会议期间向美国总统克林顿阐述的。1995年5

月，外贸部部长吴仪把这三条原则阐述为：“以乌拉圭回合协议为基础，发展中国家地位为前提，承担与自己的经济发展水平相适应的义务。”这就是说，中国需要世贸组织，世贸组织同样需要中国，中国加入世贸组织不是乞求于任何人的，只能承担与自己的经济发展水平相适应的义务，并坚持权利和义务的平衡。

中方不急不躁，美、日等国却变得急切起来。他们虽然不愿让中国成为世贸组织创始成员国，却急切地要敲开中国的巨大市场，分享迅速成长的中国经济的蛋糕。1995年1月，美国就通过访问中国的日本大藏大臣武村正义，向中国表达了西方国家希望中国早日恢复谈判的愿望。5月，中断了五个月的谈判恢复进行。11月，中国政府照会WTO总干事，把中国复关工作组更名为入世工作组，中国复关谈判变成了入世谈判。龙永图出任第四任谈判代表团团长和首席谈判代表。世贸组织第一任总干事鲁杰罗对于中国入世谈判态度十分积极。1997年4月，鲁杰罗应邀访华，在上海讲了三句话：一个对外开放的中国，决不能再袖手旁观，看着别人制定规则而自己被动地适应；一个经济迅速增长的中国，决不能再失去有保证地进入全球市场的权利；一个依赖科学技术和现代化的中国，决不能再落后于世界经济政策一体化和经济全球化的发展。“这三句话很有分量”，李鹏赞扬他在“为中国参加WTO奔走呼号”。谈判虽然步履艰难，还是取得进展。1997年8月，中国最早与新西兰签署了双边协议，11月，中国与日本签署双边协议。到这年12月，中国已经和35个世贸组织成员举行了双边市场准入协议的谈判，并与其中9个国家签署了协议。

关键是美国。经过长时间的讨价还价，到1999年4月，中美之间接近于达成协议。4月6日—14日，中国总理朱镕基应邀访问美国，这本来是中美签署协议的一次良机。然而7日晚上10点半，克林顿突然给朱镕基打来电话，说美国不能与中国签署协议了，只能发表一个声明，除非中国增加一个保护美国钢铁业和纺织业的条款。克林顿之所以变卦，是他估计美国国会会因为政治原因反对签署这个协议。然而，克林顿错误估计了形势，在4月13日参议院财政委员会举行的听取会上，委员们几乎一致批评克林顿在美中首脑会晤时不签署中国加入世贸组织的协议是错误的。克林顿就后悔了，13日下午给朱镕基打电话，建议在4月底重开谈判。他想让中方人员留下来，解决最后的细节，然后在美国签字。朱镕基回答说："不谈了，要谈回北京再谈。"他对随员说："不能说你想签就签，你不想签就不签，天下没有这样的事情。"

5月8日，发生了以美国为首的北约集团轰炸中国驻南斯拉夫大使馆的事件。江泽民斩钉截铁，决定中止这场谈判。中国领导人看到，现在已经不是中国急，而是美国为首的西方国家急。90年代以后，中国展现出强劲的经济增长势头，这个潜在的大市场具有极大的吸引力，美国商界给美国政府很大的压力。中国政府对于北约轰炸中国驻南联盟大使馆做出强烈的反应，也使克林顿政府急于想利用中国加入世贸组织来修复中美关系。江泽民确定的原则是：不急不躁，水到渠成。驻南使馆被轰炸后，克林顿在和江泽民第一次通话中就提出恢复谈判的问题，江泽民把他顶了回去。江泽民指示，有几个重要的权利必须坚持，诸如必须明确无误地取得美国的无条件的永久最惠国待遇，不解决永久最惠国待遇，就不进世界贸易组织；美国必须逐步地放松对华高新技术出口限制等。在克林顿多次给中国领导人打电话并写信之后，谈判在9月重新开启。11月9日至15日，最后一次谈判在北京进行，11月15日下午2点半，石广生部长和巴尔舍夫斯基大使分别代表本国政府在最后的协议上签字。这场被一位美国经济学家称之为"20世纪最困难的经济贸易谈判"终于画上了句号。不过，中国最终推开世界贸易组织的大门，还要等待两年。2000年2月，中印签署双边协议；2000年3月到5月结束了和欧盟的谈判。2001年9月17日，最后同墨西哥达成了协议，至此，中国与37个要求谈判的成员国的双边谈判全部结束。11月10日，在卡塔尔首都多哈举行的世贸组织第四次部长级会议上，通过了中国加入世贸组织的决定。

四、"入世"将中国的改革开放推上了一个新台阶

加入世界贸易组织是中国应对经济全球化挑战的必要选择。世界贸易组织是一个多边贸易体制，被称为"经济联合国"，当时世界贸易组织成员方有140多个，成员方之间的贸易占整个国际贸易的90%，世界贸易组织对于国际贸易的发展起着决定性的作用。加入世界贸易组织尽管要付出

一定的“入门费”，短期内给国内某些行业带来不利影响，但对中国适应经济全球化趋势影响深远。首先，依照世贸组织非歧视原则获得多边、稳定、无条件的最惠国待遇，有助于中国突破贸易壁垒和技术壁垒，开拓国际市场，降低获取高新技术的门槛。其次，通过世贸组织的贸易争端解决机制来解决经常发生的贸易纠纷，比双边谈判更为有利，同时可以降低因经贸摩擦导致外交冲突的风险。再次，加入世贸组织将使中国在制定“游戏规则”方面拥有更多发言权，更有利于维护本国利益，推动世界经济秩序趋向于公正、合理。

中国加入WTO更为深远的影响，是大大地推动了中国的改革开放。根据WTO规则和中国所作“遵守规则、开放市场”的承诺，有计划地对与贸易有关的法律、行政法规、部门规章等进行了调整，从1999年年底至2007年年底，中央政府制定、修订、废止了3000余件法律、行政法规和部门规章；政策透明度大幅提高，立法公开进一步制度化、规范化，中央政府、各部门及地方政府先后开通了官方网站；取消实行了50年的外贸权审批制，大幅度地降低关税。国内国际两种竞争，倒逼内地企业特别是国有企业进行体制改革，提高自身竞争力，做大做强。

“入世”以后迎来了新的外商投资热潮，世界500强跨国公司绝大多数进入中国，并扩大在华投资与经营呈现新的特点：从新建投资到并购投资、从合资到独资或合资控股、从单个项目到产业链投资、从设立采购中心到设立投资研究与开发中心。扩大开放更突出的特点是服务贸易领域开放的空前力度，中国严格履行了加入承诺，提供了广阔的市场准入机会，包括银行、证券、保险、商业、电信、交通、教育、旅游、建筑、分销等领域。在按WTO规则分类的160多个服务贸易部门中，中国已经开放了104个，接近发达成员的平均水平。在国外跨国公司大举进入中国的同时，中国企业开始实施“走出去”战略，对外投资迅速增长。总体上说，中国经济经受住了“入世”的考验并且获得了新的发展机遇。“入世”以后，中国经济持续快速增长，以劳动密集型产品出口为主的对外贸易规模迅速扩大，导致了巨额的贸易顺差和外汇储备，中国也被称为“世界工厂”。

（肖冬连撰稿）

西部大开发：中国区域发展战略的调整

中国是一个发展中的大国，发展中大国经济发展的突出特点，表现在其内部区域发展格局的演进中。在中国1978年以来的改革开放中，区域经济发展无疑是最具有特色、最彰显活力、最值得总结的重要内容之一，而此极其重要的方面则是西部大开发。

一、宏观区域经济发展战略的转换：从区域经济非均衡发展到区域经济协调发展

改革开放以前，为了改变历史上遗留下来的生产力布局极不平衡的状况，我国实行的是一种区域经济低水平平衡发展的战略。依据这种战略，国家把50%以上的基本建设资金投入内地，在落后的内地区域进行了大规模的开发建设，试图强行拉平沿海地区和内地的经济技术发展差距，以求区域经济的平衡发展。从经济发展的角度看，区域经济平衡发展战略力图改变历史遗留的畸形的宏观区域生产力布局态势，加速国家的工业化进程，以求整个国家生产力布局的合理化与区域经济的平衡发展，在其实践中对于内地的经济技术进步也起到了一定的作用。但是，这种战略没有把

区域经济的平衡发展建立在生产力发展的客观规律上，忽视了经济发展和区域生产力布局的效率原则，企业之间、工业部门之间、各产业之间没有很好地建立起正常的经济联系，区域的整体经济增长和经济技术水平难以得到相应改变，所追求的实际上是一种低水平的平衡。

党的十一届三中全会以后，我国开始进行经济体制改革和实行对外开放，对资源配置和区域经济发展战略也开始作相应的调整，从强调区域经济平衡发展转而重视国民经济整体发展速度和宏观经济效益，重视发挥和利用各区域优势尤其是东部沿海区域的经济技术区位优势，在总体上实施了区域经济非均衡发展战略。在“六五”（1981—1985）计划中，明确提出要积极利用沿海地区的现有基础，并开始采取一系列措施向沿海地区倾斜。“七五”（1986—1990）计划明确把全国划分为东部、中部、西部三大经济地带，详细制定了东、中、西部三大经济地带非均衡发展梯度推移的宏观区域经济发展战略，即“七五”期间以至20世纪90年代，我国的区域经济发展是重点优先发展东部，以东部的发展带动中部和西部的发展，使生产力及区域经济布局逐步由东向西作梯度推移。同时，实施了一系列向东部倾斜的政策措施。

宏观区域经济非均衡发展战略的实施，一方面，造就了带动国民经济整体增长的经济核心区和增长极，促进了整个国民经济的高速增长，增强了国家的经济实力，提高了宏观经济效益和人民生活水平；另一方面，加快了东部区域经济的迅速发展，使东部沿海开放地带和工业城市群成为推动我国国民经济持续高速增长的最重要的力量；同时，通过一系列的传递、扩散机制和示范效应，也在一定程度上带动了中西部区域经济的开发和发展，促进了内地区域经济的繁荣，各区域经济都得到了快于改革前的增长。但是，这一战略在实施中也出现一些问题。最主要的是在突出重点区域优先发展的同时，实际上对不同区域经济的协调发展重视不够，区域经济发展不平衡及其相应的区域经济发展差距拉大了。

进入20世纪90年代以后，对宏观区域经济发展战略的调整开始酝酿。1990年12月，《中共中央关于制定国民经济和社会发展十年规划和“八五”计划的建议》提出，要“积极促进地区经济的合理分工和协调发展”。1995年9月，党的十四届五中全会通过的《中共中央关于制定国民经济和社会发展“九五”计划和2010年远景目标的建议》，把“坚持区域经济协调发展，逐步缩小地区发展差距”作为今后15年我国经济和社会发展必须贯彻的一条重要方针，并明确指出：“从‘九五’开始，要更加重视支持内地的发展，实施有利于缓解差距扩大趋势的政策，并逐步加大工作力度，积极朝着缩小差距的方向努力。”1996年3月，八届全国人大四次会议通过《中华人民共和国国民经济和社会发展“九五”计划和2010年远景目标规划纲要》。《纲要》中专设了题为“促进区域经济协调发展”的一章，较为系统地阐述了此后15年国家的区域经济发展战略，其突出特点是强调要逐步缩小区域经济发展差距和提出了促进中西部经济发展的6项政策措施。1997年党的十五大报告又对这种战略做了明确肯定，就促进地区经济合理布局和协调发展问题进行了专门论述。作为重大举措，党和国家2000年开始实施西部大开发战略。2000年10月，党的十五届五中全会通过的《中共中央关于制定国民经济和社会发展第十个五年计划的建议》第六节提出：“实施西部大开发，促进地区协调发展”。2001年3月九届人大四次会议通过的《中华人民共和国国民经济和社会发展第十个五年计划纲要》的第八章，就是“实施西部大开发战略，促进地区协调发展”。2002年11月，党的十六大报告提出，全面建设小康社会的物质文明建设重大任务的第三个方面是“积极推进西部大开发，促进区域经济协调发展”。显然，为了解决地区之间经济发展差距问题，促进区域经济协调发展，党和国家已经对区域经济非均衡发展战略进行调整，转变为强调区域经济协调发展和缩小区域经济发展差距的区域经济非均衡协调发展战略。实施区域经济非均衡协调发展战略，就是要实现区域经济的非均衡发展和协调发展的有机结合。

二、促进区域协调发展的重大举措：实施西部大开发战略

实施区域经济非均衡协调发展战略，要求缩小区域之间的经济发展差距。缩小差距不能抑制东部地区的发展，而是要加快西部地区的发展。因此，实施西部大开发战略，对西部地区进行大开发以促进其大发展，是非均衡协调发展战略的最重要举措。

根据改革开放以后邓小平提出的“两个大局”的战略构想，江泽民在1998年5月提出要“逐步加快开发西部地区”。1999年6月17日，在西安举行的西北五省区国有企业改革和发展座谈会上，江泽民发表重要讲话，进一步明确提出要实施西部大开发战略，指出加快开发西部地区是全国发展的一个大战略、大思路，并对西部大开发的一系列重要问题作了论述。1999年9月，中共中央明确提出“国家要实施西部大开发战略”。1999年11月，中共中央、国务院召开中央经济工作会议，具体部署2000年的工作时，把实施西部大开发战略作为一个重要的方面，这可以看作是实施西部大开发战略的启动。2000年1月，国务院西部地区开发领导小组召开西部地区开发会议，研究加快西部地区发展的基本思路和战略任务，对实施西部大开发战略的重点工作进行全面部署，这可以看作是西部大开发战略实施的全面展开。此后，西部大开发战略被纳入我国21世纪整个国民经济和社会发展的规划之中，成为21世纪中国全面建设小康社会、实施现代化建设第三步战略部署的重要组成部分。

在新中国成立以后的一个很长的历史时期中，确定宏观区域经济发展战略和区域政策，所使用的区域定位是沿海和内地的划分。明确划分东中西部三大地带，始于1986年六届人大四次会议通过的“七五”计划。实施西部大开发战略以后，2000年10月下发的《国务院关于实施西部大开发若干政策措施的通知》中，把划入中部地区的内蒙古和划入东部地区的广西列入实施西部大开发战略的区域范围之中。这样，现在讲西部大开发战略的西部，是指12个省区市，即：西北五省区，陕西省、甘肃省、青海省、宁夏回族自治区、新疆维吾尔自治区；西南五省区市，四川省、重庆市、云南省、贵州省、西藏自治区；广西壮族自治区和内蒙古自治区。

西部12省区市的国土面积为686万平方公里，占全国的71%以上；按全国农业普查《关于土地利用现状调查主要数据成果的公报》提供的资料，西部地区耕地面积3695.59万公顷（55433.83万亩），占全国的比重为28.4%。按第五次人口普查的数据，西部地区人口为3.55亿人，占全国人口总数的28.07%，其中少数民族则约占全国少数民族的80%以上。西部地区陆地边界线长约1.8万公里，与俄罗斯、蒙古、哈萨克斯坦、巴基斯坦、尼泊尔、印度、缅甸、老挝、越南等十几个国家接壤，其战略与国防地位非常重要。西部地区是我国长江、黄河的发源地和上游，其水资源的开发利用情况对于保证中下游地区水资源供应和防治洪涝灾害具有举足轻重的影响。西部地区是我国生态环境较为脆弱的地区，西部地区生态环境的改善，对于我国改善整个国家的生态环境状况、实现可持续发展具有不可替代的作用。西部地区不仅是我国集中的少数民族聚居区，也是全国农村贫困人口较为集中的地区，西部地区的发展，对于加强民族团结、保持社会稳定、实现共同富裕的社会主义本质要求，具有重要的意义。西部地区具有资源丰富和市场潜力巨大的优势，有着相当的增长空间，加快西部地区发展对于推进我国经济持续快速增长、实现现代化建设的第三步战略目标，也是不可或缺的。总之，没有西部地区的繁荣昌盛，就不可能实现我们整个国家的繁荣富强；没有西部地区的社会稳定和民族团结，就不可能保持我们整个国家的社会稳定和民族团结；没有西部地区的全面振兴，就不可能达到我们整个中华民族的振兴；没有西部地区的现代化，就不可能有我们整个社会主义现代化建设的最终成功。

三、西部大开发的战略体系：从战略目标到支持政策

从战略内容上看，西部大开发战略包括战略目标、指导方针、主要任务、区域重点和支持政策等各个方面。

就21世纪上半期我国实施第三步发展战略而言，西部大开发的战略目标是：经过几代人的艰苦奋斗，到21世纪中叶全国基本实现现代化时，从根本上改变西部地区相对落后的面貌，建成一个经济繁荣、社会进步、生活安定、民族团结、山川秀美、人民富裕的新西部。进入21世纪最初的10年，是西部开发极为重要的关键时期，所确定的阶段性目标，是使西部地区基础设施和生态环境建设有突破性进展，科技教育有较大发展，资源优势向经济优势加快转化，特色经济初步形成，与东部地区经济和社会发展差距扩大的趋势得到控制。

为了实现西部大开发的战略目标，党和国家确定了西部大开发的指导方针。一是坚持从实际出发，遵循客观规律。二是坚持积极进取，量力而行。三是坚持统筹规划，科学论证。四是坚持突出重点，分步实施。要集

中力量，解决一些关系西部地区发展全局的重大问题。

实施西部大开发战略，要把加快基础设施建设作为开发的基础，把加强生态环境保护和建设作为开发的根本，把抓好产业结构调整作为开发的关键，把发展科技教育和加快人才培养作为开发的重要条件，把深化改革、扩大开放作为开发的强大动力。这五个方面，实际上就是西部大开发的主要任务。

我国西部地区幅员辽阔，情况各不相同。从西部地区的实际出发，西部大开发是依托亚欧大陆桥、长江水道、西南出海通道等交通干线，发挥中心城市作用，以线串点，以点带面，把经济基础条件较好、区位优势明显、人口较为密集的西陇海兰新经济带、长江上游经济带、南贵昆经济带等作为重点区域，形成经济增长极，提高城镇化水平，带动周围地区发展。

实施西部大开发战略，需要国家提供政策支持。2000年10月，国务院下发《关于实施西部大开发若干政策措施的通知》，确定了西部大开发四个主要方面的支持政策，即增加资金投入的政策、改善投资环境的政策、扩大对外对内开放的政策和吸引人才和发展科技教育的政策。2001年8月，国务院西部开发办制定了《关于西部大开发若干政策措施的实施意见》，12月由国务院办公厅转发。《实施意见》分为20个部分，共70条，细化了实施西部大开发的政策措施，使其具有可操作性。此后，在国务院西部开发办颁布的《“十五”西部开发总体规划》《西部大开发“十一五”规划》和国务院颁布的《关于进一步推进西部大开发的若干意见》《中共中央、国务院关于深入实施西部大开发战略的若干意见》等一系列重要文献中进一步对西部大开发的支持政策加以完善。

四、西部大开发战略的实施：突出成效与深入推进

从2000—2009年，西部大开发战略实施10年，取得了突出的成效。

一是西部地区综合经济实力大幅跃升。2000—2009年，西部地区生产总值从1.66万亿元增加到6.69万亿元，年均增长12%，高于中部和东北地区的增速。财政收入由1127亿元增加到6055亿元，年均增长近20%；固定资产投资由6111亿元增加到49682亿元，年均增长22.9%。

二是西部地区基础设施建设极大改善。2000—2009年累计新开工重点工程120项，投资总规模超过2万亿元。新增公路通车里程超过94万公里，其中高速公路超过1.6万公里；新增铁路营业里程1万多公里；民用机场达到81个，占全国机场总数的49%。重大水利、能源、通信设施建设也全面推进。

三是西部地区保障改善民生成效显著。西部地区教育、就业、医疗、文化和社会保障事业全面发展，人民生活水平不断提高。1999—2009年城镇居民人均可支配收入和农民人均纯收入，年均分别增长10.4%和8.9%。城镇企业职工基本养老保险、基本医疗保险、失业保险等社会保障制度为重点的社会保障体系不断完善。各族群众生产生活条件得到很大改善。

四是西部地区改革开放深入推进。国有企业改革取得积极进展，非公有制经济加快发展。已有20万家东部企业到西部地区投资创业，投资总额超过2.2万亿元。1999—2009年，西部地区进出口总额年均增长20.9%，高于东部地区1.1个百分点。改革开放成为西部地区加快发展的重要动力。

面向21世纪的第二个10年，深入实施西部大开发战略，要明确奋斗目标、总体要求和主要任务。

21世纪第二个10年西部大开发的目标是：西部地区综合经济实力上一个大台阶，基础设施更加完善，现代产业体系基本形成，建成国家重要的能源基地、资源深加工基地、装备制造业基地和战略性新兴产业基地；人民生活水平和质量上一个大台阶，基本公共服务能力与东部地区差距明显缩小；生态环境保护上一个大台阶，生态环境恶化趋势得到遏制。

21世纪第二个10年西部大开发的总体要求是：高举中国特色社会主义伟大旗帜，以邓小平理论和“三个代表”重要思想为指导，深入贯彻落实科学发展观，进一步解放思想、开拓创新，进一步加大投入、强化支持，以增强自我发展能力为主线，以改善民生为核心，以科技进步和人才开发为支撑，更加注重基础设施建设，着力提升发展保障能力；更加注重生态环境保护，着力建设美好家园和国家生态安全屏障；更加注重经济结构调整和自主创新，着力推进特色优势产业发展；更加注重社会事业发展，着力促进基本公共服务均等化和民生改善；更加注重优化区域布局，着力培育新的经济增长极；更加注重体制机制创新，着力扩大对内对外开放，推动西部地区经济又好又快发展和社会和谐稳定，努力实现全面建设小康社会奋斗目标。

21世纪第二个10年西部大开发的主要任务：一是以培育特色优势产业为龙头，大力发展农牧业、现代工业和服务业，加快构建现代产业体系，使西部地区资源优势转变为经济优势。二是以保障和改善民生为出发点和落脚点，大力发展社会事业，促进西部人民群众共享改革开放成果。三是以改革开放为动力，充分发挥政府推动和市场机制两方面的作用，鼓励和支持西部地区在改革中大胆探索、先行先试，支持西部地区扩大对内对外开放，更好利用两个市场、两种资源。四是以生态建设和环境保护为基础，坚持开发和保护相互促进，在西部加快实施有利于保护环境的生态补偿政策，全面增强可持续发展能力。五是以重要经济区为发展引擎，实行整体推进和重点突破相结合，提高西部大开发的综合效益。加快西部地区基础设施建设，重点加强综合交通网络、信息基础设施和水利基础设施建设。扎实推进成渝、关中—天水和广西北部湾等经济区发展，支持呼和浩特、包头、银川，新疆天山北坡，兰州、西宁、格尔木，陕甘宁等经济区发展，培育滇中、黔中、西江上游、宁夏沿黄、西藏“一江三河”等经济区，形成对周边地区具有辐射和带动作用的战略新高地。

（杨秋宝撰稿）

振兴东北：老工业基地的复兴之路

振兴东北地区老工业基地，是中共中央、中国政府继实施沿海发展战略、西部大开发战略后的又一重大战略决策。那么，该战略是如何形成并组织实施的呢？

一、振兴东北老工业基地战略出台的背景

20世纪50年代初，中国政府选择了优先发展重工业的工业化战略。在实行赶超战略的过程中，东北地区被赋予重要的使命，中共设想通过短期的建设，将东北建设成为“出人才、出经验、出机器”的工业基地，以支援各地。随着56项苏联援建重点工程项目陆续施工，同时限额以上的多项配套工程的开工建设，到1957年，东北已基本建成特色鲜明的重化工业基地。例如以长春第一汽车制造厂为核心的长春汽车城，以富拉尔基重型机械厂为中心的机械加工城，还有鞍山钢都，沈阳飞机城，哈尔滨的机电企业群等等，东北地区的工业在全国举足轻重。在整个计划经济时期，东北经济的发展呈现出以下诸多特点：

第一是工业的超高速发展。要在尽可能短的时间内实现工业化，是

当时中共党内的普遍共识。速度是决定一切工作的灵魂。东北作为中共花大力气重点建设的工业基地，同时作为工业赶超战略的排头兵，特别是在20世纪60年代以前，在国家偏斜性投资的建设下，东北地区的工业飞速发展。调整时期以后，尽管东北地区总投资增加幅度减少，在全国投资所占比重逐步减小，但发展势头仍很迅速。

第二是重化工业偏斜性发展。在国民经济恢复时期、“一五”时期以及“二五”时期，东北建成了冶金、煤炭、木材、化工、电力、机械制造、军工等企业群，后来又陆续建成了石油、电子等产业，除去电子行业以外，上述各产业基本上都是重化工业。在20世纪60年代中期，东北基本建成了重化工业城市群。随着大庆油田、辽河油田的相继开发和投产，东北已成为典型的以基础工业为特征的重化工业基地。

第三是以外延型的经济发展为主。在当时中国资本稀缺、时不待我的国内国际背景下，东北工业同全国其他地区的工业一样，采取的是快速外延发展模式。在外延式经济发展模式主导下，东北的工业始终未能实现总体技术与设备的改造升级。如在20世纪70年代初期，辽宁一些较大厂矿的机械化、半机械化水平只达70%，劳动生产率低，原料、燃料和电力消耗高。其工业生产的增长，近60%是靠增人而增加的。

第四是从备战出发，大力发展军工和改善生产力布局。在计划经济时期，东北有过两次国防工业和军事工业的大发展时期。一次是抗美援朝战争时期，另一次是三线建设时期。在抗美援朝初期，经过“南厂北迁”，东北工业布局大为改善，黑龙江的煤炭、橡胶、钢铁、机电、木材、军工等工业迅速发展，吉林的化工、汽车、电力工业也快速崛起，并成为行业的领头羊。与此同时，东安机械厂、122厂（伟建机器厂）、沈阳飞机制造公司、沈阳黎明发动机制造公司、大连造船厂、渤海造船厂等属于156项苏联援建重点国防项目陆续开工，再加上常规军工企业的配套建设，到20世纪六七十年代，东北已建成强大的国防工业基地。

中共十一届三中全会以后，中国开启了改革开放的大门。从20世纪80年代开始，国家相继出台了一系列放权让利的改革措施。但由于当时在社会承受力和国家财力都很有限的情况下，国企改革基本上还是在“放权让利”、调动企业积极性上做文章，基本没有触动所有制的问题。直到1994

年，国家完全取消指令性计划以后，东北地区的经济改革才真正开始。

这一时期，国家经济的增长点，从区域布局上来看，是由内地向东南沿海地区转移；从经济成分的性质上来看，是计划经济体制外经济的迅速增长。这一时期东北经济增长乏力，后劲不足，出现了在全国经济中位次逐渐后移的趋势。具体原因和表现特征如下：

一是指令性计划承担时间过长、任务过重。1984年10月4日，《国务院批转国家计委关于改进计划体制的若干暂行规定的通知》对煤炭、原油及各种油品、钢材、有色金属、木材、水泥、发电量、基本化工原料及军工产品等重要产品实行指令性计划。上述统配产品，除个别种类外，基本上都是东北地区的支柱产业，在全国大部分地区工业品价格逐步放开的情况下，东北仍继续承担国家的计划价格。虽然国家统配工业品种类逐步减少，但直到1994年，统配价格才完全取消。

二是制度供给不足。改革开放以后，国家在制定政策的同时，没有能够有效兼顾地方的利益，特别是像东北老工业基地这样的地区。如20世纪80年代，东北工业出现了结构性衰退和老化现象，但正当东北需要设备更新、产品开发，进行脱胎换骨的改造时，国家实行投资制度改革，实行“拨改贷”，在企业冗员较多、债务繁重、企业办社会难堪重负时，这样的政策对东北工业无异于雪上加霜。其次还有宏观制度的原因。1985年，辽宁省沈阳、大连两市实行计划单列管理的体制，财政单独上解。当时黑龙江省整个省区被划分为森工、农垦和本省地方经济系统，哈尔滨市被列为计划单列市，享受省级经济管理权限。各省中央各部委直属国有大中型企业，皆不在当地政府管辖范围之内。这种“三国四方”的客观现实，使东北各省难以统筹。

三是工业基础落后。东北地区的国有大中型企业，大多数是在20世纪五六十年代新建或改、扩建的，长期以来只重视要企业多产出，上规模，忽视技术水平的提高、设备的更新改造，企业内部也缺乏激励技术进步的机制和自我发展的能力。致使多数企业产品结构、技术、设备、工艺水平在20世纪90年代以后未老先衰，地区经济发展后劲严重不足。

四是国内经济环境的消极影响。1980年实行的财政“分灶吃饭”和

1994年推行的以划分税种为基础的分税制财政体制，在理顺中央与地方财税关系的同时，也导致一些问题。由于历史的原因，东北重化工业在技术水平、产品结构等方面，早在“文化大革命”末期就已经颓势初显，改革开放新时期，国内外同类产品给东北的冲击尤为强烈。到了20世纪90年代末期，国家开始发展高加工度工业的时候，东北的重化工业却已经错过了最佳的调整时期。

1997年以后，中国国内和国际条件都发生了很大变化。这成为中国政府提出新型工业化战略的现实根源和东北振兴战略的直接背景。

从1997年开始，我国逐步结束了自新中国成立以来始终存在的“短缺经济”和“卖方市场”，从而使低水平和重复建设的外延型经济扩张失去了需求的支持。同时，国际经济全球化方兴未艾，中国也在为加入WTO做艰苦努力，这些都迫使中国政府重新思考和审视未来经济发展的道路选择问题。同时，中国经济经过20多年的高速增长，邓小平“三步走”战略的前两步已初步实现，国民经济总量达到很高的水平。在此基础上要使我国经济再翻两番，按照过去20年的增长方式，资源、环境都将难以承受，外延型工业化的模式必须改弦更张。再者，随着温饱问题的解决和小康水平的实现，人们对生活质量的要求也越来越高。需求结构的改变，必须靠加速产业结构调整和升级来解决。只有加速传统产业的升级换代，才能提高经济效益，不断满足市场需求。中国的经济发展也处于世界信息产业迅速发展和经济全球化汹涌浪潮推动和包围之中，竞争压力迫使中国企业走内涵型发展道路。

我们还必须看到，在新旧世纪之交，中国经济已初步进入重化工业化的新阶段，即高加工度化时期。这一时期的重化工业是资本密集型工业，也是技术密集型工业，更是一种规模经济，是一国国民经济发展到一定阶段所必需的。中国不能永远在国际分工中承担劳动密集度高、资源和能源消耗高、污染高、附加值低的“三高一低”类型产品的生产。必须要加速发展高加工度和高新技术产业，以摆脱在国际竞争中的不利地位，缩短与发达国家的差距。正是在这样的历史背景下，振兴东北老工业基地的战略得以酝酿与形成。

二、振兴东北老工业基地战略的形成过程

1997年中共十五大召开以后，组成了中共中央新的领导集体。翌年，国务院总理朱镕基曾设想在该届政府任期内打开国有企业的改革局面，其中拥有巨大数量国有企业的东北地区自然是主攻目标。但由于改革的复杂性和艰巨性，如何振兴东北老工业基地尚未形成完整设想。

1998年12月7日至9日，中共中央、国务院在北京召开中央经济工作会议。会议提出“增强技术开发和创新能力，加大装备工业的开发力度，积极培育新的经济增长点，扶植一批有自主知识产权和市场前景的高新技术产品”。虽然对于如何提升装备制造业，国家主管部门并未提出具体的方案，但这让重工业基础雄厚且困境重重的东北感到些许振奋。

首次提出振兴东北老工业基地的正式说法，是在2002年中共十六大报告中。报告提出：“支持东北地区等老工业基地加快调整和改造，支持以资源开采为主的城市和地区发展接续产业。”

2003年3月，国务院《政府工作报告》中提出了支持东北地区等老工业基地加快调整和改造的思路。同年，新一届国务院组成之后，按照中共十六大精神，把加快东北地区等老工业基地调整、改造和振兴列入重要议程，根据“东西互动，协调发展”的思想，着手开展这项工作。

2003年5月31日至6月3日，温家宝总理先后来到鞍山、本溪、抚顺、沈阳等老工业城市，考察了鞍钢、本钢、抚顺石化、抚顺矿务局、沈阳黎明航空发动机集团、沈阳飞机制造公司、沈阳机床集团等国有大型企业和东软集团等高新技术企业。他还连续召开座谈会，与当地领导干部、企业负责人共商振兴老工业基地大计。他实地考察了煤矿沉陷区内的厂房和居民家庭，详细了解资源枯竭地区的企业状况和群众生活，听取当地干部和群众的意见。

在温家宝此行前后，国家发改委、国务院发展中心以及一些民主党派的全国政协委员都在东北地区进行调研，并对相关问题提出正式的报告。与此同时，东北地区各省的不同意见也陆续反馈到中央决策部门。

2003年8月初，温家宝再赴辽宁、黑龙江和吉林，实地考察了部分国有大企业，多次召开座谈会，与东北三省负责人和有关部门、企业负责人

共商振兴东北老工业基地大计。8月3日，他在振兴东北老工业基地座谈会上指出，东北地区等老工业基地具有重要的战略地位，要把老工业基地调整、改造和振兴摆到更加突出的位置，走出加快振兴新路子。

2003年9月10日，温家宝主持国务院常务会议讨论并原则同意《关于实施东北地区等老工业基地振兴战略的若干意见》。半个多月以后，中共中央政治局讨论通过该《意见》。

2003年10月，中共中央、国务院以正式文件形式下发《关于实施东北地区等老工业基地振兴战略的若干意见》。《意见》说，支持东北地区等老工业基地加快调整改造，是中共十六大提出的一项重要任务，是党中央从全面建设小康社会全局着眼作出的又一重大战略决策。各地区各部门要充分认识实施东北地区等老工业基地振兴战略的重要性和紧迫性，要像当年建设沿海经济特区、开发浦东新区和实施西部大开发战略那样，齐心协力，扎实推进，确保这一战略的顺利实施。以此为标志，振兴东北等老工业基地战略正式实施。

三、振兴东北老工业基地战略的实施与进程

在2003年12月2日，国务院振兴东北地区等老工业基地领导小组正式宣布成立，并作为具体组织实施该战略的领导机构。同时，根据国务院的决定，设立国务院振兴东北地区等老工业基地领导小组办公室（正部级），作为国务院振兴东北地区等老工业基地领导小组的办事机构。办公室设在国家发展和改革委员会内部，具体承担领导小组的日常工作，办公室主任由国家发改委副主任张国宝兼任。

国务院振兴东北地区等老工业基地领导小组的主要任务是：组织贯彻落实中共中央、国务院关于振兴东北地区等老工业基地的方针、政策和指示；审议东北地区等老工业基地振兴战略、专项规划、重大问题和有关法规；研究审议振兴东北地区等老工业基地的重大政策建议，协调东北地区等老工业基地经济社会全面发展。

伴随着组织机构的建立，中央政府开始了由项目酝酿向项目实施的实际步骤。2003年年末和2004年年初，中央政府启动了100个工业项目，总

投资610亿元。其中，黑龙江省项目占37个，总投资额112亿多元；辽宁省52项，总投资额440多亿元；吉林省11项，总投资额57亿多元。

这些"振兴项目"和以往项目最大的不同，是国家要求项目选择要与企业改制结合起来，项目申报的同时，企业改制的方案也要一起上报。就涉及行业而言，这些项目主要分布在装备制造业、原材料工业和农产品加工项目上。在项目的选择上，与过去不同的是，不是照顾"山头"来按照行政地域进行划分，而是完全根据项目、企业实力，在整个东北三省中优中选优。在资金筹措方面，除银行贷款、企业自筹、引进外资等多种渠道以外，国家还将对项目建设进行贴息贷款。总之，中央政府的目的就是通过上新项目，改造旧项目，以达到"盘活存量、扩大增量"的战略目标。

在东北地区施行振兴战略的过程中，从2004年开始，国务院每年都主持召开振兴东北地区等老工业基地领导小组全体会议。第一次会议是在2004年3月23日，会议提出，要抓好四个方面的重点工作：一是加快体制创新和机制创新，二是大力推进产业结构优化升级，三是进一步扩大对内对外开放，四是切实做好就业和社会保障工作。如果将会议主要内容用四个词来概况，那就是"创新、转型、开放、就业"。

2006年6月6日，国务院振兴东北地区等老工业基地领导小组第三次全体会议认为，2006年是实施"十一五"规划的开局之年，做好推动东北地区等老工业基地振兴工作意义重大，要重点做好以下工作：（一）进一步深化改革，扩大开放。（二）努力发展现代化的大农业。（三）推进产业结构优化升级。坚持依靠科技进步，着力提高自主创新能力，加快创新体系建设。（四）加快振兴东北地区装备制造业。要加强组织协调工作，开展重大技术装备和关键技术的协同攻关，抓好引进重大技术装备消化吸收再创新。（五）切实加强环境保护和生态建设。（六）着力解决涉及群众切身利益的突出问题。采取更加有力的措施，更好地解决森工、煤炭、军工等困难行业、困难企业职工的就业和生活问题。

2007年6月12日，国务院召开的第四次全体会议审议了《东北地区振兴规划》。中央政府肯定了《规划》对东北地区"四基地一区"的目标定位，即具有国际竞争力的装备制造业基地，国家新型原材料和能源保障基地，国家重要的商品粮和农牧业生产基地，国家重要的技术研发与创新基地，国家生态安全的重要保障区。该《规划》是我国第一个由国务院批复的地区发展规划。当时，舆论普遍认为，它对东北地区的经济和社会发展具有里程碑式的意义。

2009年8月17日，国务院总理、国务院振兴东北地区等老工业基地领导小组组长温家宝在北京主持召开领导小组会议，讨论并原则通过《关于进一步实施东北地区等老工业基地振兴战略的若干意见》，让广袤的东北大地再次热潮涌动。随后东北三省抓紧落实各项政策，一批区域性规划及新兴产业加紧了实施和培育，东北老工业基地的振兴脚步进一步加快。

2010年8月17日，国务院总理、国务院振兴东北地区等老工业基地领导小组组长温家宝在北京主持召开领导小组全体会议。会议审议并原则通过《大小兴安岭林区生态保护和经济转型规划》与《关于加快东北地区农业发展方式转变建设现代农业的指导意见》。会议认为东北地区等老工业基地全面振兴正处于关键时期，要深入贯彻落实科学发展观，认真总结振兴工作实践经验，抓紧落实各项政策措施，推动东北地区等老工业基地实现新的跨越，加快形成具有独特优势和竞争力的新的增长极。

从几次全体会议的主题来看，“发展、改革、开放、就业”是东北振兴过程中诸多主题的重中之重。但事物的发展很少是一帆风顺的，社会改革的道路尤为曲折。2006年春季，肇始于美国的“次贷危机”开始逐步蔓延并日趋恶化，2007年夏季后开始席卷美国、欧盟和日本等世界主要金融市场。2008年年初，中国的出口业务受到日益严重的影响，并“倒逼”到中国的生产行业，以外向型经济为主的东南沿海地区，劳动密集型的轻工业行业遭遇了经济“寒冬”。相比较而言，东北地区由于国有大中型企业数量众多，市场化程度相对于沿海地区较低，因此受到经济危机的冲击程度反而较低，经济发展形势在全国范围内而言也处于较好的地位。危机也孕育着机遇，在这种大危机中站稳脚跟，寻找新的机遇，成为东北振兴中一个新的课题。

（石建国撰稿）

中国发展新理论：科学发展观

改革开放取得的成就说明，中国选择的发展道路是符合中国国情的，也是适应时代趋势的。进入21世纪以后，中国的发展又面临着一系列新挑战，正是为了应对这些新挑战，实现什么样的发展、怎样发展，成为中共中央领导集体思考和关注的重点。在这种思考中，科学发展观得以酝酿形成。

一、发展面临的新问题

20世纪90年代后期，中国的发展面临着一系列新挑战。如果说，改革之初中国面对的是“不发展问题”；那么，当前中国面对的是“发展后问题”。邓小平说：“现在看，发展起来以后的问题不比不发展时少。”

中国发展面临的第一个新问题是财富增长带来了贫富分化和社会发展的不平衡。改革前期的十几年，社会成员的绝大多数都是改革的受益者，社会边缘和弱势群体甚至是改革的最早受益者。进入90年代中期以后，在经济增长和社会状况的改善之间已经出现了脱节，财富迅速向少数人集中，居民消费在国民生产总值中所占比重持续下降，社会弱势群体越来越与经济高增长无缘。农村贫困人口还有两三千万，城市中又出现了2000

多万新的贫困人口。反映一个国家贫富差距的基尼系数，中国1995年是0.437，2002年是0.454，一跃成为世界上贫富差距最大的国家之一。这种分化趋势有合理的成分，也有不合理的成分。所谓合理，是因为市场化改革、国有企业改制以及融入经济全球化，不可避免地会带来社会结构的深刻变化和发展的不平衡性。所谓不合理，主要是因为权力市场化，权力与资本的结合，导致财富的迅速聚敛和集中。国企改制中的利益输送、资产重组中的“资本玩家”、证券市场的内幕交易、基础设施建设中的高额回扣、房地产市场的强制拆迁、非法征占农民土地以及频繁发生的黑砖窑事件、小煤窑矿难等等，一经查实，大都有官商勾结的背景，由此引发群体性事件呈上升趋势，以致中央频繁地出重拳来惩治腐败，遏制权钱交易，维护社会稳定。GDP优先的政绩考核和地方财政分权，也使得一些地方政府把施政目标主要盯在GDP的增长，既为了做出政绩，又为了充盈财政。在各方利益博弈中往往倾向于强势群体而不是弱势群体；热心于招商引资而疏于公共管理；着力于建设漂亮城市而遗忘农村。与此相对应，城乡差别继续扩大，地区发展不平衡加剧，就业、看病、就学、住房、社会保障、社会治安、公共卫生等社会问题的解决并没有与经济增长同步。

中国发展面临的第二个新问题是粗放型增长模式长期未能转变，使资源环境不堪重负，未来发展的可持续性受到挑战。中国必须在保持增长与保护环境的平衡中作出两难选择。作为一个发展中大国，中国不能不发展，一切问题都必须靠经济发展来解决；但是，如果发展主要靠资源投入，靠牺牲环境和生态作代价，那就不仅危害当代，而且透支未来。

中国的发展还面临着新的挑战，就是出口带动增长的方式越来越受到外部环境的限制。中国经济高增长依靠三大引擎：出口、投资与消费。1990年以来，出口在增长中起着举足轻重的作用。这既是中国千载一遇的机会，也给中国经济带来新的风险。伴随经济全球化进程，贸易摩擦增多，贸易保护主义抬头，资源争夺加剧，针对中国的反倾销案不断增多，中国经济更容易受国际经济周期和金融危机的冲击，外汇储备激增使中国面临外币贬值的巨大风险和人民币升值的强大压力，战略资源对进口的高度依赖也加大了安全风险。中国已被称为“世界工厂”，“中国制造”行遍全球，然而，“中国制造”大多处在国际产业链的低端，虽然能够提供就业，适应中国劳动力过剩的国情，但也不能长此以往，让中国人长期为外国人打工。

面对新问题、新挑战，适时提出新思想、新理念来破解，来应对。党中央领导集体与时俱进，根据中国发展现实问题和挑战，提出了科学发展观。

二、以科学发展应对挑战

事实上，早在20世纪90年代中后期，决策层就着手谋划对应之策。1993年3月25日，国务院制定了《中国21世纪议程——中国21世纪人口、环境与发展白皮书》，在世界各国中率先承诺履行联合国《21世纪议程》，勾画了21世纪中国可持续发展的蓝图。1995年9月，中共十四届五中全会通过“九五”计划和未来15年规划，提出必须把社会全面发展放在重要战略地位，实现经济与社会相互协调和可持续发展，为此要实现两个根本性转变，即经济体制从传统的计划经济体制向社会主义市场经济体制转变；经济增长方式从粗放型向集约型转变。9月28日，江泽民在中共十四届五中全会上强调，我们“决不能吃祖宗饭、断子孙路，走浪费资源和先污染、后治理的路”。此前，5月6日，中央提出“科教兴国”战略，以科技进步和发掘人力资本促进经济增长方式的根本转变。从1996年开始，中央加大力度支持中西部发展，缓解地区差距扩大的趋势。1999年9月，中共十五届四中全会明确提出“西部大开发战略”。2002年11月，中共十六大进一步提出“走新型工业化道路”的概念。即：以信息化带动工业化，以工业化促进信息化，科技含量高、经济效益好、资源消耗低、环境污染少、人力资源优势得到充分发挥。

2002年11月16日，中国广东佛山发现第一起“非典”病例，由此掀开了中国抗击“非典”的大幕。在抗击“非典”过程中，暴露出发展中隐藏的一系列更深层的问题。一是社会事业发展落后，即经济发展和社会公共事业发展之间的不平衡。二是政府过分强调经济增长速度，在一定程度上忽视了经济增长的质量、效益和结构，一直把经济增长和确保经济增长的社会政治稳定当作核心政策目标。三是在干部人事制度方面，选拔使用考核领导过于看重GDP等政绩标准，较少重视对其在公共事务管理、解决公共问题、提供公共服务方面的能力水平和实际成效的考核。四是城乡发展不平衡。卫生事业落后突出反映在农村，“非典”控制的难度也主要在农村。这些问题促使以胡锦涛同志为总书记的党中央深刻反思、系统总结，从而提出了科学发展观的战略思想，以应对发展后出现的问题。

科学发展观，一方面强调发展始终是党执政兴国的第一要务，另一方面更强调发展的全面性、协调性和可持续性。在2003年7月28日召开的全国防治非典工作会议上，胡锦涛指出：“我们讲发展是党执政兴国的第一要务，这里的发展绝不只是指经济增长，而是要坚持以经济建设为中心，在经济发展的基础上实现社会全面发展。”2003年10月，党的十六届三中全会召开，会议通过《关于完善社会主义市场经济体制若干问题的决定》。科学发展观的概念第一次在党的全会上正式提出，第一次出现在党的正式文件中，第一次提出了“以人为本”的概念，第一次明确提出了“五个统筹”的具体内容，要求“按照统筹城乡发展、统筹区域发展、统筹经济社会发展、统筹人与自然和谐发展、统筹国内发展和对外开放的要求，更大程度地发挥市场在资源配置中的基础性作用”，为全面建设小康社会提供强有力的体制保障。中央提出五统筹的概念，实质上就是一个协调发展战略问题。主要应包括四个方面：一是人与自然的协调：发展中的生态与资源问题；二是人类两种生产的协调：人口与发展问题；三是内部结构的协调：产业政策和产业结构；四是发展中人的问题：发展的目的是什么，谁参与发展和怎样分享发展成果？这应该算作为对科学发展观内涵的界定。《决定》明确提出“坚持以人为本，树立全面、协调、可持续的发展观，促进经济社会和人的全面发展”，是深化经济体制改革的指导方针和实际工作中必须坚持的重要原则，从而将新的发展思路与党的宗旨、党的执政理念内在地联系在一起，体现了马克思主义的基本立场和观点。

科学发展观提出的意义在于明确了新世纪新阶段我国“要发展、为什么发展和怎样发展的重大问题”，这标志着中国共产党对社会主义现代化建设规律认识的进一步深化，其实质是实现经济社会更快更好地发展。科学发展观成为破解发展之后面临的问题与挑战，继续发展中国特色社会主义的战略思想。

发展是科学发展观的主题，“科学发展观，是用来指导发展的，不能离开发展这个主题，离开了发展这个主题就没有意义了。”这秉承了中国社会主义建设一贯的发展主题，同时融入了“以人为本”的核心内容。以人为本具有重大的现实针对性。“以人为本”对于抵御市场经济过程中由于利益驱动所出现的崇尚自私自利的“经济人倾向”意义重大。对于克服市场经济过程中“只认钱不认人”“只见物不见人”的“以物为本”现象能够起到纠正作用，从而把人真正作为目的，而不是手段，在经济发展过程不再以牺牲人的价值(污染环境、浪费资源)为代价谋求经济的一时发展。

至此，科学发展观作为一个重大战略思想初步形成。

三、科学发展观的丰富与完善

2004年2月，党中央在中央党校举办省部级主要领导干部树立和落实科学发展观专题研究班。目的是使党的高级干部更好地学习贯彻科学发展观，以推动经济社会的科学发展。3月10日，在中央人口资源环境工作座谈会上，胡锦涛对科学发展观作了进一步阐述。指出，坚持以人为本，全面、协调、可持续的发展观，是我们以邓小平理论和“三个代表”重要思想为指导，从新世纪新阶段党和国家事业发展全局出发提出的重大战略思想。他还对科学发展观的科学内涵、基本要求和指导意义作了全面阐述。指出，坚持以人为本，建设要以人的全面发展为目标，从人民群众的根本利益出发谋发展、促发展，不断满足人民群众日益增长的物质文化需要，切实保障人民群众的经济、政治、文化权益，让发展的成果惠及全体人民。全面发展，就是要以经济建设为中心，全面推进经济、政治、文化建设，实现经济发展和社会全面进步。协调发展，就是要统筹城乡发展、统筹区域发展、统筹经济社会发展、统筹人与自然和谐发展、统筹国内发展和对外开放，推进生产力和生产关系、经济基础和上层建筑相协调，推进政治、经济、文化建设的各个环节、各个方面相协调。可持续发展，就是要促进人与自然的和谐，实现经济发展和人口、资源、环境相协调，坚持走生产发展、社会富裕、生态良好的文明发展道路，保障一代接一代地永续发展。

科学发展观提出以后，在实践中不断得到丰富和发展，指导地位和要求越来越明晰。

2007年，党的十七大创造性地首次对马克思主义中国化第二次飞跃的理论成果——中国特色社会主义理论体系作了概括。指出，中国特色社会主义理论体系，就是包括邓小平理论、“三个代表”重要思想以及科学发展观等重大战略思想在内的科学体系。

党的十七大对科学发展观的时代背景、科学内涵、精神实质和根本要求进行了全面系统的阐述，并决定将其写入党章。党的十七大指出，科学发展观是立足社会主义初级阶段基本国情，总结五个发展实践，借鉴外国发展经验，适应新的发展要求提出来的。科学发展观是对党的第三代领导集体关于发展的重要思想的继承和发展，是马克思主义关于发展的世界观和方法论的集中体现，是同马克思列宁主义、毛泽东思想、邓小平理论和“三个代表”重要思想既一脉相承又与时俱进的科学理论，是我国经济社会发展的重要指导方针，是发展中国特色社会主义必须坚持和贯彻的重大战略思想。科学发展观的第一要义是发展，核心是以人为本，基本要求是全面协调可持续，根本方法是统筹兼顾。在新的发展阶段继续全面建设小康社会、发展中国特色社会主义，必须坚持以邓小平理论和“三个代表”重要思想为指导，深入贯彻落实科学发展观。要从始终坚持“一个中心、两个基本点”的基本路线、积极构建社会主义和谐社会、继续深化改革开放、切实加强和改进党的建设等四个方面，深入贯彻落实科学发展观。

科学发展观是在深入总结改革开放以来新鲜经验基础上形成和发展起来的。社会主义初级阶段基本国情和新世纪新阶段我国发展新的阶段性特征，是科学发展观形成的现实依据；党带领人民战胜各种风险挑战、坚持和发展中国特色社会主义的成功实践，是科学发展观形成的实践基础；当代世界发展大势、国外发展的经验教训，是科学发展观形成的时代背景。科学发展观是中国特色社会主义理论体系重大创新成果。

（王旸撰稿）

二〇〇八：应对金融危机

2007年下半年开始，一场突如其来的金融危机蔓延全球，这场危机的震源来自美国的“次贷危机”。即：美国房地产市场上的次级按揭贷款引发的次信金融危机。它是一场发生在美国，因次级抵押贷款机构破产、投资基金被迫关闭、股市剧烈震荡引起的风暴。美国“次贷危机”是从2006年春季开始逐步显现的。2006年和2007年上半年的跌势最终引发了美国次级房贷难以偿还和债券信用的危机。2007年8月席卷美国、欧盟和日本等世界主要金融市场。几年以来，这场危机的影响愈演愈烈，形成一种“蝴蝶”效应，引发了国际金融风波，导致全球经济波动。这场危机波及面之宽，影响范围之大，波及链条之长，影响程度之深，产生代价之大，真是百年一遇。

受危机影响，2008年以来，中国中小企业倒闭高达7万多家，中国股市暴跌达68%以上。有数据表明，由于热钱流入、外汇储备增加、美元走软、人民币升值、资金流动性增大、预期增强等因素，自2003年后，中国股市与世界股市的关联度已经达到了60%。然而，好景不长，中国股票市场从2007年10月16日6124点历史新高一路走低，直至2008年10月13日创下1900点的历史新低。拉动经济增长的进出口贸易连创新低，2008年中国

GDP增速下滑到9.0%，5年来第一次出现个位的增速，中国经济受金融危机的影响，迅速趋底。

面对如此严重的全球性金融危机，中国政府审时度势，重拳出击，在国外积极联系其他国家共同抗击金融危机造成的危害，以负责任的大国形象出现；在国内，提出一系列产业振兴计划，以调整经济结构和产业升级为着眼点，积极拉动内需，迅速扭转了经济下滑的颓势，经济回暖趋势明显。中国政府在危机面前的从容不迫，措施得当，效果明显，赢得了国内外的热切关注和赞赏。

一、金融危机波及全球经济

20世纪90年代以来，在信息技术革命的推动下，美国经济经历了二战后前所未有的高速增长，美国资本市场更是空前繁荣。为了刺激经济，美联储采取了极具扩张性的货币政策。经过13次降息，到2003年6月25日，美联储将联邦基金利率下调至1%，创45年来最低水平。美联储的低利率政策，导致美国住房价格的急剧上升。自2003年以来，每年都有经济学家警告说美国的房地产泡沫将会破灭。2007年8月，美国次贷危机突然爆发，不但房地产泡沫终于破灭，美国还陷入了自20世纪30年代大萧条以来最为严重的金融危机。

2008年3月，美国第五大投资银行“贝尔斯登”被“摩根大通”收购。

9月7日，有美国房贷市场半壁江山的美国五大银行之二的“房利美”及“房地美”被美国政府接管，宣告这两个银行正式破产。

9月15日，处于美国第四大投资银行“雷曼兄弟银行”申请破产保护，第三大投资银行“美林投资银行”被美国银行收购。

9月21日，美国的第一大投资银行“高盛银行”和第二大投资银行“摩根士丹利银行”转型为银行控股公司。

9月16日，美国的最大保险公司、世界最大的国际保险集团公司“美国国际集团(AIG)”宣布已到危急关头。

9月25日，美国最大储蓄银行“华盛顿互惠银行”被美国联邦监管机构接管，正式成为美国的国有资产。

9月29日，美国的“美联银行”被“花旗银行”正式收购。

从上面看，美国的五大投资银行全部倒闭、关停或转型。这正式向世界表明美国的投资银行已无力进行世界投资了，美国政府已走向破产之路。美国迈入金融动荡不安和走向有史以来的经济危机后，为世界带来严重的金融动荡和经济影响。

欧洲经济共同体国家受美国金融动荡带来的严重影响也是相当大的。股市不断下跌，物价的高涨让普通民众买不起高档品。失业加剧，经济不断萎缩，欧元也在变相贬值。美国向欧洲经济共同体国家伸手要援助也得不到帮助。相反，欧洲联盟国家及澳大利亚和日本等国都在批评美国的经济政策和措施不力，给他们带来经济的严重不利影响。

这场危机对中国经济体的影响也非常大。表现在：第一，对外投资、国内的资本市场和其他相关市场受到影响。第二，外贸特别是出口受到影响，尤其2008年下半年以来，出口快速下降，2009年一二月份出现了较大幅度的负增长。这是30年改革开放以来外贸经济第一次出现连续几个月负增长。这对珠三角、长三角等出口导向程度比较高的经济区域打击很大。第三，直接影响到工业经济。工业总产值占GDP比重超过40%，而涉外经济占工业比重又很大。所以，外部市场收缩，需求下降，对工业影响很大，尤其是对以出口为导向的工业影响比较大。第四，由于影响到外贸出口，影响到以出口为导向的工业经济，从而影响到整个国民经济活动。2008年GDP上半年还保持在10%以上的增速，第三季度仍然有9%，第四季度只有6.8%这样一个低速增长。这就影响到就业，特别是劳动密集型行业的就业。

为了应对这场危机，各国相继出台措施刺激经济、稳定市场。同时，加强合作，共同抵御全球金融危机已经成为各国共识。

美国抛出了价值8500多亿美元的救市计划；英国政府考虑动用2000亿英镑挽救濒临危机的银行业渡过难关；日本中央银行出手向金融市场注资22.7万亿日元。随后，多国央行纷纷发起注资或降息行动，以期缓解金融市场流动性不足。与此同时，各国领导人也意识到，全球性的危机需要全球共同应对。一系列为应对危机、寻求对话和合作的会议相继召开：11月15日，20国集团领导人金融市场和世界经济峰会在华盛顿召开，峰会最重要的成果就是与会各方领导人承诺将共同行动，运用货币和财政政策，应对全球宏观经济挑战。欧盟委员会主席巴罗佐在会后的新闻发布会上说：“我认为现在不是要单独去做，而是必须要共同承担一个真正的义务，不仅仅是欧洲，而是要让全世界都有希望看到，我们能通过贸易、援助、发展等措施，积极配合重新启动全球经济，我们能根据不同国家的情况采取不同措施，通过同等努力使我们在共同行动和共同目标上取得的利益最大化。”

11月29日，联合国发展筹资问题后续国际会议在卡塔尔首都多哈开幕，联合国秘书长潘基文出席会议并呼吁建立多边框架解决金融危机。他说：“西方国家不应把他们的大规模救市计划仅仅用于自己的国土上，动用上万亿美元却仅仅用于发达国家，是无法应对金融危机的，解决不了问题。在21世纪，我们需要一个新的多边主义框架，明年经济的增长要依靠发展中国家。”

在全球金融市场持续萎靡，金融危机开始向实体经济渗透之际，各国再度联手“救市”，全球掀起了新一轮的降息潮。欧洲三家央行6日先后宣布大幅下调利率，将这一波全球降息行动推向高潮。到现在为止，影响还在延续。尤其是欧美发达国家、发达经济体，危机还在深化，无论是在金融领域，还是实体经济都是这样。因此，对危机的进一步演化，世界各国都要有更加充分的思想准备和战略策略准备。

二、中国有效应对金融危机

面对全球性的金融危机，中国政府采取了一系列行之有效的方针和对策。

2008年10月8日，华尔街金融风暴引发世界主要经济体纷纷采取行动施以救援。就在美联储、欧洲央行等主要央行宣布减息的当天，我国央行也宣布了降息举措。中国人民银行 8 日晚间宣布，从10月 9 日起下调一年期人民币存贷款基准利率各0.27个百分点，其他期限档次存贷款基准利率作相应调整。央行同时还宣布了我国银行存款准备金率 9 年来首度下调的决定：从10月15日起下调存款类金融机构人民币存款准备金率0.5个百分点。

2008年10月21日，国家主席胡锦涛21日晚应约同美国总统布什通电话。双方就召开国际金融峰会、加强国际合作、应对国际金融危机交换看法。

11月5日，中国政府推出扩大内需、促进增长的十大措施，国务院正式确定4万亿投资计划，包括2万亿铁路投资。随后，国务院以及下属各部委又陆续推出了更详细的各类措施，确保实现2009年经济增长“保八”目标。

11月7日，国务院总理温家宝应约同英国首相布朗通电话，双方就当前国际金融形势交换了意见。温家宝说，中国政府已经并将继续出台进一步扩大内需的一系列措施，维护经济、金融和资本市场稳定，促进经济平稳较快发展。这是中国应对这场危机最重要、最有效的手段，也是对世界最大的贡献。

同时，中国出台了一系列刺激经济增长的措施：11月期间，中国出台了扩大内需的10项措施，宣布将投资4万亿元人民币拉动内需促进经济增长，并大幅下调金融机构一年期人民币存贷款基准利率。

为了扶助国内企业的发展，2008年10月21日，中国提高3486项商品出口退税率；12月24日，财政部等三部门齐为企业减负2000亿；12月4日，政策性银行2008年度贷款额度追加1000亿。

12月15日，第六次中美战略对话在华盛顿举行。双方同意，在当前国际形势发生深刻变化背景下，中美应该加强合作，共同应对国际金融危机、气候变化、反恐、防扩散、能源安全等方面的挑战，促进世界和平、稳定和发展。

12月16日，温家宝会见世界银行行长佐利克，向佐利克介绍了中国的经济形势及应对世界金融危机所采取的政策措施。温家宝说，中国是一个拥有13亿人口的大国，我们提出要把扩大内需同经济增长、社会发展、民生改善结合起来。为此，要着力提高农民收入和困难群众的社会保障水平，努力扩大就业渠道，大力发展教育、医疗、文化等社会事业，加快保障性安居工程建设，推进农村饮水、沼气、道路、电力、通信等基础设施建设，保护生态环境，搞好灾后重建和扶贫工作。

2009年2月28日，温家宝指出，为应对金融危机，从去年6月份开始采取了一系列措施，现在已形成了一个比较完整的应对方案，称之为“一揽子计划”。包含四个方面：第一，大规模的政府投入和结构性的减税，以扩大内需。第二，大范围内产业调整和振兴规划，涉及十大关系国计民生的重大行业。第三，大力度的科技支撑。准备在两年加快推进科技专项规划，投入1000亿元，为经济发展提供支撑和后劲。第四，大幅度提高社会保障水平。单就大家关心的医药卫生体制改革，计划在三年内要投入8500亿元。3月13日，温家宝指出，应对这场金融危机，我们做了长期的、困难的准备，我们预留了政策空间。随时都可以提出新的刺激经济的政策。

2009年4月29日，温家宝主持召开国务院常务会议，讨论并原则通过《关于2009年深化经济体制改革工作的意见》，为应对国际金融危机，调动社会和企业的投资积极性，扩大投资需求，调整和优化投资结构。并确定了当年重点推进的10项改革任务。

与此同时，中国各地密集出台新政策新措施，应对金融危机对经济造成的影响。2009年“两会”结束以来，已有10余省市宣布经济新政。地方省市“保增长”方案普遍升级，反映出从中央到地方高度重视金融海啸冲击的态度，纷纷打出政府投资、补贴企业、提高民生保障等“组合拳”，大力提振本地经济。

三、危机处置彰显中国执政能力

在面临着这样一场规模非同寻常的金融危机，消费者和企业的信心指数跌至谷底。这是从未有过的！美国经济自2007年12月开始即陷入衰退，日本和欧元区也陷入衰退，新兴经济体的状况不断恶化。

与国际上大多数国家不同的是，中国应对金融危机的举措在2009年有较为良好的表现，经济形势回暖趋势明显。

中国经济状况能够较快回暖，原因是多方面的。

世界银行高级副行长、首席经济学家林毅夫表示，尽管中国也受到目前金融危机的冲击，但三大因素将帮助中国较好地应对这场金融危机。这三大因素是：中国具有庞大的外汇储备；中国存在资本管制，这就为中国筑起了一道“防火墙”；中国货币政策稳健，中国政府过去四年都实现了财政盈余。

美国财政部长盖特纳认为，中国在遏制目前这场肆虐全球的金融危机的过程中发挥着“非常重要的稳定性作用”。中国正在采取措施，使其经济变得更为强健，刺激国内需求增长，深化金融改革，这些都是非常重要的政策措施。

世界银行东亚及太平洋地区副行长詹姆斯·亚当斯说，截至目前，中国的应对措施是快速而有力的，也是恰当的。中国政府迅速制定和颁布了规模庞大的4万亿元人民币经济刺激计划，通过这一举措向国际社会显示了决心和力量。坦桑尼亚总统基奎特说，为了抵御国际金融危机的冲击，坦桑尼亚正越来越依靠包括中国在内的亚洲国家市场。

2009年7月2日，在北京举行的全球智库峰会上，中国国务院副总理李克强表示，中国政府采取的应对全球金融危机的措施已初见成效，经济运行出现了积极变化，总体形势企稳向上。在这场应对全球金融危机的大比拼中，中国的表现算得上是个“优等生”。

（彤新春撰稿）

以人为本：破解13亿人的民生难题

2002年12月5日至6日，就任中共中央总书记刚刚20天的胡锦涛带领中央书记处同志到革命圣地——河北西柏坡“学习考察”。就在这次考察中，胡锦涛提出了著名的“三民”观念：各级领导干部要坚持深入基层、深入群众，倾听群众呼声，关心群众疾苦，做到“权为民所用，情为民所系，利为民所谋”。深刻阐述了“立党为公，执政为民”的民本思想。正是在这个思想基础上，党在2003年11月召开的中共十六届三中全会上提出了“以人为本”的科学发展观，此后科学发展观不断得到完善。

一、“以人为本”的科学发展观

科学发展观，第一要义是发展，核心是以人为本，基本要求是全面协调可持续，根本方法是统筹兼顾。这四句话是对科学发展观的内涵所作的最全面、最深刻而又最鲜明的新概括，四个方面相互联系，有机统一，实质是要实现经济社会又好又快发展。具体来说：

第一，发展是中国共产党执政兴国的第一要务。实现全面建设小康社会和现代化建设第三步战略目标，进一步提高人民物质文化生活水平，要靠发展；增强中国综合国力，实现中华民族伟大复兴，要靠发展；实现祖国完全统一，要靠发展；履行维护世界和平与促进共同发展的责任，在风云变幻的国际局势中立于不败之地，要靠发展；解决中国经济和社会生活中的各种矛盾，维护社会稳定，要靠发展；增强国防实力，维护国家安全，要靠发展；解决人们的思想认识问题，说服那些不相信社会主义的人，坚定对社会主义和祖国未来前途的信念和信心，最终也要靠发展。

第二，以人为本是科学发展观的核心。科学发展观强调的以人为本，与中国共产党全心全意为人民服务的根本宗旨和立党为公、执政为民的本质要求是完全一致的。以人为本的人，指的是广大人民群众。在当代中国，就是以工人、农民、知识分子等劳动者为主体，包括社会各阶层在内的广大人民群众。以人为本的本，就是根本，就是一切工作的出发点和落脚点。

第三，科学发展观是全面、协调、可持续的发展观。科学发展观是全面的发展观。科学发展观所追求的全面发展，就是要按照中国特色社会主义事业总体布局，以经济建设为中心，全面推进中国特色社会主义经济、政治、文化、社会建设。科学发展观是协调的发展观。协调发展，是指各个方面的发展要相互适应，就是要统筹城乡发展、统筹国内发展和对外开放，促进现代化建设各个环节、各个方面相协调，促进生产关系与生产力、上层建筑与经济基础相协调。科学发展观是可持续的发展观。科学发展观所要求的可持续发展，就是要坚持生产发展、生活富裕、生态良好的文明发展道路，建设资源节约型、环境友好型社会，实现速度和结构质量效益相统一、经济发展与人口资源环境相协调，使人民在良好生态环境中生产生活，实现经济社会永续发展。

第四，落实统筹兼顾是实现科学发展观的根本切入点和重要现实途径。党的十六大以来的七年里，以胡锦涛同志为总书记的党中央提出并完善了科学发展观等重大战略思想。从方法论意义上讲，深入贯彻落实科学发展观，最根本的是要正确认识和妥善处理中国特色社会主义事业中的重大关系，切实做到统筹兼顾，既要总揽全局、统筹规划，又要抓住牵动全局的主要工作、事关群众利益的突出问题，着力推进、重点突破。党的十六届三中全会提出了“五个统筹”的思想，即统筹城乡发展、统筹区域发展、统筹经济社会发展、统筹人与自然和谐发展、统筹国内发展和对外开放。

二、统筹城乡共谋发展

为了实现城乡统筹发展，中央出台了一系列的方针政策，主要有以下方面：

（一）中央一号文件关注“三农”

2003年1月7日—8日中央农村工作会议在北京召开。会议指出，全面建设小康社会，必须统筹城乡经济社会发展，更多地关注农村，关心农民，支持农业，把解决好农业、农村和农民问题作为全党工作的重中之重，放在更加突出的位置，努力开创农业和农村工作的新局面。胡锦涛就贯彻党的十六大精神，解决好农业、农村和农民问题，实现全面建设小康社会的宏伟目标作了重要讲话。

而从2003年中央一号文件开始，新一轮的农村改革开始转向取消“提取”、建立“反哺”机制的新阶段。从2003年起，中共中央连续5年出台有关“三农”问题的中央一号文件，使农村改革进入了一个新的历史时期。

2004年10月，在党的十六届四中全会上，胡锦涛提出“两个趋向”的著名论断，指出：“农业是安天下、稳民心的战略产业，必须始终抓紧抓好。纵观一些工业化国家发展的历程，在工业化初始阶段，农业支持工业，为工业提供积累是带有普通性的趋向；但在工业化达到相当程度以后，工业反哺农业，城市支持农村，实现工业与农业、城市与农村协调发展，也是带着普遍性的趋向。”认为“我国现在总体上已到了以工促农，以城带乡的发展阶段”，要求“我们应当顺应这一趋势，更加自觉地调整国民收入分配格局，更加积极地支持”“三农”发展。

2005年10月，党的十六届五中全会作出《关于制定国民经济和社会发展第十一个五年计划的决定》，全面贯彻落实科学发展观，把建设社会主义新农村作为我国现代化建设进程中的重大历史任务，要求积极推进城乡统筹发展，坚持“多予少取放活”，推进现代农业建设，全面深化农村改革，大力发展农村公共事业，千方百计增加农民收入。概括起来，进一步阐明了农业现代化建设的主要方面，一是巩固农业基础地位，推动传统农业向现代农业转变；二是加大对农业的支持和保护力度。

2007年10月，在中共十七大报告中，胡锦涛再次提出："解决好农业、农村、农民问题，事关全面建设小康社会大局，必须始终作为全党工作的重中之重。要加强农业基础地位，走中国特色农业现代化道路，建立以工促农、以城带乡长效机制，形成城乡经济社会发展一体化新格局。坚持把发展现代农业、繁荣农村经济作为首要任务，加强农村基础设施建设，健全农村市场和农业服务体系。加大支农惠农政策力度，严格保护耕地，增加农业投入，促进农业科技进步，增强农业综合生产能力，确保国家粮食安全。"

（二）实施"多予""少取"的反哺政策

从2003年起，中共中央和国务院就开始实施"多予""少取"的反哺政策。当年中央财政用于"三农"的资金达到2626亿元，创历史最高水平。

2003年5月，粮食补贴改革试点工作在粮食主产区吉林、安徽两省的东丰、来安、天长三个县正式展开。这次改革的核心将国家按保护价收购农民余粮的政策，调整为以现金的形式直接补贴给农民。2004年中央一号文件出台，实行"两减免、三补贴"（取消除烟叶以外的农业特产税，减免农业税，对种粮农民实行直接补贴、良种补贴和购置大型农机具补贴）。2004年2月25日，国务院常务会议通过对种粮农民直接补贴的实施意见，"直补"在全国实施。

2005年中央又一次把支持"三农"作为一号文件的主题，反映出我国在发展战略及政策思路方面的重大变化，即从在农业中提取积累转向工业反哺农业。中央经济工作会议明确指出：我们应当顺应这一趋势，更加自觉地调整国民收入分配格局，更加积极地支持"三农"发展。

从2003年起，上海率先实行农业税免征政策，使上海农民直接减轻负担1.43亿元。2005年12月29日，十届全国人大常委会第十九次会议高票通过了关于废止农业税条例的决定。9亿中国农民从2006年开始，依法彻底告别农业税，也结束了农业税在中国长达2600多年的历史。

从2003—2007年的5年间，国家财政“支农”支出达到1.6万亿，相当于改革开放前1950—1978年29年间国家财政用于农业支出资金的10倍；相当于1979—2002年24年间国家财政用于农业支出额的1.3倍。2008年中央财政用于“三农”的投入达到5955亿元，2009年中央财政计划用于“三农”的投入更是高达7161亿元，从而使得财政支农资金不仅在总量上达到新高，而且占整个财政支出的比重也达到新的水平。

（三）伴随着“反哺”政策，建设社会主义新农村成为新时期的重大历史任务

2005年12月20日，胡锦涛主持召开中共中央政治局会议，研究社会主义新农村建设问题。会议指出，建设社会主义新农村是重大而长期的历史任务，也是加强“三农”工作的重大战略举措，事关全面建设小康社会和社会主义现代化建设的全局。要按照生产发展、生活宽裕、乡风文明、村容整洁、管理民主的要求，协调推进农村经济建设、政治建设、文化建设、社会建设和党的建设。要坚持以发展农村经济为中心，进一步解放和发展农村生产力，促进粮食稳定发展、农民持续增收；坚持农村基本经营制度，尊重农民的主体地位，不断创新农村体制机制；坚持以人为本，着力解决农民生产生活中最迫切的实际问题，切实让农民得到实惠；坚持科学规划，实行因地制宜、分类指导，有步骤有计划有重点地逐步推进；坚持发挥各方面积极性，引导社会力量共同参与，使社会主义新农村建设成为全党全国的共同行动。根据这次会议精神，中共中央和国务院将《关于推进社会主义新农村建设的若干意见》作为2006年中央一号文件推出，要求按照“生产发展、生活宽裕、乡风文明、村容整洁、管理民主”的要求扎实稳步地推进新农村建设。

2006年9月，国务院总理温家宝在全国农村综合改革工作会议上又指出：农业税的取消，标志着中国农村改革开始进入综合改革的新阶段。要充分认识农村综合改革的重要性和艰巨性，按照巩固农村税费改革成果和完善社会主义市场经济体制的要求，推进乡镇机构、农村义务教育和县乡财政管理体制改革，建立精干高效的农村行政管理体制和运行机制、覆盖城乡的公共财政制度、政府保障的农村义务教育体制，促进农民减负增收和农村公益事业发展，全面推动社会主义新农村建设。

三、增加公共产品供给用以保障民生

随着我国经济的快速发展，经济总量的不断提升，我国政府在改善国计民生方面投入了很大精力，增加公共产品的供给，并努力建成能够覆盖全社会的保障体系。

在基础教育方面，到2007年，继西部地区之后，中、东部地区全面启动农村义务教育经费保障新机制改革，对义务教育阶段学生全部免除学杂费，其中贫困家庭学生免费提供课本和补助寄宿生生活费。对教育部直属师范大学师范生开始实行免费教育。

在社会医疗保障方面，2003年起政府着手建立城乡医疗救助制度。城镇职工基本医疗保险的参保人数已超过1.6亿人，没有医疗保险制度安排的只剩下城镇非从业居民。这些人群主要依靠家庭提供医疗费用。2007年7月，我国开始部署城镇居民基本医疗保险试点工作，医保大门向2亿非从业城镇居民开启。

此外，在占人口多数的农村，新型农村合作医疗制度也由试点进入全面推进阶段。

合作医疗制度是由我国农民自己创造的互助共济的医疗保障制度，在将近50年的发展历程中，先后经历了20世纪50年代的初创阶段、60—70年代的发展与鼎盛阶段、80年代的解体阶段和90年代以来的恢复和发展阶段。它为世界各国，特别是发展中国家所普遍存在的卫生问题提供了一个范本，曾被世界银行和世界卫生组织称为“发展中国家解决卫生经费的唯一典范”。

2002年10月，《中共中央国务院关于进一步加强农村卫生工作的决定》明确指出：要“逐步建立以大病统筹为主的新型农村合作医疗制度”，并明确安排了中央和地方对这项政策的资金补助。这是我国政府历史上第一次为解决农民的基本医疗卫生问题进行大规模的投入。从2003年开始，新农合试点在全国范围不断扩大。

在社会保障方面，继2005年实现了城镇居民最低生活保障之后，也加快了覆盖整个农村的最低生活保障体系的建设。2006年全面实施了农村低保制度的23个省份，平均补助水平为月人均35.4元，其中，东部地区50.9

元，中部地区25.3元，西部地区25.5元。2007年，《中共中央国务院关于积极发展现代农业扎实推进社会主义新农村建设的若干意见》和温家宝总理在十届全国人大五次会议上作的《政府工作报告》都指出，2007年要在全国范围建立农村最低生活保障制度，这是建设社会主义新农村和构建农村和谐社会的一项重要举措。2007年，全国农村最低生活保障对象为1788.4万人，另外，还有农村特困救助对象577.5万人。

国家实行最低生活保障，主要是体现政府的责任，资金也主要来自各级财政的投入。过去，各地实行农村低保的资金都来源于各级地方财政，2006年各地财政共支出了农村低保资金41.6亿元，加上农村特困户定期定量救助资金13.9亿元，一共是55.5亿元。从2007年开始，中央财政将对财政困难地区实施农村低保制度给予资金补助。中央对地方的补助，将成为支持地方建立和完善农村低保制度的重要资金来源。

此外，在这个阶段，继续完善市场经济体制的宏观调控体系和微观运行基础的改革仍在持续推进，例如将生产型增值税转变为消费型增值税的改革、加强资本市场监管、反对垄断、扩大民营经济进入领域、发展农业合作经济组织、整顿市场秩序、规范劳动合同、建立社会保障体系等一系列改革。

（彤新春撰稿）

第三次握手：两岸关系破冰前进的一页

一、瞬间凝固：历史记住这一刻

2005年4月的北京春意盎然，29日下午3时，中共中央总书记胡锦涛走进北京人民大会堂大厅，并不时向守候的记者挥手致意。他走到大厅中央，停步等候远道而来的客人。这时，中国国民党主席连战偕夫人步入大厅，向胡锦涛总书记迎面走来。两党最高领导人终于走到了一起，双手紧紧相握。历史必将牢记住这一刻：2005年4月29日15时，中国共产党和中国国民党两党最高领导人相隔60年后越过台湾海峡实现了历史性的握手。

胡锦涛对连战说："你们的来访是中国共产党和中国国民党关系史上的一件大事，也是当前两岸关系中的一件大事，从你们踏上大陆的那一刻起，我们两党就共同迈出了历史性的一步。"连战对胡锦涛说："历史的辛酸让我们曲曲折折，一直到今天才能够见面，所以我说有点相见恨晚的感觉。"胡锦涛说："我相信，你们的来访以及我们两党的交流对话，将为改善两岸关系注入春天的气息。"

60年前，毛泽东为了国家民族的利益，接受蒋介石的邀请，率代表团从延安飞抵重庆，两党签订了著名的“双十协定”。在60年后的这一天，“度尽劫波兄弟在，相逢一笑泯恩仇”，半个多世纪的沧桑，旧时的恩恩怨怨已成为历史。为了中华民族的长远利益，为了谋求和推动台海地区和平稳定、促进海峡两岸交流合作发展，跨越了60年时空，两党领导人的手再次握到了一起，共同掀开了两党关系史新的一页，向世界表明两岸中国人有智慧、有能力妥善处理彼此的矛盾和问题，有诚意、有意愿共同争取两岸和平稳定发展的前景，更有义务、有责任维护中华民族的根本利益，有抱负、有信心共同推进中华民族的伟大复兴。

中共中央总书记胡锦涛与中国国民党主席连战举行了两党领导人60年来首次正式会谈。双方就促进两岸关系改善和发展等重大问题及两党交往事宜坦诚地交换了意见，达成重要共识，并以新闻公报的形式共同发表了“两岸关系和平发展愿景”，为两党关系史掀开了新的一页，也为未来两岸关系发展描绘出了一幅充满希望的蓝图。

两党领导人会谈在北京人民大会堂福建厅举行。胡锦涛指出，今天同连主席在这里会谈，这是60年来中国共产党和中国国民党的主要领导人首次举行会谈，是一次历史性会谈，具有重要的历史意义和现实意义。连战主席和国民党中央毅然决定来访，是难能可贵的。这不仅仅是一个来访的决定，而且是对发展两岸关系作出的重要选择。我对你们的勇气和决心表示敬意。连战表示，我和胡锦涛总书记今天的会谈，是国共两党促进两岸关系和平发展的契机。国民党反对“台独”，反对“台湾正名”“制宪”“去中国化”“一边一国”“台独”时间表等“台独”主张和活动。我们主张在“九二共识”架构下进行有意义的沟通，建立一个两岸关系和平发展的大环境，进而推动签署两岸和平协议。我期望两岸关系能够从当前对抗的恶性循环扭转成为合作的良性循环。连战还表示，希望建立两岸党对党沟通平台，定期就两岸关系重大问题交换意见，以增进双方了解，促进两岸关系的改善与发展。

会谈中两党基于对促进两岸关系和平稳定发展的承诺和对人民利益的关切，经过广泛而深入地交换意见，在“正视现实，开创未来”的共同体认下，胡锦涛与连战决定共同发布“两岸和平发展共同愿景”。

五十六年来，两岸在不同的道路上，发展出不同的社会制度与生活方式。十多年前，双方本着善意，在求同存异的基础上，开启协商、对话与民间交流，让两岸关系充满和平的希望与合作的生机。但近年来，两岸互信基础迭遭破坏，两岸关系形势持续恶化。目前两岸关系正处在历史发展的关键点上，两岸不应陷入对抗的恶性循环，而应步入合作的良性循环，共同谋求两岸关系和平稳定发展的机会，互信互助，再造和平双赢的新局面，为中华民族实现光明灿烂的愿景。

两党共同体认到：

——坚持“九二共识”，反对“台独”，谋求台海和平稳定，促进两岸关系发展，维护两岸同胞利益，是两党的共同主张。

——促进两岸同胞的交流与往来，共同发扬中华文化，有助于消弭隔阂，增进互信，累积共识。

——和平与发展是二十一世纪的潮流，两岸关系和平发展符合两岸同胞的共同利益，也符合亚太地区和世界的利益。

两党基于上述体认，共同促进以下工作：

一、促进尽速恢复两岸谈判，共谋两岸人民福祉，促进两岸在“九二共识”的基础上尽速恢复平等协商，就双方共同关心和各自关心的问题进行讨论，推进两岸关系良性健康发展。

二、促进终止敌对状态，达成和平协议。建构两岸关系和平稳定发展的架构，包括建立军事互信机制，避免两岸军事冲突。

三、促进两岸经济全面交流，建立两岸经济合作机制

促进两岸展开全面的经济合作，建立密切的经贸合作关系，包括全面、直接、双向“三通”，开放海空直航，加强投资与贸易的往来与保障，进行农渔业合作，解决台湾农产品在大陆的销售问题，改善交流秩序，共同打击犯罪，进而建立稳定的经济合作机制，并促进恢复两岸协商后优先讨论两岸共同市场问题。

四、促进协商台湾民众关心的参与国际活动的问题

促进恢复两岸协商后，讨论台湾民众关心的参与国际活动的问题，包括优先讨论参与世界卫生组织活动的问题。双方共同努力，创造条件，逐步寻求最终解决办法。

五、建立党对党定期沟通平台

建立两党定期沟通平台，包括开展不同层级的党务人员互访，进行有关改善两岸关系议题的研讨，举行有关两岸同胞切身利益议题的磋商，邀请各界人士参加，组织商讨密切两岸交流的措施等。

两党希望，这次访问及会谈的成果，有助于增进两岸同胞的福祉，开辟两岸关系新的前景，开创中华民族的未来。

两党高层会谈和共同发布的“两岸和平发展共同愿景”，引起了强烈的反响、热烈的赞誉和广泛的关注。台湾岛内反响强烈，认为两党会谈及成果对于两岸关系良性发展，对于台湾海峡的和平与安定，开启了有利的契机。海外华侨华社会高度评介两党历史性会谈，为改善两岸关系创造了有利条件，是对全体中华炎黄子孙的莫大鼓舞。国际舆论广泛关注，认为两党会谈“是一次在历史上具有重要意义的事件”，“胡锦涛对台新战略打开了解决台湾问题的突破口”，“两党再次确认了反对‘台独’的立场”，“使‘台独’势力更加孤立，反对‘台独’的力量进一步加强”，“有望成为缓和台湾海峡两岸紧张局势的契机”。

二、与时俱进：创造机遇书写历史

维护国家领土主权完整、实现祖国最终完全统一，是中国共产党人肩负的神圣的历史使命。从“解放台湾”到“一纲四目”，从“和平统一、一国两制”到“八项主张”，中国共产党的三代领导核心毛泽东、邓小平、江泽民高瞻远瞩、审时度势，根据各个时期的不同情况，分别提出了结束海峡两岸分离状态、最终实现祖国统一的方针、政策和具体措施，贯穿其中的核心就是维护国家主权和领土完整，就是坚持一个中国的原则。

从20世纪50年代中期起，第一代中央领导集体武力与和平解决统一策略两手并用，尤其希望能通过“国共第三次合作”和平解决台湾问题。毛泽东、周恩来通过不同渠道多次表达了希望中国共产党和中国国民党能合作解决统一问题。进入新时期中国共产党进一步明确和平统一大政方针，中国共产党更是多次向在台湾的中国国民党发出呼吁，邓小平、叶剑英多次呼吁中国国民党和中国共产党举行两党对等谈判，实行第三次国共合作，并希望经由两党第三次合作解决两岸统一问题。1981年全国人大常委会委员长叶剑英对新华社记者发表谈话（后来被称为“叶九条”），第一条就是呼吁：为了迟早结束中华民族陷于分裂的不幸局面，我们建议举行中国共产党和中国国民党两党对等谈判，实行第三次国共合作，共同完成祖国统一大业。其后1982年廖承志还以个人身份发表了“致蒋经国信”，坦诚提出“纵观全局，合则对国家有贡献，分则必伤民族元气。今日吾弟在台湾主政，三次合作，大责难谢”，并指出“试为贵党计，如能依时顺势，负起历史责任，毅然和谈，达成国家统一，则两党长期共存，互相监督，共图振兴中华之大业。否则，偏安之局，焉能自保。有识之士，虑已及此，事关国民党兴亡绝续，望弟三思”。1983年邓小平在同美国西东大学教授杨力宇教授谈话时，就“和平统一、一国两制”构想发表了后来被称为“邓六条”的六点意见，首先谈到的就是：“问题的核心是祖国统一，和平统一已成为国共两党的共同语言”。其后又明确建议“举行两党平等会谈，实行第三次合作，而不提中央与地方谈判”。

20世纪90年代以来，台湾加速了政治转型，岛内政治体制和政治生态都发生了巨大变化。1992年，大陆海协会与台湾海基会经过两岸有关方面分别正式授权，达成了各自以口头方式表述“海峡两岸均坚持一个中国原则”的共识。1995年，江泽民总书记发表了《为促进祖国统一大业的完成而继续努力奋斗》重要讲话（后被称为“江八点”），详细阐述中国共产党第三代领导集体对台方针政策，特别就台湾岛内形势的新变化，突出强调了坚持一个中国原则的重要性，并将原来提出的举行国共两党谈判改为举行两岸谈判。1997年、1999年港澳回归祖国，为解决台湾问题而设计的“一国两制”率先在港澳实行，“一国两制”从设想成为现实，两岸早日和平统一成为海内外中华儿女的强烈的共同心愿。但是随着台湾政治转型完成，台湾内部“台独”势力和国际反华势力配合，分裂中国的气焰十分猖獗。从1988—2000年，李登辉执政中后期开始主导中国国民党向“台独”靠拢，推行“独台”路线，在国际舞台上制造“两个中国”，否认“九二共识”，破坏发展两岸关系的政治基础，1999年公然抛出“两国论”，将两岸定位为“特殊国与国”关系，两岸关系面临严峻挑战。

进入21世纪，陈水扁在2000年台湾大选中获胜，主张“台独”的民进党走上执政舞台，开始在岛内大肆推动“去中国化”路线。2002年8月

3日陈水扁抛开就职讲话时“四不一没有”（只要中共无意对台动武，本人保证在任期之内，不会宣布独立、不会更改国号、不会推动“两国论”入宪，不会推动改变现状的统独公投，也没有废除国统会与国统纲领的问题），公然宣称“台湾跟对岸中国‘一边一国’，要分清楚”，并呼吁“认真思考公民投票立法的重要性与迫切性”，这无异于向中国领土主权的完整发出严重挑衅，两岸关系随之进入紧绷险境。

2004年3月20日台湾大选，陈水扁在发生所谓“319枪击案”后再次胜选。全面洞察分析整个国际、国内及两岸形势，以胡锦涛同志为总书记的党中央适时推出了一系列重大举措。正是在党中央审时度势、把握形势、主动出击、有所作为地推出的这一系列举措，使两岸关系破冰前行进入和平发展期成为可能，使两岸形势朝着更有利于反“台独”方向加速发展。

2004年5月17日，陈水扁第二任期就职前三天，中共中央台办、国务院台办受权就当前两岸关系问题发表声明（后被称为《517声明》），明确指出：“当前两岸关系形势严峻。坚决制止旨在分裂中国的‘台湾独立’活动，维护台海和平稳定，是两岸同胞当前最紧迫的任务。”并严重警告“如果台湾当权者铤而走险，胆敢制造‘台独’重大事变，中国人民将不惜一切代价，坚决彻底地粉碎‘台独’分裂图谋。”同年12月，根据两岸形势现实需要，全国人民代表大会决定启动《反分裂国家法》立法程序。

2005年1月28日，贾庆林在纪念江泽民对台八项主张发表10周年纪念会上的讲话明确发出了这样的信息：“我们愿意与认同‘九二共识’、反对‘台独’、主张发展两岸关系的台湾各党派、团体和代表性人士寻求协商解决问题的新途径。欢迎他们来大陆开展交流和对话，就两岸‘三通’、建立更紧密经贸关系安排及两岸同胞关心的所有问题交换意见，共同推动两岸关系。”这无疑是给台湾反对民进党“台独”路线的政党、团体和各界人士提供了一个更为直接的舞台。

2005年3月4日，胡锦涛总书记就新形势下发展两岸关系提出四点意见。在这新一代领导集体首次发表的指导性意见的第一点意见中，在强调“坚持一个中国原则，是发展两岸关系和实现祖国和平统一的基石”同时，也非常明确地向台湾各党派和各种政治势力表明态度：对于台湾任何人、任何政党朝着承认一个中国原则方向所做的努力，我们都欢迎。只要承认一个中国原则，承认“九二共识”，不管是什么人、什么政党，也不管他们过去说过什么、做过什么，我们都愿意同他们谈发展两岸关系、促进和平统一的问题。第二点“争取和平统一的努力决不放弃”中，在强调“人民期盼和平，国家需要稳定。只要和平统一还有一线希望，我们就会进行百倍努力”之后，又一次明确表态：“我们真诚希望台湾有关人士和有关政党严肃思考这个重大问题，从民族大义出发，从两岸同胞的福祉出发，为保持台海和平、发展两岸关系、实现和平统一做出正确的历史性抉择。”第三点“贯彻寄希望于台湾人民的方针决不改变”中则庄严承诺：“只要是对台湾同胞有利的事情，只要是对促进两岸交流有利的事情，只要是对维护台海地区和平有利的事情，只要是对祖国和平统一有利的事情，我们都会尽最大努力去做，并且一定努力做好。这是我们对广大台湾同胞的庄严承诺。”第四点反对“台独”分裂活动决不妥协则针对“台独”分裂势力通过“公投”实现“法理台独”图谋，严正指出中国是包括2300万台湾同胞在内的13亿中国人民的中国，大陆是包括2300万台湾同胞在内的13亿中国人民的大陆，台湾也是包括2300万台湾同胞在内的13亿中国人民的台湾。任何涉及中国主权和领土完整的问题，必须由全中国13亿人民共同决定。我们相信，广大台湾同胞一定会同我们一道，坚定地维护国家主权和领土完整，坚定地维护中华民族的根本利益。四点意见互相支撑，继承了中国共产党三代领导集体智慧，又体现了党中央面对新形势与时俱进的新思维和魄力。胡锦涛发表的“四点意见”的四个“决不”，对台湾“台独”分裂势力是一种强烈的震慑，对台湾民众则是一种触动和感动，而对台湾的政党则提供了最佳的现实抉择，对国际社会则表明了中国共产党在国家统一问题上的坚定意志、充分自信以及真诚的态度和灵活的智慧。

2005年3月14日，海内外中国人强烈呼吁和热切期盼的《反分裂国家法》，在第十届全国人民代表大会三次会议高票通过。这部法律充分体现了中国共产党和中国政府以最大诚意、尽最大努力争取和平统一的一贯主张，同时表明了全中国人民维护国家主权和领土完整，绝不允许“台独”分裂势力以任何名义、任何方式把台湾从中国分裂出去的共同意志和坚定决心，这面正义的盾牌构成了国家处理台湾问题的法律依据。这是中国历史上第一部旨在以法律形式规范反“独”促统大业的特别立法，是一部促进两岸关系发展、推进两岸和平统一的法律，一部维护国家主权和领土完整、反对和遏制“台独”分裂势力分裂国家、维护台海地区和平稳定的法律，一部符合中华民族根本利益的法律。

中央对台工作展现的新思维和新做法，极大地鼓舞了海内外中国人反“独”促统斗志，重挫了“台独”分裂势力的气焰，也成为促成岛内反“台独”政党做出正确抉择的强大动因。尤其是中国国民党经过2000年失去执政权、2004年与亲民党主席宋楚瑜联手竞选再度失利，虽然在“立法院选举”中再度冲上第一大党位置，泛蓝阵营在最高民意机构拥有超过半数优势，但是面对陈水扁与民进党对泛蓝三党（国民党、亲民党、新党）的分化，尤其是2005年2月24日陈水扁试图率先与亲民党“和解”，利用与亲民党主席宋楚瑜会面并达成十点共识，掌控台湾处理两岸关系的主导权，国民党被逼到了必须做出历史抉择的十字路口。国民党主席连战在这一关头，跳脱了国民党怕被戴“亲共红帽子”和习惯于以美国战略利益主导的传统思维方式，做出了“突围战略”的决断，先派副主席江炳坤以“缅怀之旅、经贸之旅”赴大陆“问路”。中共中央在充分了解了国民党意愿后，由贾庆林在接见江炳坤时正式代表中共中央和总书记胡锦涛对连战主席发出公开邀请。随后就出现了“两党最高领导人终于走到了一起，双手紧紧相握”。中国国民党主席连战的“和平、和解之旅”和亲民党主席宋楚瑜“搭桥、工作之旅”、新党主席郁慕明“民族、历史之旅”，成为2005年两岸关系发展中最亮丽的一道风景线，实现了中国共产党对台政策与台湾认同“九二共识”、反对“台独”、主张发展两岸关系政党的对接，也实现了中国共产党和大陆人民寻求两岸关系和平发展的主流民意与台湾人民求和平、求安定、求发展的主流民意汇集交融。

三、影响深远：两岸进入和平发展期

2005年国共两党领导人会谈，对两岸关系的改善和发展重大问题及两党交往事宜交换意见，达成重要共识，并以新闻公报的形式共同发表“两岸和平发展共同愿景”。这不仅是两党关系史上的一件里程碑，也是两党共同推动两岸逐步构建和平稳定发展框架过程中的一件大事，是两党为凝聚两岸同胞主流民意，为实现中华民族的伟大复兴共襄盛举做出积极贡献的一件大事。

首先，中国共产党和中国国民党通过两党和解与交流，为两岸关系和平发展首创出党际沟通交流机制。两党率先实现了从对立走向和解，本着求同存异、面向未来，以民族大义和两岸同胞共同利益为依归的精神提出了对当前发展两岸关系共同体认和共同愿景，并确定两党建立定期沟通平台，持续进行制度化交流，不仅为未来两党关系进一步发展奠定了坚实基础，也为与台湾其他政党交流起了良好的示范。自此，两岸关系交流中出现了一个非常重要的交流模式，就是中国共产党与台湾反“台独”政党建立起党际交流平台，这是团结台湾一切反“台独”促和平力量的有效机制。

其二，中国共产党和中国国民党通过两党和解与交流，为两岸在“九二共识”基础上尽速恢复平等协商，重建政治互信基础指明了方向。两党会谈“坚持‘九二共识’，反对‘台独’，谋求台海和平稳定，促进两岸关系发展，维护两岸同胞利益”的共同主张，以及共同促进两岸在“九二共识”基础上尽速恢复平等协商很快就得到了落实。2005年8月，国民党将两党共同发布的“两岸和平发展共同愿景”列入国民党政策纲领。2008年国民党重新赢得台湾执政权后，“九二共识”成为激活两岸僵局的基础，两岸迅速在“九二共识”、反“台独”基础上恢复了海协会与海基会事务性协商和高层会晤。两党五大愿景中的第一项最先得到了初步落实，两岸关系得到快速稳定发展。

其三，中国共产党和中国国民党通过两党和解与交流，促进了两岸经济全面交流，加快了建立两岸经济合作机制进程。两党共同促进两岸展开全面的经济合作，建立密切的经贸合作关系，包括全面、直接、双向“三通”，开放海空直航等，得到切实落实。2010年6月29日，两岸两会正式签署两岸经济合作框架协议（ECFA）。这一协议的签署不仅仅是海峡两岸经济关系正常化、贸易自由化、合作制度化以及协商机制化的重要标志，为两岸经济共创双赢创造了新机遇。

最后，中国共产党和中国国民党通过两党和解与交流，准确地把握住了两岸关系和平发展的主题。以和平方式实现国家统一，最符合中华民族的根本利益，也符合求和平、谋发展、促合作的时代潮流，而当前两岸致力于和平发展最符合两岸现实条件和需要，是新形势下中央对台政策新思维的一次生动体现，是和平发展观在两岸关系上的一次成功实践。中国共产党在这次成功实践所展现出来的新思维、新政策和新做法，成就了2008年以来两岸进入初级和平发展阶段，而且将在未来两岸关系和平发展期发挥更加重大的积极影响。

坚冰已在悄然间被打破，潮流所向难以逆转。中国共产党能在2005年超越60年的恩怨纠葛和现实错综复杂的矛盾促成两党领导人握手，体现顺应时代潮流新的政策思维，即尊重历史、尊重现实、尊重人民求和平、求安定、求发展的愿望，为建构两岸和平稳定发展架构创造了坚实基础。台湾问题交织着历史的、现实的各种错综复杂的内外矛盾。两岸关系虽然不会一帆风顺，但人们有理由相信经由中国共产党和中国国民党跨越60年时空的第三次握手，牢牢把握住了两岸关系和平发展的主题，必将会为祖国最终统一和实现中华民族的伟大复兴赢得更为充裕的时间和空间，必将会把两岸关系导入大交流、大合作、大发展的和平发展新阶段。

（毛仲伟撰稿）

多难兴邦：同人民在一起

2010年4月14日，青海玉树发生特大地震。大地脉搏抖动起来。它震撼了所有中国人。

正在华盛顿参加核安全峰会的胡锦涛总书记，于接到地震消息的当夜11时许，即同智利总统皮涅拉以及正在国外访问的委内瑞拉总统查韦斯通电话，向两位领导人通报国内灾情。他告诉两位总统：中国国内正在紧急组织抗震救灾，在这一困难时刻，我需要尽快赶回国内，同我国人民在一起，投入抗震救灾，为此，不得不调整访问两国的日程。

皮涅拉和查韦斯两位总统对胡总书记的推迟访问表示谅解，同时，他们也向中国受灾地区表示了慰问。

紧接着，是25个小时的长途飞行。

4月17日14时20分，胡锦涛总书记抵达北京国际机场。16时，中央政治局常委会在中南海召开。19日晨，总书记已经踏上玉树大地。

第一时间作出决策，第一时间赶赴现场，第一时间送上关怀，第一时间同灾区人民在一起，共呼吸、共命运、共荣辱、共坚强。所有这一切，源自一个理念："同人民在一起"。

"同人民在一起"，深沉而又铿锵。它成了党的一句誓言。

早在1949年10月1日下午，当参加开国大典的群众走过天安门，向中国共产党的领袖们欢呼时，毛泽东也向热烈的人群送还敬意。他喊着："同志们万岁！""人民万岁！"

"人民万岁"，石破天惊。因为，在久远的历史上，还从来没有谁对人民大众呼喊过"万岁"。但是，它代表了中国共产党人对于历史真谛的领悟。毛泽东呼喊"人民万岁"，他的继承者则秉持"同人民在一起"。"同人民在一起"，与"人民万岁"一样，是中国共产党的立党之本。

1956年，邓小平在修改党章报告中讲到两条理论原则：第一，工人阶级政党，不是把人民群众当工具，而是自觉地认定自己是人民群众的工具，是在特定历史时期为完成人民群众提出的特定历史任务的一种工具；第二，人民群众之所以跟党走，正因为和仅仅因为，党是人民群众全心全意的服务者，它反映人民群众的利益和意志，并且努力帮助人民群众组织起来，为自己的利益和意志而奋斗。

说到底，完成人民群众在特定历史时期提出的特定历史任务，根植于近现代以来，中华民族一直面临着两大历史任务：追求民族独立和人民解放、实现国家繁荣富强和人民共同富裕。历史也证明，谁能在中国这片古老博大的土地上完成上述两大任务，谁就将受到亿万人民的拥护，谁就将立于不败之地。

2003年，对13亿中国人来说，是激情燃烧的一年，也是难以忘怀的一年。这一年，中国的国内生产总值首次跃上了10万亿元的新台阶；这一年，经过半个世纪筹划的南水北调工程正式开工；这一年，"神舟"四号无人飞船发射升空；也是这一年，从摩纳哥传来喜讯，中国上海赢得了2010年世界博览会举办权。

然而，这一年也有风云不测。当年春天，一场灾难——"非典"突然袭来。被称为"非典"的不明病毒，在中国几个最大的城市里蔓延。一时间，弥漫在社会上的恐惧心理，甚至比病毒本身还要可怕。

4月14日，胡锦涛来到广东省疾病预防控制中心。这时，"非典"正在广州肆虐，药店里板蓝根一类抗病毒药品已被抢购一空。在听取专家们的情况介绍后，胡锦涛说，广东部分地区发生非典型性肺炎疫情后，党中央、国务院十分关心。我们既为一些群众的身体健康和生命安全受到严重威胁而感到揪心，又为广大医护人员通过艰苦细致的工作使患者恢复健康而感到欣慰。面对疫情的挑战，广东省委、省政府采取一系列措施，使疫情得到有效控制，我要向对防治疾病的同志们表示感谢和慰问。

胡锦涛着重指出，要依靠科学，不断完善治疗方案，尽快查出确切病因，才能夺取与疫病斗争的彻底胜利。之后，胡锦涛出现在广州街头，也出现在湛江、深圳、东莞。他考察当地经济社会发展，也深入车间、社区和地头。胡锦涛没有戴口罩。他和普通群众握手交谈。他鼓励群众和干部坚守岗位，同疾病作斗争。

在人民群众的生命安全受到巨大威胁、正常的社会秩序受到严重挑战的危难时刻，党中央沉着应对、果断决策，充分体现了“同人民在一起”的执政理念。为保护人民的生命财产，党和政府竭尽了全力。拥有1000张病床的收治“非典”定点小汤山医院，是在7天之内建成的。每天在工地的建筑师和工人竟达7000人。有人说，它是一个奇迹。是的，它是一个奇迹。建设者们说，为了跟生命抢出时间来，这是必须创造的奇迹。

而当时这里的医护人员，全部来自解放军各大军区医院。共产党员们将安危置之度外。为抢救病人，他们甚至累倒在病房里。广州中医医院护士长、共产党员叶欣，是最先参加抢救“非典”病人也是最先被传染的医务人员。轻轻的，她走了，留下的，是沉甸甸的悲痛；中山大学附属第三医院传染科主任、党支部书记邓练贤也倒下去了。他是在连续抢救SARS患者30多个小时后，被凶恶的病毒感染一病不起的。4月21日，他也轻轻地走了。

胡锦涛闻讯后非常哀痛。他作出批示说：对邓医生的逝世表示沉痛哀悼，对家属表示亲切慰问。同时他指出，有广大医护人员的奋斗和奉献，有全国上下的团结一致，众志成城，“非典”一定可以被战胜。

人类总是在经历和战胜一次又一次的磨难中前进的。在思索根除“非典”疫情的过程中，人们也在思考：在改革发展新阶段，中国将树立怎样新的发展理念？

赣鄱大地，青山绿水，钟灵毓秀，一派勃勃生机。

“非典”疫情被彻底控制后，胡锦涛踏上这片孕育了中国革命的红土地。阐述了他对中国发展问题的新思考。随着我国现代化建设的推进，要更好地促进发展，加快发展，必须树立协调发展、全面发展、可持续发展的科学发展观。作为一种理论思考，“科学发展观”的概念被第一次提出。考察期间，胡锦涛在听取中共江西省委、省政府的工作汇报后指出，各级领导干部一定要深刻认识发展是党执政兴国的第一要务这个重大命题，切实把第一要务抓紧、抓实、抓好。要牢固树立协调发展、全面发展、可持续发展的科学发展观，积极探索符合实际的发展新路子，进一步完善社会主义市场经济体制，把加大结构调整力度同培育新的经济增长点结合起来，把推进城市发展和推进农村发展结合起来，把发挥科学技术的作用和发挥人力资源的优势结合起来，把发展经济和保护资源环境结合起来，把对外开放和对内开放结合起来，努力走出一条生产发展、生活富裕、生态良好的文明发展道路。

2003年10月在党的十六届三中全会上，胡锦涛总书记第一次正式提出科学发展观的命题。会议提出：“坚持以人为本，树立全面、协调、可持续的发展观，促进经济社会和人的全面发展。”要“按照统筹城乡发展、统筹区域发展、统筹经济社会发展、统筹人与自然和谐发展、统筹国内发展和对外开放的要求，更大程度地发挥市场在资源配置中的基础性作用，增强企业活力和竞争力，健全国家宏观调控，完善政府社会管理和公共服务职能，为全面建设小康社会提供强有力的体制保障。”

科学发展观，第一要义是发展，核心是以人为本，基本要求是全面协调可持续，根本方法是统筹兼顾。坚持以人为本，就是要以实现人的全面发展为目标，从人民群众的根本利益出发谋发展、促发展，不断满足人民群众日益增长的物质文化需要，切实保障人民群众经济、政治和文化权益，让发展的成果惠及全体人民。

权为民所用，情为民所系，利为民所谋。以胡锦涛同志为总书记的党中央心系百姓，心忧天下，提出科学发展观的一个重要支点，就是城乡统筹、工农互助，从根本上解决长期困扰中国社会的“三农”问题。

从2004年起，中央连续六年发出关于解决“三农”问题的一号文件。

一系列破解“三农”问题坚冰的文件，宣布了历史上的许多首创：

——第一次提出在全国范围内取消农业税；一个在我国实行了长达2600年的古老税种从此退出历史舞台。

——第一次对种粮农民实行普遍的直接补贴；仅一年，农民领取的粮食直补、良种补贴、农机具购置补贴、农资综合直补等“四补贴”资金就达到数亿元。

——第一次作出建设社会主义新农村全面部署。

胡锦涛、温家宝等中央领导走访乡村农户，察民情、讲政策，督促各级党委政府，把惠农政策原原本本地交给群众，把措施不折不扣地落到实处。

一系列惠农政策的制定和实施，使农业、农村和农民面貌不断发生重大而深刻的变化，中国进入了农业发展最好、农村变化最大、农民得到实惠最多的历史时期之一。

又是一个金秋时节，江淮大地稻黄豆熟，瓜果飘香。胡锦涛专程来到了安徽农村。总书记考察的第一站，就是凤阳县小岗村，一个牵动中国人特殊情感和记忆的地方。胡锦涛对小岗村的农民们说，希望大家齐心协力，把农业生产搞上去，把农村的文化活动搞丰富，把村庄的环境搞整洁，使得我们农民的日子一天比一天更好！

在中国，农村大地跳动的脉搏，往往是时代变迁的讯息。30年来，从昨天走到今天，凤阳古城中的离离禾黍，印证了中国共产党坚持改革开放，始终和人民风雨与共、携手同行。农业丰则基础强，农民富则国家盛，农村稳则社会安。把“三农”问题作为全党工作的重中之重，统筹城乡经济社会发展，是中国共产党始终如一的承诺和行动。

从2003年起，一系列惠及无数孩子和家庭的重大举措先后出台。

国家逐步推行对农村义务教育阶段学生实行免除学杂费、免费提供教科书，补助家庭经济困难寄宿生生活费的“两免一补”政策，惠及40多万所义务教育学校和近1.5亿名学生。2008年9月1日，又实现了全国城乡免费义务教育。如今，农民工子弟们也能在城市里上学读书。

古人说：“无恒业者无恒产，无恒产者无恒志。”自古以来，百姓就业一直被视为民生之本，是个人安生、家庭安宁与国家安定的基本条件。

党的十六大报告首次将就业列为“民生之本，安国之策”解决就业问题，从中央到地方，成为各级政府各项工作的重中之重。各地纷纷出台新的措施，保增长、促发展，创造更多的就业岗位。

2010年，全国就业人员达亿人，新增加就业近千万人。这样一份“成绩单”，凝聚了各级党组织和政府的心血。

2009年2月16日，结束了在天津调研工作的温家宝总理准备乘火车返回北京，在火车站候车室，他遇到了来自河北省张家口两岁的白血病患儿李瑞。总理得知小李瑞由于家庭困难看不起病，母亲只好带他回家，立即嘱咐随行工作人员安排孩子到北京治病。当天下午，李瑞就入住北京儿童医院。国务院办公厅工作人员还为他募集了捐款。

温家宝在天津站深情相救白血病患儿的事，感动了全国人民。建立健全我国的医疗保障制度，一时成为大众热议的话题。党和政府一直把医疗卫生事业看作是造福人民、关系千家万户安康的事情，而且把它提升到关系经济社会协调发展、国家和民族未来的高度来看待。推行新型农村合作医疗制度成绩斐然，短短几年时间，全国开展新型农村合作医疗的县(市、区)就发展到2729个，覆盖人口亿人。2009年4月，中共中央、国务院发布《关于深化医药卫生体制改革的意见》，始终贯穿了公共卫生公益性的主线，明确提出了建立健全覆盖城乡居民的基本医疗卫生制度的目标。医疗卫生事业的发展，显著改善了人民群众的健康水平。新中国刚成立时，中国人口平均寿命还不到40岁，目前，中国人口平均期望寿命已经提高到73岁，达到了发达国家的水平。

从2007年起，农民也和城里人一样开始享受到国家提供的最低生活保障。仅在2008年，全国就有6600多万城乡居民感受到国家提供的这种温暖。进入2009年，一项新的重大惠农政策出台，新型农村社会养老保险试点开始，2011年6月20日温家宝总理承诺在本届政府任期内基本实现城镇居民社会养老保险和新型农村社会养老保险制度全覆盖。这是党和政府的重大惠民政策，是健全中国社会保障体系的重大制度建设，中国社会保障的覆盖群体正在逐步扩大，向着人人享有社会保障的目标迈进。

2008年6月20日上午，胡锦涛通过“人民网坛”，直接与网民对话。他说，网友们提出的一些建议、意见，我们是非常关注的。我们强调以人为本、执政为民，因此想问题、做决策、办事情，都需要广泛听取人民群众的意见，集中人民群众的智慧。倾听人民呼声、尊重人民意愿、关心群众疾苦、维护人民利益，执政为民的中国共产党人与人民群众的心始终连在一起。

灾难无情。它在几年之内，连续给中华民族带来重大损失。2008年春，我国南方突降罕见的冰雪灾害；同年5月12日，汶川特大地震；2010年4月13日，青海玉树强烈地震；同年8月17日，甘肃舟曲特大泥石流。

然而，多难兴邦。

每当灾害肆虐之际，也是党同人民坚定站在一起、克服艰难困苦的时刻。在飞往汶川地震灾区的专机上，胡锦涛指出：经过这几天的努力，抗震救灾工作已经全面展开了。也正在有力、有序、有效地进行。但是面临的挑战仍然很严峻，任务仍然非常艰巨，而且时间非常紧迫。虽然已经72小时过去了。但是现在仍然要把挽救人的生命作为当务之急，作为重中之重。抗震救灾斗争已经到了最危急的时刻了。总之还是要千方百计，克服一切艰难险阻，来夺取抗震救灾斗争的胜利。

总书记从受灾严重的擂鼓镇来到北川中学广场临时野战医院，看望受伤群众。一个名叫罗梦夕的孩子睁大眼睛静静躺在医护人员怀里。3岁的她在几天前失去了母亲。胡锦涛爱抚地安慰小梦夕，告诉她说，胡爷爷还会再来看你。在赶往北川县城途中，处于震中的县城已被山体滑坡掩埋，公路无法通行，胡锦涛徒步走向北川。总书记焦急地指示：要想办法派人进去，缓解乡亲们的吃饭难题呀！终于，总书记走到了劫后余生的北川百姓中间，这是党和国家领导人第一次走进地震后的北川县城。

5月16日深夜，从都江堰市通往震中地区汶川县漩口镇的道路终于被艰难地打通。得到消息后，第二天天一亮，胡锦涛就立即奔赴大山深处的漩口镇。在漩口镇，总书记站在废墟上对救援人员大声讲话："特大地震灾害发生后，同志们坚决执行党中央、国务院、中央军委的指示，迅速奔赴灾区一线，不畏艰险，不辞辛劳，奋不顾身地投入了抢险救灾的斗争。我们一定要发扬不怕疲劳，连续作战的作风，克服一切艰难险阻，争分夺秒地抢救被困群众，同志们有没有信心？"

"有！"战士们声音洪亮地回答。总书记说："谢谢你们。"

讲话中，余震不断。

人们从电视画面上还看到这样一段画面：2008年6月6日，温家宝在唐家山堰塞湖查看灾情。这是总理和一位老妇人的对话：（温家宝）：“我来看你了。”（老太）：“你是哪一个？”（温家宝）：“我是温家宝。”（老太）：“你是温家宝。你是个当官的。”（温家宝）：“我专门来看你。你多保重。”（老太）：“谢谢你们关心。”（温家宝）：“您精神好。精神好，说话也清楚。”（老太）：“你要扎实工作。”（温家宝）：“她现在认出我来了。”（村民）：“她让你扎实工作。让你努力工作。”（温家宝）：“我听你的话，我会努力工作。”一席对话，感人至深！

灾害给我们带来苦难，但它也让我们坚强。以人为本的理念，执政为民的情怀，在灾难中被光大、被升华、被传之深远，被百炼弥坚。

一个民族在灾难中失去的，必将在进步中获得补偿。家没有了，国还在；亲人没有了，党还在。山也在，水也在，良田还在，希望更在。因为，为人民服务，是中国共产党人唯一的目的、选择和追求。

从贫穷落后到繁荣昌盛，从山河破碎到强大统一，从受人欺凌到备受尊重，中国共产党同人民在一起，在中华大地上描绘了一幅波澜壮阔的历史画卷，谱写了中华民族文明史上最为光彩夺目的篇章。

（李向前撰稿）

新时代的思想引领：习近平新时代中国特色社会主义思想

2012年11月15日，中共十八届一中全会选举习近平为中央委员会总书记，决定习近平为中央军委主席。在随后的中外记者见面会上，习近平强调，新一届中央领导的责任，就是要团结带领全党和全国各族人民，接过历史的接力棒，继续为实现中华民族伟大复兴而努力奋斗。2012年11月29日，习近平到国家博物馆参观《复兴之路》展览时，首次提出了“中国梦”，还说“实现中华民族伟大复兴，就是中华民族近代以来最伟大的梦想”。全面建成小康社会，实现中华民族伟大复兴，迫切需要新的指导思想。

一、新的指导思想的创立

时代是思想之母。一个时代有一个时代的思想。党的十八大以来，围绕新时代坚持和发展什么样的中国特色社会主义、怎样坚持和发展中国特色社会主义这个重大时代课题，中国共产党坚持以马克思列宁主义、毛泽东思想、邓小平理论、“三个代表”重要思想、科学发展观为指导，坚持解放思想、实事求是、与时俱进、求真务实，坚持辩证唯物主义和历史唯物主义，紧密结合新的时代条件和实践要求，以全新的视野深化对共产党执政规律、社会主义建设规律、人类社会发展规律的认识，进行艰辛理论探索，取得重大理论创新成果，形成了习近平新时代中国特色社会主义思想。2017年党的十九大将其确立为共产党必须长期坚持的指导思想并写入党章，2018年十三届全国人大一次会议通过的宪法修正案又把其载入宪法，实现了党和国家指导思想的与时俱进。

作为这一思想的主要创立者，习近平总书记在领导全党全国各族人民推进党和国家事业的实践中，以马克思主义政治家、思想家、战略家的非凡理论勇气、卓越政治智慧、强烈使命担当，以“我将无我，不负人民”的赤子情怀，应时代之变迁、立时代之潮头、发时代之先声，提出一系列具有开创性意义的新理念新思想新战略，为习近平新时代中国特色社会主义思想的创立发挥了决定性作用、作出了历史性贡献。

马克思曾经说过，每一个社会时代都需要有自己的伟大人物，如果没有这样的人物，这个社会时代就要把他们创造出来。习近平总书记，就是中国共产党领导的改革开放这场新的伟大革命造就的伟大人物。习近平总书记一路走来历经实践考验。他从小受革命家庭的红色熏陶，15岁上山下乡，在陕北黄土高原度过艰苦的知青岁月，然后进入清华大学这个最高学府学习知识、开阔眼界。大学毕业后又进入高层领导机关工作，进一步提升了眼界、增长了才干。紧接着主动要求下放基层锻炼，沉到县里直接当县委书记这样的“一线总指挥”，一直在县、市、省重要领导岗位做实际工作。陕北7年，清华4年，军委机关3年，正定3年，福建17年，浙江5年，上海近1年，中央高层5年。从农村大队党支部书记到党的总书记，从普通公民到国家主席，从基层军官到军委主席。从西北到华北，再到东南沿海地区。中国的西部、中部、东部地区都待过，党和国家各个领导层级都干过，农民、大学生、军人、干部都当过。这么丰富的阅历，在这么多重要领导岗位上历练过，有这么长时间的实践积累，所有这些都是干好领导工作、创立新的指导思想的宝贵财富。

从习近平总书记作为该思想的主要创立者来看：从七年知青岁月到党的十八大之前，习近平同志的丰富从政经历，为形成新的指导思想奠定了基础。党的十八大以来至党的十九大召开，是习近平新时代中国特色社会主义思想形成，并被确立为党的指导思想阶段。党的十九大召开以来，是习近平新时代中国特色社会主义思想不断丰富发展的阶段。

二、新思想的核心内容

习近平新时代中国特色社会主义思想内涵十分丰富，涵盖改革发展稳定、内政外交国防、治党治国治军方方面面，其中最重要、最核心的内容就是中共十九大报告概括的“八个明确”。

明确坚持和发展中国特色社会主义，总任务是实现社会主义现代化和中华民族伟大复兴，在全面建成小康社会的基础上分两步走，在本世纪中叶建成富强民主文明和谐美丽的社会主义现代化强国。新时代中国特色社会主义总任务是新中国成立以来社会主义建设事业的继承和发展，既体现了当代中国人的理想，也反映了先人们不懈追求进步的光荣传统。为实现这一总任务，党的十九大作出在全面建成小康社会基础上分两步走的战略安排。

明确新时代我国社会主要矛盾是人民日益增长的美好生活需要和不平衡不充分的发展之间的矛盾，必须坚持以人民为中心的发展思想，不断促进人的全面发展、全体人民共同富裕。正确认识和把握我国在不同发展阶段的社会主要矛盾，是科学判明发展形势、正确制定大政方针的重要前提。要在继续推动发展的基础上，着力解决好发展不平衡不充分问题，大力提升发展质量和效益，更好满足人民在经济、政治、文化、社会、生态等方面日益增长的需要，更好推动人的全面发展、社会全面进步。

明确中国特色社会主义事业总体布局是“五位一体”、战略布局是“四个全面”，强调坚定道路自信、理论自信、制度自信、文化自信。“五位一体”总体布局，是经济、政治、文化、社会、生态文明全面发展的布局。这个总体布局是中国共产党领导中国特色社会主义事业发展长期探索形成的经验结晶。党的十八届三中、四中、五中、六中全会，相继就全面深化改革、全面依法治国、全面建成小康社会、全面从严治党进行专题研究，作出整体设计。在“四个全面”战略布局中，全面建成小康社会是战略目标，另三个“全面”则是战略举措。“四个全面”之间是相辅相成、相互促进、相得益彰的有机统一体。坚持“五位一体”总体布局和“四个全面”战略布局，推进中国特色社会主义事业不断发展，进一步坚定了全党全国人民对中国特色社会主义的“四个自信”。

明确全面深化改革总目标是完善和发展中国特色社会主义制度、推进国家治理体系和治理能力现代化。这个明确来自党的十八届三中全会提出的全面深化改革的总目标。党的十九届四中全会作出坚持和完善中国特色社会主义制度、推进国家治理体系和治理能力现代化若干重大问题的决定，进一步明确其总体目标：到我们党成立100年时，在各方面制度更加成熟更加定型上取得明显成效；到2035年，各方面制度更加完善，基本实现国家治理体系和治理能力现代化；到新中国成立100年时，全面实现国家治理体系和治理能力现代化，使中国特色社会主义制度更加巩固、优越性充分展现。

明确全面推进依法治国总目标是建设中国特色社会主义法治体系、建设社会主义法治国家。这个总目标“既明确了全面推进依法治国的性质和方向，又突出了全面推进依法治国的工作重点和总抓手，对全面推进依法治国具有纲举目张的意义”。全面依法治国，就要加快形成完备的法律规范体系、高效的法治实施体系、严密的法治监督体系、有力的法治保障体系，形成完善的党内法规体系。全面依法治国是国家治理的一场深刻革命，必须坚持厉行法治，推进科学立法、严格执法、公正司法、全民守法。各级党组织和全体党员要带头尊法学法守法用法，任何组织和个人都不得有超越宪法法律的特权，绝不允许以言代法、以权压法、逐利违法、徇私枉法。

明确党在新时代的强军目标是建设一支听党指挥、能打胜仗、作风优良的人民军队，把人民军队建设成为世界一流军队。中国共产党在各个历史时期，都根据形势任务的变化提出明确的目标要求，引领军队建设不断向前发展。习近平主席提出新时代的强军目标，是对我国由大向强发展阶段军队建设目标任务的新概括新定位，明确了我军发展的战略指导，开启了新时代强军事业的新征程。

明确中国特色大国外交要推动构建新型国际关系，推动构建人类命运共同体。这是新时代中国特色社会主义发展的外部条件。中国高举和平、发展、合作、共赢的旗帜，恪守维护世界和平、促进共同发展的外交政策宗旨，坚定不移在和平共处五项原则基础上发展同各国的友好合作，推动建设相互尊重、公平正义、合作共赢的新型国际关系。同时，推动建设持久和平、普遍安全、共同繁荣、开放包容、清洁美丽的世界，推动构建人类命运共同体。

明确中国特色社会主义最本质的特征是中国共产党领导，中国特色社会主义制度的最大优势是中国共产党领导，党是最高政治领导力量，提出新时代党的建设总要求，突出政治建设在党的建设中的重要地位。这是新时代中国特色社会主义发展的根本政治保证。中国共产党在近百年领导革命、建设和改革的光辉历程中，坚持把马克思主义与中国具体实践、时代特征和文化传统相结合，与时俱进，开拓创新，团结带领全国人民夺取一个又一个伟大胜利，开创和发展了中国特色社会主义。习近平总书记指出："中国最大的国情就是中国共产党的领导。什么是中国特色？这就是中国特色。"

这"八个明确"，从新时代坚持和发展中国特色社会主义的总目标、总任务、总体布局、战略布局和发展方向、发展方式、发展动力、战略步骤、外部条件、政治保证等基本问题破题，阐明了习近平新时代中国特色社会主义思想的深刻内涵，是习近平新时代中国特色社会主义思想的核心内容。

三、新思想的实践纲领

新时代坚持和发展中国特色社会主义的基本方略一共有十四条。"十四个坚持"，既是习近平新时代中国特色社会主义思想的重要组成部分，也是落实习近平新时代中国特色社会主义思想的实践要求。

坚持党对一切工作的领导。基本方略的第一个"坚持"，就是坚持党对一切工作的领导。党的领导，在各项"坚持"中有统领地位。党的领导地位是近代以来中国的历史逻辑、政治逻辑、实践逻辑所决定的。有了党的坚强领导，中国人民才从根本上改变了自己的命运，中国发展才取得了举世瞩目的伟大成就，中华民族才迎来了伟大复兴的光明前景。

坚持以人民为中心。人民是历史的创造者，是决定党和国家前途命运的根本力量。习近平指出，中国共产党人的初心和使命，就是为中国人民谋幸福，为中华民族谋复兴。这决定了人民立场是中国共产党的根本政治立场。我们党自成立之日起，就把坚持人民利益高于一切鲜明地写在自己的旗帜上，把全心全意为人民服务作为根本宗旨，把实现好、维护好、发展好最广大人民根本利益作为一切工作的出发点和落脚点。

坚持全面深化改革。在新的历史方位下，解决社会主要矛盾，全面深化改革仍是必由之路。全面深化改革的成果已让人民受益，百姓的生活质量更高了，获得感增强了，人民群众最关心的教育、医疗、社保、就业、环保等领域都有了明显改善。站在新的更高起点上，必须以坚持和完善中国特色社会主义制度，不断推进国家治理体系和治理能力现代化为主轴全面深化改革，突出制度建设主线，构建系统完备、科学规范、运行有效的制度体系。

其他的基本方略包括：坚持新发展理念、坚持人民当家作主、坚持全面依法治国、坚持社会主义核心价值体系、坚持在发展中保障和改善民生、坚持人与自然和谐共生、坚持总体国家安全观、坚持党对人民军队的绝对领导、坚持“一国两制”和推进祖国统一、坚持推动构建人类命运共同体、坚持全面从严治党。

以上“十四个坚持”之间是彼此依存、相互关联协调、不可分割的。前三条是管总的，后面是内政外交国防治党的依次展开。这“十四个坚持”体现了理论与实践相统一、战略与战术相结合，是实现“两个一百年”奋斗目标的“路线图”和“方法论”。

四、新思想的重大意义

习近平新时代中国特色社会主义思想既继承前人又开拓创新，开辟了马克思主义新境界。习近平新时代中国特色社会主义思想紧密结合新的时代条件和实践要求，坚持以党的基本理论为指导，坚持解放思想、实事求是、与时俱进、求真务实，以全新视野深化了对共产党执政规律、社会主义建设规律、人类社会发展规律的认识，提出一系列具有开创性意义的新理念新思想新战略，对马克思主义哲学、马克思主义政治经济学、科学社会主义理论作出独创性贡献，实现了马克思主义基本原理同中国具体实际相结合的新飞跃，在马克思主义中国化进程中具有里程碑意义。

这一思想从理论和实践的结合上为科学社会主义注入鲜活新内涵，开辟了中国特色社会主义新境界。习近平新时代中国特色社会主义思想运用马克思主义立场观点方法，坚持以我们正在做的事情和将要做的事情为中心，坚持问题意识和问题导向，凝结时代精华，总结实践经验，在改革发展稳定、内政外交国防、治党治国治军等方面提出许多重要思想、重要观点、重要论断，系统回答了在新时代坚持和发展什么样的中国特色社会主义、怎样坚持和发展中国特色社会主义这个重大时代课题，把对中国特色社会主义的认识提高到新的科学水平。习近平新时代中国特色社会主义思想的形成、发展和在实践中的广泛运用，使中国特色社会主义这面旗帜在当今世界更加鲜艳夺目，成为21世纪科学社会主义发展的旗帜。

这一思想着眼破解新时代党和国家发展面临的重大理论和实践问题，开辟了治国理政新境界。习近平新时代中国特色社会主义思想围绕实现“两个一百年”奋斗目标，指导全党全国各族人民积极推进深层次、根本性变革，取得了全方位、开创性成就。比如坚持和加强党的全面领导、践行以人民为中心的发展思想、贯彻新发展理念实现经济高质量发展、使市场在资源配置中起决定性作用和更好发挥政府作用、建设具有强大凝聚力和引领力的社会主义意识形态、加快生态文明体制改革、完善党和国家监督体系、坚持走中国特色强军之路、着力建设开放型世界经济，等等。这样的创新和变革，推动党的面貌、国家的面貌、人民的面貌、军队的面貌、中华民族的面貌发生了前所未有的变化。

这一思想丰富发展了马克思主义党建学说，开辟了管党治党新境界。习近平新时代中国特色社会主义思想强调以党的自我革命推动党领导的社会革命，强调在“四个伟大”中起决定性作用的是党的建设新的伟大工程，坚持和加强党的全面领导，把全面从严治党纳入“四个全面”战略布局，勇于自我革命，鲜明提出以党的政治建设统领党的各方面建设，实现了党的建设理论和实践的重大创新。在这一思想指引下，党在革命性锻造中更加坚强，焕发出新的强大生机活力，巩固了党的执政地位、扩大了党的执政基础，为党和国家事业发展提供了坚强政治保证。

（沈传亮撰稿）

全面深化改革：中国改革再出发

2012年12月7日，习近平到广东考察工作。这是当选总书记后他第一次出京调研。之所以到广东来，习近平说“就是要到在我国改革开放中得风气之先的地方，现场回顾我国改革开放的历史进程，将改革开放继续推向前进。”“我们来瞻仰邓小平铜像，就是要表明我们将坚定不移推进改革开放，奋力推进改革和现代化建设取得新进展、实现新突破、迈上新台阶。”这次改革宣誓后，中共中央在2013年11月召开了具有划时代意义的十八届三中全会，就全面深化改革作出顶层设计，会后成立的中央全面深化改革领导小组（后改称为中央全面深化改革委员会）统筹推进改革，开启了全面深化改革的新局面。

一、作好顶层设计

在改革进入攻坚期和深水区的重要关头，中共十八届三中全会审议通过《中共中央关于全面深化改革若干重大问题的决定》，就全面深化改革作出总体部署，提出了全面深化改革的指导思想、目标任务、重大原则，合理布局了全面深化改革的战略重点、优先顺序、主攻方向、工作机制、推进方式，开启了全面深化改革、系统整体设计推进改革的新时代。

坚持正确方向。改革开放是一场深刻革命，必须坚持正确方向，沿着正确道路前进。改革不是改向，今天，我们所进行的一切改革，都要坚持正确的方向，在涉及道路、理论、制度、文化等根本性问题上，在大是大非面前，必须立场坚定，绝不犯颠覆性错误。该改的，能改的我们坚决该，不该改的、不能改的坚决不改。不管改革开放推进什么程度，都必须坚持党的领导。无论改什么、改到哪一步，都要坚持以人民为中心的改革价值取向。

准确把握全面深化改革总目标。中共十八届三中全会把完善和发展中国特色社会主义制度、推进国家治理体系和治理能力现代化确立为全面深化改革总目标。这是改革进程本身向前拓展提出的客观要求，体现了中国共产党对改革认识的深化和系统化。针对把全面深化改革总目标两句话割裂开看的错误倾向，习近平指出，全面深化改革总目标是两句话组成的一个整体，前一句，规定了根本方向。后一句，规定了在根本方向指引下完善和发展中国特色社会主义制度的鲜明指向。两句话都讲，才是完整的。只讲第二局，不讲第一句，那是不完整、不全面的。

拟定路线图。全面深化改革的路线图是指《中共中央关于全面深化改革若干重大问题的决定》提出的“六个紧紧围绕”，其中包括紧紧围绕使市场在资源配置中起决定性作用深化经济体制改革，坚持和完善基本经济制度，加快完善现代市场体系、宏观调控体系、开放型经济体系，加快转变经济发展方式，加快建设创新型国家，推动经济更有效率、更加公平、更可持续发展。这份改革路线图，一方面明确了全面深化改革的主要内容，突出体现改革的全面性；另一方面明确了经济、政治、文化、社会、生态文明、党的建设各领域改革的重点，使全面深化改革的顶层设计、优先顺序、重点领域、关键环节一目了然，有利于整体推进和重点突破相结合、相促进。同时，要坚持以经济体制改革为重点、坚持以经济体制改革为牵引推动其他领域的改革。

坚持科学方法。中国改革开放是一场全面而深刻的社会变革，也是一场复杂的系统工程，必须坚持正确方法。以习近平同志为核心的党中央着眼改革开放全局，深入把握改革开放规律和特点，系统谋划全面深化改革的科学路径和有效方法，形成改革开放以来最为丰富、全面、系统的改革方法论，为全面深化改革提供了科学指导和行动指南。比如，把握全面深化改革的重大关系，处理好解放思想和实事求是的关系、整体推进和重点突破的关系、顶层设计和摸着石头过河的关系、胆子要大和步子要稳的关系、改革发展稳定的关系。比如更加注重改革的系统性、整体性、协同性。再比如坚持以法治思维和法治方式推进改革，凡属重大改革都要于法有据。

二、将改革开放进行到底

党的十八届三中全会以来，全面深化改革取得重大突破。推出1500多项改革举措，重要领域和关键环节改革取得突破性进展，主要领域改革主体框架基本确立。中国特色社会主义制度更加完善，国家治理体系和治理能力现代化水平明显提高，全社会发展活力和创新活力明显增强。在此基础上，党的十九大部署了新一轮的改革。

根据十九大精神，2018年召开的中共十九届三中全会审议并通过了《中共中央关于深化党和国家机构改革的决定》和《深化党和国家机构改革方案》，就党和国家机构改革、坚持和完善中国特色社会主义制度进行了专题部署。明确指出这次的改革目标是构建系统完备、科学规范、运行高效的党和国家机构职能体系，形成总揽全局、协调各方的党的领导体系，职责明确、依法行政的政府治理体系，中国特色、世界一流的武装力量体系，联系广泛、服务群众的群团工作体系，推动人大、政府、政协、监察机关、审判机关、检察机关、人民团体、企事业单位、社会组织等在党的统一领导下协调行动、增强合力，全面提高国家治理能力和治理水平。改革必须遵循坚持党的全面领导、坚持以人民为中心、坚持优化协同高效、坚持全面依法治国四条原则。

为确保机构改革在中共中央的直接领导下有序推进，成立了深化党和国家机构改革协调小组，负责指导协调督促中央一级新机构的组建工作、审批部门“三定”规定和省级机构改革方案、统筹协调和研究解决改革实施工作中的重大问题。在协调小组领导下，对应成立了九个专项协调小组，分别牵头统筹归口领域改革工作，协调处理有关问题，及时向协调小组报告进展情况和重大问题。具体改革任务，则分配到相关部门，以部门为主体统筹进行，推进落实具体工作。中央层面建立起了一套条理清晰、逻辑严密的机构改革领导体制和工作机制，保证了改革思想一致、认识一致、步调一致。2018年3月24日，深化党和国家机构改革推进会在北京召开。会议明确要求，各专项小组、各部门要尽快制定机构改革组织实施工作方案，包括转隶、集中办公、挂牌、拟订“三定”、文件收发、印章启用、经费和资产处置、档案移交等各个环节的具体安排，以此为各自机构改革组织实施的具体施工图和时间表。

党和国家机构改革严格按照全会决定的路线图和时间表展开。中央和国家机关机构改革在2018年年底前落实到位。省级党政机构改革方案在2018年9月底前报党中央审批，在2018年年底前机构调整基本到位。省以下党政机构改革，由省级党委统一领导，在2018年年底前报党中央备案。所有地方机构改革任务在2019年3月底前基本完成。这次持续一年多的改革，涉及的中央和国家机关部门、直属单位超过80个，调整幅度之大，触及利益之深，为改革开放以来之最。

2019年7月5日，中共中央在北京召开深化党和国家机构改革总结会议。会议指出，经过上下齐心协力，整体性推进中央和地方各级各类机构改革，适应新时代要求的党和国家机构职能体系主体框架初步建立，为完善和发展中国特色社会主义制度、推进国家治理体系和治理能力现代化提供了有力组织保障。这次改革探索积累了宝贵经验，就是坚持党对机构改革的全面领导，坚持不立不破、先立后破，坚持推动机构职能优化高效，坚持中央和地方一盘棋，坚持改革和法治相统一相协调，坚持把思想政治工作贯穿改革全过程。实践证明，中共中央关于深化党和国家机构改革的战略决策完全正确，改革的组织实施坚强有力。深化党和国家机构改革是放在全面深化改革大盘子里谋划推进的，是中国打的一次全面深化改革的战略性战役。

三、系统总结改革开放的宝贵经验

不断总结经验，才能不断深化改革。在2018年12月18日召开的庆祝改革开放40周年大会上，习近平发表重要讲话，回顾了改革开放的伟大历程、梳理了取得的辉煌成就，总结了改革开放的宝贵经验，对前进道路上需要继续深化改革开放进行了部署。

习近平把改革开放的宝贵经验总结为“九个必须坚持”，即必须坚持党对一切工作的领导，不断加强和改善党的领导；必须坚持以人民为中心，不断实现人民对美好生活的向往；必须坚持马克思主义指导地位，不断推进实践基础上的理论创新；必须坚持走中国特色社会主义道路，不断坚持和发展中国特色社会主义；必须坚持完善和发展中国特色社会主义制度，不断发挥和增强我国制度优势；必须坚持以发展为第一要务，不断增强我国综合国力；必须坚持扩大开放，不断推动共建人类命运共同体；必须坚持全面从严治党，不断提高党的创造力、凝聚力、战斗力；必须坚持辩证唯物主义和历史唯物主义世界观和方法论，正确处理改革发展稳定关系。

上述九条宝贵经验涉及改革开放的领导力量、价值取向、思想指引、根本方向、制度保障、根本任务、对外战略、科学方法。这些都是关乎改革开放和社会主义现代化建设事业前途命运的基本方面。其中，领导力量讲了两条，即党的领导和党的建设，反映了党的十八大以来共产党对执政党建设规律的认识更加全面深化。坚持以人民为中心是改革开放的价值取向，是改革开放的基本原则，必须长期坚持。理论创新、走自己的路、制度完善三条，既是改革开放取得的根本成就，也是根本经验，意味着进行改革开放必须始终立足中国实际，关照中国特色。这些宝贵经验是数十年累积的改革智慧结晶，也是新时代改革开放的基本遵循。总结经验、回顾过去，是为团结一致向前看、更好地走向未来。这些宝贵经验为推进新时代改革开放指明了方向，明确了路径，提供了方法。

在总结经验基础上，党中央还明确了将改革开放进行到底的坚定信心，作出了改革开放再出发的重要部署：一是坚持和加强党的领导；二是坚持人民为中心；三是继续推动理论创新；四是坚持中国道路、完善中国制度；五是继续推进经济社会发展；六是为国家发展创造良好外部环境；七是全面从严治党不放松；八是坚持科学方法论。

四、聚焦制度深化改革

国家间竞争的根本和实质就是制度竞争。为了进一步完善党和国家的各项制度，2019年10月28日至31日召开的中共十九届四中全会审议通过了《中共中央关于坚持和完善中国特色社会主义制度、推进国家治理体系和治理能力现代化若干重大问题的决定》。这个《决定》是坚持和完善中国特色社会主义制度、推进国家治理体系和治理能力现代化的政治宣言和行动纲领。

全会指出中国国家制度和国家治理体系具有显著优势，主要有：坚持党的集中统一领导，坚持党的科学理论，保持政治稳定，确保国家始终沿着社会主义方向前进；坚持人民当家作主，发展人民民主，密切联系群众，紧紧依靠人民推动国家发展；坚持全面依法治国，建设社会主义法治国家，切实保障社会公平正义和人民权利；坚持全国一盘棋，调动各方面积极性，集中力量办大事；坚持各民族一律平等，铸牢中华民族共同体意识，实现共同团结奋斗、共同繁荣发展；坚持公有制为主体、多种所有制经济共同发展和按劳分配为主体、多种分配方式并存，把社会主义制度和市场经济有机结合起来，不断解放和发展社会生产力；坚持共同的理想信念、价值理念、道德观念，弘扬中华优秀传统文化、革命文化、社会主义先进文化，促进全体人民在思想上精神上紧紧团结在一起；坚持以人民为中心的发展思想，不断保障和改善民生、增进人民福祉，走共同富裕道路；坚持改革创新、与时俱进，善于自我完善、自我发展，使社会充满生机活力；坚持德才兼备、选贤任能，聚天下英才而用之，培养造就更多更优秀人才；坚持党指挥枪，确保人民军队绝对忠诚于党和人民，有力保障国家主权、安全、发展利益；坚持“一国两制”，保持香港、澳门长期繁荣稳定，促进祖国和平统一；坚持独立自主和对外开放相统一，积极参与全球治理，为构建人类命运共同体不断作出贡献。这些显著优势是坚定中国特色社会主义道路自信、理论自信、制度自信、文化自信的基本依据。

全会通过的《决定》不仅明确坚持和完善中国特色社会主义制度、推进国家治理体系和治理能力现代化的指导思想、重大意义，还提出了总体目标，到中国共产党成立100年时，在各方面制度更加成熟更加定型上取得明显成效；到2035年，各方面制度更加完善，基本实现国家治理体系和治理能力现代化；到新中国成立100年时，全面实现国家治理体系和治理能力现代化，使中国特色社会主义制度更加巩固、优越性充分展现。

全会聚焦坚持和完善支撑中国特色社会主义的根本制度、基本制度、重要制度，明确了各项制度必须坚持和巩固的根本点、完善和发展的方向。主要内容包括，坚持和完善党的领导制度体系，提高党科学执政、民主执政、依法执政水平；坚持和完善人民当家作主制度体系，发展社会主义民主政治；坚持和完善中国特色社会主义法治体系，提高党依法治国、依法执政能力；中国特色社会主义行政体制，构建职责明确、依法行政的政府治理体系；社会主义基本经济制度，推动经济高质量发展；繁荣发展社会主义先进文化的制度，巩固全体人民团结奋斗的共同思想基础；统筹城乡的民生保障制度，满足人民日益增长的美好生活需要；共建共治共享的社会治理制度，保持社会稳定、维护国家安全；生态文明制度体系，促进人与自然和谐共生；党对人民军队的绝对领导制度，确保人民军队忠实履行新时代使命任务；"一国两制"制度体系，推进祖国和平统一；独立自主的和平外交政策，推动构建人类命运共同体；党和国家监督体系，强化对权力运行的制约和监督。其中党的领导制度是国家的根本领导制度，统领和贯穿其他方面制度。全会还就加强党对坚持和完善中国特色社会主义制度、推进国家治理体系和治理能力现代化的领导提出要求。

用一次中央全会专门研究国家制度和国家治理问题并作出决定，这在中国共产党的历史上还是第一次，在新中国历史上也是第一次。这次全会是一次具有开创性、里程碑意义的重要会议。

改革开放是一项艰巨而繁重的事业，不可能一蹴而就。改革开放已走过千山万水，但仍需跋山涉水。全党全国各族人民要更加紧密地团结在以习近平同志为核心的党中央周围，"高举中国特色社会主义伟大旗帜，不忘初心，牢记使命，将改革开放进行到底"。

（沈传亮撰稿）

反腐风暴：标本兼治，夺取压倒性胜利

2012年12月6日，中共中央纪委公布四川省委书记李春城涉嫌严重违纪接受组织调查，拉开了中共十八大以来查处腐败大案要案的序幕。

一、重拳反腐败

以习近平同志为核心的党中央，以“得罪千百人、不负十三亿”的勇气担当，以壮士断腕的坚强决心，坚持反腐败无禁区、全覆盖、零容忍，坚定不移“打虎”“拍蝇”，开展“猎狐”“天网”行动，把反腐败斗争不断引向深入。

打“虎”毫不手软。从党的十八大到十九大五年间，中共中央就严肃查处了周永康、薄熙来、郭伯雄、徐才厚、孙政才、令计划等严重违纪案件。这表明，中国共产党内没有“铁帽子王”，更没有什么丹书铁券。在查处重大案件的过程中，中共中央纪委注意把握政策、突出重点，严肃查处中共十八大后不收敛、不收手，问题线索反映集中、群众反映强烈，现在重要岗位且可能要提拔使用的领导干部，把三类情况同时具备的作为重中之重。截至2017年10月，经中共中央批准立案审查的省军级以上党员干部及其他中管干部440人。其中，十八届中央委员、候补委员43人，中央纪委委员9人。党的十九大之后，反腐败力度不减，又查办了一些大案要案。

打“虎”不忘拍“蝇”。中共中央纪委坚持突出审查重点，加大对“小官大贪”惩处力度，严肃查处贪污挪用、截留私分、虚报冒领扶贫资金，在“三资管理”、民生惠民、土地征收等领域搞“雁过拔毛”、吃拿卡要、强占掠夺、优亲厚友等群众身边的不正之风和腐败问题。据统计，2012年12月至2017年6月，全国共处分乡科级及以下党员干部134.3万人，处分农村党员干部64.8万人。党的十九大召开之后，对小微腐败的治理一直在持续进行。

开展追逃追赃。把追逃追赃作为遏制腐败蔓延的重要一环，纳入反腐败工作总体部署。2014年6月27日，中共中央决定设立中央反腐败协调小组国际追逃追赃工作办公室。中央和省级反腐败协调小组建立起集中统一的协调机制，加强基础工作，摸清底数，建立外逃人员数据库，制定责任追究制度，落实外逃人员所在党组织追逃责任。2015年3月26日，中央反腐败协调小组国际追逃追赃工作办公室首次启动针对外逃腐败分子的“天网”行动。4月22日，国际刑警组织中国国家中心局集中公布100名涉嫌犯罪外逃国家工作人员、重要腐败案件涉案人等人员的红色通缉令。据中央纪委国家监委网站2019年9月12日信息，2015年4月22日公布的“百名红通人员”名单上已有60人到案。此外，还深化国际反腐败执法合作，对外逃分子形成强大威慑。

二、以党风建设为切口全面从严治党

党的十八大后进行的全面从严治党，是以加强党的作风建设为切入口的。2012年12月4日，中共中央政治局会议审议通过了《十八届中央政治局关于改进工作作风、密切联系群众的八项规定》。中央“八项规定”简便好记，方便执行，短期内形成巨大效应，加强了中国共产党的作风建设。

为进一步加强作风建设，2013年4月，中共中央决定在全党自上而下分批开展党的群众路线教育实践活动。此次活动以为民务实清廉为主要内容，坚决反对形式主义、官僚主义、享乐主义和奢靡之风（简称“四风”），以“照镜子、正衣冠、洗洗澡、治治病”为总要求，主要任务是教育引导党员、干部树立群众观点，弘扬优良作风，解决突出问题，保持清廉本色，使党员、干部思想进一步提高、作风进一步转变，党群干群关系进一步密切，进一步树立党的良好形象。2014年3月，习近平指出：“各级领导干部都要树立和发扬好的作风，既严以修身、严以用权、严以律己，又谋事要实、创业要实、做人要实。”2015年4月，中共中央印发《关于在县处级主要领导干部中开展“三严三实”专题教育方案》，持续一年的“三严三实”专题教育，使广大县处级领导干部在思想、作风、党性上得到升华，推动党内政治生态不断改善。

2016年2月，中共中央决定在全体党员中开展“两学一做”学习教育，坚持用党章党规规范党员干部的言行，用习近平总书记系列重要讲话精神武装全党，引导全体党员做“四讲四有”的合格党员。“两学一做”学习教育，是推动党内教育从“关键少数”向广大党员拓展、从集中性教育向经常性教育延伸的重要举措。2017年3月，中共中央决定推进“两学一做”学习教育常态化制度化。2019年又根据党的十九大部署在全党开展了“不忘初心、牢记使命”主题教育，让全党再次受到震撼和教育。

党要管党必须从党内政治生活管起，从严治党必须从党内政治生活严起。2016年10月，中共十八届六中全会审议通过了《关于新形势下党内政治生活的若干准则》和《中国共产党党内监督条例》，为新时代加强和规范党内政治生活、净化政治生态提供了基本遵循和制度性保障。全会强调，加强和规范党内政治生活，重点是各级领导机关和领导干部，关键是高级干部特别是中央委员会、中央政治局、中央政治局常务委员会的组成人员。此后，从上到下各级党组织严格党的组织生活制度、坚持和改进“三会一课”等党内政治生活方式，切实开展批评和自我批评，有效解决了党组织生活不经常、不认真、不严肃的问题，加强和规范了党内政治生活，净化了党内政治生态。

严明政治纪律和政治规矩，坚持把纪律规矩挺在前面。2013年1月，中共十八届中央纪委二次全会提出要严明党的政治纪律。习近平指出，严明党的纪律，首要的是严明政治纪律。党的纪律是多方面的，但政治纪律是最重要、最根本、最关键的纪律，遵守党的政治纪律是遵守党的全部纪律的重要基础。2014年1月，中共十八届中央纪委三次全会提出加强党的组织纪律要求。2015年1月，中共十八届中央纪委五次全会强调把守纪律讲规矩摆在更加重要的位置。习近平指出，要坚持思想建党和制度治党，加强纪律建设，使纪律真正成为“带电的高压线”。2016年1月，中共十八届中央纪委六次全会强调纪严于法、纪在法前。为加强纪律建设，2013年12月，中央印发《中国共产党纪律处分条例》；2015年10月又进行了修订，明确违反政治纪律、组织纪律、廉洁纪律、群众纪律、工作纪律和生活纪律等六类违纪行为，划出了党组织和党员不可触碰的底线；2018年8月，又公布了新修订的纪律处分条例，把党的十八大以来党的建设经验尤其是纪律建设的宝贵经验写了进来，强调“两个维护”。在党的十九大上，纪律建设被纳入党的建设的总布局，成为党的建设的重要环节。

培养造就忠诚干净担当的高素质干部队伍。2013年6月，习近平在全国组织工作会议上提出新时代好干部标准是“信念坚定、为民服务、勤政务实、敢于担当、清正廉洁”。2014年10月，习近平在对云南工作的指示中，要求党员干部要“对党忠诚、个人干净、敢于担当”。2015年1月，又对县委书记提出“四有”要求，实际上也是要求全党干部做到心中有党、心中有民、心中有责、心中有戒。

以新时代党的组织路线为指导，强化党组织在干部选任中的领导和把关作用，防止“带病提拔”；严肃整治用人上的不正之风和腐败现象，严厉查处跑官要官、买官卖官等问题；实行领导干部个人有关事项报告制度和抽查核实制度；建立重大决策终身责任追究制度及责任倒查机制，大力整治“为官不为”“庸官”“懒政”等问题；探索建立容错纠正机制，宽容干部在工作中特别是改革创新中的失误。

全面强化党内监督，充分发挥巡视利剑作用。一是推动建立中央统一领导、党委（党组）全面监督、纪律检查机关专责监督、党的工作部门职能监督、党的基层组织日常监督、党员民主监督的党内监督体系。二是实践监督执纪“四种形态”，即经常开展批评和自我批评、约谈函询，让“红红脸、出出汗”成为常态；党纪轻处分、组织调整成为违纪处理的大多数；党纪重处分、重大职务调整的成为少数；严重违纪涉嫌违法立案审查的成为极少数。三是明确巡视是政治巡视不是业务巡视，发挥巡视利剑作用。四是实现派驻监督全覆盖，向中央一级党和国家机关全面派驻纪检组，充分发挥“派”的权威和“驻”的优势。

中共中央将巡视作为党内监督战略性制度安排，确立巡视工作方针，发现问题、形成震慑、标本兼治，创新组织制度和方式方法，第一次实现一届任期巡视全覆盖。中共十八届中央委员会共开展12轮巡视，巡视277个地方、单位组织，对16个省区市开展“回头看”，对4个单位进行“机动式”巡视，实现对省区市和新疆生产建设兵团、中央和国家机关、国有重要企业、中央金融单位和中管高校的巡视全覆盖，充分发挥了政治“显微镜”和政治“探照灯”的作用。党的十九大以后，巡视力度不减，强度也在加大。

党的十九大对加强党的建设作出新部署，把全面从严治党向纵深突进，特别把政治建设作为党的建设的根本性建设，把纪律建设纳入党的建设总体布局，形成“5+2”格局，提出新时代党的建设总要求。经过近几年持续的全面从严治党，全党的政治生态为之一新、健康政治文化不断彰显。

三、以党的政治建设为统领

党的十八大以来，党中央注重从政治高度强调加强党的政治建设，侧重从政治上管党治党。2017年10月召开的党的十九大，第一次以党代会名义在党的历史上提出加强党的政治建设，而且把政治建设作为全党的根本性建设，明确对党的建设其他方面起统领作用，党的建设总体布局上实现了历史性突破。

在革命、建设、改革各个时期，共产党都高度重视党的政治建设，形成了讲政治的优良传统。党的十八大以来，以习近平同志为核心的党中央把党的政治建设摆在更加突出位置，加大力度抓，形成了鲜明的政治导向，消除了党内严重政治隐患，推动党的政治建设取得重大历史性成就。同时，必须清醒看到，党内存在的政治问题还没有得到根本解决，一些党组织和党员干部忽视政治、淡化政治、不讲政治的问题还比较突出，有的甚至存在偏离中国特色社会主义方向的严重问题。切实有效解决这些问题，必须进一步加强党的政治建设。在此背景下，党的十九大才明确提出党的政治建设这个重大命题。2018年6月29日，习近平在中央政治局第六次集体学习时发表重要讲话，明确提出要把准政治方向、坚持党的政治领导、夯实政治根基、涵养政治生态、防范政治风险、永葆政治本色、提高政治能力等要求。

2019年初，中共中央颁布了《关于加强党的政治建设的意见》，对加强党的政治建设的指导思想、总体要求、主要内容等作出了详细部署，必将推动全党的政治建设向着更加规范的方向前进。《意见》明确提出，加强党的政治建设目的是坚定政治信仰，强化政治领导，提高政治能力，净化政治生态，实现全党团结统一、行动一致。着眼于这一目标要求，《意见》就加强党的政治建设作出坚定政治信仰、强化政治领导、提高政治能力、净化政治生态四个方面的部署。该《意见》是贯彻习近平新时代中国特色社会主义思想和党的十九大精神的重大举措，是党中央深刻总结历史经验和新鲜经验对新时代加强党的政治建设作出的重大决策部署。

四、坚持依规治党

制度建设贯穿党的建设全过程。党的十八大以来，中国共产党扎实推进党的制度改革，扎紧制度的笼子，不断提升制度治党、依规治党的水平。

高度重视党内法规制度建设，坚持依法治国与制度治党、依规治党统筹推进。2013年1月，习近平在十八届中央纪委二次全会上指出，“要善于用法治思维和法治方式反对腐败，加强反腐败国家立法，加强反腐倡廉党内法规制度建设，让法律制度刚性运行”。2013年12月，中共中央成立党的建设制度改革专项小组。2014年8月29日，中共中央政治局会议审议通过了《深化党的建设制度改革实施方案》，围绕四方面改革任务提出26项重点举措，为加强党的制度建设提供了重要依据和遵循。2014年10月，中共十八届四中全会提出加强党内法规制度建设，形成完善的党内法规体系。2015年6月，习近平在听取2015年首轮专项巡视汇报时指出，各级党委（党组）要坚持全面从严治党、依规治党、坚持不懈加强领导班子建设，完善党内法规监督体系，健全党内法规制度。

2016年12月，中国共产党历史上第一次召开全国党内法规工作会议，通过了《中共中央关于加强党内法规制度建设的意见》，提出党内法规制度建设的指导思想、总体目标和重大举措，作出总体部署。习近平作出批示，强调加强党内法规制度建设是全面从严治党的长远之策、根本之策，必须坚持依法治国与制度治党、依规治党统筹推进、一体建设。2019年10月召开的十九届四中全会又对坚持和完善党和国家监督体系、强化对权力运行的制约监督作出部署，提出构建一体推进不敢腐、不能腐、不想腐体制机制。

党内法规制度体系建设取得重要进展。党的十八大以来，中国共产党先后制定或修订出台了《中国共产党廉洁自律准则》《中国共产党纪律处分条例》等百余部党内法规，初步形成了涵盖党的建设和党的工作主要领域、适应管党治党需要的党内法规体系框架，基本实现用制度治党。

加强党内法规制度的切实执行。中共中央通过出台一系列改革举措来推动党内法规实现真正落地。例如，为严格执行《党政机关厉行节约反对浪费条例》和《党政机关国内公务接待管理规定》，中共中央大刀阔斧进行公务用车改革，坚决清理不合规的办公用房，严格按规定使用“三公”经费。为落实《党政领导干部选拔任用工作条例》，党内组织部门采取多种措施，对干部人事档案分级、分批进行系统专项审核。为了让制度成为硬约束、真正带电的“高压线”，中共中央加大了对违规行为的惩治和处罚力度。例如，中共中央对违反八项规定的党员给予严肃处理。仅2019年，全国纪检监察机关共查处违反中央八项规定精神问题6.4万起，处理党员、干部8.6万人，给予党纪政纪处分6.6万人。

全面从严治党永远在路上。只有把自我革命搞好，把党建设得坚强有力，才能把新时代坚持和发展中国特色社会主义这场伟大社会革命进行好。

（沈传亮撰稿）

绿水青山就是金山银山：人与自然和谐发展之路

随着社会发展和人民生活水平的提高，中国人对于干净的水、清新的空气、安全的食品、优美的环境等要求越来越高，生态环境在群众生活幸福指数中的地位不断凸显，环境问题日益成为重要的民生问题，老百姓过去“盼温饱”，现在“盼环保”；过去“求生存”，现在“求生态”。党的十八大以来，中共中央立足建设美丽中国，回应群众呼声，把生态文明建设纳入“五位一体”总体布局，加强环保顶层设计，加强环保督察，严格追责破坏生态行为，推动生态文明建设出现历史性变化。

一、绿水青山就是金山银山

2005年8月15日，时任浙江省委书记的习近平在浙江安吉余村调研座谈时，针对干部群众在如何处理环境保护与经济增长问题上出现的思想矛盾、困惑和彷徨，提出了“绿水青山就是金山银山”的重要理念，为正处于推进“生态立县”关键时刻的安吉县指明了方向，也为正处于“成长中烦恼”的浙江推进生态省建设提供了重要的理论指导和实践依据。

这一崭新理念，使广大干部群众豁然开朗、脑洞大开。余村是“既要金山银山又要绿水青山”即“两山论”重要发源地，也是“两山论”的实践地，更是“两山论”的受益者。十多年来，安吉县上下坚定不移地举“两山”旗、走“两山”路、创“两山”业，一任接着一任干、一张蓝图绘到底，成功走出了一条生态美、产业兴、百姓富的科学发展之路，实现了经济发展与生态保护的良性循环。余村已经成为远近闻名的生态文明示范村，成为生态文明建设当之无愧的圣地。每天慕名而来的中外游客和参观者络绎不绝，盛赞安吉农村的生态人文与欧洲农村相比毫不逊色。安吉余村是中国践行“两山论”的一个范例。“两山论”在中国，可谓家喻户晓、老少皆知，不仅是干部群众最响亮的口号，而且逐渐成为自觉自愿的行为。

“两山论”不仅因应人与自然关系走向，而且反映了习近平对生态文明建设的深刻洞察。习近平总书记反复强调，环境就是民生，青山就是美丽，蓝天也是幸福，绿水青山就是金山银山；像保护眼睛一样保护生态环境，像对待生命一样对待生态环境；决不能以牺牲生态环境为代价换取经济的一时发展。搞好生态，关键在人在思路。一些地方生态环境资源丰富又相对贫困，更要通过改革创新，探索一条生态脱贫的新路子，让贫困地区的土地、劳动力、资产、自然风光等要素火起来，让资源变资产、资金变股金、农民变股东，让绿水青山变金山银山。

二、习近平生态文明思想的提出

2018年5月举行的全国生态环境保护大会，首次明确提出习近平生态文明思想的概念。大会认为，党的十八大以来，以习近平同志为核心的党中央深刻回答了为什么建设生态文明、建设什么样的生态文明、怎样建设生态文明的重大理论和实践问题，提出了一系列新理念新思想新战略，形成了习近平生态文明思想。这一思想涉及生态文明建设的地位、原则、体系等诸多方面。

大会提出推进生态文明建设的六项重要原则，即“坚持人与自然和谐共生”“绿水青山就是金山银山”“良好生态环境是最普惠的民生福祉”“山水林田湖草是生命共同体”“用最严格制度最严密法治保护生态环境”“共谋全球生态文明建设”。为遵循这六项原则，还提出要加快构建生态文明体系的“五个体系”，即生态文化体系、生态经济体系、目标责任体系、生态文明制度体系、生态安全体系。“五个体系”是对贯彻“六项原则”的具体部署，也是从根本上解决生态问题的对策体系。

全国环保大会不仅明确概括了习近平生态文明思想，还就下一步生态文明建设作出部署。会议指出，要积极回应人民群众所想、所盼、所急，大力推进生态文明建设，提供更多优质生态产品，不断满足人民群众日益增长的优美生态环境需要。良好生态环境是最普惠的民生福祉，坚持生态惠民、生态利民、生态为民，重点解决损害群众健康的突出环境问题，要把解决突出生态环境问题作为民生优先领域。坚决打赢蓝天保卫战是重中之重，要以空气质量明显改善为刚性要求，强化联防联控，基本消除重污染天气，还老百姓蓝天白云、繁星闪烁；要深入实施水污染防治行动计划，保障饮用水安全，基本消灭城市黑臭水体，还给老百姓清水绿岸、鱼翔浅底的景象；要全面落实土壤污染防治行动计划，突出重点区域、行业和污染物，强化土壤污染管控和修复，有效防范风险，让老百姓吃得放心、住得安心；要持续开展农村人居环境整治行动，打造美丽乡村，为老百姓留住鸟语花香田园风光。

贯彻习近平生态文明思想，必须树立绿色发展理念。为此，就必须坚持节约资源和保护环境的基本国策，坚持可持续发展，坚定走生产发展、生活富裕、生态良好的文明发展道路，加快建设资源节约型、环境友好型社会，形成人与自然和谐发展现代化建设新格局，推进美丽中国建设，为全球生态安全作出新贡献。

三、让中国更加美丽

行动最有说服力。美丽中国、重在建设。继党的十八大把生态文明建设纳入“五位一体”总体布局，2017年党的十九大报告又把建设美丽中国写入强国目标。2018年十三届全国人大一次会议通过的宪法修正案，将这一目标载入国家根本大法。为了建设美丽家园，中国大力推动绿色发展，开展一系列根本性、开创性、长远性工作，推动生态环境保护发生历史性、转折性、全局性变化。

深化生态体制改革，加快推进生态文明顶层设计和制度体系建设。2015年出台的《生态文明体制改革总体方案》，明确提出到2020年，构建起由自然资源资产产权制度、国土空间开发保护制度、空间规划体系、资源总量管理和全面节约制度、资源有偿使用和生态补偿制度、环境治理体系、环境治理和生态保护市场体系、生态文明绩效评价考核和责任追究制度八项制度构成的产权清晰、多元参与、激励约束并重、系统完整的生态文明制度体系。党的十九大以来，在推进党和国家机构改革中，为更好保护“青山绿水”、治理污染，组建了生态环境部和自然资源部两个部门。这样有利于更好落实生态文明建设的整体规划和体制机制，有助于治愈生态环保领域“九龙治水”的沉疴。

全面推行河长制、湖长制。中国的河与湖都有明确的生态“管家”，责任也明确了。2017年10月1日施行的《浙江省河长制规定》明确将河长制定义为“由河长对水域的治理、保护予以监督和协调，督促或者建议政府及相关主管部门履行法定职责、解决责任水域存在问题的体制和机制”。河长制，不是用新设立的河长来替代主管部门日常监督检查职责的制度，而是作为日常监督检查的补充和辅助，推动和帮助部门更好地履行职责。实际上，河长制最早就在浙江先行先试。在浙江，每一块河道边都有河长公示牌，上面各级河长的姓名、电话以及职务等写得清清楚楚，而且蓝色的牌子很醒目，有任何问题都可以第一时间联系到人。目前，浙江一共配备各级河长5.7万余名，其中省级河长6名、市级河长272名、县级河长2786名、乡级河长19320名、村级河长35091名，形成了省、市、县、乡、村“五级联动”的河长制体系，并将河长制延伸到小微水体，实现水体全覆盖。河长制推行后，浙江水环境实现历史性好转，全面完成消灭垃圾河6500公里，消灭黑臭河5100公里，基本清除了“黑、臭、脏”的感官污染。统计数据显示，2017年全省地表水省控断面中，Ⅲ类以上水质断面占82.4%，全省已消灭劣Ⅴ类水质断面。环保部开展的2016年度《水污染防治行动计划》（“水十条”）实施情况考核，浙江省列全国首位。2016年底，推广到了全国。如今，在全国大部分地方，不管是大江大河还是小河小溪，几乎都能见到河长的身影。

法治建设快马加鞭。党的十八大以后，根据中国生态文明建设的总体思路，对20世纪80年代通过的环保法进行了修订。新环保法增加按日连续计罚等执法手段，被赞“环保法终于长出了牙齿”；制修订大气污染防治法、水污染防治法、环境影响评价法等，提高环境违法成本；2019年1月1日开始实施的《中华人民共和国土壤污染防治法》，成为防治土壤污染的一把“利剑”。

实施中央环境保护督察制度，实行严厉问责。2015年12月启动河北省督察试点以来，中央环保督察持续发力，全国各地掀起了一场持久的环保督察风暴。2016年7月和11月、2017年4月和8月分四批开展督察，实现了对31个省（区、市）全覆盖。在此过程中，严格执法，严肃处理了一些对生态保护不力的地方和单位。比如，甘肃祁连山国家级自然保护区生态环境问题具有典型性，教训十分深刻。在这次环保问责过程中，包括甘肃省3名副省级干部在内，有上百人因祁连山生态破坏问题被问责。这场被称为“史上最严”的环保问责风暴也引发了涉事地干部群众的深刻反思，也表明中国政府对破坏生态环境的严格执法。

深入实施大气、水、土壤污染防治三大行动计划。经过艰苦努力，顺利完成“大气十条”各项任务。与2013年相比，2017年全国338个地级及以上城市PM10平均浓度下降22.7%，京津冀、长三角、珠三角等重点区域PM2.5平均浓度分别下降39.6%、34.3%、27.7%，天更蓝了。累计治理沙化土地1.5亿亩，全国完成造林5.08亿亩，森林覆盖率达到21.66%，占全球绿化面积1/4，成为同期全球森林资源增长最多的国家，山更绿了。有的中国导演去陕西拍电影，本来想着拍摄黄土高坡的壮观景象，但没想到由于绿化的好，昔日黄土高坡披上绿装。相比2012年，2017年全国地表水好于三类水质所占比例提高了6.3个百分点，劣五类水体比例下降4.1个百分点，水更清了。同时，沙漠化治理成效显著，让沙漠变绿洲。

生态文明建设不仅需要中央政府的设计推动，更要靠地方政府的积极努力。比如内蒙古，根据内蒙古自治区林业和草原局消息，内蒙古森林面积已由2013年的3.73亿亩增加到2018年的3.92亿亩，森林覆盖率由21.03%提高到22.1%。这是因为近年来，内蒙古按照“三山两沙四区”林业生态建设框架，分区施策、重点突破，开展大规模国土绿化，持续组织实施天然林保护、京津风沙源治理、三北防护林建设、退耕还林还草等国家重点生态建设工程，推进生态系统一体化修复治理。全区每年完成林业生态建设任务1000万亩以上，占全国生态建设总任务的1/9。全区将沙漠、沙地治理作为生态建设主战场，持续推进防沙治沙工作，专项治理浑善达克沙地、乌珠穆沁沙地重点区域，仅2018年就完成防沙治沙1270万亩。持续开展退化沙化草地治理、已垦草原退耕还草、工业矿区生态修复和打草场质量提升等草原生态修复工作，推动形成人草畜和谐发展格局。经过多年生态治理，内蒙古实现森林覆盖率、草原植被盖度连续“双提高”，荒漠化、沙化土地持续“双减少”。巴丹吉林沙漠等五大沙漠周边重点治理区域沙漠扩展现象得到遏制，呼伦贝尔沙地实现沙化面积缩减、沙化程度减轻的较大转变，库布其沙漠治理率达34.7%，腾格里沙漠东南缘形成生物固沙带。

每个人都是乘凉者，更要做好种树人。按照习近平提出的“因地制宜，深入推进大规模国土绿化行动”的要求，2019年3月以来，从西部沙漠内蒙古库布其，到南海热带三亚胡抱坡岭，从太行山脉的山西晋城到三峡库区的重庆万州，植树造林在各地全面展开。在河北雄安新区，“千年秀林”工程进行得热火朝天。一年前这里种下了第一棵树，现在已是种了11万亩。2019年1月，习近平在雄安新区考察时强调，先植绿、后建城。2019年，雄安新区将新造林20万亩。雄安新区在“千年秀林”的建设中，就是按照适地适树的原则，选用的大多数树种都是乡土树种。通过不同树种的合理搭配，做到了四季常绿。这些地方的扎实举措，贯彻落实了党中央生态文明建设的思想。

2019年1月举行的全国生态环境保护工作会议，对今后的生态环保工作作出部署，着力做好包括积极推动经济高质量发展、加强重大战略规划政策研究制定、坚决打赢蓝天保卫战、全力打好碧水保卫战、扎实推进净土保卫战、加强生态保护修复与监管、积极应对气候变化、持续提高核与辐射安全监管水平、大力推进生态环境保护督察执法、深化生态环境领域改革等12个方面的工作。会后又启动了第二轮中央生态环境保护督察。

四、积极参与全球生态治理

世界环境和气候的变化离不开各国人民的共同努力。作为最大的发展中国家，中国一直致力于国际的环保工作。尤其是进入新时代，中国不仅在国内生态治理上取得巨大进展，而且更加积极参与全球生态治理，为世界环境改善作出了自己的贡献。

积极推动《巴黎协定》生效，就实施涉及问题准备“中国方案”，展现负责任的大国形象。2015年11月30日，习近平在气候变化巴黎大会上说，中国在“国家自主贡献”中提出将于2030年左右使二氧化碳排放达到峰值并争取尽早实现，2030年单位国内生产总值二氧化碳排放比2005年下降60%—65%，中国将在2060年实现碳中和非化石能源占一次能源消费比重达到20%左右，森林蓄积量比2005年增加45亿立方米左右。虽然需要付出艰苦的努力，但我们有信心和决心实现我们的承诺。

建立中国气候变化南南合作基金。2014年9月，中国国家主席习近平特使、国务院副总理张高丽在出席联合国气候峰会时表示，中国将大力推进应对气候变化南南合作，从2015年开始在现有基础上把每年的资金支持翻一番，建立气候变化南南合作基金。2015年9月，习近平主席访美期间，正式宣布中国政府出资200亿元人民币建立中国气候变化南南合作基金。该基金旨在支持其他发展中国家应对气候变化、向绿色低碳发展转型，包括增强其使用绿色气候基金资金的能力和气候适应力，严格控制对国内以及国外高污染高排放项目的投资。该基金的建立是中国政府推进气候治理南南合作，向发展水平较为落后的国家和地区提供支持的务实举措。

为太平洋岛国应对气候变化提供支持。2014年11月22日，习近平同太平洋岛国领导人举行集体会晤。习近平在会晤时指出，中国和太平洋岛国虽然相距遥远，但双方人民有着天然的亲近感，友好交往源远流长。当前中国和太平洋岛国传统友好更加牢固，共同利益不断拓展，合作前景日益广阔，双方关系面临乘势而上的良好机遇。中国对发展同太平洋岛国关系的重视只会加强、不会削弱，投入只会增加、不会减少。习近平代表中国政府表示，中方将在南南合作框架下为岛国应对气候变化提供支持，向岛国提供节能环保物资和可再生能源设备，开展地震海啸预警、海平面监测等合作。这受到与会国家领导的高度赞赏，彰显了中国积极参与全球生态治理的鲜明态度。

合作建立“一带一路”绿色发展国际联盟。“一带一路”绿色发展国际联盟是构建绿色发展国际合作伙伴的重要平台，是我国和联合国环境署共同启动组建的，旨在推动以绿色建设贯通“一带一路”成为国际共识和共同行动，落实联合国2030年可持续发展议程。目前已有80多家机构确定成为联盟的合作伙伴。同时，中国率先发布《中国落实2030年可持续发展议程国别方案》，实施《国家应对气候变化规划（2014—2020年）》，与一些西方发达国家动辄退群自利形成鲜明对比，彰显出了大国风范。

积极参与环境保护国际合作，参与国际社会应对气候变化进程，主动承担国际责任，已批准加入50多项与生态环境有关的多边公约和议定书，在推动全球气候谈判、促进新气候协议达成等方面发挥着积极的建设性作用。

保护生态环境、建设美丽中国，任重道远。进行生态文明建设，需要党和政府的领导，更需要每一个中国人行动起来，践行绿色发展理念、倡导绿色生活方式，切实把绿色融入生活、融入生命。

（沈传亮撰稿）

“一带一路”：合作共赢的中国方案

2013年秋天，习近平总书记分别提出共建“丝绸之路经济带”和“21世纪海上丝绸之路”的倡议，共建“一带一路”倡议由此成为中国参与全球开放合作、改善全球治理体系、促进全球共同发展繁荣、推动构建人类命运共同体的中国方案。

一、“一带一路”进展：从“大写意”到“工笔画”

在新的历史条件下，提出“一带一路”倡议，是新时代中国对外开放和经济外交的顶层设计。习近平总书记曾形象地指出，“一带一路”是要再为我们这只大鹏插上两只翅膀，建设好了，大鹏就可以飞得很高更远。这一合作倡议，既对新时代中国开放空间布局进行了统筹谋划，又对中国与世界实现开放共赢的路径进行了顶层设计，彰显了中国特色社会主义道路自信、理论自信、制度自信、文化自信。

共建“一带一路”也是破解人类发展难题的中国智慧和中国方案。当前世界经济调整、贫富分化加剧，反全球化、民粹主义等思潮抬头，究其深层原因，仍然是发展不平衡问题。“一带一路”牢牢抓住发展这个最大公约数，着眼于世界各国人民追求和平与发展的共同梦想，致力于推动经济全球化朝着更加开放、包容、普惠、平衡、共赢的方向发展，旨在同沿线和世界各国分享中国发展机遇，欢迎各方搭乘中国发展的“快车”“便车”，不仅造福中国人民，更造福各国人民。这一合作倡议，为全球发展合作提供了创新思路，为破解全球发展难题贡献了中国智慧、中国方案，体现了中国将自身发展同世界发展相统一的全球视野、世界胸怀的大国担当。

共建“一带一路”还是中国探索全球经济治理新模式、构建人类命运共同体的重要路径。推动建立公正合理的国际秩序，实现持久和平、繁荣稳定，一直是人类社会努力的方向。当今世界，国际格局深度调整，全球治理体系变革处在历史转折点上。“一带一路”以其开放包容的特点，坚持继承创新、主动作为，强调求同存异、兼容并蓄，致力于打造不同文明和谐共融的利益共同体、责任共同体、命运共同体，推动现有国际秩序、国际规则增量改革，为完善全球治理体系提供了新思路新方案。正如习近平总书记所强调，“一带一路”不是中国一家的独奏，而是沿线和世界各国的合唱。

共建“一带一路”合作倡议自2013年提出，以共商共建共享为基本原则，以政策沟通、设施联通、贸易畅通、资金融通、民心相通为核心内容，从谋篇布局的“大写意”，到精谨细腻的“工笔画”，开启了高质量发展的新征程。

2014年11月4日，中央财经领导小组第八次会议研究丝绸之路经济带和21世纪海上丝绸之路规划，发起建立亚洲基础设施投资银行和设立丝路基金。11月8日，习近平总书记在“加强互联互通伙伴关系”东道主伙伴对话会上宣布，中国将出资400亿美元成立丝路基金，为“一带一路”沿线国家基础设施、资源开发、产业合作和金融合作等与互联互通有关的项目提供投融资支持。

2015年3月28日，中国国家发改委、外交部和商务部联合发布了《推动共建丝绸之路经济带和21世纪海上丝绸之路的愿景与行动》，从时代背景、共建原则、框架思路、合作重点、合作机制等方面对“一带一路”倡议进行阐释，宣告“一带一路”进入了全面推进阶段，标志着“一带一路”的顶层设计基本成型。

2015年12月25日，由中国倡议成立、57国共同筹建的亚洲基础设施投资银行正式成立，全球首个由中国倡议设立的多边金融机构问世。2016年9月19日，在纽约联合国总部，《中华人民共和国政府与联合国开发计划署关于共同推进丝绸之路经济带和21世纪海上丝绸之路建设的谅解备忘录》签署。这是中国政府与国际组织签署的第一份政府间共建“一带一路”的谅解备忘录，是国际组织参与“一带一路”建设的一大创新。此后，“一带一路”倡议多次进入联合国大会与安理会决议。

“一带一路”合作倡议的机制建设也在同步进行。2017年5月14日至15日，首届“一带一路”国际合作高峰论坛在北京举行，这是新中国成立以来由中国首倡、中国主办的层级最高、规模最大的多边外交活动，论坛取得5大类、270多项合作成果，形成了各国共建“一带一路”的国际共识。2019年4月25日至27日，第二届“一带一路”国际合作高峰论坛在北京举行，此次论坛达成6大类、283项务实成果，成为推动“一带一路”建设从“大写意”迈向“工笔画”的里程碑，为全球经济增长开辟更多空间，为构建人类命运共同体作出新贡献。

顺浩荡潮流，行天之大道。七年多来，共建“一带一路”已完成夯基垒台、立柱架梁，转入落地生根、开花结果的全面推进阶段，被打造成为一条和平之路、繁荣之路、开放之路、创新之路和文明之路，成为广受欢迎的国际公共产品，在历史时空中镌刻下深深的中国印记。

二、“一带一路”的朋友圈不断扩大

“一带一路”合作倡议提出后，受到国际社会的高度关注，沿线国家广泛响应。“一带一路”建设，从倡议走向实践、从愿景变为行动，进展和成果超出预期，合作伙伴越来越多，影响力和号召力日益增强，朋友圈不断扩大，不仅为中国的发展营造了有利于外部环境，也为构建人类命运共同体奠定了坚实基础。

共商、共建、共享是“一带一路”建设的基本原则。所谓“共商”就是沟通协商，充分尊重各国发展水平、经济结构、法律制度、营商环境和文化传统的差异。所谓“共建”就是共同参与，深度对接有关国家和区域发展战略。所谓“共享”就是实现互利共赢，充分调动各方面的积极性。这三者相辅相成、密不可分，构成一个有机统一的整体，其核心在于“协同”。参与共建的各方严格遵守这一法则，取得了积极显著成效。据华盛顿风险管理公司RWR Advisory Group的评估，截至2018年中期，“一带一路”合作项目的落实率为86%，而同期亚洲开发银行的项目落实率为64.9%，世界银行的数据为78.3%。据世界银行评估，“一带一路”国家占全球商品贸易的40%。“一带一路”提出五年来（2013—2018），中国与沿线国家货物贸易累计超过6.5万亿美元，中国在沿线国家建设境外经贸合作区82个，为当地创造24.4万个就业岗位和20多亿美元税收。截至2018年底，中国对沿线国家直接投资超过900亿美元。2019年前8个月，中国企业对沿线53个国家总投资额达90多亿美元。

政策沟通、设施联通、贸易畅通、资金融通、民心相通是“一带一路”建设的核心内容。以“五通”为抓手，促进“一带一路”国际合作，广泛凝聚共识，提升合作水平。加强政策沟通，形成政策协调、规划对接的合力，促进相关国家协同联动发展，不断夯实“一带一路”建设的政治基础；加强设施联通，以重大项目和重点工程为引领，不断完善“一带一路”建设的基础设施网络；加强贸易畅通，促进贸易和投资自由化便利化，不断释放互利合作的活力；加强资金融通，深化金融领域合作，不断健全“一带一路”建设的多元化投融资体系；加强民心相通，不断搭建沿线和世界各国的友好桥梁，让“一带一路”建设更好造福沿线和世界各国人民。

共建“一带一路”的亮点之一，即是为沿线的基础设施建设注入了新动力，助力所有沿线国家经济建设换挡提速。根据专家评估，“一带一路”交通走廊建设主要解决了两大运输关键问题：缩短货物在途时间，支撑贸易投资增长。据测算，货物运输周期可以因此缩短12%，贸易额增速也从2.8%提升至9.7%。白俄罗斯就是这样一个成功案例。白俄罗斯共和国首都明斯克市市郊25公里处建设起一座集聚高技术、高竞争力新型产业，出口导向型的现代化国际生态社区，这就是中白巨石工业园区。巨石工业园离明斯克国际机场不远，毗邻多条铁路干线和柏林－莫斯科国际公路，有条件成为广大欧亚国家发展对欧合作的窗口。哈萨克斯坦是中欧运输的桥梁和通道，得益于“一带一路”共建，由此获得大量资金发展国内的基础设施，对2500多公里铁路和1.2万多公里公路进行了全面升级改造。2019年，11条国际交通走廊过境哈萨克斯坦，每天有6至7班列自东向西开行，是2012年的近40倍。乌兹别克斯坦也是“丝绸之路经济带”互联互通的受益方，“中国技术”在这里打通了中亚最长隧道。安格连－帕普铁路卡姆奇克隧道全长19.26公里，中国工人仅用900天时间完成了这一高难度的工程，从此天堑变通途。在共建“一带一路”的几年时间里，这样的场景不断展现：在马尔代夫，第一座跨海大桥连通岛屿；在黑山共和国，第一条高速公路穿越群山；在斯里兰卡，由中国企业承建的南部铁路延长线一期项目正式通车，一举打破了这个印度洋岛国71年没有新建铁路的历史。

共建“一带一路”倡议从理念转化为行动，从愿景转变为现实：“六廊六路多国多港”的合作格局基本成型，一大批互联互通项目成功落地，中欧班列、陆海新通道等大通道建设成效显著，跨国经济走廊合作日益深化，铁路、港口、公路、管网等基础设施项目合作稳步推进，经贸合作园区建设不断取得积极进展。

一花独放不是春，百花齐放春满园。“一带一路”国际合作展现出蓬勃生机与活力。截至2019年底，中国已与137个国家和30个国际组织签署了199份共建“一带一路”合作文件。“一带一路”建设为全球提供公共产品，将帮助4亿人摆脱贫困。“一带一路”正在架起一座座友谊之桥，联结亚非欧各大洲关注安全与发展，反对保护主义的国家和人民。影响力和号召力日益增强的“一带一路”合作倡议正在成为中国参与全球开放合作、改善全球经济治理体系、促进全球共同发展繁荣、推动构建人类命运共同体的中国方案，开辟了中国参与和引领全球开放合作的新境界。

三、拓展国际合作新空间、开创美好未来

据世界银行数据显示，“一带一路”国家在全球出口中的份额为40%，在全球直接外资中的比重为35%。2013至2018年间，中国与“一带一

路”沿线国家货物贸易总额年均增长4%，高于同期中国对外贸易增速，占中国货物贸易总额的比重达到27.4%。在全球经济复苏普遍较为乏力的背景下，这一数据给人留下深刻印象。摩根士丹利银行预测，2027年“一带一路”的投资总额将达到1.3万亿美元，沿线经济体尚有30%的贸易潜力有待挖掘，直接投资潜力尚有70%的提升空间。“一带一路”朋友圈的发展潜力巨大。

目前，共建“一带一路”已完成夯基垒台、立柱架梁的阶段，正在向落地生根、持久发展的阶段迈进。在新的历史起点，共建“一带一路”将在深化贸易投资合作、促进基础设施互联互通、加强创新能力开放合作以及加强全球经济治理合作等方面进一步拓展国际合作空间。

同时，推动共建“一带一路”向高质量发展转变，将在时代变局中凝聚起更强的引领性力量。未来，共建“一带一路”走向高质量发展，必将继续倡导开放、包容、透明的理念，注重吸纳各方建设性意见，推动经济全球化朝着更加开放、包容、普惠、平衡、共赢方向发展。正如塞尔维亚总统武契奇所说的，“一带一路”倡议是一项促进世界稳定的倡议，从精神层面和物质层面将不同国家、文化和人民连接在一起。

推动共建“一带一路”向高质量发展转变，也将开辟“一带一路”建设的新空间。2019年3月，习近平主席访问欧洲期间，中意签署共建“一带一路”合作谅解备忘录；摩纳哥表示愿意积极参与共建“一带一路”国际合作；中法签署第三方市场合作第三轮项目示范清单，并启动第三方市场合作基金；中、法、德及欧盟领导人巴黎会晤，就共建“一带一路”进行了富有建设性的讨论。德国总理默克尔表示，欧方应该加紧推动欧中投资协定谈判，积极探讨参与“一带一路”这个重要合作倡议。法国总统马克龙表示，欧方可以以创新的方式对接欧盟发展战略和“一带一路”倡议，共同促进欧亚互联互通。

推动共建“一带一路”向高质量发展转变，更将为各国发展带来更多实实在在的利益。未来，雪中送炭、急对方之所急，能够让当地老百姓更多受益的民生工程、绿色工程将成为“一带一路”合作的重点。中国将与各国进一步对接发展战略，打造新一批重点合作项目，推动落实联合国2030年可持续发展议程，在深化合作的过程中更加重视民生的改善、环境的保护。这是“一带一路”建设普惠包容、绿色发展理念的充分体现。

在2017年首届“一带一路”高峰论坛欢迎宴会上，习近平总书记曾满怀深情地指出：“一带一路”建设承载着我们对文明交流的渴望，将继续担当文明沟通的使者，推动各种文明互学互鉴，让人类文明更加绚烂多彩；“一带一路”建设承载着我们对和平安宁的期盼，将成为拉近国家间关系的纽带，让各国人民守望相助，各国互尊互信，共同打造和谐家园，建设和平世界；“一带一路”建设承载着我们对共同发展的追求，将帮助各国打破发展瓶颈，缩小发展差距，共享发展成果，打造甘苦与共、命运相连的发展共同体；“一带一路”建设承载着我们对美好生活的向往，将把每个国家、每个百姓的梦想凝结为共同愿望，让理想变为现实，让人民幸福安康。

共建“一带一路”这一共商合作、共享繁荣的盛举，必将为中国开放发展开辟新天地，为增进各国民生福祉带来新机遇，为构建人类命运共同体作出新的重要贡献。

（董洁撰稿）

改革强军：锻造“听党指挥、能打胜仗、作风优良”的人民军队

自党的十八大以后，习近平担任了中共中央总书记和中央军委主席。他上任后，为军队实现改革重塑做了大量工作，并提出“听党指挥、能打胜仗、作风优良”的强军目标，提出了一系列强军指导思想。党的十九大又把习近平强军思想写进了党章，有力推进了我国国防和军队现代化建设的历史进程。

一、通过丰富的军事工作实践提出强军指导思想

人的正确思想都来自于工作和斗争实践，习近平强军思想奠基于党在长期革命和建设实践中的理论创造和工作经验，同时又结合时代需求进行了创新发展，他本人丰富的军事工作实践又为提出这些思想奠定了从感性知识到理性知识的基础。

党的十一届三中全会后，我国的经济实现了腾飞，国防建设的投入也逐步增加。从20世纪90年代末期起，中国的国防费与经济发展开始同步增长，在2009年至2010年，中国的军费支出和GDP双双跃居世界第二位，这是国家在近现代历史上从未有过的大好条件。从1997年开始，解放军的建

设也开始实现“三步走”战略——2010年为军队现代化建设打好基础并实现一些重点突破；2020年完成机械化并在信息化方面有较大发展；至2035年（原定2050年）全面实现国防和军队建设的现代化，建成世界一流强军。在改革开放后中国国防现代化建设的这一大变革中，习近平本人从一开始便亲自参与其中。

党的十一届三中全会后，刚从清华大学毕业的习近平就到中央军委办公厅工作，作为军委秘书长耿飚的机要秘书，在那里工作到1982年。此间他参与了边境军事斗争、考察和引进国外先进装备技术、军队精简整编和制定战略转型规划等一系列工作。20世纪90年代，习近平在福建工作时又担任了福建预备役高炮师政委，参加了军民结合、平战结合的国防建设工作。在党的十七大上，习近平当选为中共中央政治局常委，随后到中央工作，并在2010年后任军委副主席，开始掌管军队许多工作。他对新时期军队的发展方向和存在的诸多问题，又有了特别深刻的感受。

改革开放改变了中国，经济和科技实力的增强推动了国防事业特别是军队现代化建设的发展。如1978年中国的军费支出为169亿人民币，折合103亿美元，只居世界第七位，而同年苏联和美国的军费开支都达到1200亿美元，主战装备的技术水平更比中国要先进一代至两代。至2010年，中国的军费超过5300亿元人民币，折合770亿美元，跃居世界第二，不过还只相当美国国防费的八分之一。2004年以后公布的中国国防白皮书，都说明新时期建军任务以信息化为中心，解放军的正规化、现代化建设取得的成就是举世瞩目的。

在充分肯定改革开放后国防建设取得巨大进步的同时，人们也看到军队受到一些不良风气的影响，政治生态和思想作风曾一度出现了严重问题。尤其是20世纪80年代中期到90年代军队从事生产经营后，政治工作受到巨大冲击，拜金主义思潮膨胀并腐蚀了一些干部，甚至能“创收”成为某些人提升的标准。如原总后勤部中将副部长谷俊山在20世纪90年代为河南一个军分区的助理员，此后其职位一再得到违反常规的节节提升，就是这种歪风的产物。1998年党中央决定军队一律不得经商，但还保留了一些有偿服务。进入21世纪后，郭伯雄、徐才厚等人严重破坏政治纪律和政治规矩，严重败坏了党风军风，军内外群众对此深恶痛绝、反映强烈。不下大力气整顿这种政治生态，不改变作风，就会影响到军队发展的方向，也会严重影响党的执政地位。在这一重要的历史时刻，习近平担任了中共中央总书记和军委主席，上任后即纠正不作为的风气，大刀阔斧地采取了一系列措施，才使党风建设和军队建设出现了新面貌。

二、采取纠风措施，重新铸造军魂

党的十八大后，习近平在党内军内倡新风，对军队采取了一系列“动真格”的整顿措施。他在军委换届后马上带头做废除特权的实事，例如自己出行不许再封路，并在中央政治局会议上动情地说：“多花几分钟能赢得群众支持，这是千值万值的啊！”习近平到部队各级单位时，都不许宴请而是吃自助餐，并严控财政开支，要求党政军部门不得再建豪华的楼堂馆所，严查军车私用。此举大得军心民心，也使多数干部群众看到了希望。

新一届中央军委班子组成后，习近平马上提出了“能打仗、打胜仗”为强军之要，必须按照打仗的标准搞建设抓准备。从字面上看，建设军队本来就是为打仗的，要打仗自然想要打胜，这段话本身看似没有什么特殊之处。不过了解此时军情的人，却会认为这话对已经20多年没有打过仗的中国军队有着特殊意义。

习近平担任军委主席后不久，2012年12月，中央军委就特别下发了《加强自身作风建设十项规定》，规定要改进警卫工作，严格控制使用警车，上级领导到下级单位时禁止隆重迎送，禁止用公款宴请和送礼。2013年2月24日，解放军四总部联合印发了《厉行节约严格经费管理的规定》，明确了按战斗力标准花钱办事、严格经费分配与审批、控制非急需基建投资、规范集中采购集中支付、从严管控会议集训等17条具体规定要求。此后，军队中“舌尖上的浪费”“车轮上的腐败”“酒桌上的应酬”等歪风得到有效遏制，住房上的超标和违规这个过去许多领导不敢动的“老大难”问题也得到解决。截至2014年9月底，全军不合理住房腾退率达96.5%，超标超配车辆清退率达99.9%，超配超占人员清退率达98%。

自2013年起，群众路线教育实践活动开展，习近平要求军队机关干部下连队当兵，对上层机关脱离基层的现象进行大力纠正。鉴于军产尤其是军用地是贪腐分子谋利的重要来源，全军对现有用地进行了全面清查，并制定了用地的严格规定。考虑到打击腐败现象的最好办法就是搞好监督机制，经习近平批准，2013年9月中央军委下发了《关于加强和改进军队领导干部经济责任审计工作的意见》，规定了对全军各项开支进行审计的新政策，限制了过去各大单位领导人“批条子报销”这种随意花钱的做法，制止了挥霍公款。

习近平担任总书记和军委主席后，以“壮士断腕”的气魄大力向贪腐分子开刀。2013年3月26日，最高人民检察院、解放军总政治部联合发布了《军人违反职责罪案件立案标准的规定》。此前的几十年间，军队由于有着特殊性和封闭性，内部的违纪违法行为往往不公开，处理方式往往由上级批示而有较大的随意和灵活性。发出这一规定后，违法军人惩治的量刑不能再搞内部特殊化，与社会上的公民同等对待，这对涉入经济案件的军人无疑也具有威慑力。根据这一规定，随后军内依法打击了一批“大老虎”，卸任的军委副主席徐才厚、郭伯雄也相继被逮捕并彻底清查了其罪行。军队许多干部反映，不惩治这些贪腐现象就无法挽回军中正气，解放军下一步的状况真想以设想。

为了从源头上打击腐败行为，经习近平批准，从2016年起全军开展了对外有偿服务清理整顿，这被形容为最难啃的“硬骨头”。在2017年6月底前，军队完成包括幼儿教育、新闻出版、文化体育、通信、人才培训、基建营房工程技术、储运设施、民兵装备修理、维修技术、司机训练这10个行业的有偿服务的全面停止，对此可用五个词概括：坚决、摸清、限时、全面、停止！

2014年10月，习近平在当年毛泽东召开古田的旧址主持召开了全军政治工作会议。他重申当年古田会议确立的军队政治工作优良传统，强调“党指挥枪”的根本原则和制度。为传承红色基因，在新形势下继续发扬人民军队政治工作的优良传统，会议强调新形势下政治工作要重点抓好的五个方面：“着力抓好铸牢军魂工作，着力抓好高中级干部管理，着力抓好作风建设和反腐败斗争，着力抓好战斗精神培育，着力抓好政治工作创新发展。”这是对毛泽东“思想建党、政治建军”根本原则的忠实传承。

在抓好军队高中级干部管理的同时，习近平在新古田会议的讲话中又明确提出，着力培养“有灵魂、有本事、有血性、有品德”的新一代革命军人。随后，总政治部印发新修订的《军队党组织发展党员工作规定》，强调吸收“四有”军人先进分子入党。习近平的这一“四有”要求，为新时代人民军队建设凝神聚力，指明了方向。

三、围绕“敢打仗，打胜仗”，提出了一系列强军指导思想

自20世纪后期起，世界范围内出现了以信息化为代表的新军事变革的浪潮，对中国既形成了挑战又构成了机遇。20世纪80年代中期至90年代，中国为集中力量搞经济建设，经历了一段邓小平所说的“军队要忍耐”的时期，在军事领域同世界先进水平的差距又有所拉大。从90年代末开始，中国根据新的国际形势和国家经济实力的增长，又持续加大国防建设投入，军队在新军事变革上取得了长足进展，不过在许多方面还不适应世界大趋势。

据2013年中国国防白皮书公布的资料，在这一年解放军230万现役总兵力中，陆军为148.3万人，海军为23.5万人，空军为39.8万人（此外为二炮和总部机关等），陆海空三军的比例是72:11:17，其中陆军人数比例过高，与全军担负的应付海上威胁为主的战略任务明显不符。相比之下，美国陆、海、空军三军的人数比例则为4:3:3，而且其三军地位平等。历来注重海外作战的英国，海军的数量和地位还长期超过陆军。中国在长久已基本不存在外来地面入侵威胁的情况下，还以传统的“大陆军观念”保持这样的军种结构，在新时期已很不适应军事斗争的需求。

习近平担任军委主席后，在纠风的同时也开始研究军队改革，进一步贯彻军队精简数量而实行质量建军、科技强军的原则。2015年9月3日，习近平在天安门抗战胜利大阅兵时宣布要裁军30万人，这绝非是军队数量规模的简单压缩，而是突出优化军兵种结构。同年11月24日，中央军委召开的改革会议宣布，这次军队改革主要在领导体系改革，随后在撤销大军区的同时确定了全军由陆军、海军、空军、火箭军和战略支援部队这五个军种组成。尤其让人瞩目的是，解放军首次建立了陆军司令部，这一起家的

军种就此有了与其他军种同等重要的新使命和建设定位，全军建设终于按现代世界大势实现了各军种均衡发展。

这次军改之前，庞大和过多的机关也已经远不适应信息化时代“扁平化”自动化指挥的要求。军改的目的也是解决机构过于庞大、权力又过大的机关长期留下的历史积弊。建立的新体制是“军委多部门制”，领导体系实现了军委管总、战区主战、军种主建。

2017年7月30日，为纪念解放军建军90周年，习近平在内蒙古朱日和训练基地检阅了各军兵种部队。在纪念八一的讲话中，他又总结说：“经过5年努力，人民军队实现了政治生态重塑、组织形态重塑、力量体系重塑、作风形象重塑”。这“四个重塑”，清除了军中存在的腐败余毒和历史遗留的一些弊端，从根本上改变了全军的面貌。

习近平在担任中央军委主席后，又立足于中国面临的新的安全环境，高度重视和关注备战打仗。2017年11月3日，习近平视察军委联合作战指挥中心，展示了强化备战打仗导向。2018年1月3日，习近平亲自向全军发布训令，命令全军各级要强化练兵备战鲜明导向，坚定不移把军事训练摆在战略位置。全军各级广泛开展“和平积弊大扫除”活动，迅速掀起实战化军事训练，历练精兵劲旅，不断提高基于网络信息体系的联合作战能力、全域作战能力。

在习近平和中央军委领导下，中国的武器装备根据以信息化为中心的指导方针，也紧追世界新潮，中国人民解放军正在形成以高新技术装备为骨干的武器装备体系。从2015年纪念反法西斯战争胜利70周年阅兵、2017年建军90周年阅兵、2018年南海海域海上阅兵，2019年人民海军成立70周年海上阅兵到同年庆祝新中国成立70周年大阅兵，公开展示了大量有世界先进水平的武器装备。尤其是在庆祝新中国成立70周年的天安门阅兵中，有32个武器装备方队震撼亮相，规模之大、类型之全创下历史之最。所有受阅装备又均为国产现役主战装备，40%为首次亮相，在国际上也展示了国威军威。同时让全国人民更真切地感受到了科技兴军的强劲脉动。

在和平建设时期，我国安全又经常遇到非传统性的非战争威胁，2020年突发的新冠肺炎就是突出一例。在习近平和中央军委领导下，军队迅速投入了抗疫斗争，并发挥了突击作用。部队医疗人员冲在第一线，工程兵

10个小时就建起一座方舱医院，10天建起一座火神山医院，展示了举世无双的中国速度、中国力量。2020年4月，中央军委主席习近平签署通令，嘉奖了军队执行新冠肺炎疫情防控任务全体人员。同年5月26日下午，习近平出席十三届全国人大三次会议解放军和武警部队代表团全体会议时又充分肯定说："实践再次证明，人民军队始终是党和人民完全可以信赖的英雄军队"，并要求"发挥我军医学科研优势，加快新冠肺炎药物和疫苗研发，拿出更多硬核产品"。

从"英雄军队"到"硬核产品"，是统帅对全军提振英雄气概、提升硬核实力的深沉嘱托。习近平担任中央军委主席以后，紧紧扭住科学技术这个军事发展中最活跃最具革命性的因素，亲力领导推动科技兴军，取得一系列新的重大成就。

我国增强军力的目的，还是创造和平建设环境，军事准备的目标是遏制大战，打赢信息化条件下的高技术局部战争，从而确保国家的和平发展。在习近平强军思想的指引下，全军正加快构建国防科技创新体系，加快推进重大技术创新、自主创新，为实现党在新时代的强军目标、把人民军队全面建成世界一流军队不断提供着强大的支撑。

（徐焰撰稿）

中国特色大国外交：中国新时代外交新局面

党的十八大以来，以习近平同志为核心的党中央，面对正在发生重大变化的世界，始终不渝走和平发展道路，统筹国内国际两个大局，深入开展全方位外交，倡导和坚持推动构建人类命运共同体，大力推进合作共建“一带一路”，积极参与全球治理体系改革，走出一条中国特色大国外交新路，中国外交呈现出日益明显的中国特色、中国风格和中国气派。

一、推动构建人类命运共同体

宇宙只有一个地球，人类只有一个家园。面对动荡不定的大世界、百年未有的大变局，没有哪个国家能够独自应对人类面临的各种挑战，也没有哪个国家能够退回到自我封闭的孤岛。和平与发展是世界各国人民的共同心声，冷战思维、零和博弈越发陈旧，妄自尊大或独善其身只能碰壁。只有坚持和平发展、携手合作、才能实现共赢、多赢。

2013年3月，习近平在当选国家主席后首次出访时就提出：“这个世界，各国相互联系、相互依存的程度空前加深，人类生活在同一个地球村里，生活在历史和现实交汇的同一个时空里，越来越成为你中有我、我中有你的命运共同体。”2015年9月，习近平在第七十届联合国大会上强调，“我们要继承和弘扬联合国宪章的宗旨和原则，构建以合作共赢为核心的新型国际关系，打造人类命运共同体”。面对全球问题，2017年1月，习近平在联合国日内瓦总部演讲时再次强调“世界命运应该由各国共同掌握，国际规则应该由各国共同书写，全球事务应该由各国共同治理，发展成果应该由各国共同分享”。他进一步指出，构建人类命运共同体，关键在行动。必须坚持对话协商，建设一个持久和平的世界；坚持共建共享，建设一个普遍安全的世界；坚持合作共赢，建设一个共同繁荣的世界；坚持交流互鉴，建设一个开放包容的世界；坚持绿色低碳，建设一个清洁美丽的世界。

人类命运共同体思想，承载着中国对建设美好世界的崇高理想和不懈追求，反映了世界各国人民对和平公正新秩序的美好期待，因此受到国际社会特别是广大发展中国家的普遍欢迎和强烈支持。2017年2月10日，联合国社会发展委员会通过“非洲发展新伙伴关系的社会层面”决议，“呼吁国际社会本着合作共赢和构建人类命运共同体的精神，加强对非洲经济社会发展的支持”。“构建人类命运共同体”理念被正式写入联合国决议，表明这一理念得到国际社会的认可。

二、汇聚力量：全球伙伴关系网越发细密坚韧

推动建立人类命运共同体，必须积极发展全球伙伴关系，扩大与各国的利益交汇点。以大国和周边为重点，以发展中国家为基础、完善机制建设为渠道，全面发展同各国友好合作，不断完善全方位、多层次、立体化的外交布局，打造覆盖全球的“朋友圈”。

推进大国协调合作，构建总体稳定、均衡发展的大国关系框架。大国之间相处，要不冲突、不对抗、相互尊重、合作共赢。中俄互为最主要、最重要的战略协作伙伴关系，两国关系在各自外交全局和对外关系中都占据优先地位，两国要巩固战略和政治互信，增强在涉及对方核心利益问题上的相互支持；扩大务实合作，深化人文交流，密切在国际和地区事务中的协调和配合，为邻国、大国和谐共处、合作共赢树立典范和榜样，在风

云变幻的国际形势中发挥压舱石和稳定器的作用。中美两国作为世界前两大经济体，在维护世界和平稳定、促进全球发展繁荣方面肩负着特殊的重要责任。发展长期健康稳定的中美关系，符合两国人民根本利益，也是国际社会普遍期待。近年来，中美关系在贸易战和新冠疫情的冲击下面临着越来越严峻的挑战，中国本着对两国人民、对国际社会负责任的态度，继续寻求同美方进行建设性对话，同时坚决抵制美方的各种霸凌行径，努力维护中美三个联合公报确立的各项原则。欧洲是多极化世界的重要一极，是中国的全面战略伙伴。中欧携手推进和平、增长、改革、文明四大伙伴关系建设，提升中欧全面战略伙伴关系的全球影响力，就加强全球治理、坚持多边主义、维护自由贸易等重大问题向世界发出加强战略合作、应对全球挑战的明确信号。

按照“亲、诚、惠、容”外交理念和与邻为善、与邻为伴的周边外交方针深化同周边国家关系。中国始终将周边置于外交全局的首要位置，视促进周边和平、稳定、发展为己任。2014年5月，亚洲相互协作与信任措施会议第四次峰会召开，习近平在会上强调，积极倡导共同、综合、合作、可持续的亚洲安全观，搭建地区安全和合作新架构，努力走出一条共建、共享、共赢的亚洲安全之路。同年11月，亚太经合组织第二十二次领导人非正式会议在北京举行。习近平主持会议并发表讲话，倡导共建互信、包容、合作、共赢的亚太伙伴关系。会议决定启动亚太自由贸易区（FTAAP）进程。中国还积极参加上海合作组织、中国—东盟、东盟与中日韩、东亚峰会、中日韩合作、澜沧江—湄公河合作等地区多边组织的活动，在维护地区和平、促进地区发展、深化区域合作方面发挥引领作用。中国与东盟在落实《南海各方行为宣言》基础上于2017年夏季达成《南海行为准则》框架。东北亚地区是周边外交的战略重点。在维护朝鲜半岛和平稳定、推进半岛无核化方面，中国坚决致力于对话协商解决问题。2019年，中朝最高领导人在两国建交70周年重要节点实现历史性互访；中日两国领导人确定努力构建契合新时代要求的中日关系，推动两国关系重回正轨并取得新发展。

秉持正确义利观和“真、实、亲、诚”理念加强同发展中国家团结合作。践行正确的义利观，义利相兼，义重于利，切实加强同发展中国家的团结合作，把中国的发展与广大发展中国家共同发展紧密联系起来。中非历来是休戚与共的利益共同体和命运共同体，2013年习近平首次访非期间提出“真、实、亲、诚”的对非工作理念。2018年9月，中非合作论坛北京峰会举行，习近平在开幕式上发表主旨讲话，提出中国将同非洲国家密切配合，未来三年和此后一段时间重点实施产业促进、设施联通、贸易便利、绿色发展、能力建设、健康卫生、人文交流、和平安全“八大行动”。中国与拉美及加勒比海国家虽然相距遥远，但友好关系源远流长，双方共同致力于构建政治上真诚互信、经贸上合作共赢、人文上互学互鉴、国际事务中密切协作、整体合作和双边关系相互促进的中拉关系五位一体新格局，打造中拉携手共进的命运共同体。

三、开放包容：与全球共享中国发展机遇

积极开展形式多样、内容丰富的多边外交是这一时期中国外交的新特点。任尔乱云飞渡、凭他风吹浪打，中国以开放包容之姿，高举互利共赢旗帜，为世界合作共赢注入澎湃动力。除参加联合国及其他国际组织的多边外交活动外，中国还以东道主身份发起、主办了一系列多边外交活动，推动世界经济发展，与全球共享中国发展机遇。

2014年11月，首届世界互联网大会在浙江乌镇举行，会议确定乌镇为世界互联网大会永久会址。2015年12月，习近平在第二届世界互联网大会开幕式上发表主旨演讲，提出推动互联网全球治理体系变革，应该坚持尊重网络主权、维护和平安全、促进开放合作、构建良好秩序的原则；强调网络空间是人类共同的活动空间，呼吁共同构建网络空间命运共同体。

2015年12月底，由中国倡议成立、57国共同筹建的亚洲基础设施投资银行正式成立，全球首个由中国倡议设立的多边金融机构问世。2016年7月，中国同世界银行、国际货币基金组织、世界贸易组织、经济合作与发展组织、国际劳工组织、金融稳定理事会在北京首次举行“1+6”圆桌对话会。此后，“1+6”圆桌对话会每年举行一次。

2016年9月，习近平出席在浙江杭州举行的二十国集团工商峰会开幕式并发表主旨演讲，提出建设创新、开放、联动、包容型世界经济，强调

全球经济治理应该以平等为基础、以开放为导向、以合作为动力、以共享为目标。随后，以“构建创新、活力、联动、包容的世界经济”为主题的二十国集团领导人第十一次峰会在杭州举行。2017年1月，习近平出席达沃斯世界经济论坛年会开幕式并发表主旨演讲，强调经济全球化是社会生产力发展的客观要求和科技进步的必然结果，要适应和引导好经济全球化，消解经济全球化的负面影响，让它更好惠及每个国家、每个民族，实现经济全球化进程再平衡。

2017年5月，首届“一带一路”国际合作高峰论坛在北京举行，这是新中国成立以来由中国首倡、中国主办的层级最高、规模最大的多边外交活动，论坛取得5大类、270多项合作成果，形成了各国共建“一带一路”的国际共识。2019年4月，第二届“一带一路”国际合作高峰论坛在北京举行，此次论坛达成6大类、283项务实成果，成为推动“一带一路”建设从“大写意”迈向“工笔画”的里程碑，为全球经济增长开辟更多空间，为构建人类命运共同体作出新贡献。

2018年11月，首届中国国际进口博览会在上海举办。2019年，第二届中国国际进口博览会盛况空前，共有181个国家、地区和国际组织参会、3800多家企业与会参展，按一年计，累计意向成交711.3亿美元。“继续扩大市场开放”“继续完善开放格局”“继续优化营商环境”“继续深化多双边合作”“继续推进共建‘一带一路’”……习近平主席在进博会上宣示的新举措为世界经济注入强大信心。进博会如同一个窗口，浓缩中国扩大开放、推动构建开放型世界经济的主动作为。世界贸易组织总干事阿泽维多评价：中国进一步推动经济全球化的承诺将不仅限于举办一两次展会，而会转化为持续的进程。

截至2019年底，中国与180个国家建立了正式外交关系，与112个国家、地区和地区组织建立了不同层次的伙伴关系，全方位、多层次、立体化的外交布局进一步拓展。新时代的中国外交实践，体现了中国愿与各国共同努力，按照共商、共建、共享的理念，构建人类命运共同体，合作共建“一带一路”，维护经济全球化发展，推动全球治理体系改革，使国际秩序和国际体系朝着公正合理的方向发展。

四、中流砥柱：展现负责任大国的勇毅担当

推动构建人类命运共同体，必须积极参与全球治理体系改革与建设。习近平指出：“中国秉持共商共建共享的全球治理观，倡导国际关系民主化，坚持国家不分大小、强弱、贫富一律平等，支持联合国发挥积极作用，支持扩大发展中国家在国际事务中的代表性和发言权。中国将继续发挥负责任大国作用，积极参与全球治理体系改革和建设，不断贡献中国智慧和力量。”

党的十八大以来，中国积极参与引领全球治理体系变革，演绎了精彩的“三部曲”。一是成功举办亚太经合组织领导人北京会议，启动亚太自贸区进程并确定相关路线图，对亚太区域合作发挥了重要引领作用。二是成功举办二十国集团领导人杭州峰会，首次把创新作为全球恢复增长的新动力，首次把结构性改革作为解决世界经济难题的主方向，首次把发展置于宏观政策协调的突出位置，首次形成全球多边投资规则框架，有力推动G20从危机应对向长效治理机制转型，取得一系列具有开创性、引领性、机制性的重要成果。三是习近平2017年初出席世界经济论坛年会并访问联合国日内瓦总部，推动经济全球化向开放、包容、普惠、平衡、共赢方向发展，宣示中国推动共建人类命运共同体的决心和承诺，为人类社会发展进步描绘了蓝图、提振了信心，国际社会对此予以高度评价和一致赞赏，中国理念逐步成为国际共识。

新时代中国通过外交工作，探索中国特色热点和全球性问题解决之道，努力为世界作出更大的贡献。习近平强调，中国始终做世界和平的建设者，致力于同各国共谋和平、共护和平、共享和平。中国成功举办中国人民抗日战争暨世界反法西斯战争胜利70周年纪念活动，发出维护第二次世界大战胜利成果、捍卫世界和平的时代强音。中国致力于政治解决国际和地区热点问题，努力发挥弥合分歧、劝和促谈的建设性作用。坚持朝鲜半岛无核化目标，坚持通过对话谈判解决半岛核问题，提出“双轨并行”思路和“双暂停”倡议，为缓解半岛紧张局势、推动重启接触对话、维护地区和平安宁继续作出重要贡献。中国积极参与伊朗核、叙利亚、南苏丹、阿富汗等问题解决进程，建立联合国和平与发展基金，率先组建常备成建制维和警队及

8000人规模的维和待命部队，彰显中国负责任大国形象。中国还同世界各国合力应对恐怖主义、网络安全、公共卫生、难民等全球性挑战，为推动达成气候变化《巴黎协定》、应对埃博拉疫情等发挥重要作用。

在贸易保护主义抬头的形势下，中国坚持顺应全球化时代发展的潮流，坚决摒弃零和思维、以邻为壑思维。在上海合作组织青岛峰会上，习近平总书记提出，尽管单边主义、贸易保护主义、逆全球化思潮不断有新的表现，但“地球村”的世界决定了各国利益日益交融、命运与共，合作共赢是大势所趋。这种登高望远的外交大智慧得到越来越多国家的认可。

中国外交工作强调以民为本。现在中国每年约有1.3亿人次出境，数百万中国公民在全球各个地方工作、生活、学习，3万多家中国企业遍布世界各地。面对新形势新任务，外交工作不断增强领保能力建设，积极打造海外民生工程。近年来成功组织海外公民撤离行动9次，受理各类领保救助案件近30万起，包括处理100多起中国公民在境外遭遇绑架或者袭击的重大案件。中国外交部还推出新版中国领事服务网、12308热线、“领事直通车”微信公众号等领事信息和服务平台，积极为海外同胞提供全天候、零时差、无障碍的领事服务。目前对持中国普通护照实施有条件免签或落地签的国家和地区达64个，与中国缔结简化签证手续协议的国家达41个，中国护照的“含金量”不断提升，同胞们走出国门更加安全、便利。

习近平指出，我们解决了挨打、挨饿的问题，也要解决挨骂的问题。干得好，还要讲得好。他身体力行带头讲好真实精彩的中国故事，在出访、出席多边会议、接待外国领导人访华期间，通过会谈、演讲、接受采访或发表文章等多种方式，积极向国际社会宣介我国社会制度、发展道路和价值理念，引导和增进外界对中国的认知，充分体现中国特色社会主义道路自信、理论自信、制度自信和文化自信，展现中华文明深厚底蕴，夯实中外友好民意基础，树立中国开放、包容、合作的良好形象。

在世界大变局与中国新时代的相互激荡中，中国外交正以坚韧不拔的政治品格、胸怀天下的责任担当，在乱局中引领方向，在挑战中克难前行，中国特色大国外交将不断书写壮丽篇章。

（董洁撰稿）

厉行法治：全面依法治国，建设社会主义法治国家

党的十八大以来，中共中央更加重视社会主义法治建设，明确提出全面依法治国、加快建设社会主义法治国家的战略任务，并将全面依法治国纳入“四个全面”战略布局，法治国家、法治政府、法治社会建设取得了重大进展，全面依法治国迈出重大步伐。

一、坚持走中国特色社会主义法治道路

2013年2月，习近平在主持中共十八届中央政治局第四次集体学习的讲话中指出，全面建成小康社会对依法治国提出了更高要求。我们要全面贯彻落实党的十八大精神，全面推进科学立法、严格执法、公正司法、全民守法，坚持依法治国、依法执政、依法行政共同推进，坚持法治国家、法治政府、法治社会一体建设，不断开创依法治国新局面。同年10月，中共十八届三中全会明确提出“推进法治中国建设”。2014年10月，中共十八届四中全会以全面依法治国为主题，明确提出全面依法治国的指导思想、总目标、基本原则，回答了党的领导和依法治国的关系等一系列重大理论和实践问题，特别是鲜明提出坚持走中国特色社会主义法治道路、建

设社会主义法治体系的重大论断，有力推进了社会主义法治国家建设。

中国特色社会主义法治道路的核心主要有三方面：坚持中国共产党的领导，坚持中国特色社会主义制度，贯彻中国特色社会主义法治理论。其中，中国共产党的领导是中国特色社会主义最本质的特征，是社会主义法治最根本的保证。坚持党的领导，是社会主义法治的根本要求。依法治国是中国共产党提出来的，并在其带领人民的实践中提升为国家的战略布局。社会主义法治必须坚持党的领导，党的领导必须依靠社会主义法治。“坚持党的领导不是一句空的口号，必须具体体现在党领导立法、保证执法、支持司法、带头守法上。”要把党的领导贯彻到依法治国全过程和各个方面，坚持党的领导、人民当家作主、依法治国有机统一。只有在党的领导下依法治国、厉行法治，人民当家作主才能充分实现，国家和社会生活法治化才能有序推进。中国特色社会主义制度是全面推进依法治国的根本制度保障。中国特色社会主义制度是当代中国发展进步的根本制度保障，是具有鲜明中国特色、明显制度优势、强大自我完善的能力的先进制度。全面依法治国，必须以保障人民当家作主为核心，坚持和完善人民代表大会制度，坚持和完善中国共产党领导的多党合作和政治协商制度、民族区域自治制度以及基层群众自治制度，推进社会主义民主政治法治化。中国特色社会主义法治理论是全面推进依法治国的行动指南。中国特色社会主义法治理论传承了中华传统法律文化的精华，借鉴了西方法治理论的优秀成果，系统总结了我国社会主义法治建设的实践经验，是马克思主义法治思想中国化的最新成果。中国特色社会主义法治理论博大精深、内涵丰富，深刻回答了什么是社会主义法治，如何建设社会主义法治的问题。中国特色社会主义法治理论为全面依法治国、建设法治中国提供了科学的理论指导和坚实的学理支撑。

二、明确全面依法治国总目标

2014年10月，中共十八届四中全会通过的《中共中央关于全面推进依法治国若干重大问题的决定》，明确提出全面依法治国的总目标是建设中国特色社会主义法治体系、建设社会主义法治国家。

全面依法治国总目标，即在中国共产党领导下，坚持中国特色社会主义制度，贯彻中国特色社会主义法治理论，形成完备的法律法规体系、高效的法治实施体系、严密的法治监督体系、有力的法治保障体系，形成完善的党内法规体系，坚持依法治国、依法执政、依法行政共同推进，坚持法治国家、法治政府、法治社会一体建设，实现科学立法、严格执法、公正司法、全民守法，促进国家治理体系和治理能力现代化。全面依法治国总目标的提出，既明确了全面依法治国的性质和方向，又突出了全面推进依法治国的工作重点和总抓手，对全面推进依法治国具有纲举目张的意义。正如习近平所指出的，“依法治国各项工作都要围绕全面推进总目标来部署、来展开”。这就要坚定不移走中国特色社会主义法治道路，把建设中国特色社会主义法治体系作为总抓手，准确把握全面推进依法治国工作布局，准确把握全面推进依法治国的重点任务。全面推进依法治国必须坚持中国共产党的领导、坚持人民主体地位、坚持法律面前人人平等、坚持依法治国和以德治国相结合、坚持从中国实际出发等基本原则。其中，坚持中国共产党的领导，解决的是全面推进依法治国的政治保证问题。坚持人民主体地位，解决的是全面推进依法治国的力量源泉的问题。坚持法律面前人人平等，解决的是全面推进依法治国的价值追求问题。坚持依法治国和以德治国相结合，解决的是全面推进依法治国的精神支撑问题。坚持从中国实际出发，解决的是全面推进依法治国的实践基础问题。全面推进依法治国总目标的基本原则，回答了社会普遍关心的涉及依法治国的许多重大理论和实践问题，是全面推进依法治国的重要遵循。

三、加快完善中国特色社会主义法律体系

法律是治国之重器，良法是善治之前提。党的十八大以来，中共中央坚持立法先行，深入推进科学立法、民主立法、依法立法，不断完善以宪法为核心的中国特色社会主义法律体系。第一，健全宪法实施和监督制度。比如设立国家宪法日、建立宪法宣誓制度。2014年11月，十二届全国人大常委会第十一次会议通过《关于设立国家宪法日的决定》，将12月4日设立为国家宪法日。2015年7月，十二届全国人大常委会第十五次会议

通过了《全国人民代表大会常务委员会关于实行宪法宣誓制度的决定》，要求各级人民代表大会及县级以上各级人民代表大会常务委员会选举或决定任命的国家工作人员，在就职时应当公开进行宪法宣誓。此外，为保证法律严格实施，全国人大常委会持续加强和改进执法检查工作。

第二，完善立法体制。首先是加强中国共产党对立法工作的领导。不断健全立法工作向中共中央请示报告制度，重要法律的起草修改和立法工作中的其他重大事项，都由全国人大常委会党组及时向党中央请示报告。其次是充分发挥全国人大及其常委会在立法工作中的主导作用。以《民法总则》的审议通过为例，2017年3月，在全国人大代表审议的过程中，有700多位代表发言，提出近2000条意见和建议。还明确立法权力边界。2015年《立法法》修改，规范了部门规章和地方政府规章权限，赋予所有设区的市地方立法权，明确设区的市可以对城乡建设与管理、环境保护、历史文化保护等方面的事项制定地方性法规，对地方立法体制作出重大调整。截至2017年10月，全国新赋予地方立法权的240个市、30个自治州、4个不设区的地级市中，已制定地方性法规456件，制定地方政府规章193件。

第三，加强重点领域立法。党的十八大以来，全国人大、国务院坚持立法先行，积极发挥立法的引领和推动作用，先后出台了一批法律法规。据统计，在2012年至2017年间，共制定修改法律48部、行政法规42部、地方性法规2926部、规章3162部，同时还通过“一揽子”方式先后修订法律57部、行政法规130部。这些法律法规涵盖了国家安全、生态环境保护、社会民生等重点领域，推动中国特色社会主义法律体系日趋完善。其中，2017年3月十二届全国人大五次会议通过的《民法总则》，标志着我国《民法典》的编纂工作迈出坚实的第一步。2020年5月，十三届全国人大三次会议审议通过《民法典》，标志着中国法治建设进入新阶段。

第四，科学立法、民主立法、依法立法水平进一步提高。加强人大对立法工作的组织协调，健全公布法律草案征求意见机制。以《刑法修正案（九）》修订为例，曾先后两次向全社会征求意见。坚持立改废释并举。全国人大常委会采取统筹修法方式，审议通过了13个修法决定，涉及修改法律和有关法律问题的决定74件次。2013年12月，全国人大常委会通过

《关于废止有关劳动教养法律规定的决定》，依法废止了实施50多年的劳动教养制度。全国人大常委会法工委积极开展主动审查和被动审查研究工作。2013年至2016年间，对新公布的42件行政法规、98件司法解释进行审查研究，发现有违反宪法法律的，依法依规予以撤销和纠正。

四、全面推进法治建设

加快进行法治政府建设。基本建成法治政府，是党的十八大提出的全面建成小康社会目标要求之一。2014年10月，党的十八届四中全会提出法治政府建设的总体目标，即职能科学、权责法定、执法严明、公开公正、廉洁高效、守法诚信。2015年12月，中共中央、国务院印发《法治政府建设实施纲要（2015—2020年）》，进一步明确了法治政府建设的时间表、路线图，推动法治政府建设稳步前进。为此，深入推进行政审批制度改革，加快转变政府职能。比如，2012年至2017年间，国务院部门累计取消行政审批事项618项，彻底清除非行政许可审批，中央指定地方实施行政许可事项目录清单取消269项，国务院行政审批中介服务清单取消320项，国务院部门设置的职业资格许可和认定事项削减比例达70%以上。强化对行政权力的制约和监督。比如，加大行政问责力度，推进责任政府建设，普遍建立行政机关内部重大决策合法性审查机制，探索建立和实施重大决策终身责任追究制度及责任倒查机制。按照“谁决策、谁负责”的原则，对超越权限、违反程序决策造成重大损失的，严肃追究决策者责任。以生态文明建设为例，为健全生态文明制度体系，强化党政领导干部生态环境和资源保护职责，2015年8月，中共中央办公厅、国务院办公厅印发《党政领导干部生态环境损害责任追究办法（试行）》，对25种党政领导干部生态环境损害情形实行党政同责、终身追责，提高各级领导干部保护自然生态环境和环境权利的责任意识。比如，全面推进政务公开。2016年2月，中共中央办公厅、国务院办公厅印发《关于全面推进政务公开工作的意见》和实施细则，要求坚持以公开为常态、不公开为例外，推进行政决策公开、执行公开、管理公开、服务公开和结果公开。各地区各部门以互联网政务信息数据服务平台和便民服务平台为依托，推动政务公开向标准化、规范化方向发展，提升了政务公开的实效性和便民度。各级政府积极完善政府新闻发言人、突发事件信息发布制度，及时回应社会公众的关切。

全面深化司法改革与高素质法治队伍建设。公正是法治的生命线。司法公正对社会公正具有重要引领作用，司法不公对社会公正具有致命破坏作用。习近平提出要提高司法的公信力。党的十八大以来，各级政法机关在中共中央的坚强领导下，深入推进司法体制改革，不断提高司法公信力。包括全面落实司法责任制改革，实行司法人员分类管理制度，根据司法职业特点和履职要求，把法院检察院工作人员分为法官检察官、司法辅助人员、司法行政人员三类，实现各归其位、各司其职。全面推开法官、检察官员额制，把专业水平高、办案能力强、办案业绩突出的人员选入员额。全国法官人数从19.88万人精简到12万人，检察官人数从15.8万人精简到8.6万人。确立法官、检察官的主体地位，做到"让审理者裁判、由裁判者负责"。推进以审判为中心的刑事诉讼制度改革。完善确保依法独立公正行使审判权和检察权制度。2017年12月27日，最高人民法院在北京发布《中国法院的司法改革2013—2016》白皮书披露，党的十八大以来，人民法院通过审判监督程序纠正聂树斌案、呼格吉勒图案、张氏叔侄案等重大刑事冤假错案34起，提振了全社会对司法公正的信心。

保障人民群众诉讼权益。全面落实立案登记制度。2015年5月，最高人民法院改革法院案件受理制度，将立案审查制改为立案登记制，做到有案必立、有诉必理，充分保障当事人的诉权。修改完善法庭规则。自2015年2月起，人民法院开庭时，刑事被告人或上诉人不再穿着看守所的识别服出庭受理，正在服刑的罪犯不再穿着监狱的囚服出庭受审，彰显了现代司法文明。完善人民陪审员、人民监督员制度。2015年，最高人民检察院和最高人民法院分别发布人民监督员和人民陪审员改革试点方案，改革选任办法，扩大监督、陪审案件范围，充分发挥人民监督员和人民陪审员作用。完善国家赔偿和司法救助制度。通过出台司法解释和发布国家赔偿指导性案例，完善赔偿案件质证程序，规范精神损害抚慰金裁量标准。同时，加强和规范国家救助工作，统一案件受理、救助范围、救助程序、救助标准、经费保障、资金方法，实现"救助制度法治化、救助案件司法化”。大力推进司法公开。人民法院建设审判流程公开、庭审活动公开、裁判文书公开、执行信息公开四大平台；检察机关建成案件信息公开系统，运行案件程序性信息查询、法律文书公开、重要案件信息发布、辩护与代理预约申请四大平台。开放、动态、透明、便民的阳光司法机制正在逐步形成。

建设高素质法治队伍。按照政治过硬、业务过硬、责任过硬、纪律过硬、作风过硬的要求，建设信念坚定、执法为民、敢于担当、清正廉洁的政法队伍。完善国家统一法律职业资格制度，把拥护中国共产党领导、拥护社会主义法治作为律师从业的基本要求。建立公开选拔立法工作者、法官、检察官制度，以及法官检察官逐级遴选制度。培养造就一批坚持社会主义法治体系的法治人才及后备力量。坚持用马克思主义法学思想和中国特色社会主义法治理论指导法学教育和法学研究，加强法学教师队伍建设。2013年以来，实施了高等学校与法律实务部门人员互聘“双千计划”，加强了法学研究与实践相结合。加强法律服务队伍建设。加强律师队伍思想政治建设，把拥护中国共产党领导、拥护社会主义法治作为律师从业的基本要求，增强广大律师走中国特色社会主义法治道路的自觉性和坚定性。构建社会律师、公职律师、公司律师等优势互补、结构合理的律师队伍。加强公共法律服务和人民调解工作。

加快推进公共法律服务体系一体化建设，促进公共法律服务均等化。增加公共法律服务供给，消除无律师县，建立集律师、公证、司法鉴定、人民调解等功能于一体的公共法律服务大厅，推广“一村一社区一法律顾问”制度，完善“12348”免费法律咨询服务热线，使人民群众能便捷获得法律服务，有效维护人民群众自身权益。重点加强行业性、专业性人民调解工作，依法及时化解医疗、劳动等领域矛盾纠纷。

全民法治观念明显增强。将法治教育纳入国民教育体系。2016年6月，教育部、司法部、全国普法办联合印发《青少年法治教育大纲》，将法治教育覆盖教育各阶段，有效增强了青少年学生的法治观念和法律意识。实行国家机关“谁执法谁普法”普法责任制，明确国家机关是法治宣传教育的责任主体。在全社会开展宪法教育，弘扬宪法精神。实施“六五普法”规划和“七五普法”规划，推进全民普法和守法。强化国家工作人员的法治观念，抓住领导干部这个“关键少数”，明确要求各级领导干部带头依法办事，带头尊法守法。2016年3月，中组部、中宣部、司法部、人社部联合发布《关于完善国家工作人员学法用法制度的意见》，把遵守法律、依法办事作为考察干部的重要依据。各地普遍建立了党委（党组）理论学习中心组学习法制度，把法治纳入干部录用和晋职培训，列入各级党校和干部学院的必修课。2016年12月，中共中央办公厅、国务院办公厅发布《党政主要负责人履行推进法治建设第一责任人职责规定》，规定县级以上地方党委和政府主要负责人是推进法治建设第一责任人，履职情况纳入政绩考核指标体系。

法律的权威源自人民的内心拥护和真诚信仰。党的十八大以来，伴随着全面依法治国战略布局的落地生根，法治正成为中国人民的信仰，中国特色社会主义法治建设已经迈上了新的征程。

（沈传亮撰稿）

同心抗疫：打赢疫情防控的人民战争、总体战、阻击战

爆发于2019年末的新冠肺炎疫情，是百年来全球发生的最严重的传染病大流行，也是新中国成立以来我国遭遇的传播速度最快、感染范围最广、防控难度最大的一次重大突发公共卫生事件。在党中央的领导下，14亿中国人民在共克时艰中勇毅前行，打响了这场抗击疫情的人民战争、总体战、阻击战。

一、迅即应对突发疫情，初步遏制疫情蔓延

2019年12月27日，武汉市江汉区疾控中心接到报告，发现不明原因肺炎病例。病例临床表现为发热、乏力、干咳，少数病人呼吸困难，胸片呈双肺浸润性病灶。经专家从病情、治疗转归、流行病学调查、实验室初步检测等方面情况分析，认为该病例系病毒性肺炎。30日，武汉市卫生健康委向辖区医疗机构发布《关于做好不明原因肺炎救治工作的紧急通知》。通知称，武汉市部分医疗机构陆续出现不明原因肺炎病人，要求各级医疗机构要及时追踪统计救治情况，并按要求及时上报。

国家卫生健康委在获悉有关信息后，12月31日凌晨作出安排部署，派

出工作组、专家组赶赴武汉指导疫情处置工作，同时，成立疫情应对处置领导小组，组织中国疾控中心等4家科研单位对病例样本进行病原鉴定。经认真研判，专家组认为这次不明原因的病毒性肺炎病例的病原体初步判定为新型冠状病毒，明确这一病毒出现人传人现象。由于这次新冠病毒具有传染性强、传播速度快、防控难度大的特点，疫情很快出现蔓延势头。根据疫情通报，截至2020年1月20日18时，境内累计报告新冠肺炎确诊病例217例，其中武汉市有198例。离最初接到疫情报告仅仅20来天，确诊病例增加了近10倍，疫情形势十分严峻。

疫情发生后，党中央、国务院高度重视。2020年1月7日，习近平在主持召开中央政治局常委会会议时，对做好疫情防控工作提出要求。20日，他再次作出指示，要求各级党委和政府及有关部门要把人民群众生命安全和身体健康放在第一位，制定周密方案，组织各方力量开展防控，采取切实有效措施，坚决遏制疫情蔓延势头。

疫情防疫工作进入关键期，防控形势严峻复杂。1月22日，全国累计报告新冠肺炎确诊病例增至571例，其中重症95例，死亡17例（均来自湖北省）。从传播范围看，呈现武汉局部爆发、全国多点散发的状况。由于正值春节返乡高峰，全国其他地方发现病例绝大部分都是武汉输入病例，这些都给疫情防控带来极大困难。

为尽快阻断疫情传播，1月22日，中央作出立即对湖北省、武汉市人员流动和对外通道实行严格封闭交通管控的指示。23日10时，根据武汉市疫情防控指挥部发布的一号通告，机场、火车站离汉通道暂时关闭。同时，国家卫健委、公安部、交通运输部、海关总署、民航局、国铁集团六部门印发《关于严格预防通过交通工具传播新型冠状病毒感染的肺炎的通知》，要求做好汽车、火车、飞机等交通工具和车站、机场、码头等重点场所卫生管理工作，最大限度防止疫情扩散蔓延。中央果断决定关闭离汉离鄂通道，为防止疫情扩散蔓延争取了时间和空间，是采取阻断病毒传播的关键一招，也标志着武汉保卫战、湖北保卫战全面打响。

1月25日，农历正月初一，一次特殊的中共中央政治局常委会会议在北京召开。会议研究部署了疫情防控工作。会议明确提出“坚定信心、同舟共济、科学防治、精准施策”总要求，强调坚决打赢疫情防控阻击战；

指出湖北省要把疫情防控工作作为当前头等大事，采取更严格的措施，内防扩散、外防输出；强调要按照集中患者、集中专家、集中资源、集中救治“四集中”原则，将重症病例集中到综合力量强的定点医疗机构进行救治，及时收治所有确诊病人。会议决定，中共中央成立应对疫情工作领导小组，在中央政治局常务委员会领导下开展工作；中共中央向湖北等疫情严重地区派出指导组，推动有关地方全面加强防控一线工作。27日，国务院总理、中央应对疫情工作领导小组组长李克强赴武汉市考察指导疫情防控工作。中央指导组进驻武汉市，全面加强对一线疫情防控的指导督导。全国迅即成立由地方党政主要负责人挂帅的领导体制和多部门参与的联防联控机制。在疫情防控的关键时刻，建立党中央统一指挥调度、各地方各方面协调配合的指挥体系，为打赢疫情防控阻击战提供了有力保证。

1月27日，习近平作出指示，要求中国共产党各级组织和广大党员、干部，牢记人民利益高于一切，不忘初心、牢记使命，团结带领广大人民群众坚决贯彻落实党中央决策部署，让党旗在防控疫情斗争第一线高高飘扬。中共中央印发《关于加强党的领导、为打赢疫情防控阻击战提供坚强政治保证的通知》，要求各级党委（党组）要把打赢疫情防控阻击战作为当前的重大政治任务，激励引导广大党员、干部特别是领导干部在疫情防控斗争中挺身而出、英勇奋斗、扎实工作，经受住考验，切实做到守土有责、守土担责、守土尽责。

在党中央的统一部署下，全国各地启动重大突发公共卫生事件一级响应实现联防联控，各党政军群机关和企事业单位紧急行动，基层社区村镇实施“网格化”管理，机场、车站、高速公路采取体温检测等防控措施，湖北武汉等多个城市对人员外流实施全面严格管控，广大医务人员英勇奋战，党员干部冲锋在前，人民群众纷纷戴上口罩、加强自我防护、主动减少外出……一系列正确有效的举措，最大程度地阻断了病毒的传播途径。

经过艰苦卓绝的努力，2月18日，全国新增治愈出院病例数超过新增确诊病例数，确诊病例数开始下降。19日，武汉市新增治愈出院病例数首次大于新增确诊病例数。全国新增确诊病例数和疑似病例数呈下降趋势，治愈出院人数较快增长，尤其是湖北以外省份新增病例大幅减少。这意味着，疫情防控工作取得了阶段性成效，疫情蔓延势头得到初步遏制。

二、化危为机，统筹推进疫情防控和经济社会发展

虽然防控工作取得积极成效，但全国疫情发展拐点尚未到来，湖北省和武汉市防控形势依然严峻复杂。此时，防控形势面临两个方面的挑战：一是疫情防控工作到了最吃劲的关键阶段，加强疫情特别严重或风险较大的地区防控显得尤为重要；二是面对疫情对经济社会造成的较大冲击，如何统筹推进疫情防控和经济社会发展、有序推动复工复产成为亟待解决的问题。对此，中央提出“突出重点、统筹兼顾，分类指导、分区施策”的要求，强调切实把各项工作抓实、抓细、抓落地，坚决打赢疫情防控的人民战争、总体战、阻击战，努力实现全年经济社会发展目标任务。

2月23日，中央召开统筹推进新冠肺炎疫情防控和经济社会发展工作部署会议。会议通过视频直接向全国17万名干部进行动员部署，是一场党的历史上规模最大的电视电话会议。会议全面总结新冠肺炎疫情防控工作，深刻分析疫情形势和对经济社会发展影响，提出加强党的领导、统筹推进疫情防控和经济社会发展工作的重点任务和重大举措。会议认为，经过艰苦努力，疫情防控形势积极向好的态势正在拓展；要坚定必胜信念，咬紧牙关，继续毫不放松抓紧抓实抓细各项防控工作；要变压力为动力、善于化危为机，有序恢复生产生活秩序，强化“六稳”举措（“稳就业、稳金融、稳外贸、稳外资、稳投资、稳预期”），加大政策调节力度，把发展巨大潜力和强大动能充分释放出来，努力实现2020年经济社会发展目标任务。

为统筹推进疫情防控和经济社会发展，国务院联防联控机制印发《关于科学防治精准施策分区分级做好新冠肺炎疫情防控工作的指导意见》，对各地制定差异化的县域防控和恢复经济社会秩序措施提供指导。根据指导意见，全国多个省份对疫情进行科学评估，确定不同县域风险等级，制定不同区域疫情防控和经济活动措施，努力做到一手抓实疫情防控，一手抓紧恢复经济社会秩序，取得了积极效果，形成了较好态势。

2020年是决胜全面建成小康社会和向脱贫攻坚发起总攻、夺取全胜的关键之年。面对新冠肺炎疫情对经济社会造成的较大冲击，一些人担心，中国决胜脱贫攻坚、全面建成小康社会的战略目标，是否如期实现。3月6

日，中央召开决战决胜脱贫攻坚座谈会。会议指出，到2020年现行标准下的农村贫困人口全部脱贫，是中共中央向全国人民作出的郑重承诺，必须如期实现；要求以更大决心、更强力度推进脱贫攻坚，坚决克服新冠肺炎疫情影响，坚决夺取脱贫攻坚战全面胜利。

打赢脱贫攻坚战并非易事，从决定性成就到全面胜利，还要走最后一段最艰难的路。面对疫情造成的困难和挑战，全国各地按照中央分区分级精准防控的要求，统筹推进疫情防控和脱贫攻坚。疫情严重的地区，在重点搞好疫情防控的同时，创新工作方式，把疫情防控和脱贫攻坚两手抓、两不误。没有疫情或疫情较轻的地区，集中精力加快推进脱贫攻坚，优先支持贫困劳动力务工就业，多渠道解决农产品卖难问题。各地采取有效举措，支持扶贫产业恢复生产，加快扶贫项目开工复工，促进扶贫产业持续发展。

经过全国上下艰苦努力，疫情防控形势持续向好，生产生活秩序加快恢复。3月18日，全国新增本土确诊病例首次实现零报告。新增发病数持续下降，疫情总体保持在较低水平，本轮疫情流行高峰已经过去。3月25日起，湖北省有序解除离鄂通道管控措施；4月8日起，武汉市解除持续76天的离汉离鄂通道管控措施。这表明，以武汉市为主战场的全国本土疫情传播基本阻断，武汉保卫战、湖北保卫战取得决定性成果，全国疫情防控阻击战取得重大战略成果。

当国内疫情防控取得阶段性重要成效时，境外疫情呈加速扩散蔓延态势。3月25日，全国23个省份报告了境外输入确诊病例。面对海外疫情告急，中国在自身疫情防控面临巨大压力的情况下，尽己所能为国际社会提供援助。中国在短短5个多月里，共向32个国家派出34支医疗专家组，向150个国家和4个国际组织提供283批抗疫援助，向200多个国家和地区提供和出口防疫物资；总计出口口罩1515亿只、防护服14亿件、护目镜2.3亿个、呼吸机20.9万台、检测试剂盒4.7亿人份、红外测温仪8014万件，有力支持了全球疫情防控。

境外输入病例造成关联病例传播，使得防止疫情扩散压力依然很大。3月27日，中共中央政治局召开会议，指出要因应国内外疫情防控新形势，及时完善疫情防控策略和应对举措，把重点放在“外防输入、内防反弹”上来，保持疫情防控形势持续向好态势；强调要在疫情防控常态化条件下加快恢复生产生活秩序，力争把疫情造成的损失降到最低限度，努力完成全年经济社会发展目标任务。中央对疫情防控进入“常态化”的判断，标志着中国疫情防控逐渐进入一个新的阶段。

为加快恢复防疫常态化下的生产生活秩序，中央应对疫情工作领导小组印发《关于在有效防控疫情的同时积极有序推进复工复产的指导意见》，国务院联防联控机制印发《全国不同风险地区企事业单位复工复产疫情防控措施指南》，指导各地做好复工复产相关疫情防控，分区分级恢复生产秩序。

经过持续的努力，全国疫情总体呈零星散发状态，局部地区出现散发病例引起的聚集性疫情，境外输入病例基本得到控制，疫情积极向好态势持续巩固。在此基础上，各地统筹推进疫情防控和经济社会发展工作，抓紧恢复生产生活秩序，取得显著成效。

2020年9月8日，中央召开全国抗击新冠肺炎疫情表彰大会。大会全面回顾抗疫斗争的不平凡历程，深刻阐明伟大抗疫精神，系统总结抗疫斗争取得的重要启示，对进一步做好疫情防控和经济社会发展工作提出明确要求。表彰大会的召开，标志着这场抗击新冠肺炎疫情斗争取得了重大战略成果。

三、在战“疫”大考中读懂“中国之治”

恩格斯指出：“没有哪一次巨大的历史灾难不是以历史的进步为补偿的。”这次新冠肺炎疫情是一次危机，也是一次大考。中国特色社会主义制度在这次疫情“大考”中得到淬炼和完善，中国治理体系和治理能力在抗疫斗争中得到检验和提升。抗疫斗争的伟大实践，充分彰显了“中国之治”的优势和伟力。

党的集中统一领导，是“中国之治”的政治保证。这次疫情大考，充分显示中国社会主义政治制度优越性的一个突出特点，就是党总揽全局、协调各方的领导核心作用。如果把“中国之治”喻为一座“大厦”，在国家治理体系和治理能力的四梁八柱中，党的领导居于“顶梁柱”地位。在这次抗疫斗争中，党中央统一指挥、统一协调、统一调度，充分彰显“顶梁柱”的核心地位。中央政治局常委会、中央政治局召开21次会议研究决策，党中央及时成立中央应对疫情工作领导小组，派出中央指导组，建立国务院联防联控机制，对抗击疫情作出一系列重大战略部署。党中央对疫情防控工作的集中统一领导，使得全国抗击疫情各项工作主攻方向明确、工作重点突出，迅速形成统一指挥、全面部署、立体防控的战略布局。

以人民为中心，是“中国之治”的价值坐标。以人民为中心，这一彰显中国共产党初心和使命的国家治理理念，不仅在日常治理中得以体现，更是在抗击疫情这一“战时”治理中充分彰显。“爱人利物之谓仁。”疫情无情人有情。在人民生命安全和身体健康受到新冠肺炎疫情威胁时，党和政府以对人民负责、对生命负责的态度，准确研判形势，在人民生命和经济利益之间果断抉择生命至上，把提高治愈率、降低病亡率作为首要任务，全力保障人民生命权、健康权。从出生仅30多个小时的婴儿到100多岁的老人，每一个生命都得到全力护佑，人的生命、价值、尊严得到悉心呵护。这是中国共产党执政为民理念的最好诠释，也是中国人民敬仰生命的人文精神的最好印证！

集中力量办大事，是“中国之治”的独特优势。在这次抗疫斗争中，举全国之力、集全民之智，动员全社会力量、调动各方面资源，从中央到地方层层联防联控，汇聚起疫情防控的磅礴伟力。我们举全国之力实施规模空前的生命大救援，用10多天时间先后建成火神山医院和雷神山医院、大规模改建16座方舱医院、迅速开辟600多个集中隔离点，19个省区市对口帮扶除武汉以外的16个市州；全国数百万名医务人员奋战在抗疫一线，54万名湖北省和武汉市医务人员同病毒短兵相接，346支国家医疗队、4万多名医务人员白衣执甲勇敢逆行毅然奔赴前线；各行各业扛起责任，国有企业、公立医院勇挑重担，460多万个基层党组织冲锋陷阵，400多万名社区工作者在全国65万个城乡社区日夜值守，人民解放军指战员、武警部队官兵、公安民警奋勇当先，广大科研人员奋力攻关，数百万快递员冒疫奔忙，180万名环卫工人起早贪黑，新闻工作者深入一线，千千万万志愿者和普通人默默奉献。世界卫生组织总干事谭德赛评价：“中方行动速度之快、规模之大，世所罕见，展现出了中国速度、中国规模、中国效率”。

实现国家治理体系和治理能力现代化，是“中国之治”的目标追求。“现代化”的主要标志，就是要实现治理的系统化、法治化、科学化和精准化。这次战疫大考充分体现这一“现代化”的追求。治理的“系统化”，体现在党中央第一时间成立疫情防控领导小组，国务院和各省市区县迅速建立联防联控机制，广大城乡基层扎实织牢群防群控网，卫健、交通、公安等部门迅即临战，广大医务工作者、志愿者“逆行”一线，有效实现上下联动、全国“一盘棋”的格局；治理的“法治化”，体现在党中央及时召开全面依法治国委员会会议，强调从立法、执法、司法、守法各环节全面提高依法防控、依法治理能力，一些地方人大常委会紧急立法规定应急管理措施等；治理的“科学化”，体现在党中央强调把新冠肺炎防控科研攻关作为一项重大而紧迫任务，把生物安全作为国家总体安全的重要组成部分，加强疫病防控和公共卫生科研攻关体系和能力建设，为打赢疫情防控攻坚战提供强大科技支撑；治理的“精准化”，体现在党中央实施分级、分类、动态精准防控，提出“湖北和武汉是疫情防控的重中之重”，采用外防输入、内防扩散的疫情防控策略，对危重症患者“一人一案”，对复工复产“一企一策”，实现分区分级的精准识别、精准施策的差异化防控措施。

虽然我国疫情防控已经取得了重要战略成果，但国际疫情形势依然严峻，但是，在以习近平同志为核心的党中央正确领导下，全国人民共同努力，一定能取得疫情防控的最后胜利。“借问瘟君欲何往，纸船明烛照天烧”。

（肖鹏撰稿）

精准扶贫：第一个百年奋斗目标实现

党的十八大后，党中央把脱贫攻坚摆在治国理政的突出位置，把贫困人口脱贫作为全面建成小康社会的突出短板、底线目标和标志性指标，举全党全国全社会之力，采取超常规的举措，全面打响脱贫攻坚战，努力实现第一个百年目标。

一、“精准扶贫”重要理念的提出和阐发

消除贫困、改善民生、实现共同富裕，是社会主义的本质要求。改革开放以来，中国长期通过促进经济快速增长、推动区域开发带动贫困地区和贫困群众脱贫，在区域性扶贫开发方式上取得显著效果。但是，随着中国经济发展水平的迅速提高、贫困人口的迅速减少，贫困人口的插花式分布特征更为明显，传统区域开发方式的贫困户和贫困人口底数不清、项目安排“大水漫灌”、资金使用“撒胡椒面”、扶持措施大而化之、帮扶工作走马观花、贫困县不愿“摘帽”等一系列问题凸显出来。对贫困户和贫困人口实现精细化、动态化管理，实现扶贫措施到户到人，成为我国扶贫开发事业深入推进的关键突破口。

党的十八大召开后，新一届中央领导集体围绕全面建成小康社会新的目标要求，把农村贫困人口脱贫作为全面建成小康社会的“突出短板”，提出“全面建成小康社会，最艰巨最繁重的任务在农村，特别是在贫困地区”，聚焦深度贫困地区和特殊贫困群体精准发力。

2013年11月3日，习近平到湖南省湘西土家族苗族自治州花垣县排碧乡十八洞村考察座谈，首次提出“精准扶贫”的重要理念，强调“实事求是、因地制宜、分类指导、精准扶贫”的十六字要求。他指出，扶贫要实事求是，因地制宜。要精准扶贫，切忌喊口号，也不要定好高骛远的目标。之后，他对精准扶贫的重要理念作了进一步阐释：精准扶贫，就是要对扶贫对象实行精细化管理，对扶贫资源实现精确化配置，对扶贫对象实行精准化扶持，确保扶贫资源真正用在扶贫对象身上、真正用在贫困地区。“精准扶贫”重要理念的提出，是党在新的历史条件下为解决深度贫困地区的贫困问题而作出的一项重大理论创新，体现了我国扶贫方式和扶贫理念的重大转变。

2013年12月18日，中共中央办公厅、国务院办公厅印发《关于创新机制扎实推进农村扶贫开发工作的意见》，提出以建立精准扶贫工作机制为核心的六项创新机制（改进贫困县考核、建立精准扶贫工作、健全干部驻村帮扶、改革财政专项扶贫资金管理、完善金融服务、创新社会参与）和十项重点工作（做好实施村级道路通畅、饮水安全、农村电力保障、危房改造、特色产业增收、乡村旅游扶贫、教育扶贫、卫生和计划生育、文化建设、贫困村信息化）。这个文件的发出，标志着我国的扶贫开发工作进入了精准扶贫、精准脱贫阶段。

围绕《意见》精神，各部门制定有关配套文件或实施方案，进一步推动落实精准扶贫各项工作。2014年4月、6月，国务院扶贫办先后印发《扶贫开发建档立卡工作方案》《扶贫开发建档立卡指标体系》，要求通过建档立卡，对贫困户和贫困村进行精准识别。这是做好精准扶贫的基础性和首要性工作。当年共识别12.8万个贫困村，2948万贫困户、8962万贫困人口，第一次建立起全国统一的扶贫开发信息系统。2014年5月12日，国务院扶贫办等7个部门印发《建立精准扶贫工作机制实施方案》，要求对贫困户和贫困村精准识别、精准帮扶、精准管理和精准考核，引导各类扶贫资源优化配置，实现扶贫到村到户，逐步构建精准扶贫工作长效机制。随后，中共中央组织部、国务院扶贫办印发《关于改进贫困县党政领导班子和领导干部经济社会发展实绩考核工作的意见》，安排部署改进贫困县考核机制和领导干部政绩考核工作。这些文件的出台，对精准扶贫工作模式的顶层设计、总体布局和工作机制等方面都作了详尽规制，推动精准扶贫思想的全面开展。

2015年6月18日，习近平在贵州召开的部分省、自治区、直辖市党委主要负责同志座谈会上讲话，强调扶贫开发贵在精准，重在精准，成败之举在于精准；提出扶贫开发工作“六个精准”的要求：各地都要在扶持对象精准、项目安排精准、资金使用精准、措施到户精准、因村派人（第一书记）精准、脱贫成效精准上想办法、出实招、见真效。他指出，要坚持因人因地施策，因贫困原因施策，因贫困类型施策，区别不同情况，做到对症下药、精准滴灌、靶向治疗，不搞大水漫灌、走马观花、大而化之。10月16日，习近平在2015减贫与发展高层论坛上首次提出“五个一批”的脱贫措施：通过扶持生产和就业发展一批，易地搬迁安置一批，生态保护脱贫一批，教育扶贫脱贫一批，低保政策兜底一批。“六个精准”和“五个一批”的提出，深刻阐述了精准扶贫的基本要求与主要途径，丰富了精准扶贫重要理念的内涵，具有很强的现实针对性，为下一步的扶贫攻坚战作出了部署。

二、把精准扶贫、精准脱贫作为基本方略

随着精准扶贫重要理念的实践，脱贫攻坚进展很快，我国贫困人口逐渐减少，贫困地区面貌显著变化，但是扶贫开发工作依然面临艰巨而繁重的任务。中西部一些省份的贫困人口规模依然较大，剩下的贫困人口贫困程度较深，减贫成本更高，脱贫难度更大。实现到2020年让7000多万农村贫困人口摆脱贫困的既定目标，时间十分紧迫、任务相当繁重。要打赢这场攻坚战，必须在现有基础上不断创新扶贫开发思路和办法。

2015年10月，党的十八届五中全会从实现全面建成小康社会奋斗目标出发，明确到2020年我国现行标准下农村贫困人口实现脱贫，贫困县全部

摘帽，解决区域性整体贫困。11月27日至28日，全面部署打赢脱贫攻坚战的中央扶贫开发工作会议在北京召开。习近平强调，脱贫攻坚已经到了啃硬骨头、攻坚拔寨的冲刺阶段，必须以更大的决心、更明确的思路、更精准的举措、超常规的力度，众志成城实现脱贫攻坚目标，决不能落下一个贫困地区、一个贫困群众。他指出，要坚持精准扶贫、精准脱贫，重在提高脱贫攻坚成效。关键是要找准路子、构建好的体制机制，在精准施策上出实招、在精准推进上下实功、在精准落地上见实效。11月29日，中共中央、国务院印发《关于打赢脱贫攻坚战的决定》，第一次以中央文件的形式明确"把精准扶贫、精准脱贫作为基本方略"，并从总体要求、实施精准扶贫方略、加强贫困地区基础设施建设、强化政策保障、广泛动员全社会力量、大力营造良好氛围、切实加强党的领导等方面进行全面部署。决定对打赢脱贫攻坚战提出许多实举措、硬政策，是指导当前和今后一个时期脱贫攻坚的纲要性文件。

根据决定精神，2016年2月，中共中央办公厅、国务院办公厅印发《省级党委和政府扶贫开发工作成效考核办法》，定向考核中西部22个省级党委和政府扶贫开发工作成效。12月，国务院印发《"十三五"脱贫攻坚规划》，明确"十三五"时期脱贫攻坚总体思路、基本目标、主要任务和保障措施，提出打赢脱贫攻坚战的时间表和路线图。各地各部门紧紧围绕中央要求，制定配套文件，对"老大难"问题拿出有针对性的措施，不断完善政策体系。仅2016年，中央国家机关各部门就出台101个政策文件或实施方案。

各地各部门贯彻中央决策部署，把脱贫攻坚作为重大政治任务，全面推进各项重点工作。围绕解决"扶持谁"的问题，持续完善建档立卡，在2014年识别的贫困村、贫困人口的基础上，2015年、2016年组织开展建档立卡"回头看"，提高贫困人口识别的精准度。围绕解决"谁来扶"的问题，建立各负其责、合力攻坚的责任体系，形成"五级书记抓脱贫、全党动员促攻坚"的局面。全国选派77.5万名驻村干部和19.5万名第一书记，实现对贫困村驻村帮扶全覆盖。围绕解决"怎么扶"的问题，强化脱贫攻坚的投入保障和政策支撑体系，做好发展特色产业脱贫、组织劳务输出脱贫、资产收益脱贫、易地搬迁脱贫、生态保护脱贫、发展教育脱贫、医疗保险和医疗救助脱贫、低保兜底脱贫、社会公益脱贫等，提高扶贫措施有效性。加大财政、金融扶贫力度，2013年至2017年，中央财政专项扶贫资金累计投入2787亿元，平均每年增长22.7%；省级财政扶贫资金累计投入1825亿元，平均每年增长26.9%。安排地方政府债务1200亿元，用于改善贫困地区生产生活条件。

经过艰辛努力，党的十八大以后的五年，脱贫攻坚力度之大、规模之广、影响之深前所未有，精准扶贫、精准脱贫工作取得决定性进展：全国现行标准下的农村贫困人口由2012年底的9899万人，减少到2017年底的3046万人，5年累计脱贫6853万人，减贫幅度达到70%左右。贫困发生率由2012年底的10.2%下降到2017年底的3.1%。贫困县数量实现了首次减少，2016年有28个贫困县脱贫摘帽，2017年有125个贫困县申请摘帽，解决区域性整体贫困迈出坚实步伐。贫困地区群众生产生活条件明显改善，贫困群众收入水平明显提高、获得感明显增强。

三、如期打赢脱贫攻坚战，实现第一个百年奋斗目标

尽管脱贫攻坚取得决定性进展，但是我国脱贫工作仍然面临十分艰巨的任务。“入之愈深，其进愈难”。从总量上看，2017年底，全国农村贫困人口还有3000多万人；从结构上看，现有的贫困大都是自然条件差、经济基础弱、贫困程度深的地区和群众，是越来越难啃的硬骨头；从群体分布上看，主要是“老病残”等“无业可扶、无力脱贫”的贫困人口以及部分教育文化水平低、缺乏技能的贫困群众，解决这些人的贫困问题，成本更高，难度更大；从扶贫工作成效上看，脱贫攻坚工作中一些地方还存在着贫困识别不够准、帮扶不够准、工作不够实、监管不够严等问题，摆架子、做样子等各种形式主义都不同程度存在。如何有效应对这些困难和挑战，成为我国脱贫攻坚面临的一项紧迫课题。

2017年10月，党的十九大报告提出，要动员全党全国全社会力量，坚持精准扶贫、精准脱贫，坚持中央统筹省负总责市县抓落实的工作机制，强化党政一把手负总责的责任制，坚持大扶贫格局，注重扶贫同扶志、扶智相结合，深入实施东西部扶贫协作，重点攻克深度贫困地区脱贫任务，

确保到2020年我国现行标准下农村贫困人口实现脱贫，贫困县全部摘帽，解决区域性整体贫困，做到脱真贫、真脱贫。2017年底，习近平在中央农村工作会议上指出，把提高脱贫质量放在首位，注重扶贫同扶志、扶智相结合，瞄准贫困人口精准帮扶，聚焦深度贫困地区集中发力，激发贫困人口内生动力，强化脱贫攻坚责任和监督，开展扶贫领域腐败和作风问题专项治理，采取更加有力的举措、更加集中的支持、更加精细的工作，坚决打好精准脱贫这场对全面建成小康社会具有决定意义的攻坚战。

根据党的十九大精神，2018年6月15日，中共中央、国务院印发《关于打赢脱贫攻坚战三年行动的指导意见》。作为未来三年脱贫攻坚工作的一个纲领性文件，指导意见提出要做到“七个坚持”：要坚持严格执行现行扶贫标准，坚持精准扶贫精准脱贫基本方略，坚持把提高脱贫质量放在首位，坚持扶贫同扶智相结合，坚持开发式扶贫和保障性扶贫相统筹，坚持脱贫攻坚与锤炼作风锻炼队伍相统一，坚持调动全社会扶贫的积极性；强调要进一步完善顶层设计、强化政策措施、加强统筹协调，实施好打赢脱贫攻坚三年行动。

贯彻落实党中央、国务院决策部署，扎实推进精准扶贫、精准脱贫各项工作，深入实施产业扶贫、就业扶贫、易地扶贫搬迁、生态扶贫等，强力推进东西部扶贫协作和定点扶贫，持续加大扶贫资金投入监管力度，深入开展漠视侵害群众利益问题专项整治，推动精准帮扶举措落地见效。

2020年初，爆发了一场突如其来的全球性新冠肺炎疫情，成为影响脱贫攻坚的最大不确定性因素。面对严峻复杂的国内外疫情防控和经济形势，党中央统筹推进疫情防控和经济社会发展工作。2020年2月23日，党中央召开统筹推进新冠肺炎疫情防控和经济社会发展工作部署会议，直接向全国17万名干部进行动员部署。3月6日，党中央又召开决战决胜脱贫攻坚座谈会，要求以更大决心、更强力度推进脱贫攻坚，坚决克服新冠肺炎疫情影响，坚决夺取脱贫攻坚战全面胜利。各地采取有效举措，支持扶贫产业恢复生产，加快扶贫项目开工复工，以更大的决心、更强的力度，做好“加试题”、打好收官战，信心百倍向着脱贫攻坚的最后胜利进军。

经过持续奋斗，脱贫攻坚目标任务如期完成。2021年2月25日，党中央召开全国脱贫攻坚总结表彰大会。习近平在会上庄严宣告：我国脱贫攻坚战取得了全面胜利，现行标准下9899万农村贫困人口全部脱贫，832个贫困县全部摘帽，12.8万个贫困村全部出列，区域性整体贫困得到解决，完成了消除绝对贫困的艰巨任务，创造了又一个彪炳史册的人间奇迹！

党的十八大以来，党和人民披荆斩棘、栉风沐雨，发扬钉钉子精神，敢于啃硬骨头，攻克了一个又一个贫中之贫、坚中之坚，脱贫攻坚取得了重大历史性成就：8年来，农村贫困人口平均每年1000多万人脱贫，贫困人口全部实现“两不愁三保障”，2000多万贫困患者得到分类救治，近2000万贫困群众享受低保和特困救助供养，2400多万困难和重度残疾人拿到生活和护理补贴。脱贫地区整体面貌发生历史性巨变，贫困地区发展步伐显著加快，经济实力不断增强，基础设施建设突飞猛进，社会事业长足进步，行路难、吃水难、用电难、通信难、上学难、就医难等问题得到历史性解决。义务教育阶段建档立卡贫困家庭辍学学生实现动态清零。具备条件的乡镇和建制村全部通硬化路、通客车、通邮路。新改建农村公路110万公里，新增铁路里程3.5万公里。贫困地区农网供电可靠率达到99%，大电网覆盖范围内贫困村通动力电比例达到100%，贫困村通光纤和4G比例均超过98%。790万户、2568万贫困群众的危房得到改造，累计建成集中安置区3.5万个、安置住房266万套，960多万人“挪穷窝”，摆脱了闭塞和落后，搬入了新家园。在脱贫攻坚过程中，脱贫群众精神风貌焕然一新，党群干群关系明显改善，党在农村的执政基础更加牢固。

精准扶贫方略的成功实践，使得我国在2020年脱贫攻坚任务完成后有1亿左右贫困人口实现脱贫，提前10年实现《联合国2030年可持续发展议程》减贫目标，这对于中国和世界都具有重大意义。中国全面实施精准扶贫方略，建立完善脱贫攻坚制度体系，帮助贫困地区和人口摆脱贫困、走向共同富裕，为如期全面建成小康社会、进而实现第一个百年奋斗目标，发挥了重要的作用。同时，精准扶贫方略的成功实践，创造了人类减贫史上的奇迹，不仅彰显中国共产党领导和中国特色社会主义的政治制度优势、中国共产党的治理能力和改革创新能力，更为解决贫困治理一系列世界难题提供了中国智慧和中国方案。

（肖鹏撰稿）